文|艺|复|兴|译|丛

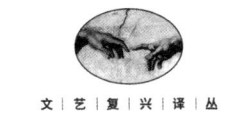

名人小传

〔英〕约翰·奥布里 著
王宪生 译

Brief Lives

商务印书馆
创于1897　The Commercial Press

John Aubrey

"BRIEF LIVES," CHIEFLY OF CONTEMPORARIES

Set Down By John Aubrey, Between The Years 1669–1696

Edited from the Author's MSS. by Andrew Clark

文艺复兴译丛

顾 问
王 军　周春生　李 军

主 编
徐卫翔　刘训练

编辑委员会
（以姓氏笔画排序）

文　铮
北京外国语大学欧洲语言文化学院
朱振宇
浙江大学外国语学院
刘训练
天津师范大学政治与行政学院
刘耀春
四川大学历史文化学院
李婧敬
北京外国语大学欧洲语言文化学院
吴功青
中国人民大学哲学院
吴树博
同济大学人文学院
袁朝晖
中国社会科学院世界宗教研究所
徐卫翔
同济大学人文学院
梁中和
四川大学哲学系
韩伟华
南京大学政府管理学院
韩　潮
同济大学人文学院

中译本前言

本书的作者约翰·奥布里生于文艺复兴晚期的英国，其时英国陆续发生了内战、处决国王、伦敦大火、光荣革命等大事。生逢乱世，奥布里的一生可谓跌宕起伏。早先受到良好教育，而后家道中落，从牛津肄业回乡，晚年债台高筑，居无定所。但他生性豁达，广交朋友，将半生付诸对古物的痴爱。

《名人小传》正是他在最落魄的时期一点点搜集和拼凑而就的。在繁华即将倾倒之际，奥布里结识了同为古物爱好者的安东尼·伍德（Anthony Wood），两人一拍即合，奥布里受伍德所托为《雅典牛津》的写作搜集牛津名人素材，这便是《名人小传》的缘起。这本书或者更确切地说这份手稿，作者生前原不指望出版，更有传言说这份手稿多是奥布里在醉酒或梦醒之际，兴之所至而写。但不可否认的是，奥布里借助其极为广泛的消息来源与事无巨细一网打尽的搜罗工作，确然拿到了许多独家材料：有名人佚事，有"配角们"的故事，有起起落落的个人史，也有令人唏嘘的交游往事——某些秘事甚至在当时构成了"诽谤"。几个世纪之后看来，倒是能把好的坏的都当作"历史"，为后世去窥探那个时代、那些人物提供了另一种视角。

这些独家材料在今天仍然值得我们去品读和研究，并非因为它们是"真实的"；相反，大多数材料可能在道听途说的过程中已经被加工得与"事实"相去甚远。在我们看来,这些传闻和"事实"的生成、筛选与传播,本身就意味着:历史可能是荒谬的、充满错讹的,但历史上的人曾经真实地存在。传闻最终落在实处,是作为人本身之间的惺惺相惜。这种对于人本身的好奇与"躁动",某种意义上构成了那个时代的底色。正如书中所说,"不得安宁就是他们写作的起因"。

奥布里《名人小传》中译本(第一版)作为"西方传记文学经典"之一种出版于2014年,其后译者王宪生先生一直希望推出一个更为全面、完善的修订版,并为此倾注了不少心血。

《名人小传》的相当篇幅尚属作者的草稿,多有残缺,并不连贯,如理查德·巴伯(Richard Barber)所言,《名人小传》是"一个笔记、摘录、八卦、事实罗列的集合"。因此,它有多种整理版本刊行于世,编辑思路各不相同,对篇目的取舍、编排顺序均有不同。此次我们推出的这个中译本修订版综合参考了如下三个版本:

1. *"Brief Lives," chiefly of Contemporaries, set down by John Aubrey, between the Years 1669 & 1696*, edited from the author's MSS. by Andrew Clark, Oxford: The Clarendon Press, 1898.

2. John Aubrey, *Brief Lives*, edited by Richard Barber, Martlesham: The Boydell Press, 1982.

3. John Aubrey, *Brief Lives*, edited by Kate Bennett, Oxford: Oxford University Press, 2015.

1982年的巴伯版最为简洁明快,旨在让现代读者能够轻松地阅读该作品,并配有一些导语和注释,以帮助读者不至于被某些过于简短和不连贯的记叙弄得一头雾水。两个牛津版则旨在尽可能充分、完整地呈现奥布里书稿的全貌。2015年牛津版更是用多种字体格式和丰富的符号标记,致力于将手稿的细节一一呈现;同时,将诸位人物或长或短的相对成形的传记片段和一些"没头没尾的"、也许有待成为传记素材的资料片段穿插编排。该版本也不像1898年牛津版等多数版本那样,为各传记安排上"人名+生卒年"形式的标题,而只是对一些素材片段增加了极为简短的概括作为标题,如"某年的一段补充""某人的出生证明"等等。总之,2015年牛津版的呈现试图达到某种仿若"影印"的效果。

《名人小传》中译本修订版不求尽力还原作者书稿之原貌,更多是要尽可能简洁清楚地展现这些传记的文学魅力和价值,以方便中文读者阅读,同时也不放过一些尽管"没头没尾"但读来颇有趣味的素材片段。因此,我们在编辑这个中译本时,仍像大多数版本那样,保留了传记前"人名+生卒年"的标题形式,而译者择取的其他片段则统一收入"材料片段"之中,放在全书的最后。

在本书编辑过程中,译者王宪生先生不幸于2023年11月22日上午10时突发心脏病去世。王宪生先生先后毕业于开封师范学院外语系(1978年)、四川大学外文系(1980年);自1981年起在郑州大学外文系(今外国语与国际关系学院)任教,担任教研室主任十余年(1993—2007年),兼任教育部高等学校外语专业教学指导委员会英语专业分委员会委员(2007—2012年)、河南省翻译协会副会长(2010—2016年);2014年后任于汕头大学文学院;2022年被中国翻译协会授予"资深翻译家"称号。

王宪生先生自20世纪80年代末开始从事翻译事业,译出了人文社科类翻译作品四百余万字。他的翻译内容以经典传记为主,也有一些经典小说、历史类作品,深受读者欢迎。其中,《拿破仑传》《切利尼自传》多次再版,《名人小传》《英王亨利七世本纪》《庇护二世闻见录》《韦斯帕夏诺回忆录:十五世纪名人传》《英国近代早期传记名篇》《英格兰名人传》《我的生平》等文艺复兴时期的经典作品,都是首次译成中文。

"文艺复兴译丛"编委会
2024年5月

目 录

致我值得尊敬的朋友、牛津大学古物研究者安东尼·伍德先生 /1

约翰·奥布里 /3

让-巴蒂斯特·科尔贝 /17

卢多尔夫·范科伊伦 /18

格拉尔杜斯·约翰内斯·福西厄斯 /19

德西迪里厄斯·伊拉斯谟 /20

罗杰·培根 /24

劳伦斯·鲁克 /25

约翰·克利夫兰 /26

威廉·佩蒂爵士 /27

罗伯特·博伊尔 /36

乔治·蒙克 /38

威廉·奥布里 /45

利奥兰·詹金斯爵士 /54

温塞斯劳斯·霍拉 /57

威廉·巴特勒 /59

兰斯洛特·安德鲁斯 /64

爱德华·科克爵士 /67

查尔斯·卡文迪什爵士 /71

查尔斯·卡文迪什 /72

罗伯特·胡克 /77

勒内·笛卡尔 /82

爱德华·布里尔伍德 /84

沃尔特·沃纳 /85

托马斯·哈里奥特 /88

亨利·比林斯利爵士 /92

约翰·迪 /96

尼古拉·希尔 /101

威廉·奥特雷德 /103

爱德华·戴夫南特 /111

约翰·戴夫南特 /116

威廉·利利 /117

威廉·戴夫南特爵士 /118

亨利·布里格斯 /124

亨利·盖利布兰德 /126

弗朗西斯·莱恩 /127

伊斯雷尔·汤奇 /129

埃德蒙·哈雷 /131

赫伯特·桑代克 /133

艾萨克·巴罗　圣阿瑟夫主教 /134

约翰·佩尔 /135

约翰·威尔莫特 /144

拉尔夫·凯特尔 /146

弗朗西斯·波特 /156

威廉·哈维 /163

弗朗西斯·培根 /171

沃尔特·雷利爵士 /184

托马斯·霍布斯 /200

约翰·汤贝斯 /220

威廉·赫伯特 彭布罗克第一任伯爵 /223

玛丽·锡德尼 /227

威廉·赫伯特 彭布罗克第三任伯爵 /231

菲利普·锡德尼爵士 /233

埃德蒙·斯宾塞 /238

托马斯·莫费特 /240

托马斯·埃杰顿爵士 /241

亨利·萨维尔爵士 /242

理查德·斯塔佩尔 /245

约翰·伯肯黑德爵士 /246

威廉·普林 /249

塞思·沃德 /252

威廉·霍尔德 /258

罗伯特·桑德森 /261

托马斯·斯特普尔顿 /263

亨利·斯佩尔曼爵士 /264

约翰·波帕姆爵士 /266

约翰·斯托 /269

托马斯·沃尔西 /270

托马斯·库珀 /274

约翰·威尔金斯 /276

卢修斯·卡里 /279

约翰·沃利斯 /283

托马斯·艾伦 /286

乔纳斯·莫尔爵士 /289

托马斯·莫尔爵士 /292

约翰·格朗特 /295

托马斯·布谢尔 /297

约翰·帕特里奇 /302

詹姆斯·哈林顿 /303

凯内尔姆·迪格比爵士 /310

维妮夏·迪格比 /316

伊丽莎白(贝丝)·布劳顿 /321

亨利·布朗特爵士 /323

亨利·马滕 /327

费边·菲利普斯 /331

安德鲁·马弗尔 /333

西尔韦纳斯·斯科里 /335

约翰·德纳姆爵士 /337

理查德·科比特 /342

本·琼森 /347

威廉·莎士比亚 /353

约翰·萨克林爵士 /355

埃德蒙·沃勒 /361

亚伯拉罕·考利　/367

托马斯·伦道夫　/369

塞缪尔·巴特勒　/371

约翰·泰勒　/373

罗伯特·艾顿爵士　/375

弗朗西斯·博蒙特　/376

威廉·卡姆登　/378

约翰·黑尔斯　/381

约翰·塞尔登　/384

威廉·奇林沃思　/390

约翰·霍斯金斯　/393

理查德·马丁　/399

乔治·克利福德　/401

托马斯·科里亚特　/403

威廉·哈宾顿　/404

艾萨克·福修斯　/405

纳撒尼尔·托普尔利　/406

托马斯·弗拉特曼　/407

威廉·达格代尔爵士　/408

托马斯·皮蒂斯　/410

马修·利斯特爵士　/411

塞缪尔·波达奇　/412

理查德·博伊尔　/413

玛丽·博伊尔　/414

詹姆斯·博维　/419

威廉·德菲舍尔 /422

威廉·普拉特斯爵士 /424

理查德·黑德(梅里顿) /426

威廉·布龙克尔 /427

约翰·戴维斯 /428

托马斯·查洛纳 /429

威廉·卡特赖特 /431

富尔克·格雷维尔爵士 /432

克里斯托弗·雷恩爵士 /434

约翰·格里高利 /436

吉迪恩·德洛纳 /437

赛拉斯·泰勒(多姆维尔) /438

迈克尔·德雷顿 /441

理查德·洛夫莱斯 /443

威廉·桑德森爵士 /445

詹姆斯·雪利 /446

托马斯·查诺克 /447

休·霍兰 /448

尼古拉·菲斯克 /449

埃弗拉德·迪格比爵士 /450

乔治·里普利 /451

西奥菲勒斯·伍德诺特 /452

瓦瓦苏·鲍威尔 /453

约翰·戴维·里斯 /454

克莱门特·沃克 /455

亚昆托 /456

托马斯·彭鲁多克爵士 /457

理查德·诺尔斯 /458

约翰·克西 /459

约翰·阿申登 /460

彼得·冈宁 /461

塞缪尔·福斯特 /462

托马斯·摩根爵士 /463

托马斯·古德温 /465

弗朗西斯·夸尔斯 /466

迈尔斯·弗利特伍德爵士 /467

约翰·威利斯 /469

安东尼·阿什利·库珀 /470

托马斯·威利斯 /471

理查德·斯托克斯 /473

约翰·莫顿 /474

托马斯·富勒 /475

伊尼戈·琼斯 /477

菲利蒙·霍兰 /478

约翰·莱西 /479

理查德·萨克维尔 多塞特第五任伯爵 /480

詹姆斯·希思 /481

詹姆斯·朗爵士 /482

乔纳森·戈达德 /484

弗朗西斯·安东尼 /486

丹弗斯家族 /487

威廉·诺伊 /492

杰弗里·乔叟 /493

托马斯·梅 /494

戴维·詹金斯 /496

亨利·克利福德 /498

爱德华·赫伯特 /499

罗伯特·默里 /503

威廉·加斯科因 /505

圣邓斯坦 /506

威廉·李 /508

埃德蒙·里奇 /509

托马斯·萨克维尔 /510

罗杰·诺斯 /512

罗伯特·布莱克 /514

威廉·布里尔顿 /515

威廉·佩恩 /516

威廉·佩恩爵士 /520

凯瑟琳·菲利普斯(奥林达) /521

韦布博士 /524

威廉·英格尔伯特 /525

威廉·罗布森 /526

约翰·奥格尔比 /527

乔治·威瑟斯 /534

托马斯·特里普利特 /535

亚历山大·吉尔 /537

罗伯特·莫里爵士 /539

约翰·高尔 /541

约翰·巴克利 /542

约翰·弗莱彻 /543

尼古拉·墨卡托 /544

托马斯·萨顿 /546

威廉·特威斯 /548

埃德蒙·贝里·戈弗雷爵士 /549

约瑟夫·霍尔 /550

威廉·塞西尔 /551

托马斯·费尔法克斯 /553

约翰·科利特 /554

爱德华·赖特 /555

托马斯·巴奇克罗夫特 /557

爱德华·福特爵士 /558

约翰·弥尔顿 /559

威廉·巴罗(哈考特) /567

亨利·艾萨克森 /568

托马斯·奥弗伯里爵士 /571

托马斯·雪利 /572

亨利·李爵士 /573

约翰·奥弗罗尔 /576

沃尔特·拉姆齐 /581

乔治·赫伯特 /583

罗伯特·波因茨爵士 /585

托马斯·塔瑟 /587

托马斯·斯坦利 /588

乔治·沃顿爵士 /589

托马斯·皮戈特 /590

罗伯特·格洛弗 /591

艾萨克·韦克爵士 /592

艾萨克·巴罗 /593

约翰·惠特森 /598

威廉·坎宁吉斯 /601

托马斯·威利塞尔 /602

约翰·诺登 /604

埃德蒙·怀尔德 /606

罗伯特·雷科德 /607

埃德蒙·冈特 /609

理查德·诺伍德 /610

亨利·科利 /612

托马斯·斯特里特 /613

乔治·阿博特 /615

托马斯·阿彻 /616

托马斯·巴德爵士 /617

亨利·伯克黑德 /618

埃德蒙·邦纳 /620

罗伯特·伯顿 /621

柯廷 /622

约翰·邓斯塔布尔爵士 /623

爱德华·戴尔爵士 /624

乔治·费里比 /625

约翰·弗洛里奥 /626

约翰·海登 /627

爱德华·海德 /628

乔治·约翰逊 /629

亨利·莱特 /630

休·米德尔顿爵士 /631

理查德·内皮尔 /632

威廉·尼尔爵士 /635

约翰·牛顿 /637

兰斯洛特·莫尔豪斯 /638

托马斯·波普爵士 /640

罗伯特·皮尤 /641

威廉·雷德福 /642

埃莉诺·拉特克利夫 /643

亨利·罗尔 /644

约翰·拉什沃思 /645

理查德·萨克维尔 多塞特第三任伯爵 /647

托马斯·廷代尔　/648

詹姆斯·厄谢尔　/650

亨利·沃恩　/651

爱德华·德维尔　/653

乔治·韦布　/654

詹姆斯·惠特尼　/655

材料片段　/656

致我值得尊敬的朋友、牛津大学古物研究者安东尼·伍德先生

先生：

应先生雅嘱，余搦管走笔，或一时想起，或偶有耳闻，便东涂西抹，遂成此传记文稿。君若内无寸事，可用红笔将拙作依时间、地点一一排序，梳理成形轻而易举。

之前吾绝无承揽之意，无奈阁下托付于我，以为在下堪当此任。盖因余交游甚广，至今已虚度年华五十余载，且颇多坎坷，遂以此成名。加之本市有咖啡馆之便，而此前世人竟不知如何相交，只能与亲朋往来。

除此之外，余出身长寿之家，数代积累，已枝繁叶茂矣。发轫之初，尚未知篇幅如此之长。念及你我情谊，故和盘托出，袒裼裸裎，毫无遮拦，不少段落足以令处子赧颜。故阁下披览后还望斧削，刊落秽言，聊以遮羞尔。

纵观坊间史籍，皆依违其说，或与真相擦肩而不敢明言，或不知就里而漆黑一团。就我记忆所及，凡刊行文字不再重复，余权当与君抵掌而谈，余之亲友所言尽皆实情（彼等君或相识，或有耳闻）。如此一来，吾与亡友重叙旧情，不啻返老还童，乃老朽一大乐事也。

可惜拙稿所记不过百年，诸多才俊大名业绩湮没无闻。若非阁下

敦促,多位英杰仍会有此厄运。故拙稿之中,此篇或最为有用。余记得兰伯特将军有言:人中豪杰乃鼎盛之凡人也。此等人物,拙稿之中屡见不鲜。

如此秘闻,三十年内不宜流布,待作者及传主身殒后再传不迟。然而在此之前,拙稿应由谁人庋藏,还请阁下赐教。

约翰·奥布里顿首

伦敦,1680 年 6 月 15 日

约翰·奥布里
John Aubrey
1626—1697

> 我没有挤向高坛,也不敢挤。
> 以前虔诚的悔罪者常往那里挤,
> 有的在门外,有的在洗礼盆边。
>
> ——托马斯·卡鲁先生

可作为一张废纸用来包书。

他[1]的生平在占星学方面要比在促进学术发展方面更引人关注。他从出生起(直到近年来),就在厄运连连的情况下奋力挣扎,四十年来在旅途中多次化险为夷,有时在陆路上,有时在水路上。

他出身世家,家族人丁兴旺。1626年3月12日(圣格列高利节,密涅瓦节)日出时分,他出生在伊斯顿-皮尔斯——位于威尔特郡马姆斯伯里百户邑[2]金斯顿-圣米迦勒教区的一个小村子,是他母亲(艾萨克·莱特先生的女儿和继承人,亲属长寿、健康)继承的财产。他十分羸弱,

---

[1] 奥布里在笔记中谈到他自己时,有时用第一人称,有时用第三人称。(脚注均为译者所加,全书同。)
[2] 当时英格兰郡以下的行政单位。

像是要死的样子,在晨祷之前就接受了洗礼。

我直到十一二岁才强壮起来,但有呕吐的毛病,肚子疼,肋疼,每两周持续十二小时,就这样持续了一些年头。后来大约每月吐一次,再后来每季度吐一次,最后每半年吐一次,大约十二岁时就不再吐了。

小时候在伊斯顿(一个很幽静的地方)长大,好奇心旺盛,最高兴的事莫过于和到那里去的手工艺人(如细木工、木匠、桶匠、石匠等)待在一起,熟悉他们的手艺。如果你喜爱学问,你就能成为博学的人。循序渐进,不声不响。记忆力虽然不强,但追求学问和发明的热情却非常高。

1634年,开始跟从罗伯特·拉蒂默先生学习拉丁语语法。他是利·德拉米尔教区牧师,从我家不慌不忙地走一英里就到那里了。他教课不拘形式,每次我们请假回去时,都从他那里学一个拉丁单词,回来时再告诉他,这样不久我们就学会了很多单词。半年后他去世了,我们失去了一个好老师,我很难过。

后来又跟着几个愚钝、无知、赋闲在家的教师学(我祖父奥布里去世早,撇下我父亲做继承人,他没有上学,但学会了带鹰外出打猎),直到十二岁(1638年),随后被送到多塞特郡的布兰福德学校,师从神学士威廉·萨顿,一个脾气粗暴的人。我在这里恢复了健康,学会了拉丁语和希腊语,是同龄人中成绩最好的。

助理教员(碰巧)有一本《库氏词典》,我以前从来没有见过。我当时正读泰伦斯,发现他的方法之后,我就把书中凡有泰伦斯的内容全看了一遍,然后又看西塞罗。我就是用这种方法学会了拉丁语,这对我的爱好帮助极大。

我还读了奥维德的《变形记》,是桑兹译的英文版,这能让我更好地理解拉丁语。我还偶然见到培根大人的《随笔》,是我母亲的一本书,让我第一次了解到伦理道德(我还小,看不懂西塞罗的《论职责》),认识到风格的优美,学会了暗示和转折语。在布兰福德的闲暇时间,我学贝特的书(问问书名),绘画。

我老是向我外祖父打听以前的事,打听十字架坛之类的东西,打听宗教仪式、小修道院等。八岁时,我成了个小设计师,开始制图,先画草图,如窗帘设计图。到九岁又开始画徽章,父亲和老师都反对我干这事。临摹客厅里一本画册里的图画,和原作很像。没有人教我,只有自己教自己。

我经常(我记得是这样)为自己感到伤心,没有生活在城市里,比如说布里斯托尔,在这样的地方我可以接触到制表匠、锁匠等工匠。我不太喜欢语法①,但我记忆力不强。所以,对一个有发明创造力、爱科学的人来说,当时是一个充满希望的开端。我有音乐头脑,爱发明创造,写无韵诗,很早就受到古物的强烈吸引(受到萨杜恩②的吸引)。我的大脑一直在运转,但写诗不是太灵巧。性格极为温和,很容易受到吸引。我的想法很清楚,想象力清澈得就像一面镜子,像明澈透明的水,最微弱的风也能把它吹皱。

1642年5月2日,我去了牛津。

平静。

读塔西佗和尤维纳利斯,浏览了逻辑学和伦理学著作。

但就在这时,女战神贝娄娜动怒了。就像晴朗的天空有时会突然乌云密布、雷声隆隆那样,这一时期的和平宁静,被当时两派之间爆发的内战所打破。参见荷马的《奥德赛》。

在接下来的8月9日,父亲出于担心,派人把我叫回家。1642年,

---

① 指拉丁语语法,当时英语语法还很不成熟。
② 占星学上古物的保护神。

《一个医生的宗教信仰》印行,第一次让我开了窍,我把它带到伊斯顿,还有凯内尔姆·迪格比爵士对它的评论。

次年2月,我费了很大周折才说服父亲,让他允许我又回到我喜爱的牛津,当时是国王的大本营。

我请牧师赫斯基思先生(多布森先生的下属)在奥斯尼被推倒之前,以两三种不同的方式绘制出它的图形。现在这座建筑连根基也被挖掉了。

4月,我在三一学院染上了天花。康复以后,过了三一节,父亲又派人叫我回到乡下。我在乡下只能和仆人、庄稼汉与驻扎在当地的士兵交谈,真是让人悲伤。(我讨厌鄙俗的人,不靠近他们。①)那个时候,父亲都不了解子女。这是我最难过的日子,在风华正茂的时候,享受不到妙趣横生的交谈,几乎找不到一本好书,简直是虚度光阴。这种难熬的日子我在乡下一直过到1646年。这时,我得到父亲允许(颇费一番周折)去中殿律师学院,1646年4月16日被录取了。

随后在6月24日,牛津投降,保王党有很多人去了伦敦,我结识了这些人(其中不少人以前就认识)。我不喜欢纵情声色,但他们说起话来杀气腾腾,并不适合于缪斯。

11月6日,我又回到牛津三一学院,感到非常高兴,研究员们很理解我,我和他们谈学术,看书,听音乐。在这里,在中殿律师学院(时断时续),我(在极大程度上)享受到人生的最大幸福(有才华的年轻人,像玫瑰花蕾似的,浸透了清晨的露水),直到1648年12月(圣诞夜前夕),我再次被人从牛津叫走,回到生病的父亲身边,他再也没有康复。我负责照管他乡下的事务,担任诉讼代理人。

---

① 贺拉斯:《颂诗集》,3,1,1。

1652年10月,父亲去世,给我留下一千八百英镑的债务,还有几个兄弟一千英镑的财产①。

这个自吹自擂的人,要做什么才能配得上他说的大话?真是无事可做,只有烦恼,也就是奥斯尼修道院的废墟等古物。一块磨刀石,能把钢磨快,但它自己不能切割②,例如我兴趣广泛的特性。我要是不从事工作,不做事,就会被忽略,被遗忘,消沉下去。

1656年,我开始对布雷肯的限嗣继承提起诉讼,一直持续到……,花费了一千二百英镑。

1657年,我要迎娶凯瑟琳·赖夫斯小姐,临近结婚她去世了,花费了两千英镑或更多,另外算上照顾她兄弟,每年一千英镑。

……年,我立下遗嘱,将我的财产赠与受托人,打算去罗马和意大利看古物……然后回来结婚,但诸神另有打算,我母亲阻止了我这一想法,我的悲痛难以描述,这成了我的祸根。

1654年,在兰特里西德,他开始将有关自然哲学③和古物的话语记入袖珍备忘录。

我的财产不足一百英镑,加上布雷肯。

然后就是债务、诉讼、工作、生意、借钱、无休止的乘骑旅行。在乡村赊欠钱款很容易,这是对我的抬举。(1661年?)将赫里福德郡的伯莱顿庄园卖给了托马斯·威利斯博士。1663年,将同一个郡里的斯特拉福德庄园卖给了赫里福德主教赫伯特大人。

1664年6月11日到法兰西,10月返回。琼·萨姆纳。

尽管有这些令人不愉快的事,我还是逐渐记了一些古物研究笔记

---

① 依照他父亲的遗嘱欠他几个兄弟的钱。
② 贺拉斯:《诗艺》,305。
③ 当时所说的自然哲学就是现在的自然科学。

(有了想法就记),记得很潦草,在马背上用符号标出地形,如1660年7月去爱尔兰。

然后和她打官司。卖了伊斯顿-皮尔斯和布罗德-乔克的农场,亏损了五百英镑,不动产两百英镑,还有货物和木料。像个被流放的人一样逃走了。

在耶和华的山上必有预备①,我痛苦至极,这一切不消失,我永远也无法平静下来,我完全听天由命。我希望修道院没有被取缔,希望在这个问题上改革派更温和一些就好了。连土耳其人都有修道院,我们的改革派为何这么严厉?有修道院还是方便,克里斯托弗·雷恩爵士设计的教堂,应该是为爱好宗教冥想的人提供的容身之所。② 假如有五百人,也只是有一两座而已。有补偿。出了这家修道院又进入另一家,这是何等的乐事!在路德宗占主导的国家,改革派很审慎,没有拆毁修道院(例如在荷尔斯泰因等地),只是改变了信仰方式。③

在霍斯菲尔德,萨内特伯爵为我提供了安闲舒适的生活条件。

不把一切都抛售完,永远也不会安静,永远也不会愉快。1670年、1671年,上天(出乎意料地)给了我几个好朋友:萨内特伯爵尼古拉阁下,我和他隐居在一起,在肯特的霍斯菲尔德隐藏了将近一年,然后受到邀请——

……年,萨里——克里斯托弗·雷恩爵士和奥格尔比先生。

还有埃德蒙·怀尔德先生,王家学会会员,来自萨洛普郡格拉塞利

---

① 《创世记》22:14。
② 1666年伦敦大火之后,建筑师雷恩爵士受命负责伦敦的规划,为伦敦设计了五十多座教堂,其中最著名的是圣保罗大教堂。
③ 从这段话中可以看出,作者奥布里有亲天主教倾向,对英格兰宗教改革后取缔修道院的做法心存不满。

府,他热烈欢迎我,我经常和他一起吃饭,一起消遣。

一个人的情绪会随着运气一起起伏,这使我无精打采。

1671年,我卖光了全部家当,对收到的钱感到失望,就像前面提到的那样。我产生了一种强烈的冲动,要完成(大部分)《威尔特郡素描》(两卷,对开本),完不成我就静不下来(参见卡姆登神圣的文献),而且还要冒着很大危险,就像尼罗河上一条害怕鳄鱼的狗一样,也就是害怕法警。

实际上我所做的一切,我所研究的那一点东西,都是这样完成的。我要是活不长,我这种缺乏悠闲的生活方式会使我收获甚少……

胃痛得厉害,不加糖就不能喝红葡萄酒,也不能喝白葡萄酒,喝了就吐。

直到1670年状况才好转。

我辛劳一生,就是这种奇怪的命运,一辈子也没有享受到一整个月(有一次逃到乔克,……年10月在韦斯顿)或六周的安宁,让我静下心来。

我研究(几何学)是在马背上和厕所里(我父亲阻止我)。所以我把奥特雷德的代数课本放在口袋里,有些知识是跟多塞特郡吉林厄姆的神学博士爱德华·戴夫南特学的。我最迷恋的是几何学。如果说我还能胜任某项工作的话,那就是当个画家。我能够强烈地想象一样东西,脑子里有幅清晰的图像。

九岁时是个肖像画家,很快就——

小时候总是喜欢和老人交谈,老人都是活史书。他不喜欢玩耍,而是在休假日专注于绘画。

我的脑子一直都在运转,从来都不闲着,甚至旅行时(从1649年至1670年,从未离开过马背)也在搜集资料,搜集有两叠书页纸或更多,对开,一垃圾筐,其中一部分还有待评价。

他主要的美德是有感恩图报之心。

从不放荡,也不奢侈,但(如爱德华·利奇爵士所说)懒散和粗心大意也同样是恶习。

真实本性(研究古物)已经死了,我要雇六七个人去重新开始……去记录这些古物。我忙得像块磨刀石一样。

小时候多病,谢天谢地,从十六岁起康复。

朋友:

安东尼·埃特里克,三一学院——中殿律师学院;

约翰·莱德尔;

弗朗西斯·波特,《释数字666》的作者,收到他上百封信;

约翰·霍斯金斯爵士,准男爵;

格拉塞利府的埃德蒙·怀尔德先生,我以最为感激的心情提到他的名字;

罗伯特·胡克先生,格雷沙姆学院;

托马斯·霍布斯先生,165×年;

安东尼·伍德,1665年;

威廉·佩蒂爵士,我特殊的朋友;

詹姆斯·朗爵士,准男爵,德雷克特的,编年史,还有——

查尔斯·西摩先生,萨默塞特公爵之父;

约翰·斯塔韦尔爵士,中殿律师学院;

罗伯特·胡克先生;

索尔兹伯里主教(塞思·沃德);

威廉·霍尔德博士。

这些人的生平由安东尼·伍德先生撰写,1679年或1680年。

我向朋友展示才华,为这些年轻的精灵祈祷——在格雷沙姆学院①附近莫斯夫人家暂住。莫斯夫人住在主教门街哈蒙德巷最远的那所房子,正对着老詹姆斯酒馆。

期待着仰仗鲁埃林·詹金斯爵士得到晋升。

约翰·奥布里主要住在威尔特郡的布罗德-乔克,有时候住在伊斯顿-皮尔斯,每个学期都在伦敦。花很多时间到南威尔士(限嗣继承的不动产)和赫里福德郡旅行。

他写了《威尔特郡博物史》;为安东尼·伍德写了《名人小传》(1679—1680);《贵族的教育观念》,在阿什莫尔先生手里;文章《异教的残余》,是对奥维德《岁时记》的评论;备忘录《对英国村落的说明》;文章《工匠的财富》(供他自己用)。

是奥布里促使霍布斯先生写他的专著《论法》,这本书和他的《修辞学》装订在一起,所以要是不凑巧是找不到的,第一本的书名里没有提到它。

1673年3月5日,星期四,晚上九点十五分,奥布里被拘捕……加德纳,庭吏,一个壮健、金发、吉星高照的家伙,傲慢,无礼,反正就是这一副德行。

1675年3月25日,下午约四点,左鼻孔流血,我不记得这一不祥之兆过后出了什么事。

1677年7月31日,我把书卖给了利特尔伯里先生,当时我头上的脓肿破裂了。大约五十岁,头上的脓肿。

---

① 很独特的一所学院,由托马斯·格雷沙姆爵士创办,位于伦敦,既不招收学生,也不授予任何学位,只举行公共讲座。

波因茨船长(因为我曾为彭布罗克伯爵和阿宾登伯爵效力)出于好意,于1686年2月2日将多巴哥岛上的一千英亩土地授予我。他建议我派移民过去,认购这一千英亩地,他说对我来说两百英亩就足够了。这座蕞尔小岛是银子的老窝。

宾夕法尼亚领主威廉·佩恩十分仁厚,亲自加盖印信,将宾夕法尼亚的六百英亩土地给了我(16××年),我没有索要,连想都没想过。他建议我将法国的新教徒移民到那里,七年免费,之后再让他们交租金。他还告诉我,三年以后,两百英亩每年租金十英镑。

现在我要是想发财,就能成为"王子"。我可以去马里兰,那是世界上最好的地方之一,和法兰西的气候一样,位于弗吉尼亚和新英格兰之间。我的一切愿望,巴尔的摩大人都会满足。他兄弟是他在那里的助理官员,是位心肠很好的绅士。各种东西应有尽有,土地向西延伸两千英里。我相信我能带去一队流浪汉,还能带去一批能工巧匠,我可以凑成五六队能手,对此我毫不怀疑,这就足够了。

1693年3月20日,夜里大约十一点,约翰·奥布里遭到抢劫,头上受伤十五处。1694年1月5日,中风发作一次,大约下午四点。

1639年,复活节过后的星期一,舅舅安东尼·布朗的马把我摔了下来,很危险。在此之前,我感觉到屁股下面有蔷薇刺,这让马觉得刺挠,地点是在伯里巷北端。感谢上帝!

约翰·奥布里经历的不幸事件

1626年3月12日,大约日出时分,出生于伊斯顿-皮尔斯,很虚弱,要死的样子,所以晨祷之前就受洗了。记得我听母亲说过,我出生不久就得了一场疟疾。

1629年,大约三四岁,我得了一场严重的疟疾。我记得这事,直到十一二岁才健康起来,但有……年时间每两周呕吐十二个小时,然后又有……年时间每月呕吐一次,后来每季度呕吐一次,再后来每半年呕吐一次,最后一次是在1642年6月。这种病让我从小就身体纤弱。

1633年,(七岁或)八岁,我头上的冠状缝向外流出液体(自然流出),一直流到二十一岁。

1634年10月,我发了一场高烧,简直要了命。这是我生的一场最危险的病。

大约在1639年或1643年,我出了风疹,但什么事儿也没有,基本上不算病。

1639年,复活节过后的星期一,我骑着舅舅的马跑了出去,马将我重重地摔了下来。

1642年5月3日,进入牛津三一学院。

1643年4月至5月,在牛津患天花,不久之后离开了这块宝地,在乡下过了三年痛苦的生活。

1646年4月,进入中殿律师学院。但父亲生病,还要做生意,我一直无法静下心来学习。

1652年,大约在4月16日或18日,我遇见那位绝世淑女玛丽·怀斯曼小姐,一见钟情,那支要命的箭牢牢地扎进肉里[①]。

1652年10月21日,父亲去世。

1655年,(我记得是)6月14日,我在埃普瑟姆跌倒了,断了一根肋骨,担心会引起脓肿。

---

① 维吉尔:《埃涅阿斯纪》,IV,73。

1655年9月,更可能是1656年9月,我开始准备一场花费昂贵、旷日持久的诉讼,有关布雷克诺克郡和蒙默思郡的限嗣继承问题。

这一年,还有上一年,对我来说很奇怪,好事坏事都有,也就是爱上玛丽·怀斯曼,也摊上了官司。

1656年12月,爱的烦恼。

1657年11月27日,凯瑟琳·赖夫斯小姐去世,我就要和她完婚的,对我来说是个重大损失。

1659年3月或4月,在伊利大教堂差一点折断脖子,第二天在那里骑马飞奔,我的马一再绊倒,然而(感谢上帝)我却毫发无伤。

1660年七八月,我陪着安东尼·埃特里克到爱尔兰住了一个月,回来时船在霍利黑德险些遭受海难,但人没有受伤。

1661年、1662年、1663年,这几年我卖掉了赫里福德郡的财产。

1662年1月,很荣幸地当选为王家学会会员。

1664年6月11日,在加来上岸。接下来在8月有一阵严重的忧郁,在奥尔良痔疮发作了。10月返回。

1664年或1665年,圣诞节过后的星期一,有被马毁掉的危险,当天睾丸受了伤,可能会致命。问问罗伯特·怀斯曼是哪一年,我相信是1664年。

1665年11月1日,我第一次向琼·萨姆纳示爱(在一个不吉利的时刻)。

1666年,这一年我所有的事务都不顺利,什么事都办不成,像中了魔咒似的。很多人背叛我,很多人仇视我。

1667年12月,在钱塞里巷被捕,萨姆纳夫人起诉我。

(1668年)2月24日,上午大约八九点,在索尔兹伯里和她一起受审。胜诉,获得六百英镑的损害赔偿金,尽管遭到穷凶极恶的反对。

1668年7月6日,中了彼得·盖尔的毒计而被捕。前一天我要去温切斯特接受第二次审判,拘留我的时间不超过两小时,但没有受审。

1669年3月5日,8点到9点在温切斯特受审,法官在亨格福德夫人的操纵下极力与我作对。但出现了四个犯罪地点,费了一番周折,得到了索尔兹伯里裁定的一半,也就是三百英镑。

1669年至1670年,我卖掉了在威尔特郡的所有财产。

1670年至今,(感谢上帝)我享受着幸福的隐居生活。

1671年,几次险些被捕。

1677年6月底,我头上的一处脓肿破了。

感谢上帝。

[备忘]1673年圣约翰节夜里,在中殿律师学院伯吉斯先生的律师事务所,差一点被一个(双子宫的)年轻人用剑刺穿。

参见年鉴,我去霍斯菲尔德那一年。

询问我住在尼夫夫人家是哪一年,当时在格雷律师学院大门对面的街上,我险些被一个醉汉杀死。那个人我以前从未见过,但(感谢上帝)他一个同伴阻止了他。([备忘]天意如此。)

差一点被彭布罗克伯爵威廉杀死,也就是当时的赫伯特大人,索尔兹伯里选举威廉·索尔克尔德爵士为议会议员的时候。

我在双子宫看到火星,预示我有出事的危险。

我有两次差一点溺死。

1633年,我进入亚顿-凯纳尔的拉丁语学校学习语法。学校属于教会,由教区牧师哈特先生教大一些的男孩子学习维吉尔、奥维德、西塞罗等。当时的习俗是用一张仿羊皮纸封面(也就是旧书稿)将书包起来,我当时太小,还看不懂。但我很喜欢那优美的书法和彩色的首字母。我记得这个教区的牧师威廉·斯顿普先生,他是马姆斯伯里的布商斯顿普的重孙子,拥有威斯敏斯特大教堂的好几部手稿。他是个可敬的人,一个大好人。他酿一桶特制的麦芽酒时,就用一页手稿堵住桶口,上面压上黏土。他说这样再好不过了,而我看了则很难受。

后来我去利·德拉米尔的拉蒂默先生那里上学,在邻近的教区,那里也用书皮将书包起来。在我祖父那个时代,书稿就像蝴蝶一样乱飞。所有的音乐书、账簿、习字簿等,都用旧书稿包起来,就像我们现在用蓝纸或大理石花纹纸包起来一样。马姆斯伯里的手套商对旧书稿造成了严重破坏,那些手套肯定都是用很多张古代稿纸包裹起来的。

内战之前,大量珍贵的手稿在这一带毁掉了,因为离这里不到六英里就是马姆斯伯里教堂,可以相信那里的图书馆藏有很多善本书,就像英格兰大多数图书馆一样。也许在这个图书馆里,我们发现过老普林尼《博物志》的真本,这里的一个修士卡米图斯将其删节,为国王亨利二世出过节本。在前面提到的范围内,还有布罗德斯托克隐修院、斯坦利隐修院、法利隐修院、巴斯隐修院,距离八英里,还有赛伦塞斯特隐修院,距离十二英里。

1638年,我转到多塞特郡的布兰福德学校,跟着威廉·萨顿先生。(在威廉·加德纳时期,这是英格兰西部最著名的培养绅士的学校。)这里也用旧羊皮纸包书,也就是租约,但我在这里没见过任何手稿。这附近没有男修道院。从旧书封面可以看出,当时的旧书稿是如何遭到毁坏的。

1647年,我出于好奇去找帕森·斯顿普,去看他的手稿,其中有一些我小时候看过,但到那个时候已经散失了。他几个儿子都是炮手和士兵,就用手稿来擦炮。但他让我看了几位院长大人颁发的几份证书,还有他们盖的章,我想他儿子、马姆斯伯里的托马斯·斯顿普上尉仍然保存着。

让-巴蒂斯特·科尔贝
Jean-Baptiste Colbert
1619—1683

商人，出色的会计师，为借贷双方服务。他是苏格兰血统，出身相当微贱，祖父在苏格兰军团里演奏风笛。

枢机主教马萨林发现其马厩花费很大，在账目上也受到欺骗。听说这个商人科尔贝在会计方面很有本领，马萨林就派人把他找来，让他检查账目，用更好的办法来避免受骗。科尔贝按照这一吩咐做了，而且做得很好，马萨林就雇他整理所有财产的账目，发现此人非常有用，又利用他来整理和结算国王的账目。科尔贝就是这样发迹的。这一说法来自约翰·佩尔博士。

卢多尔夫·范科伊伦
Ludolph van Ceulen
1540—1610

一开始以击剑为业,但后来聋了,便潜心研究数学,并以此而闻名。

他写了一部学术著作《论直径与圆周的比例》,刊印于……四开本,书前面是他的画像,画像四周格子里是剑、盾牌、戟等武器,其原因一开始我不明白。后来约翰·佩尔博士说,卢多尔夫以前是剑师,我这才恍然大悟。佩尔是听弗朗西斯·戈多尔芬爵士说的,弗朗西斯·戈多尔芬爵士曾是卢多尔夫的学生,跟着卢多尔夫学习击剑,在他家膳宿。

……年他死于莱顿,享年五十六岁,我记得是这样。他墓碑上(依据其最后遗嘱)刻着前面提到的《论直径与圆周的比例》,是……

格拉尔杜斯·约翰内斯·福西厄斯
Gerardus Johannes Vossius
1577—1649

他总是在一张纸的一面记事,这样在必要时他只要把纸撕掉,然后再订到一起就行了,就这样交给出版商,连誊写都免了。纸上如果只有一面有墨水,那正是他希望的,这样会省去他很多麻烦。这一信息来自约翰·佩尔博士。

查阅耶稣会会士德雷克塞尔的作品。

德西迪里厄斯·伊拉斯谟
Desiderius Erasmus
1466—1536

他原名杰拉德·杰拉德,后来改为德西迪里厄斯·伊拉斯谟。据说他是个私生子。(参见《著名的私生子》,意大利语,八开本。)(他在自传里说)他父亲是他祖父的第十个儿子,也是最小的儿子,所以被安排将来侍奉上帝。他父亲杰拉德和彼得博士的女儿玛格丽特同居,并打算结婚,有人说某人禁止他俩结婚。

水星、金星、月亮和狮子宫连接,尤其是在向天顶上升时,能造就非常博学的演说家。伊拉斯谟的部分性格就是这样,他最博学的著作反映出最深刻的判断、最敏锐的才智、最流利的口才,世人无不知晓。他的算命天宫图上水星和金星在一起,在青铜色的天秤宫,木星在三角区,看着水星和金星。(参见大卫·奥里加努斯的书)第601页。

他死于1536年7月,参见他《书信集》前面的序言《论伊拉斯谟之死》,1545年刊印于安特卫普。

他不喜欢鱼,尽管他出生在一个渔镇。他是奥古斯丁修道会的,其法衣和意大利某地(我认为是比萨,询问一下约翰·佩尔博士)疫病收容院院长穿的衣服一样。他在这个市散步时,人们把他当成了疫病收容院院长,让他闪到路旁边(害怕传染)。他不明白是什么意思,继续走他的路,结果让人痛打一顿。他到罗马后抱怨这件事,获得了特许,可以继续穿他原来的法衣。

他父亲精心安排他上了一所好学校,位于克利夫兰的达塞尔多夫。他是个娇嫩的孩子,母亲不让他住校,而是在那里买下一座房子,给他做甜酒吃。这一信息来自神学博士约翰·佩尔。

他在剑桥王后学院学习了一段时间,其寝室在水上方。

> 通向剑桥王后学院他书房的台阶,首先把你引到这座古老建筑两间最漂亮的寝室,其中一间朝向教学楼和主要的庭院,我上学的时候由副院长住着。邻近一间是我的,我当研究员的时候,真是我的好运气。上面的寝室是很好的住所,其中一间邻近一个方塔楼,塔楼上面一层便是伊拉斯谟的书房,书房上面是铅屋顶,顶上可以走人。从这里可以看到学院四周最好的景色,也就是河流、麦田、附近的乡村等。
>
> 所以,这完全合乎学院对这位伟人的礼节(伊拉斯谟不是研究员,我认为他在这里待的时间并不长),让伊拉斯谟占用这间书房。他的会客室可能是副院长的会客室,或者是在副院长隔壁。他仆人的房间在他上方,从这一房间可以进入他的书房。书房的高度、整洁、景色,可以很容易让他喜欢上这里。

这段话引自萨默塞特郡切德佐伊教区牧师安德鲁·帕斯卡尔先生的一封信,落款是1680年6月15日。

伊拉斯谟在一封信里提到他在这里,抱怨这里的啤酒不好。很久以前,就有人在学院图书馆的书页边写评论——就像一开始就有似的——说帕斯卡尔先生在校期间,他们都找酿酒者的碴子。

他有肯特郡奥尔丁顿教区牧师的寓所,这个寓所可能比佩尔博士在埃塞克斯任教区牧师的寓所好上三个等级。我不知道他们是不是为他找不到更好的肥缺了。但我发现太阳和白羊宫在黄道第二宫(在他的算命天宫图上)的人,生下来并不是富人。

他在鹿特丹建了一所学校,向学校捐了钱,制定了规章制度。乔治·恩特爵士在这里接受教育。为了纪念他,在鹿特丹桥上为他竖立了一尊铜像。

牛津郡梅普尔德哈姆(雷丁附近)的查尔斯·布朗特爵士是他的门徒(他有一些书信是写给查尔斯·布朗特爵士的),查尔斯·布朗特爵士想让伊拉斯谟帮个忙,坐下来让自己为他画张像。像他画了,画得非常漂亮。这幅画像在我表亲手里,也就是贝恩顿(威尔特郡)的约翰·丹弗斯,丹弗斯妻子的祖母是查尔斯·布朗特爵士的女儿或孙女。令人遗憾的是,这样一件珍品居然从家里转让出去了。但家里的子嗣最近亡故了,将来我要想办法把它买回来,送给牛津图书馆。

"李维的最后五卷书还在,是西蒙·格林努斯在一座修道院图书馆里找到的,这座修道院在沃姆布斯市对面。英格兰国王亨利八世统治时期,伊拉斯谟把这些书题献给了蒙乔勋爵威廉的儿子查尔斯。"菲利蒙·霍兰翻译。

他们常说,伊拉斯谟是悬在天堂和地狱之间的。直到1655年前后,也就是他死去一百二十年之后,罗马枢机主教团才宣布他是个异端分子。

《伊拉斯谟自传》在他的《对话录》前面,1644年刊印于阿姆斯特丹。对他的生平描写得很详细,还有他的死亡,他死在巴塞尔,也埋葬在那里,在他的《对话录》刊印于伦敦之前。

他最深邃的神学思想在人们最想不到的地方,即他的《对话录》中,在一个屠夫和一个鱼贩的对话里。

［备忘］圣阿瑟夫主教亨利·斯坦迪什写了一本书，批驳伊拉斯谟翻译的《新约全书》。参见理查德·贝克爵士的《英格兰国王编年史·亨利八世》。

如果我没有记错的话，我在理查德·贝克爵士《英格兰国王编年史》第一版里看到，英语语法的句法部分是由伊拉斯谟撰写的。

［备忘］朱利叶斯·斯卡利杰尔与伊拉斯谟争辩，但一无所获。正如富勒所说，伊拉斯谟就像是一只獾，一咬住就不松口。

他是我们求知路上的侦察员，把崎岖不平、杳无人迹的道路变得平坦畅通。

可能担任过主教。参见《书信集》。

德莱顿家族（Dreyden）取名"伊拉斯谟"的传说

桂冠诗人约翰·德莱顿先生对我说，他高祖父与鹿特丹的伊拉斯谟友情深厚，伊拉斯谟还是他一个儿子的教父，从那以后伊拉斯谟这个教名就被他们家保存下来了。诗人的次子叫伊拉斯谟，其家族居住地的一间寝室叫"伊拉斯谟室"。

罗杰·培根
Roger Bacon
1214—1294

［备忘］在霍普顿的《年份索引》前面,有博学的塞尔登先生的一首诗,其中谈到培根修士,说培根修士是多塞特郡的绅士。这个郡现在仍有姓培根的人家,有些非常富有。我发现一本书(这本书我有)里提到培根修士会做眼镜,他还详细描述了如何做火药。参见此书。

杰拉德·朗巴恩博士有他全部著作的目录,目前在保罗学校校长盖尔博士手里。

劳伦斯·鲁克
Laurence Rooke
1622—1662

出生于肯特郡,毕业于剑桥冈维尔与凯厄斯学院,优秀数学家,也是个大好人,塞思·沃德博士(现在是索尔兹伯里主教大人)的好朋友。

我在格雷沙姆学院听他讲过奥特雷德的《数学题解》第六章,讲得很精彩。他的书信文稿在索尔兹伯里主教手里。

他是个有节制的人,身体强壮,但因经常熬夜做天文观测而染上疾病,后死于这种病。他被埋葬在伦敦的圣本尼特-芬克教堂,靠近老交易所。

他的好朋友主教(当时为埃克塞特主教)送给王家学会一座非常漂亮的摆钟,以纪念鲁克先生,题词如下:

> 埃克塞特主教塞思把这座钟送给王家学会,摆放在他们开会的地方,以纪念劳伦斯·鲁克先生。他精通所有学科,最初是格雷沙姆学院天文学教授,后来是几何学教授,逝世于1662年6月26日。

索尔兹伯里现任主教大人塞思有鲁克先生的全部书信文稿。

约翰·克利夫兰
John Cleveland
1613—1658

　　出生于沃里克郡,剑桥圣约翰学院研究员。他在剑桥主要以优秀辩手而不是以优秀诗人而受到关注。

　　他是保王党成员,因而被取消了研究员资格,然后来到牛津,这里有国王的军队,他深受他们的爱戴。

　　他从牛津去了特伦特河畔的纽瓦克要塞,在这里有时候写文章或其他作品时,他必定要加一句简短的结语:"于此我等签下性命,作为信任的标记。"

　　国王从战场上被打跑之后,克利夫兰来到伦敦,躲到格雷律师学院。他和格雷律师学院的塞缪尔·巴特勒等人每天夜里聚会(饮酒作乐)。

　　他是个标致、富态的人,一头漂亮的鬈发,深褐色,1658年死于坏血病,埋葬在霍尔本的圣安德鲁教堂。

威廉·佩蒂爵士
Sir William Petty
1623—1687

骑士威廉·佩蒂爵士是汉普郡拉姆齐的佩蒂先生的儿子。他父亲出生于圣灰星期三,比霍布斯先生大,也就是 1587 年。他父亲是布商,也染自己的衣服,1644 年死于拉姆齐并葬在那里。威廉爵士打算在那里为他立一块墓碑。父亲几乎没有给威廉爵士留下任何财产。

1623 年 5 月 26 日,星期一,晚 11 时 42 分 56 秒(参见算命天宫图),威廉·佩蒂爵士出生于他父亲的那座房子,三一节那天接受了洗礼。他很少生病,大约八岁那年 4 月生了一场大病,一直到米迦勒节① 才痊愈。

拉姆齐是个小避风港,但聚集了各行各业的能工巧匠。威廉小时候,最高兴的事就是看这些工匠,如铁匠、钟表匠、木匠、细木工匠等。十二岁时,所有这些行当的活儿他都能干。他在这里上学,十二岁时略微能说一些拉丁语,并开始学习希腊语。他对我说,大约十二岁(或十三岁)时,也就是十五岁之前,他碰到了一生中最值得关注的一件事(他没有告诉我是什么事),为他后来飞黄腾达和发家致富奠定了基础。

---

① 9 月 29 日,英国的四大结账日之一。

他对我说,大约十五岁那年的3月,他乘船去了诺曼底,带了点货,在卡昂开始做起了买卖。他开始经商,生意兴隆,能养活自己了,也能受教育了。我猜测这就是他所说的那件最值得关注的事。他在这里学习法语,完善了拉丁语,希腊语也学得够用了。他在卡昂也学了文科。十八岁时,他的数学比现在还要好(我听他说的),但必要时,他还能把以前学过的数学捡起来。参见霍布斯先生的传记。

[备忘]他在拉弗莱什的耶稣会学院待过一段时间。

他在巴黎学习解剖学,和托马斯·霍布斯先生一起学习维萨留斯,霍布斯先生喜欢和他交往。霍布斯先生后来写了《光学》。威廉·佩蒂爵士画得一手好画,为霍布斯先生绘制了光学图表,霍布斯先生很喜欢。有一次在巴黎,他急需钱,陷入了困境,我听他说他一个星期只靠价值两便士(或是三便士,我忘记是几便士了,但我记得是两便士)的胡桃过活。询问他在那里是否蹲过监狱。

1648年,他来到牛津,进入布雷齐诺斯学院,在这里教年轻学生学习解剖学,解剖学当时在这所大学还几乎不为人所知。我记得他从雷丁沿水路①运来一具尸体,可以研究很长一段时间,经过某种方式的防腐处理或腌制。

1650年发生了一件值得纪念的事,即南·格林的复活试验,这一试验要归功于威廉·佩蒂博士,他是第一个发现她还有生命的人,是她的救命恩人。

他住在牛津,受到所有聪明学者的爱戴,尤其是三一学院的拉尔夫·巴瑟斯特(当时为医学博士)、沃德姆学院院长约翰·威尔金斯博士、天文学教授和神学博士塞思·沃德、罗伯特·伍德博士、医学博

---

① 指泰晤士河。

托马斯·威利斯等人。

［备忘］大约这一时期，实验科学首先在这里萌芽，在这一黑暗时代得到这些学者的培育。

到牛津查阅有关南·格林的解剖试验材料，然后添加进来。

我记得在1660年前后，他与奥利弗的一个骑士发生激烈争执。有人就调唆两人打斗。这位骑士常在都柏林布道，以前当过兵，便向威廉爵士发出挑战。威廉爵士近视得非常厉害。作为应战者，他有权指定地点和武器。他指定的地点是个黑暗的地窖，武器是一把木匠用的大斧。这让那位骑士的挑战成为笑料，结果不了了之。

他可以成为一名优秀喜剧演员（如果他愿意的话），其即席布道能力无人能比，无论是以长老派方式、独立派方式、圣方济会托钵僧方式还是耶稣会方式都可以。

他有个私生女长得很像他，婚生子也没有她像。她在公爵剧场里表演，大约在1679年生了一个孩子。（1680年）她大约二十一岁。

1675年或1676年3月18日，他受到大法官芬奇的责备，当时要为爱尔兰农业特许状加盖公章，威廉爵士拒绝盖章。3月29日，星期一，他受到弗农先生的公开侮辱。第二天，即星期二，威廉爵士及其内弟沃勒先生威吓了弗农先生，并用手杖打他。

……年，他在……获得医学博士学位。

1648年和1649年，佩蒂博士居住在牛津，1652年离开（如果安东尼·伍德没有记错的话）。

1650年前后（询问），他被遴选为格雷沙姆学院音乐教授，是凭借其朋友约翰·格朗特上尉（《死亡清单观察》的作者）的影响力而当选的，当时的收益在世界各地都只有四十英镑。

不久之后，也就是1652年8月，他获得了爱尔兰的特许状，被推荐到议会,担任爱尔兰的一个测量员。约翰·格朗特上尉也利用其影响力出手相助,帮他获得了这一差事。

埃德蒙·怀尔德先生也帮了他大忙,但怀尔德先生完全是任人唯贤(以前他并不认识威廉爵士),而威廉爵士可能还不知道。怀尔德先生当时是议会议员,大力资助才子和贤人。总之,他是个极为杰出和博学的人,非常有才华,既适合于晋升到最高职务,也是个能为最高职务增光的人。

议会下令测量爱尔兰时,好几个人主动提出去测量,其报价分别是四千、五千和六千英镑。但威廉爵士(当时还是博士)的报价比他们都低,所以中了标。乔纳斯·莫尔爵士说这太危险,他只想安安稳稳地躺在床上睡觉,他害怕托利党人。这一消息来自埃德蒙·怀尔德先生。

他测量了爱尔兰王国,测得非常精确(询问约翰·霍斯金斯爵士是如何测量的),凡是每年收益六十英镑的土地,他都能展示出来,连价值都有。他雇来做几何测量的都是些普通人,有些人(也许)是步兵,他们拿着盒子和针绕行,不知道自己在干什么,而威廉爵士却对用法知道得一清二楚。

通过干测量这一差事,他在爱尔兰得到一座庄园(在国王查理二世复辟之前),每年的收益是一万八千英镑,其中大部分后来被迫退还,庄园原来的主人被宣布无罪。他在那里每年仍然有七八千英镑的收益,从克里郡的曼戈顿山上,还可以看到自己五万英亩的土地。他在爱尔兰每个区都有一座庄园。

1667年三一节,他娶了爱尔兰骑士莫里斯·芬顿爵士的遗孀、爱尔兰的哈斯德拉斯·沃勒爵士的女儿,一个非常漂亮而又有才华的女人,褐色皮肤,一双明亮的眼睛,二人生有……个儿子和……个女儿,都非常可爱,但全都像母亲。

他有基尔摩伯爵和……男爵的特许状……166×年。① 他在有生之年将其藏匿起来,以免遭人妒忌,但他儿子享有优先继承权。

我认为,他儿子可能和某位贵族或伯爵发生过冲突,他在都柏林宫里好像有仇人,这些仇人出于妒忌,便阻止了特许状的批准。

1662年,他荣幸地受封为骑士。

1660年,他来到英格兰,立即得到国王的青睐,国王非常喜欢和他交谈。

1664年,他造了一条双底船(大约在新年涨潮时下水),并亲手制作了这条船的模型,送给了王家学会,保存在格雷沙姆学院陈列室。这条船确实很好用,但在16××年一场特大风暴中葬身于爱尔兰海。([备忘]怀特岛上也有一条双底船,由……先生建造,据说航行起来也很好。询问李船长。)

他有善于发明创造的头脑,令人钦佩,也有务实的才能。他对我说,他读书很少,二十五岁以后就没看过书了。他和霍布斯先生的观点一样:他要是像有些人那样博览群书,就不会像现在这样懂得多,也不会有那么多的发现和改良。

1679年或1680年3月22日,他去了爱尔兰,想成为爱尔兰议会议员。但愿上帝让他这一趟收获良多。

我记得有一年的圣安德鲁节(王家学会每年都在这一天召开选举大会),我说:"窃以为我们选在苏格兰保护圣徒的节日②开会不妥,为何不选在圣乔治节③或圣伊西多尔(哲学家,被封为圣徒)节④?"

"不行,"威廉爵士说,"我宁可选在圣多马节,圣多马不亲眼看见、

---

① 此处原文不完整,意思模糊不清。
② 圣安德鲁是苏格兰的保护圣徒,其节日为11月30日。
③ 圣乔治是英格兰的保护圣徒,其节日为4月23日。
④ 圣伊西多尔是塞维利亚大主教,被认为是最后一位教父,其节日为4月4日。

不亲手摸到伤口是不会相信的。"①格言说,不要轻信任何人的话。

他对我说,他一生从来没有靠遗产过活,除了有十英镑没有支付。

他对我说,有些人因偶然因素而得到晋升,靠投宿客栈时结识一个人,在路上结识一个人,或是像其他人那样。(如我的表亲罗兰·普拉茨,科廷顿勋爵以前从来没有见过他,见到他之后就非常喜爱,在赴西班牙出任大使时让他担任骑马侍从。这件事发生在船上。)而他从来没有这样的机会,只能靠自我奋斗来取得成功。

他是个体面漂亮的人,六英尺高,一头褐色的好头发,适度地往上翻卷。参见他的医学博士像。他眼睛呈鹅灰色,但近视严重,外观上漂亮,显示出温柔的性格,不骗人,是个心肠非常好的人,很有同情心。眉毛浓密,又黑又直(横向),头很大。他年轻时很苗条,但最近二十多年来发福了,现在(1680年)肚子大得走路都很困难。

1679年或1680年3月,我劝他坐下来让雕刻家洛根先生为他画像,我立即把洛根先生请来,趁他去爱尔兰之前为他画了像,画得非常像他。但大约在1659年,他让我们共同的朋友塞缪尔·库珀先生(当时的肖像画大师)为他画了一幅微型画,是库珀先生画得最像的画之一。

与荷兰交战期间,他们在伦敦会议上决定从爱尔兰招一批海员(我记得是一千五百人)。特派员带着委任状去了爱尔兰,告诉了威廉爵士这件事。威廉爵士说:"你在这里绝对招不到这么多人。"

"噢,"特派员说,"我向你保证,我不会少招一个人。"

---

① 圣多马为耶稣十二门徒之一。耶稣复活后他不相信,直到用手摸到耶稣的伤口才相信。参见《新约·约翰福音》20:24—28。

威廉爵士知道，这是不可能的。他知道爱尔兰的船能装载多少吨，依照常规，一定的吨数配置一定的人数。这些船有一半在国外，国内的船上又必须有那么多人。最后，特派员费尽九牛二虎之力，在那里招募到的海员可能不超过二百人。由此我们可以看出，政治家不会算术是要犯错误的。

　　还有一次，都柏林政务委员会大呼小叫，要求禁止从英格兰和威尔士进口煤，因为都柏林四周有大量泥煤。所以他们要提高租金，让穷人干活儿，这样供应给都柏林市的燃料就会更便宜。

　　威廉爵士初步判断，这一计划行不通。他说："如果你们下令不让外国船运煤进来，而是用你们自己的船来运，我非常赞成。而你们推测用泥煤便宜，泥煤在其出产地确实便宜。但考虑到运费，考虑到为各个商行堆放那么多煤所需要的煤场，而这些煤场又必须租借，费用会是多少？"

　　他们计算了一下，发现把一切都考虑在内，其费用要比从威尔士等地运煤贵得多。

　　我听威廉爵士不止一次地说，他一直不知道自己快瞎了。后来，有一次师傅（佩蒂最初是一个船长的签约徒弟）让他爬上绳梯，看到一个尖塔（在英格兰或法兰西海岸上的某地，我忘记在哪里了）时让他发出预告。那个尖塔是个陆标，可以避免触上暗礁。后来师傅在甲板上看见尖塔了，用测深绳一测，发现水深只有……英尺，就用绳子抽了他一顿（我记得是这样）。直到这时，他才发现自己眼睛不行了。

　　他去爱尔兰之前担任诉讼代理人，毫无疑问他是个令人钦佩的好律师。我听他说过，他在担任诉讼代理时（很辛苦）可以同时处理好几个案子，而且是多于一个更好，和几个人交谈可以获得更多知识，也可以挣更多钱。

佩蒂夫人被册封为爱尔兰的舍布鲁克女男爵,其长子被册封为同一个地方的男爵,就在奥兰治亲王到来(1688年)之前不久。1688年由国王詹姆斯二世颁发证书。

[备忘]1665年前后,他向王家学会递交了一篇建造船只的论文(手稿形式,大约一刀纸)。布龙克尔大人(当时为会长)把论文拿走并一直保存着,说:"这是国家的重大机密,不宜公开。"但威廉爵士对我说,前面提到的医学博士罗伯特·伍德有一份抄件,他自己并没有。(向伍德博士索要。)

1687年12月16日,星期五,威廉·佩蒂爵士死在皮卡迪利大街他的家里(几乎正对着圣詹姆斯教堂)。他死于脚上生坏疽,由痛风肿胀而引起,埋葬在汉普郡的拉姆齐教堂,与他父母葬在一起。

威廉·佩蒂爵士有个男仆吹口哨无人能比。这个男仆后来侍候一个富有的寡妇,每天夜里他都要吹到她入睡。最后她实在忍受不住了,就让她的女仆出去,让他上床吹,第二天就嫁给了他。这肯定是真的,这是他本人和格兰特夫人说的。

威廉·佩蒂爵士写出了《爱尔兰的政治分析》。

1681年7月12日,他从都柏林给我回信说:"我不会贸然刊印这本政治分析,但我希望把传播出去的内容和罗伯特·索思韦尔爵士手头的那本进行比较,那本书我在1679年3月校改过。"

几年以后他对我说(把这本书题献给王家学会之前):"这样做要花费五万英镑,但爱尔兰要完蛋了。"

威廉·佩蒂爵士,轮值俱乐部成员,以其算术上的"比例"来给詹姆斯·哈林顿先生找麻烦,把政治转换成了数字。

富勒绘制有他身穿医学博士服的肖像,手里拿着颅骨,当时是个瘦子,戴着一条小饰带,旁边是韦斯林的《解剖学》。是威廉爵士让富勒绘制的肌肉图,存放在牛津大学图书馆画廊里。

威廉·佩蒂爵士有个兄弟……很像他,但死后无嗣。威廉爵士有他的肖像。询问我是否在刊印的记叙文里提到过南·格林?

询问他冤家对头的名字,……爵士?

回答:海伊罗姆·桑奇爵士就是他的冤家对头。1662年前后,威廉爵士写了一本八开本的书来抨击他。海伊罗姆爵士是奥利弗的一名骑士,指挥官,布道者,不是巫师。他向威廉爵士发出挑战。威廉爵士身为应战者,就指定了地点和武器,地点是个黑暗的地窖,武器是木匠用的大斧。威廉爵士用上这一招(他是近视眼),就和他强悍的对手站在了一条起跑线上。

罗伯特·博伊尔
Robert Boyle
1627—1691

罗伯特·博伊尔①先生,科克第一任伯爵理查德·博伊尔之子,出生于科克郡的利斯莫尔(以前是一所大学,一座大城市,有二十座教堂,曾是国王约翰的府邸。这一信息来自萨内特伯爵夫人伊丽莎白)。

他由一位爱尔兰奶妈养大,依照爱尔兰人的方式,婴儿被放在一个吊包里而不是摇篮里,包上开有一个长口子,小孩的脑袋可以从里面探出来。

他小时候在伊顿上学时体弱多病,面色苍白,他的同学伍德博士这样说。伍德博士和他一起在伊顿公学上学。

他学习拉丁语……去莱顿大学读书,游览了法兰西、意大利、瑞士。我经常听他说,他看了罗马的古物和建筑以后,其他任何地方他都不放在眼里了。他拉丁语讲得好,能脱口而出,就像我见过的大多数人那样。我听他说过,他年轻时从头到尾读过一遍库珀的词典,我觉得他读得很认真,相信他从库珀那里受惠良多,让他掌握了这门语言。他父亲在遗嘱里是这样为儿子罗伯特安排的:"又,我儿子罗伯特,我恳求上帝

---

① 又译玻意耳、波义耳。

给予他特别的保佑,我遗赠……"

据看过租册的罗伯特·胡克先生说,那是每年三千英镑,最大的一份在爱尔兰。他父亲把多塞特郡的斯托尔布里奇庄园留给了他,那里有一座很大的毛石房,是从卡斯尔哈文伯爵手里没收过来的。

他个头很高(大约六英尺高),身板挺拔,性情很温和,品性正直,节俭,单身,备有一辆马车,住在他姐姐拉努拉夫人家。他最大的乐趣是化学。他在姐姐家里有一间很大的实验室,有几个仆人(他徒弟)来照管。

他对贫困但有才华的人很慷慨,外国化学家有大量证据来证明他大方,为得到任何罕见的诀窍,他从不吝惜花费。他自己出资,请人翻译并刊印了阿拉伯文版《新约全书》,送到信奉伊斯兰教的国家。

他不仅在英格兰大名鼎鼎,在外国也同样大名鼎鼎。外国人来到这里,最想做的事之一就是去拜访他。

他自己的著作就相当于一座图书馆。

参见奥利弗·希尔斯的……其中指控他公然剽窃。

乔治·蒙克
George Monck
1608—1670

阿尔比马尔第一任公爵。出生于德文郡（到宗谱纹章院查看德文郡），一个古老家族的次子，在亨利八世统治时期每年收入一万英镑（据他本人所说）。

他是个强壮、健康的小伙子，年轻时杀了一个人（他的亲戚林登夫人提供的信息。林登夫人为德文郡人，娘家姓蒙克），不得不逃到低地国家，在那里受训成为军人。

内战之初，他回来加入国王一方，并担任指挥官（询问在英格兰的哪个地方）。

他被议会军俘虏，关在伦敦塔。事实上他被宫里忘记了，没人想到去把他交换回来，所以陷入贫困。1644年，他被监禁在伦敦塔，其间他的女裁缝南·克拉吉斯（一个铁匠的女儿；这个位于街角的铁匠铺子仍然在打铁，在从斯特兰德大街出来，走进德鲁里巷时右方第一个拐角处，现在是用砖建的）对他很好，她是以双重身份待他。需要记住的是，他当时陷入贫困，她帮助了他。她在这里怀了孕。她一点也不漂亮，也不爱干净。她母亲是五位"女剃毛匠"之一。

我记得是在1635年，德鲁里巷有一个已婚妇女，让一个女人的丈夫染上了花柳病,也就是梅毒,此人是她邻居。这个女人就把这件事说给了邻居中爱说长道短的人听,她们就决定报复,也就是抓住她抽打她一顿。这一严厉的惩罚被改编成一首民谣,这是第一首让我有兴趣阅读的民谣,其副歌如下:

> 你听说过类似的事吗?
> 你听说过这种事吗?
> 那五个女剃毛匠干的事?
> 她们都住在德鲁里巷。

……年,南·克拉吉斯的兄弟托马斯·克拉吉斯来到一条船上,对乔治·蒙克说他姐姐上产床了。

"生了个什么?"他问道。

"生了个儿子。"

"噢,"他说,"她是我妻子。"

他只有这一个孩子。

(1646)年,他获得了自由,我忘记是以何种方式了,在奥利弗手下找个差事,(我记得是)在海上打击荷兰人。他干得很好,很勇敢。但我记得船员们常笑话他,他不是喊"换抢"①,而是喊"右转舵"或"左转舵"。

1651年,他在苏格兰担任指挥,深受士兵爱戴,我认为也受到那个地方的爱戴(爱一个敌人)。护国公奥利弗很想把他召回国,就寄给他一封信函夸奖他,希望他回到英格兰听取他的高见。蒙克给护国公阁下回信说,如果护国公同意,他愿意率领一万人回去为护国公效力。这

---

① 航海术语,指逆风航行时,让船沿"之"字形行进。

一计划就这样告吹了。

1659年或1660年2月10日(我记得是这一日期),他在下午大约一点率领军队来到伦敦,议会派人叫他去遣散兰伯特的队伍。然后他寄给议会一封信,这封信已刊印出来,我把它附在这里。很快就有人把他叫到议会,议会里就为他摆放了一把椅子,但他不愿坐上去(出于谦逊)。(残余)议会①故意让他厌恶这座城市,就拆掉几个城门并将其烧毁(我亲眼所见)。

那是个星期六。第二天是星期日,他的老乡拉尔夫·西德纳姆爵士来和他一起吃饭,饭后对他说,上天赐给他一个绝佳机会,暗示他让国王复位。他的回答含糊其词,说他希望要像个诚实的人那样做事。我们这些拉尔夫爵士的熟人期待着他回家吃饭,以便听到将军的回答。拉尔夫爵士把他一直留到晚上九点。国王复辟以后,蒙克让拉尔夫爵士当上了查特豪斯公学校长。

2月……,(不久之后)残余议会邀请他参加一次盛大宴会,只要一来就绝对不会让他回去(这件事是一位议会议员语气肯定地告诉我的)。议员们等啊等啊,一点、两点、三点、四点,但最后这位阁下托人捎话,说他不能来了。我认为他担心其中有诈。

你要知道,很久以前,马西上校和沃里克郡惠特彻奇的托马斯·马里埃特先生就与国王保持通信联系,国王亲笔给他们写信,这些信我都看过。这两个人现在都悄悄地来到伦敦。托马斯·马里埃特和我住在一起(我当时在中殿律师学院),乔治·蒙克住在思罗克莫顿大街上的布商会所。马西上校(后来成为爱德华爵士)和托马斯·马里埃特每天都试图与乔治·蒙克达成秘密交易,另外还有罗宾逊上校(后来成为伦

---

① 指英格兰共和国时期的议会。

敦塔副官,我记得人们认为他不是太聪明),但看不出乔治·蒙克有任何动心的意思,也就是愿意把国王接回来。

每天深夜,我都躺在床上听人讲这些事。我当时就像个醉鬼,没有在记忆犹新的时候把这些事都写下来,托马斯·马里埃特也没有写(再问问托马斯·马里埃特)。但我能记住梗概,那就是他们几个确信蒙克根本不打算让国王复辟,也就是蒙克来到英格兰时,或刚到伦敦时。

但不久之后,蒙克便不知所措,有人故意让他对伦敦市产生了厌恶情绪,就像前面提到的那样,而且他被议会抛弃了,全市和全国普遍希望国王复辟,人们一直抱怨其他政体的暴政。蒙克没办法自保,只得与伦敦市等方面再次达成协议。

[备忘]针线大街上整日整夜地挤满了人,高呼"自由议会!自由议会!",喊声在空中回荡。2月(问问是哪一天)的一个晚上,蒙克骑着马出来,看到狂热的人群,他简直害怕起来。所以,为了使大家满意(就像对付纠缠不休的孩子一样),他就对大家说:"请安静,你们会有一个自由的议会。"

我记得这大约是晚上七八点。人群中立即山呼海啸,全城的钟声一起鸣响,整座城就像是在点燃的一堆篝火之中,大火熊熊燃烧,迅速在城里蔓延,我看到一些阳台被点燃了。人们搭起架子烤起了羊臀,我甚至看到一些上好的牛臀。人们在街上的篝火旁喝酒,祝国王查理二世健康,有人甚至跪在地上。

这一情绪在第二天夜里传到索尔兹伯里,这里同样兴高采烈。也传到了乔克,人们在山顶上燃起一大堆篝火。从这里又传到布兰福德和沙夫茨伯里,传到地之角①,也许传遍了整个英格兰。

---

① 英格兰最西南端康沃尔的海角,直译为"陆地尽头"。

所以,国王回归凭借的是上帝之手("这是耶和华所做的,在我们眼中看为稀奇。这是耶和华所定的日子,我们在其中要高兴欢喜。"[《旧约·诗篇》118:23—24]),这个人的作用只是附带的,无论那部八开本的历史巨著是怎么说的,这本书是在圣邓斯坦教堂对面刊印的。询问一下作者是不是托马斯·克拉吉斯爵士,也就是蒙克夫人的弟弟,他以前是药剂师,蒙克队伍里的军医,1660年成为医学博士。托马斯爵士经常在咖啡馆里讲这些不着边际的怪事,讲他的发明创造,讲他如何提携姐夫云云。

好啦,自由议会选出来了,也召开了。骑士和准男爵哈博特尔·格里姆森爵士当选为议长。他提出的第一个问题是:"是不是应该把查理·斯图亚特请回来?"

"是的,是的。"没有人反对。

约翰·格林维尔爵士(现在是巴斯伯爵)当时在城里,便把他派到布鲁塞尔。他见到国王时,国王正在吃饭,没想到有这么一个好消息,马上就站了起来,立即派人准备好马车,当天夜里就离开西班牙国王的领地,来到奥兰治亲王的地盘,我记得是布雷达。这件事我听主教约翰·厄尔斯及其妻子布丽奇特说过好几遍,当时这两口子都在布鲁塞尔。

现在曙光越来越明亮,直到阳光明媚,人们的喜悦也是如此。五朔节花柱在那个虚伪的年代是遭到禁止的,现在也立了起来,每个十字路口都有。德鲁里巷附近的斯特兰德大街上,人们竖立起(也许是)所见到的最高大的一根花柱,大家高兴地(我记得)借助于海员的技术将其升高,露出地面的只是其整个高度的三分之二,其余部分埋在地下(我记得大约在1672年被大风刮断了)。青少年和乡下人当时以这种方式表达自己的心满意足,但我记得从那以后很少再立花柱了。

乔治·蒙克得到的荣誉人人皆知。他可能足够明智,但行动缓慢,思想迟钝。他死于1670年,人们为他举行了隆重的葬礼,配得上他的伟大。他身穿袍服的塑像制作精巧,躺在华盖下面的灵柩台上,摆放在威斯敏斯特大教堂东端或靠近东端的地方,时间达一个月或六个星期。索尔兹伯里主教塞思·沃德(他的老熟人)在葬礼上布道(查阅他的布道词),布道词刊印了出来。

大约在国王回归时,乔治·蒙克的大哥去世,没有留下子女。他还有个弟弟……被任命为赫里福德主教。

乔治·蒙克夫妇在一两天之内相继去世。索尔兹伯里主教对我说,他为乔治·蒙克阁下尽了一个告解者最后的职责,闭合了他的双眼,这是主教大人亲口告诉我的。

乔治·蒙克回到英格兰之前几个月,国王派理查德·格伦维尔爵士(后来为巴斯伯爵)去找他,和他商量让他为国王效力还有和国王通信的事。蒙克说:"如果有机会,我会为他效力,但绝不会和他通信。"

他确实做得很明智。他要是和国王通信的话,肯定会被人出卖了。

当时的伦敦刑事法院法官怀尔德建议市民们握紧钱袋子,否则议会就会给军队发军饷,把国王拒之门外。这确实是个聪明的主意。

他在低地国家一开始是步兵少尉,然后是上尉,造假花名册可能要被(绞死?)的,后来他并没有忘记。这一信息来自科什少校。

下面这首诗写在众议院的门上:

　　蒙克葫芦里卖什么药,
　　让大家看明白之前,
　　市民们削减了生活开支。
　　议长患了痛风,

一连痛了十天,

残余议会如坐针毡。

[备忘]巴伦·布莱姆斯顿先生请我到他的卧室,要给我讲更多蒙克将军的事。我失去了这一机会,我那可敬的朋友去世了。

威廉·奥布里
William Aubrey
约1529—1595

法学博士。

下文选自葬礼布道稿和其他可靠的笔记,由高级纹章次官[1]亨利·圣乔治爵士保管。……带有心形符号的我推测是法学博士、骑士丹尼尔·邓恩爵士的笔迹,邓恩娶了威廉·奥布里博士的三女儿琼。

  威廉·奥布里先生,托马斯·奥布里的次子,托马斯·奥布里是霍普金·奥布里的四子,祖籍在布雷克诺克郡的阿博尔库里格,大约六十六岁那年去世,也就是1595年6月25日,埋葬在伦敦圣保罗大教堂高坛北侧,正对着骑士约翰·梅森爵士的坟墓,在一根大柱子的底座旁边,柱子矗立在最高的一个梯级上,这段台阶一直通向柱子东面唱诗班的圣坛,朝着彭布罗克伯爵威廉大人的坟墓。葬礼在1595年7月23日举行。

  这位绅士年幼时,在布雷克诺克镇的布雷肯公学学习基础语

---

[1] 英国纹章院共有十三名官员,包括高级纹章官三名(Kings of Arms)、纹章官六名(Heralds of Arms)、纹章官助理四名(Pursuivants of Arms)。高级纹章次官即为排名第二的高级纹章官,级别很高。

法。大约十四岁时,父母把他从这里送到牛津大学,由摩根先生监护并指导他学习,摩根先生是个非常博学的人。几年之后,威廉·奥布里就在人文学科方面大有长进,也学到很多其他有用的知识,尤其是修辞学和历史,被认为适合学习罗马法,于是被推选到牛津万灵学院读研,这所学院的罗马法研究一直很活跃。

他在万灵学院努力学习,非常勤奋,听各种讲座,参加学院的活动,二十五岁就获得了罗马法博士学位,然后马上就让他举办大学的钦定公共法律讲座。他的讲座受到广泛赞誉,其博学的名声四处传扬,被认为应该担任公职。不久之后,他就被派到法兰西的圣昆廷,担任女王军队里的巡回审判官。

战争结束以后,他回到英格兰,决定过安稳一些的日子,根据他以前所受的教育从事法律工作,担任圣公会宗教法院律师。他就这样平静地生活了很多年,由于法律方面罕见的判断力和学识而享有盛誉,其经验之丰富不亚于最有见识的人,大家都认为他在法律领域出类拔萃。

所以,在需要雇用罗马法专家的时候,他就派上了用场,有时候在国内,有时候到国外。在执行这些任务时,他总是既谨慎又勤奋,考虑问题无微不至,其勇气和美德日益显露出来,为进一步晋升创造了条件。他被晋升为威尔士边界地区政务会成员,不久以后又当上了大法官法院主事官,被任命为调查预审法官,被指定担任……大主教在整个教省的代理主教。最后,承蒙伊丽莎白女王的隆恩,他又担任女王的近臣,成为特别法庭常任法官之一。所有这些头衔和职务(除了与大法官法院主事官似乎不相配的特别法庭常任法官一职),他都承蒙女王的恩典,一直担任到去世。

这位绅士除了学识渊博、智慧过人,还生性谦恭有礼,说话平易近人、令人愉快,态度和蔼可亲。在他整个一生中,任何担任他职务的人都没有他受人爱戴。就他本人来说,他一生中的任何时候,都没有他晚年更受女王的青睐,更受王国中最显赫人物的青睐。

他个子不高,但也不太低,身材不胖,但体质好。年轻时有点倾向于脸胖,漂亮,肤色好,可爱,虽然晚年疾病削弱了他的体力,气色也不太好了。但他直到最后一息,都保持着一脸正气,其变化使其威严不减反增。

他死了,撇下其贤妻威尔吉福德(牛津郡坦顿的约翰·威廉姆斯先生的长女,还是个小姑娘的时候就嫁给了他,婚后夫妇相亲相爱,共同生活了四十年,直到他去世)。三个儿子和六个女儿都成了家。其后裔如下:

长子爱德华,娶了乔安妮,布雷克诺克郡威廉·哈弗德先生的女儿,也是其继承人之一。

次子托马斯,娶了玛丽,格拉摩根郡兰特里瑟德的安东尼·曼塞尔先生的女儿和继承人。

三子约翰(坎特伯雷大主教约翰·惠特吉夫特是其监护人,也是奥布里博士的好朋友。我听祖母说,她丈夫告诉她,大主教阁下有一座豪宅,管理得井井有条,家里没有一个女人),大约十八岁时娶了雷切尔,威尔特郡托肯哈姆的理查德·丹弗斯先生的女儿。

长女伊丽莎白,嫁给了肯特郡诺伍德的托马斯·诺顿先生。

次女玛丽,嫁给了布雷克诺克郡克里科维尔的威廉·赫伯特先生。

三女乔安妮,嫁给了骑士和罗马法博士丹尼尔·邓恩爵士。

四女威尔吉福德,嫁给了蒙默思郡兰威的兰斯·科米斯先生。

五女露西,嫁给了休·鲍威尔先生。

六女安妮,也是幺女,嫁给了格洛斯特郡威山格尔的约翰·帕特里奇先生。

他死以后,他这些子女全都是儿孙满堂。

[备忘]审判苏格兰女王玛丽时,他是代表之一(另外还有戴尔博士等人),坚决主张留她一条性命。他这番好意国王詹姆斯牢记在心①,来到英格兰以后对他表示问候,有些人以为国王可能会任命他为掌玺大臣。可惜他死了,就在这一好运来临之前不久。国王派人把他两个最年长的儿子召来,册封他们为骑士,请他们进宫,被他们谦恭地谢绝了,也许是明智地谢绝了,他们说更喜欢乡村生活。

八开本的《苏格兰女王玛丽传》里提到了他,其作者我认为是约翰·海沃德,苏安努斯的《编年史》里也提到了他,把他的话插了进去,以纪念博士的英灵。

理查德·朱什博士在其《法学与审判》里很恭敬地提到了他。我记得王座法院首席法官爱德华·科克爵士在其报告里引用过他的话,报告内容是关于赫特福德伯爵的正统性问题。询问一下是父亲爱德华,还是其儿子威廉与阿贝拉·斯图尔特女士的婚姻问题。参见爱德华·库克爵士的报告里有关坎特伯雷大主教的讼案,里面提到了他。

[备忘]代诉人舒特先生对我说,在女王伊丽莎白统治时期,奥布里博士就赫特福德伯爵的讼案向罗马上诉。

[备忘]老法官阿特金斯(父亲)对我说,依照威廉·奥布里博士的建议,按照苏格兰罗斯主教的判例,葡萄牙大使因为在新交易所杀害格

---

① 苏格兰女王玛丽是国王詹姆斯的母亲。

林韦先生(奥利弗时代)而受到审判。

[备忘]罗马法博士协会的克鲁佐博士手里有这位主教受审的资料。

[备忘]我们家族的族长是我亲戚奥布里,家住布雷克诺克郡的兰内里,每年继承的遗产大约是六十或八十英镑。奥布里博士可能在其纹章上做了特殊标记,他一个仆人蓝制服上的徽章就没有这一标记①,他的亲戚威廉·奥布里是族长,就把这一标记摘下来了。

他是个杰出的政治家,女王伊丽莎白喜欢他,常叫他"小博士"。首席国务大臣约瑟夫·威廉姆森爵士(首席次官)对我说,书信收发室里有很多他写给女王和枢密院的信函,由女王亲启。他多次担任掌玺大臣,颁布了很多法令,舒特先生等人对我说,他们都看见过。

博学的约翰·迪是他的好朋友和亲戚。他们之间的往来书信保存在伊莱亚斯·阿什莫尔先生手里,我在这些信里发现约翰·迪写有一本书——《海洋主权》,题献给了女王伊丽莎白,并刊印了出来,是对开本,阿什莫尔先生有一本,另外还有约翰·迪的手稿,手稿里附有约翰·迪的亲戚威廉·奥布里博士的一封信,约翰·迪想征求奥布里博士对这一题材的意见。

约翰·迪购买了其亲戚奥布里的阿博尔库里格(家族的祖居地)。奥布里在布雷克诺克建造了这座大房子,其书房朝向阿斯克河。在布雷克诺克,他可以在自家地里骑行九英里。在威尔士和英格兰,他每年留下两千五百英镑,这些钱现在家里一点也没有剩下。

他让一个名叫休·乔治(他的主要文书)的人担任其遗嘱执行人。休·乔治跑到了爱尔兰,欺骗了所有的遗产继承人,其中包括我祖父

---

① 在纹章学上,只有长子有权使用没有"附加图记"的纹章。

（奥布里博士的幺子）。为了增加我祖父的财产,奥布里博士与……签订了契约,……将赫里福德郡的彭布里奇城堡补赠给我祖父,从其遗嘱里可以看出来,遗嘱执行人已经付过钱了。

他写了一份限嗣继承证书(女王伊丽莎白统治的第三十六年),他在遗嘱里也提到了。依据这份证书,他把布雷克诺克的财产遗赠给其长子的男性子嗣,万一长子无男性子嗣,就略过次子(他给了次子很多东西,次子通过联姻也得到大量财产)给予三子。长子爱德华有七个儿子,爱德华的长子威廉爵士也有七个儿子,这样在有继承权的男人中,我就排到第十八位,这让我想起了邓恩博士：

在继承顺序中排名第二十位,
你还能指望得到什么？

奥布里博士小时候,老法官爱德华·阿特金斯爵士还记得他,他住在格洛斯特郡他父亲家里,有一辆四轮大马车(coach),这在当时还很稀罕,老法官对我说,当时民众都称其为"葡萄冰草"[1]。我有他的画像原件,清秀、机敏、生气勃勃,一双敏锐的黑眼睛,气色好,冷峻的眉毛。圣保罗教堂墓碑上有他的像,但不像他,太大了。

大人物的儿子都不争气。他把整个家族的才智都集于自己一身,这样其后裔就什么都得不到了。令人遗憾的是,富勒博士在描写那个郡的名人时没有提到他。[2]

他临死时,想让人叫来一位"goodman",大家以为他指的是圣保罗

---

[1] quitch,也叫 couch grass。
[2] 指托马斯·富勒的名著《英格兰名人传》。

教长古德曼(Goodman)博士,但他指的是一位神父,这是我听一位亲戚约翰·麦多克说的。皮尤上尉常说,罗马法律师(像大多数学者和绅士那样)天生亲近罗马教会;而习惯法律师更无知,更愚蠢,天生喜爱日内瓦教会①。他的遗孀威尔吉福德嫁给了萨里郡威利的布朗。

他在圣保罗教堂的墓碑上的碑文:

> 威廉·奥布里,出身于布雷克诺克一个显赫之家,牛津法学博士,钦定教授,坎特伯雷大主教的审案官兼宗教事务代理主教,在圣昆廷代表王室的最高法官,在威尔士边界地区政务会上担任大法官官署主事官,代表女王伊丽莎白审查处理臣民的求助事宜。一个非常博学的人,处事极为审慎,风度最有魅力。他与妻子威尔吉福德育有三子六女。1595年7月23日,他平静地把灵魂交给了上帝,期待着永生,享年六十六岁。
>
> 子爱德华和托马斯(均为军人)、约翰先生泣立。

另外,由于这些诗歌的影响力,由于这些诗歌尤其归属于这个地方,我就理所当然地认为,这些最古老的威尔士-不列颠诗歌的作者是塔利辛②。我悄悄地将其翻译过来,任何人都不知晓,悄悄地从口头形式转写到纸上,偶然在某个晚上,我坐在壁炉旁,像平常一样,坐在我自己的椅子上。这些诗,还有其他保存在记忆里的诗,威廉·奥布里爵士的诗歌,不无得意地展示出来。他是个最著名、最博学的人,威尔士-不列颠人,出身于显赫的奥布里家族,精

---

① 即加尔文教派,包括英格兰的清教徒。
② 不列颠早期的著名吟游诗人,大约生活在六世纪。

通威尔士-不列颠语,为他著名的家乡增光添彩。他是最著名的罗马法和教会法博士,受命代表女王处理臣民的申诉。身为永久的大师,我们的密友,故不负众望,一直为我们也为其他人积极协助采集这些诗歌,效率高超,乐此不疲……

——约翰·戴维·里斯(我发现里斯的威尔士语前言里没有提到奥布里)

……圣贝尼特保罗码头教堂的教士斯蒂芬斯对我说,威廉·奥布里博士每年给那个教区二十先令,一直都是这样。

这位威廉·奥布里博士与彭布罗克伯爵威廉一世有两层关系(比较一下威尔顿的老家谱和奥布里家族的家谱就能看出来)。一是通过梅林,二是通过埃里德尔的儿子菲利普(威尔士人都有血缘关系)。极有可能的是,彭布罗克伯爵对他的晋升帮了忙。彭布罗克伯爵在法兰西的圣昆廷担任将领时,奥布里博士是他的军法官。奥布里博士在遗嘱里提到的一个大银盘,就是彭布罗克伯爵阁下遗赠给他的。

一位有能力处理犯罪大使的法官做出的裁决。理查德·朱什,牛津罗马法教授。(牛津,1657)

(第89页,四开本)罗切斯特主教、苏格兰女王大使在英格兰煽动叛乱,鼓动英格兰在比利时的流亡者入侵英格兰时,这一问题提交到最精通王国法律的人面前:戴维·刘易斯、瓦伦丁·戴尔、威廉·德鲁里、威廉·奥布里、亨利·琼斯——一位大使煽动叛乱,反对他驻在国的君主,这样一个人是否应该享有大使特权;或是他作为敌人受罚是否应该撒谎。这些律师认为,这样一位大使已经丧失了国际法和罗马法赋予他的所有特权,应该受到惩罚。

查阅圣贝尼特保罗码头教堂登记簿。这座教堂的教士斯蒂芬斯说,威廉·奥布里博士每年给这个圣贝尼特保罗码头教区二十先令,一直都是这样。问一问……

利奥兰·詹金斯爵士
Sir Leoline Jenkins
1625—1685

骑士。出生于格拉摩根郡的兰特里西德。他父亲(我认识)是个善良朴实的乡下人,是享有(骑士、准男爵)约翰·奥布里爵士不动产权的人,约翰爵士是托马斯爵士的长子,即享有托马斯爵士的庄园。他在不远处的考布里奇上学。伦敦塔里囚禁的那位戴维·詹金斯(娶了约翰·奥布里爵士的妹妹)是他的远房亲戚。戴维看他这个小伙子有出息,又勤奋又善良,就资助他一些钱供他上学。

1641年,他被牛津耶稣学院录取,在这里一直上到(我认为)获得文学士为止。大约在这个时候,约翰·奥布里爵士派人把他叫回家,让他教自己的长子刘易斯·奥布里(后来死于1659年)学语法,这样刘易斯可以学得更好一些。

刘易斯在教会学校里上学,那里有好几个男生,有六七个绅士(弗朗西斯·曼塞尔爵士,准男爵;埃德蒙·托马斯先生;还有……)的儿子在城里膳宿。几个年轻人岁数相差无几,都到了上大学的年龄,大约在1649年或1650年,在詹金斯先生的关照下,几个人都上了牛津。但由于当时局势动荡,约翰爵士不想让儿子上任何一所学院。

但他们都在食品杂货商桑普森·怀特先生(现在是爵士)家里学习,

在大学学院对面。他在这里与我亲戚一起住了三年多,然后在165×年(参见霍布斯先生的《论物体》,就是在那一年),他和我亲戚还有两三个绅士一起去了法兰西,在那里住了大约三年,熟练掌握了法语。他先是学习罗马法,也就是在1653年买了《温纽斯论查士丁尼》。他把刘易斯·奥布里先生带回家以后,又回到耶稣学院(询问一下他是否获得了基金会奖学金)。王朝复辟以后,曼塞尔博士恢复了学院院长职务。但他已老迈年高,不想再为琐事操心,干了不长时间就让位给詹金斯先生了。

坎特伯雷大主教吉尔伯特·谢尔登和约翰·奥布里爵士同龄,他们年轻时在牛津建立了深厚的友谊,一直保持到二人去世。内战时期,谢尔登博士被赶走以后,他有一年或两年时间(我记得是两年)和约翰爵士一起住在兰特里西德,在这里发现了詹金斯这个年轻人的美德和勤奋。国王复辟以后,约翰·奥布里爵士就把詹金斯先生推荐给国王,国王任命他为……(1663)年,谢尔登博士担任坎特伯雷大主教。坎特伯雷大主教法院法官威廉·梅里克爵士(法学博士)去世了,大主教就把这一职务授予了詹金斯先生。1670年,詹金斯荣升为骑士。

王太后玛丽亚崩于巴黎,法兰西国王命人把她的珠宝珍玩锁起封存。大不列颠国王就派利奥兰爵士去巴黎处理她的遗产(1668年)。

1673年,詹金斯先生和约瑟夫·威廉姆森爵士作为全权代表被派到奈梅亨。我记得他们动身那一时刻正冲土星和火星。我当时对萨内特伯爵说,这个使团要是有好下场,我以后就再也不信占星术了。1679年,他被派到荷兰担任大使,1679年或1680年返回。

1680年3月25日,他被任命为首席国务大臣。我去拜访他,祝贺他获得国王欣然恩赐于他的荣誉。他还像往常一样很有礼貌地接待了我,说:"擢拔一介草民为国王效犬马之劳,此乃天意。"

他有强壮的身体保障学习,坚持不懈,自我克制,品性正直。愿上帝保佑他。

[备忘]首席主教大人詹姆斯·厄谢尔在兰特里西德住了好几个月,经常抽出时间和穷人谈话,学习威尔士语,说威尔士语和爱尔兰语非常相似。他说,《旧约》是由两个大学翻译的,而《新约》是由主教们翻译的,但《旧约》的翻译要好得多。

温塞斯劳斯·霍拉
Wenceslaus Hollar
1607—1677

波希米亚人，出生于布拉格。他父亲是神圣罗马帝国骑士，由加盖皇帝御玺的特许状所授予（像我们的准男爵那样），这份特许状我见过。皇帝御玺比英格兰国玺大，中央是帝国的盾徽，四周是几个选帝侯的盾徽。他父亲是新教徒，或是由于主持秘密祈祷会，或是由于参加了这样一个祈祷会，结果财产被没收，葬送在罗马天主教徒手里。

他对我说，他上学时就喜欢画地图，草图他保存着，很漂亮。他父亲想让他当律师，他也开了业，但由于父亲摊上麻烦事儿，再加上战乱，他不得不离开家园。所以，他小时候闹着玩儿的事，长大以后成了他的生计。

我记得他在德意志北部住了一段时间，然后来到英格兰，受到画家和绘图员的大资助人、王室最高军务官、阿伦德尔和萨里伯爵的盛情款待。他在英格兰绘制和临摹珍贵物品，用蚀刻法勾勒出这些物品的轮廓（也就是在铜板上用硝酸侵蚀）。王室最高军务官被派到维也纳德意志皇帝那里担任大使时，一路上浩浩荡荡，霍拉先生也在队伍中（穿戴很讲究），沿途描绘不寻常的风景、建筑等，这些作品现在可以在印刷作坊里看到。他绘制的这类作品比任何人都多。我听王家学会会员约翰·伊夫林先生说，印一张六便士，他的作品就能卖到……英镑（问问约翰·伊夫林)。

他近视得厉害,绘画又极为精细,不用放大镜根本无法看出其作品的精细之处。所以他画风景时,就用一个放大镜来辅助视力。

他娶了阿伦德尔宫女主人的侍女玛格丽特·特蕾西,二人生有一个女儿(我所见过的最美的人之一)。她生的儿子死于瘟疫,一个很聪明的小伙子,绘画精美。

内战爆发后,王室最高军务官得到允许,出国去了意大利。霍拉先生去了低地国家,在那里住到大约1649年。

我记得他对我说,他第一次到英格兰时(那是个和平宁静的时期),看到人们都是乐呵呵的,无论是穷人还是富人。而到他回去时,发现人们的神色全变了,阴沉着脸,带着敌意,像是着了魔似的。

我在前面说过,他父亲由于信奉新教而破产了。温塞斯劳斯死时是个天主教徒,我推测他一到阿伦德尔宫就皈依了天主教。

他是个非常善良友好的人,但不谙世事,死时并不富裕。1665年他又结了婚,又生了好几个子女。他死于1677年3月25日天使报喜节,埋葬在威斯敏斯特圣玛格丽特教堂墓地,离伦敦塔西北角不远。他要是活到7月13日,就整整七十岁。

威廉·巴特勒
William Butler
1535—1618

内科医生,就读于剑桥克莱尔学院,从来没有获得博士学位,尽管他是当时最了不起的内科医生。

他一开始受到关注的情况如下。国王詹姆斯来到英格兰的时候,离剑桥几英里远的一个村子里有位牧师,要在新市场为国王布道。这位牧师听说国王是个大学者,就拼命学习,结果用功过度不能入睡,有人就给他一些鸦片。要不是巴特勒医生给他用了下面的疗法,他早就长眠不起了。

牧师的妻子叫人把巴特勒请来。巴特勒来到后一看牧师,就问他们是如何处置的。医生对牧师妻子说,她害死了丈夫,有被绞死的危险,说完就悻悻而去。正在这时,几头母牛来到后院准备被挤奶。医生回转身问是谁家的牛,她说是她丈夫的。医生说:"你愿不愿意拿出一头牛来换你丈夫一条命?"

她说"愿意,太愿意了"。他马上就叫人把一头牛杀掉开膛,把牧师从床上抬起来,塞进了牛的热肚子里,一会儿牧师就醒了过来,否则必死无疑。

[备忘]马基雅维利的《佛罗伦萨史》里有一个类似的故事,说科西

莫家里有一个人中了毒,被塞进一头骡子的肚子里,然后将肚子缝住,只留一个地方让头伸出来。①

他是个喜怒无常的人。有一次,国王詹姆斯派人叫他到新市场,他走到半路就撇下信使转身回去,信使只好让他骑着马走在前面。

我记得他从未结婚。他住在剑桥一个药剂师克兰的药店里,把自己的产业留给了克兰。克兰出于感激,就自己出钱,用他的方式为他立了一座碑。

他好多次(我听说)坐在剑桥圣玛丽教堂的小伙子中间(林肯律师学院的著名首席检察官诺伊也是这样,有很多这样的嬉闹和笑话)。

我记得国王学院的沃德诺斯先生对我说过,有一次巴特勒被请去给一个绅士看病,对这位绅士说,你这病在盖伦和希波克拉底的医书里都找不到,但可以在西塞罗《书信集》里找到:你不在该待的地方,就没有想活的理由。

我认为他把财产留给了那位药剂师。他给了克莱尔学院小礼拜堂一个金碗(我认为价值两三百英镑),用来领受圣餐,碗上刻有一只鹈鹕正用乳房里流出来的血喂养幼鸟(基督受难的寓意画),没有箴言,寓意画本身就把意思表达清楚了。

他埋葬在剑桥圣玛丽教堂高坛南侧,那里有他一尊漂亮的墓碑和半身像,也有碑文。

他热衷于开玩笑,有时会让达官贵人及其马车在他门口等几个小时,然后才接待他们。有一次,在剑桥到伦敦的路上,他喜欢上客栈里的一个侍从或招待员,就把他当作亲信带在身边,只有通过这位侍从才能见到他本人,就这样让这个侍从发了财。

---

① 《佛罗伦萨史》里没有这个故事,应为作者误记。

圣保罗学校的盖尔博士向我断言,说有一次一个法兰西人从伦敦到剑桥专门去看他,巴特勒让他在走廊里等了两个小时,然后穿着一件破蓝睡衣出来见他。法兰西绅士头朝地,深深地为他鞠了两三个躬。巴特勒医生将两条腿从他头上迈过去,然后回到寝室,没有和他说一句话。

他雇有一个老女仆名叫内尔。巴特勒医生好多次去酒店,但都是一人独饮。晚上大约九点或十点的时候,老内尔端着一支蜡烛或提着一盏灯来叫他,说:"回家吧,你这个醉畜生。"

过一会儿内尔就会结巴起来,然后主人就会叫她"醉畜生",两个人就这样互相叫着"醉畜生",一路回到家里。

一位学者写了这一可笑的墓志铭:

> 这里埋葬着巴特勒先生,
> 他从来都不是博士。
> 他死的那一年,
> 魔鬼是学监。

他并不贪钱,除非是上好的金币或是珍品。

[备忘]现在伦敦流行一种麦芽酒,人称"巴特勒医生酒"。

詹姆斯·博维先生谈到巴特勒医生治病的几个例子。巴特勒医生住在伦敦的萨沃伊,临近水边,有一个阳台朝向泰晤士河。有一次,一个病人来这里找他,此人深受疟疾的折磨。医生叫人准备好一条船,放在他窗台下面,然后和这位病人(一位绅士)在阳台上交谈。这时有人发出一个暗号,两三条壮汉来到这位绅士背后,将他扔到二十英尺开外的泰晤士河里。这一惊吓彻底治好了他的病。

一个绅士长了一脸难看的红斑点,来到巴特勒医生这里看病。巴特勒医生说:"我要吊死你。"然后就很快准备好装备,把他吊到屋顶的梁上。他眼看就要死了,巴特勒割破给这些丘疹提供营养的血管,放出一些可怖的黑血,治好了他的病。

还有一次,有人来找他治疗结肠癌(或溃疡)。巴特勒医生问:"你能拉屎吗?"

病人回答说:"能拉。"

医生就叫人拿来一个盆让他拉,拉完以后,医生命他把屎吃掉。这样就治好了他的病。

这一信息来自亨利·莫尔博士。

问问他的纹章。

莫尔博士的父亲是个身体很强壮的人。巴特勒医生让他服了四十服泻剂,差不多要了他的命。巴特勒对他说,只要他活着就会更好。

巴特勒对化学感兴趣,我是这样知道的。有一次,他的女仆跑过来找他,像个邋遢女人和复仇女神似的,头发散落在耳朵周围,喊道:"巴特勒!过来看看你的魔鬼吧,你一定要看看。蒸馏器都爆炸了!"

她照看着蒸馏器,像是加热过度了。老医生里奇利认识他,我认为当时就和他在一起。这一信息来自他儿子里奇利医生(问问他的纹章在不在那里,是什么样子)。

一个仆人将其主人的尿拿给巴特勒医生,巴特勒当时在书房里(房门闩上了),不愿与他交谈。仆人胡搅蛮缠了好大一阵子毫无结果,就对医生说,他一定要让医生见到主人的尿,他不会回去,要把尿扣到医生头上。这一下把医生逗乐了,他就到那位绅士家把病人治好了。这一信息来自罗伯特·胡克先生。

一位绅士躺在床上奄奄一息,就派个仆人带着一匹马去找巴特勒医生。马渴得很厉害,就猛地把头扎进水里,把医生的头也压到了水里。巴特勒大怒,要回家。仆人坚决不让他走,把剑拔了出来,不时地朝他刺一下(他想返回时),这样逼着他走在前面。这一信息来自戈弗雷先生。

兰斯洛特·安德鲁斯
Lancelot Andrewes
1555—1626

  温切斯特主教,出生于伦敦,在商人裁缝学校上学。马尔卡斯特先生是他老师,他把这位老师的画像挂在书房里(托马斯·富勒先生在其《神圣之国》里这样说)。多塞特郡布兰福德圣玛丽的萨顿老先生是当时一位很博学的人,也是他的校友。萨顿说,兰斯洛特·安德鲁斯是个大高个子,十八岁,至少在上大学之前就是这样。(威廉·萨顿先生十一岁到牛津基督堂学院上学。)他写了很多作品,但只刊印了一本小册子,八开本,抨击罗马天主教徒。

  他是剑桥彭布罗克学院(被称为"主教学院",当时有……主教是从这里毕业的)的研究员。当时清教派势力开始增长,尤其是在以马内利学院,这一派很想吸收这位博学的年轻人加入,认为他(如果能让他加入的话)会给他们增光添彩。他们表面上装得很虔诚、很严谨,这样就很难在生活方面找出他们的毛病。他们鼓吹严守安息日制度,对破坏这一制度的人严厉谴责,认为杀人罪小,不守安息日罪大。①

  然而,这些伪君子每逢星期日讲道之后,便在学院里一处幽静的草

---

① 奥布里有亲天主教倾向,对清教徒总是有意见。

地上玩滚木球游戏。学院的一个人(兰斯洛特·安德鲁斯先生的好朋友)有一次为了满足安德鲁斯的愿望,就借给他一把钥匙,可以打开后门进入滚木球游戏草地。那是个星期日的晚上,后门一打开,安德鲁斯发现那些狂热的布道者脱掉了法衣,一本正经地玩着游戏。看到一个并非同人的人走了进来,他们感到很惊奇。

当时剑桥有一个尽职的高级市政官,很胖,常常在教堂里打瞌睡。他试图不入睡,但控制不住自己。嗬!这作为一种罪恶的标志遭到劝诫。这位大好人十分苦恼,就来到安德鲁斯的房间,以消除良心上的不安。安德鲁斯先生告诉他,这是身体上的一种坏毛病,不是思想上的毛病,而且是违背他意愿的事。安德鲁斯建议他星期日白天少吃点,到吃晚饭时再弥补。

高级市政官照着做了,但还是照样打瞌睡,结果又受到劝诫。他又来讨教,眼里含着泪水。安德鲁斯就对他说,他可以像平常一样大吃一顿,然后立即大睡一觉。他照着这个主意做了,然后来到圣玛丽教堂,布道者在教堂里已准备好一篇布道词,专门谴责那些在布道时睡觉的人,认为睡觉是罪恶的标志。尽职的高级市政官由于事先已经睡足了,就在整个布道过程中一直注视着布道者,让布道者的计划泡了汤。

但我还应该说……安德鲁斯受到了最严厉的抨击和谴责,因为他要宽恕或原谅在布道时睡觉的人。但他有足够的学识和智慧为自己辩解。

他学识渊博,很快就在大学里出了名,国王詹姆斯也知道了他。国王很器重他的学识,就提升了他的职务,最后让他担任温切斯特主教。这一教区他治理得很精心,比如说在管理牧师方面,晋升那些安于清贫、超脱、有才干的人。他向别人打听,寻找这样的人,几个人之中(这些人的名字我忘记了)有一个是尼古拉·富勒,威尔特郡埃姆斯伯里附近阿灵顿的牧师,写有《神圣的批判》。温切斯特主教派人把他叫来,这个可怜的人害了怕,不知道自己做了什么伤天害理的事。主教让他坐下来吃饭,吃过餐后水果,用一个盘子端来了他的牧师任职证书,还有他的薪俸(发自主教座的任命)。

这就是他的行为方式。他总是挑选有能力的人担任助理牧师,提升他们的职务,其中有克里斯托弗·雷恩,牛津圣约翰学院的,他的助理牧师,一位优秀的学者和演讲官,后来是温莎教长,我从他那里(通过他女婿威廉·霍尔德博士)得到了有关这位优秀主教的确切信息。

他的生平在布道词前面,还有他的墓志铭。他死于索思沃克的温切斯特宫,埋葬在索思沃克大教堂的小礼拜堂。他的遗嘱执行人……是医学博士萨蒙和伦敦商人约翰·桑特罗先生,在那里为他立了一通豪华的墓碑(但根据主教大人的遗嘱,我相信不会超过一千英镑)。

他没有说起话来滔滔不绝的口才,和现在的人不一样。一位苏格兰贵族提出过尖锐批评。有一次,国王詹姆斯问这位贵族如何看待安德鲁斯主教布道,这位贵族说,安德鲁斯很有学问,但玩弄经文,像个猴子那样,拿起一样东西抛来抛去,玩弄一番,然后再拿起另一样东西,再玩弄一会儿,"这样东西好,那样东西也好"。

爱德华·科克爵士
Sir Edward Coke
1552—1634

（他的品行，可以参见沃尔特·雷利爵士的审讯材料。）

骑士，王座法院首席法官，出生于诺福克郡。1646年，我听中殿律师学院的一名老律师邓斯塔布尔（也是他老乡）说，他出生时家里的土地每年有三百英镑的收益，我还听他一些老乡说每年只有四十英镑的收益。哪一种说法可信呢？

询问罗杰·科克他在剑桥上的是哪一所学院，或是否上过大学。

老约翰·塔塞尔（我的代理人）对我说过，爱德华爵士有一年获得了十万英镑，也就是国王詹姆斯执政的第一年，他当时为首席检察官。他的忠告是，每个有财产的人（无论对错）都应该请求法院给予赦免，这要花费五英镑，是支付给他的费用。

他留下一笔财产，每年收益达一万一千英镑。约翰·丹弗斯爵士（他认识科克）对我说，有人对科克说，他几个儿子花钱的速度比他挣钱的速度快，科克回答说："他们从花钱中得到的乐趣，比不上我从挣钱中得到的乐趣。"

科克爵士与财务法院首席法官怀尔德的父亲（高级律师怀尔德）是同僚。他建造了内殿律师学院的几幢黑楼（现已烧毁），在靠近西端人行道那边,当时人称"科克楼"。

他被解除王座法院首席法官的职务后,为了刁难他,……年又让他当上了白金汉郡郡长,其间他让人修改了郡长誓词。以前的誓词中包括查究和逮捕所有的罗拉德派教徒[①]。他卸任后又当选为议会议员。

他(这一信息来自罗杰·科克)非常刻苦,这从他的作品里可以看出来。他近视,但至死也没有戴过眼镜,当时是八十三岁。他是个很标致、很体面的人,肤色细腻,内殿律师学院里有他的画像,从画像上可以看出来。画像是他孙子送给他们的,1668年前后,全身像,穿着首席检察官的棉麻粗布长袍,而内殿律师学院将其改为法官袍。

他娶了第二位妻子伊丽莎白,威廉·哈顿爵士的遗孀,结婚时已有孕在身。(上床以后)他把手放在她肚子上,感到小孩在动,问道:"什么?锅里有肉!"

"是的,"她回答说,"要不然我就不会嫁给一个厨子了。"[②]这一说法来自珀贝克夫人伊丽莎白,参见本·琼森的《吉卜赛人的假面舞会》。

卡夫先生(埃塞克斯伯爵的秘书)被提讯时,爱德华·科克爵士就用似是而非的论点与卡夫辩论,最后一位同僚说:"求你了,老兄,拉倒吧,你辩得够恶心了。"

卡夫是个聪明人,也是个大学者,就用难题难为他。科克说:

看清楚,我是你主人!

卡夫回答说:"大人,您遗漏了这句诗的前半句,您本应该重复一

---

① 指十四世纪宗教改革先驱约翰·威克利夫的追随者。
② 此话一语双关,他的姓氏"科克"(Coke)与"厨子"(cook)发音完全一样。

遍的:

> 我是亚克托安。"

这是羞辱他戴了绿帽子。①

他死于白金汉郡的斯托克-佩奇斯,但埋葬在诺福克。

审讯沃尔特·雷利爵士时(参见《沃尔特·雷利爵士传》,伦敦,1678年,八开本),他表现得太滑稽、太尖刻,说"你这个叛徒,今世来世都是叛徒","你像叛徒一样撒谎"。

他的习惯是:

> 睡觉六个小时,学习公正的法律六个小时,
> 祈祷四个小时,吃饭两个小时,
> 剩余的时间奉献给缪斯。

他审理案子就像猫戏老鼠一样,迂腐得令人作呕,连小学生都会感到厌恶。但一涉及法律问题,所有人都对他钦佩不已。

世人期待他评论一下利特尔顿的著作《租佃论集》②,结果他留下一部札记,现在还经常用到。

爱德华·科克爵士确实妒忌弗朗西斯·培根爵士,常常贬低培根的法律知识。参见培根大人的信件,培根在信中向爱德华·科克爵士

---

① 妻子有外遇的人通常被说为头上有角。这行诗引自奥维德的《变形记》,是亚克托安被维纳斯变成一只公鹿(因为他偶然看见了维纳斯的裸体)后对他自己的猎狗说的。亚克托安就这样头上长着角,被他的猎犬撕成了碎片。
② 利特尔顿是英国十五世纪的法学家,其《租佃论集》是英国第一部重要法律著作。

阐述这件事,对爱德华爵士说,别人不再成长时他还会成长。

[备忘]他上内殿律师学院之前是克利福德法律预备学校的,当时的时尚是先上法律预备学校。

[备忘]《笨蛋律师》这部剧(由剑桥大学克莱尔学院一个叫拉格尔的人创作)为国王詹姆斯演出时掌声雷动,剧中人物笨蛋律师爵士打扮得像首席法官科克,连胡子也修剪得像他,声音也模仿得像他。我们乔克教区的牧师佩顿先生当时是国王学院的学生,他看了这部剧。这一恶作剧导致了严重后果:所有律师都起来反对神职人员,不久以后塞尔登先生就把什一税当作写作题材,说什一税不符合上帝的法律。

查尔斯·卡文迪什爵士
Sir Charles Cavendish
约 1595—1654

据数学家约翰·科林斯先生提供的信息,查尔斯·卡文迪什爵士出生于……是纽卡斯尔公爵威廉的弟弟。他长得又小又弱、弯腰曲背,既不适合陪王伴驾,也不适合从军打仗,于是就致力于研究数学,成为数学大师。他父亲留给他一笔可观的产业,他将收入都花在了书上,花在了有学问的人身上。

他花了很多钱,在意大利、法兰西等地搜集了大量数学手稿,足以装满一大桶,他打算刊印出来。如果他能在有生之年刊印出来,数学的发展就会比现在往前推进三十年甚至更多。

但他死于坏血病,1652 年前后因为搞研究太辛苦染上的病,指定了克利福德法律预备学校的一位律师做他的遗嘱执行人。这位遗嘱执行人不久也死了,临死前又指定其妻子做遗嘱执行人。这个女执行人就把前面提到的珍贵手稿当作废纸,按重量卖给了纸板匠。这对那些藏有珍贵手稿的人是一个警示:一定要在有生之年刊印出版。

他死于……埋葬在纽卡斯尔公爵家的灵堂里,在……郡的博尔索弗……莫森努斯提到过他。约翰·佩尔博士(佩尔博士认识他,指定他为自己的十二个陪审员之一,与丹麦天文学家隆格蒙塔努斯打官司)对我说,卡文迪什出于个人兴趣写了好几部数学作品。

查尔斯·卡文迪什
Charles Cavendish
1620—1643

上校。德文郡伯爵……阁下的次子,和现任伯爵威廉是兄弟,……年出生于……

他受过良好教育,然后到法兰西、意大利等地去旅行。他极为喜爱旅行,又去了希腊,把那里转了个遍。他仍然意犹未尽,又要去巴比伦,而他的管事则不愿再冒险和他一起往前走了。但要游览巴比伦,他就要在土耳其军中行进。这件事我是在多年以后听我表亲爱德华·莱特说的,也就是1642年,莱特当时是卡文迪什的母亲、伯爵遗孀的礼宾官。

托马斯·霍布斯先生告诉我,这位卡文迪什先生对他说,希腊人是吟咏希腊语的。在赫里福德郡,他们也有点吟咏的味道,我们的老牧师就吟咏过。金顿-圣米迦勒的老牧师海因德先生就是吟咏布道词的,不是念布道词的。你可以在伊拉斯谟的书里发现,修道士就是这样吟咏的,伊拉斯谟嘲笑他们吟咏有时候声音很低,没有必要时却逐渐提高音调。

1660年,一天上午我去找霍布斯先生,一本希腊文版的色诺芬摊开在桌子上。他说:

"你要是再早来一会儿,就会在这里碰见一个希腊人了,他是来看我的,他懂古希腊语,我让他读这一本书,他就吟咏起来,这让我想起了查尔斯·卡文迪什先生对我说过的话(如前所述)。"

他回到英格兰时内战爆发,他站在国王一边担任上校,为国王效尽犬马之劳,表现出极大的勇气。如林肯郡的格兰瑟姆,1642 年或 1643 年 3 月 23 日由卡文迪什上校为国王占领,然后被摧毁了。

《宫廷信使报》这样报道:

> 1643 年 4 月 11 日,扬·霍塞姆在安卡斯特被卡文迪什上校击溃。

> 1643 年 6 月 13 日,议会军在邓宁顿被卡文迪什上校击败。

> 1643 年 8 月 1 日,星期二,纽沃克消息,国王的军队包围了林肯郡的盖恩斯伯勒,遭到克伦威尔、诺丁汉和林肯联军的袭击。这几个城镇的驻军几乎全都拉出来组成联军,共有二十四个龙骑兵中队。

> 卡文迪什上校麾下有三十个龙骑兵中队,他只调动十六个中队来对付联军,其余的留作后备军。他向联军进攻,以这样一支小部队来抗击强敌。

> 叛军看出了端倪,将卡文迪什与其后备军切断,击溃了他那十六个疲于防守的中队,击毙了最勇敢地护卫着国王和阵地的马卡姆中校。

> 最高贵、最英勇的上校卡文迪什,尽了一个勇敢指挥官的本分,头上被砍了致命的一刀,滚落马下,摔到地上后,又不幸中了两

枪。他的生命是所有高贵、勇敢的绅士都最珍视的。随后后备军压上,击溃并杀死了敌军。

这件事发生在1643年7月28日或29日。这次惨败之后,7月30日,帕哈姆的威洛比勋爵将盖恩斯伯勒拱手交给了国王的军队。纽卡斯尔伯爵当时是保王党的统帅。

他的遗体先是埋葬在……(询问是埋在盖恩斯伯勒还是纽瓦克,我记得是纽瓦克),但依照他母亲的遗嘱,把她埋在德比(她在这里为她自己和丈夫立了一通宏伟的墓碑)时,她嘱咐将儿子的遗体移走,一起埋在灵堂里,这事发生在1674年2月18日。

1674年2月18日,德文郡伯爵夫人的专职牧师威廉·内勒在德比举行的葬礼上布道,布道词刊印于伦敦,由亨利·布鲁姆刊印,第16页:

> 卡文迪什上校受到士兵的爱戴与国王的青睐,国王任命他为北路骑兵统帅(他接到了委任状),这对于一个大约二十五岁的人来说,是一个极大的荣誉。这一荣誉要给予国王愿意给予的人。
>
> 卡文迪什上校是一个有王侯风范的人,其所作所为都配得上这一风范,和希腊人所说的"人上人"极为相似,一个生来就适合发号施令的人。窃以为从他身上可以明显看出:他在,国王的大业在;他亡,国王的大业亡。克伦威尔听说他阵亡后大叫道:"大功告成了!"
>
> 但有两件事(我必须承认)这位指挥官不知道,原谅他的无知吧。他不知道逃避,不知道求饶。这个年轻指挥官不知道逃避,不过一个比他年长的人知道,我指的是亨德森。勇敢的卡文迪什上

校从一侧进入格兰瑟姆时,那位谨小慎微的绅士本应该发起攻击,却从另一侧逃走了。如果说加图①认为恺撒饶他一命就是对他的伤害,卡文迪什就认为普通叛贼饶他一命就是对他更大的伤害。这位勇敢的英雄可以被压倒(他最终寡不敌众),但不能被征服。伊巴密浓达②的临终之言也很适合他——

我已享尽天年,至死也无人能征服。

这样一位如此有警惕性、如此忠诚、如此始终如一的指挥官,如果没有英年早逝,还得创造多少奇迹呢?首先,他虽然英年早逝,但死得威严,而且非常威严,在这方面比押尼珥③还要威严,因为那位战神之子押尼珥配得上他父亲的外号:两面人——他先是拥立伊施波设,后来又背叛了他④。而卡文迪什配得上罗马元老院下令为维特留斯塑的那尊雕像,连碑文也配得上:他对主子的忠心绝对不会动摇。

其次,再看看高贵的查尔斯·卡文迪什的家世。他家族这一支派中,有一些是苏格兰国王的后裔,Fuimus 这个词并入了他母亲的纹章中⑤,就清楚地表明了这一点。他父亲也出身于英格兰最高贵的家族之一,这自不必说。对有些人来说,出身高贵就像是水肿,其巨反成其害,让他行动不便。而这个出身高贵的人则并不肿大,而是又轻快又敏捷,就像他麾下最矫捷的骑兵一样。

据说印度有一些地方,一个贵族要是被一个平民碰一下,就认

---

① 指小加图,古罗马政治家,恺撒的反对派。
② 古希腊将领,曾称霸希腊,最终阵亡。
③ 《圣经》人物,以色列国王扫罗的堂兄弟,军队指挥官。
④ 参见《旧约·撒母耳记下》2—3。
⑤ 他母亲是布鲁斯勋爵的女儿,而布鲁斯勋爵的祖先是苏格兰国王。

为自己受到了玷污。而这个同样高贵的人则不是这样,他与最低贱的士兵、最穷的矿工以及和他平等的人都同样近乎,与他们坦诚相见。他这样屈尊俯就,民众对他的评价反而更高,敬他如王侯,而且是大王侯。所以,押尼珥和卡文迪什身份相当,在地位上平起平坐。(罗伯特·哈雷爵士[儿子]是位精明的绅士和经验丰富的士兵。他常说,[通常]国王军队的指挥官绝不会与士兵结identify,这是对王朝大业的极大偏见。军官的美貌或美言[有时候]的确能赢得士兵的无限信任,激励他们的斗志。他常说,士兵为一个会体贴人的军官去冒生命危险,这是令人赞赏的行为。)

看看押尼珥是如何倒下的,他是被一只奸诈的手害死的,而卡文迪什也是如此。"押尼珥回到希伯仑,约押领他到城门的瓮洞,假作要与他说机密话,就在那里刺透他的肚腹,他便死了。这是报杀他兄弟亚撒黑的仇。"(《撒母耳记下》3:27)

押尼珥就这样倒下了,卡文迪什也是这样。1643年,在盖恩斯伯勒前面交战,上校的战马陷入泥潭,叛军包围了他,俘虏了他。然后一个卑鄙的无赖走到他身后,用剑刺穿了他。这样,两位伟人都被奸诈的手刺倒了。

最后,他倒下的地方是以色列。——押尼珥倒在了他的以色列,卡文迪什倒在了我们的以色列:圣公会。——在这一教会里,勇敢的卡文迪什倒下了。不仅如此,他倒在了教会的争执之中。

——我这样将卡文迪什上校与以色列的勇士和名人押尼珥做了对比,你会发现他们二人不分轩轾,卡文迪什甚至超过了押尼珥。

罗伯特·胡克
Robert Hooke
1635—1703

文学硕士。他父亲约翰·胡克先生是怀特岛弗雷什沃特的牧师，有两个或三个兄弟，都是牧师。询问霍尔德博士。他是汉普郡胡克家族的后裔，其祖籍位于从伦敦到索尔兹伯里的路上，一个非常古老的家族，在这个地方居住好几百年了（三百年或更久）。他娶了……生有两个儿子，也就是……纽波特杂货商，还有罗伯特，是次子（曾是当地的市长），1635年7月19日出生于前面提到的弗雷什沃特，死于帕特里斯。

……岁时，老画家约翰·霍斯金斯在弗雷什沃特为……先生画像，胡克先生看到后就想："我为什么不能画呢？"他就找到白垩、红赭石、煤炭，碾碎后放到一块平木板上，做成画笔作起画来。后来他临摹那里的画（在客厅里挂着），画得很逼真。他小时候在弗雷什沃特还制作了一个日晷，放在一张圆木板上，没有任何人教过他。他父亲根本就不懂数学。

他父亲死时，儿子罗伯特只有十三岁。父亲给他留下了一百英镑，把钱和他本人一起送到了伦敦，想让他与画家莱利先生[①]立份契约，拜

[①] 即彼得·莱利爵士，荷兰画家，到英格兰后即称雄于画界。

莱利为师。最初一段时间莱利先试用他。莱利很喜欢他,但胡克先生很快就知道该怎么做了。他想:"我为什么不自己这样做,把那一百英镑省下来呢?"在绘画上他还得到塞缪尔·库珀先生(这一时期的肖像画大师)的指点,但这是在莱利先生之前还是之后?询问一下。

询问他何时去了威斯敏斯特学校校长巴斯比先生家,他就在这位校长家里,十分尊重这位校长。他把自己的一百英镑存放在校长手里,在这里学会了弹奏二十节课的管风琴音乐。他用了一个星期的时间,就掌握了欧几里得的前六卷,受到巴斯比先生(现在是神学博士)的赞扬,是巴斯比将他介绍进来的。

他在这所学校里表现出了机械方面的才能,其中包括他发明的三十种不同的飞行方法。这件事我不仅听他说过,还听威尔金斯博士(当时在沃德姆学院)说过,威尔金斯把自己的《数学魔术》给了他,对他大有帮助。他从来都不是官费生(在威斯敏斯特学校),我听理查德·奈特爵士(他同学)说,他在学校里很少见到胡克。

1658年,他被送到牛津基督堂学院,在这里获得一个唱诗班歌手的职位(当时教堂音乐被取缔了)[①],这是个很好的生计来源。他在这里是托马斯·威利斯博士的化学助手,后来威利斯又把他推荐给罗伯特·博伊尔先生,说他能帮助博伊尔先生做化学试验。胡克先生就给他(罗伯特·博伊尔先生)讲读欧几里得的《几何原本》,让他了解笛卡尔哲学。1663年,他成为文学硕士。

1662年,罗伯特·博伊尔先生推荐罗伯特·胡克先生到王家学会担任实验监督人,为学术界做了一件大好事,把世界上最合适的人选推

[①] 共和国时期,执政的清教徒禁止一切娱乐活动,包括教堂音乐。

荐给了他们。1664年,胡克先生被遴选为格雷沙姆学院几何学教授。166×年,骑士约翰·卡特勒爵士资助了一门机械学讲座,每年……英镑,由胡克先生来讲授。

1666年,伦敦发生大火,胡克先生当选为伦敦市的两位建筑师之一(另一位是玻璃涂漆工奥利弗),由此得到一大笔财产。他建造了疯人院、医生学院、剧院、蒙塔古宫、鱼街山上的伦敦大火纪念塔等,还经常由他来设计建筑。

他中等身材,有点驼背,面色苍白,脸有点小,但头大。眼睛圆鼓鼓地暴突出来,不敏锐,灰色。他有一头细发,褐色,打着漂亮的湿卷。他总是很温和,在饮食等方面有节制。

他有创造力奇强的大脑,也是个善良、道德高尚的人。我说他创造力强的时候,你可不要想象他记忆力有多么好。创造力和记忆力就像两只水桶,一只上升时,另一只就下降。他肯定是当今世界上最伟大的机械专家。他的才智偏向于几何而不是算术。

他是个单身汉(1680年),我相信他永远也不会结婚。他兄长撇下一个漂亮的女儿,她会成为他的继承人。总而言之,他是个非常温和、非常善良的人。

是罗伯特·胡克先生发明了摆钟,比其他表有用得多。

他发明了一种工具,可以快速运算除法等,或快速找到除数。德意志皇帝的一种工具,1692年或1693年。

奥布里给安东尼·伍德的一封信[①]:

---

① 这封信由罗伯特·胡克改过,有关技术上的一些详情略去了。

伍德先生：

　　1670年，王家学会会员罗伯特·胡克先生写了一篇论文，题目是"试论地球的转动"，随后在王家学会宣读，1674年年初刊印（题献给了约翰·卡特勒爵士，是送给他的新年礼物）。他在该文中论述了天体机械运行的理论，其中这样说，也就是第27、28页。

　　……

　　大约九年或十年以前，胡克先生写信给剑桥三一学院的艾萨克·牛顿先生，证明这一理论（万有引力论），但一开始并没有告诉他引力与距离的比例，也没有告诉他因此而产生的曲线情况……牛顿先生在回信中说，他确实不知道，在第一次尝试中，他计算曲线时，假设无论距离大小，引力都一样。对此胡克先生在第二封信中提出了完整的假说，即引力与距离的平方成反比。

　　……

　　这是完整的天体理论，牛顿先生证明了这一理论，根本就没有承认他最初是从胡克先生那里得到提示的。与此相似的是，牛顿先生在刊印的同一本书中，还有胡克先生其他一些理论和实验，如地球和海洋是椭圆形的，但他也没有承认这些理论是从哪里来的。

　　……

　　伍德先生！

　　这是创世以来自然界最伟大的发现，以前从来没有人这样提到过。我知道你会公平地对待他。我希望你读一读他亲笔写的东西。他要是写得再明白一些，再多写几张纸就好了。

约翰·奥布里顿首

1689年9月15日

我离开这座城之前,要向他要一份他作品的清单,还有他发明的清单,内容越多越好。但是有好几百,他认为不少于一千。让人公正地评价自己真不容易啊。

勒内·笛卡尔
René Descartes
1596—1650

高贵的法兰西人,佩龙领主,著名数学家和哲学家,1596年3月31日出生于都兰的拉艾,1650年2月11日死于斯德哥尔摩。

他青年时代是如何度过的,用什么方法学到那么多知识,他在一本叫作《方法论》的专著里告诉了世人。耶稣会感到骄傲的是他们这一教派培育了他。

他在埃格蒙特(海牙附近)生活了几年,在这里写了好几本书。他太聪明,不想要一个妻子拖累他。但他是个男人,有男人的七情六欲,就养了一个他喜欢的条件好的美女,为他生育了几个孩子(我记得是两个或三个)。有这样一个头脑聪明的父亲,孩子们理应受到良好的教育,但事实却让人遗憾。

他极为博学,所有的博学之士都去拜访他,其中很多人都希望他展示一下他储备的工具(当时学数学在很大程度上取决于了解工具,用亨利·萨维尔的话说,就是变戏法),他就从桌子下面拉出来一个小抽屉,让他们看看一把圆规和一把尺子,圆规断了一条腿,尺子是用一张纸折叠出来的。这件事是听亚历山大·库珀(塞缪尔的兄弟)说的,此人是瑞典女王克里斯蒂娜的画师,和笛卡尔非常熟。

霍布斯先生常说,笛卡尔要是专心致力于几何学,就会成为世界上最优秀的几何学家。他很佩服笛卡尔,但又说不能原谅笛卡尔写文章为圣餐变体论①辩护,据霍布斯判断,这是绝对错误的。

---

① 天主教的重要教义,认为在望弥撒时面饼和葡萄酒一经神父祝圣,就变成了耶稣的肉和血。

爱德华·布里尔伍德
Edward Brerewood
约 1565—1613

　　出生于……,就读于牛津布拉斯诺斯学院。我的表亲惠特尼很久以前是那里的研究员,我记得他对我说过,布里尔伍德的父亲是西切斯特的居民,不过他一度在学院里陷于困境(我不记得是什么原因了,是因为花光了他父亲给他的零用钱,还是别的什么原因),好长时间没有出过学院的大门,也没有(我认为)出过寝室,而是穿着拖鞋和睡衣,坐在寝室的桌子和板凳上,但在知识上大有长进。

　　他写了……题献给他老乡大法官埃杰顿(肯定是他的资助人)。他是伦敦格雷沙姆学院天文学教授,1613 年死在那里,埋葬在圣海伦教堂的高坛。

　　他别的情况我就不知道了,很遗憾。

沃尔特·沃纳
Walter Warner
约 1558—1643

据约翰·佩尔博士提供的信息：1642年前后，沃尔特·沃纳最小的弟弟是莱斯特郡郡长。他和弟弟到死都是单身。佩尔博士与他这个当郡长的弟弟有一面之交，但和沃尔特很熟悉。财产留给了中间的一个兄弟，他是个残疾人。

沃尔特只有一只手（生来如此），我记得是右手。他母亲受到惊吓，这导致他畸形，所以他没有左手，只有一个残肢，上面长五个肉赘，不是手上长五个指头。他用一个袖口将其套住，像个口袋似的。佩尔博士从未见过他的残肢，是沃纳先生的仆人告诉佩尔的。

这位沃尔特·沃纳既是数学家，也是哲学家，是他出版了托马斯·哈里奥特的《代数》，尽管他没有提过这件事。

沃纳先生告诉佩尔博士，哈维博士出版《论血液循环》时，他不知道哈维博士这主意是从哪里来的。有一天，他去找莱斯特伯爵，发现哈维博士在客厅里，正和普罗瑟罗先生亲切交谈。沃纳先生曾和普罗瑟罗先生谈过血液循环的运用，但没有怀疑哈维博士从普罗瑟罗那里得到了线索。

[备忘]佩尔博士说，沃纳先生根据脉搏的跳动，推断出血液肯定是循环的。

哈里奥特先生去世时,指定托马斯·奥莱斯伯里爵士和普罗瑟罗先生为遗嘱执行人,这样其书信文稿就分到了两个人手里。落到托马斯·奥莱斯伯里爵士手里的那一部分,在托马斯·奥莱斯伯里爵士死后,又落到了他女婿、大法官和克拉伦登伯爵爱德华及其儿子(1680年成为现任克拉伦登伯爵)手里。据说这一部分现在还保存着,除《分析技巧练习》之外,其他都没有刊印。

《分析技巧练习》是由沃纳先生刊印的,当时情况是这样:托马斯·奥莱斯伯里爵士从诺森伯兰伯爵阿尔杰农(关押在伦敦塔里的那个伯爵的儿子)那里得到允诺,让沃纳终生享有年金,条件是沃纳要从哈里奥特先生的书信文稿里选出一些适合出版的东西来。沃纳先生选出来了,1631年出版,书名如前所述,是对开本,在伦敦出的,但没有署自己的名字,这样沃纳在有生之年就得到了这笔钱。

哈里奥特先生的书信文稿中,由普罗瑟罗先生保管的那一部分落到了卡伯里伯爵长子约翰·沃恩大人手里,他最近成为牙买加总督。

沃纳先生最小的弟弟是个好管家,也是个勤奋的人。他弟弟常说,他要是有那么多钱,就可以用这些钱来获得更大的好处。于是他长兄(沃尔特)就让他把地卖了,这样他以放牧等手段提高了地产的价值,结果当上了郡长,前面已经提到了(询问法律代理人是什么时候当上的)。佩尔博士见过他,和他说过话。

沃尔特·沃纳先生制作了一张颠倒的对数表①。在布里格的表上,在边缘处填写上的数字以最小整数递增,正对着这些数字的是其对数;由于不可通约,这些对数要么太大,要么不足。而沃纳先生(像英语之前的一部拉丁语词典)在边缘处填写上的对数是以最小整数递增的,并

---

① 即反对数表。

让每一个对数正对着在1和10之间（询问一下）很多构成连续序列的比例；由于同样原因，其中最后一个数字也是不完善的。

沃纳先生死后，这些对数落到了威斯敏斯特受俸牧师赫伯特·桑代克先生手里，桑代克先生又交给了威斯敏斯特校长和受俸牧师理查德·巴斯比博士。在约翰·佩尔先生认识沃纳先生之前，对数的数字已达一万。经沃纳先生请求，由佩尔先生亲自添加或由他指导，对数的数字达到了一百万。经手者的笔迹不一样，可以看出来是谁添加的。原表在巴斯比博士手里。

[备忘]沃纳先生写了一篇论文《论硬币》，和铸币厂的事务有关，约翰·柯林斯先生有一份，是从赫伯特·桑代克先生那里得到的。梅森的《光学》第六卷显然是沃纳先生的，第七卷是托马斯·霍布斯先生的。莱斯特郡的托维先生是他的亲戚，托维先生能说出沃纳先生死于何时何地。这一信息来自索尔兹伯里主教塞思。

塞思主教认为，沃尔特·沃纳先生就读于剑桥大学，但不敢确定。询问佩尔博士，那些颠倒的对数有什么用。沃尔特·沃纳先生不会白干这么一件事。

托维先生是剑桥基督堂学院的研究员，在莱斯特郡担任有俸圣职，娶了沃尔特·沃纳先生的一个侄女。（对数表）从托维先生手里转给了桑代克先生。

佩尔博士认为，沃纳先生根本没有上过大学。

托马斯·哈里奥特

Thomas Hariot

约 1560—1621

佩尔博士不知道哈里奥特是哪个郡的人（但知道他是英格兰人），认为哈里奥特大约死于他（佩尔博士）去剑桥的时候。他说，约翰·沃恩大人可以告诉我，沃恩大人有哈里奥特的一份遗嘱。这是约翰·佩尔博士提供的信息，1680 年 3 月 31 日。

哈里奥特先生和沃尔特·雷利爵士一起去了弗吉尼亚，写出了《弗吉尼亚记述》，已经刊印出来。

诺森伯兰第九任伯爵亨利·珀西和沃尔特·雷利爵士双双被监禁在伦敦塔时，二人相互认识了，沃尔特·雷利爵士向伯爵推荐了哈里奥特先生，伯爵就决定每年赠予哈里奥特先生两百英镑的年金，可以终身享有，哈里奥特先生也得到了这笔年金。而对休斯（《论天体仪的使用》的作者）和沃纳先生，他每年只给六十英镑。这三个人通常被称为诺森伯兰伯爵的"三贤"。他们有一张桌子，由伯爵出钱购买，伯爵和他们交谈，或是个别谈，或是一起谈。

他是艾尔斯伯里先生的老相识。1618 年 12 月 9 日，那颗耀眼的巨星出现时，科比特博士用诗体写给艾尔斯伯里先生一封信：

为了诸神和人的安宁你提出忠告,
你有办法使我们聪明,
你丰硕的研究成果,哈里奥特巨大的宝库,
里面没有杂质,一切都是精华。

　　索尔兹伯里主教(塞思·沃德)对我说,哈格先生(他的老乡)是个绅士,也是个优秀数学家,和托马斯·哈里奥特先生很熟悉。哈格先生常说,哈里奥特不喜欢(或不看重)创造世界这一老生常谈,他不相信这一老观点,说"无中不能产生任何东西"。但哈格先生又说,"无"最终要了哈里奥特的性命。哈里奥特鼻尖上长了一个小红点(非常小),后来越长越大,最后置他于死地。我猜测那就是外科医生所说的"不要摸我"[①]。

　　佩尔博士对我说,他在哈里奥特先生的书信文稿里发现一套字母,现在(1684年)在巴斯比博士手里,是他为描述美国语而发明出来的,像魔鬼一样。[②]

　　他写了一篇《弗吉尼亚记述》,后来刊印在珀切斯先生的《清教徒前辈移民》里。

　　参见格兰维尔斯先生的《现代实用科学的进展》第33页,其中提到了托马斯·哈里奥特先生。

　　肯特郡有个地方叫哈里奥特村,现在是沃顿大人的。伍斯特郡德罗伊特威奇教区有一处漂亮的住宅叫哈里奥特府,不久前是首席法官怀尔德的宅邸。

[①] 当时一些病症的统称,这里显然是指恶性黑色素瘤之类。参见《新约·约翰福音》20:17。
[②] 也许是因为这些字母都以三叉结尾。

罗伯特·休斯埋葬在牛津基督堂。

伊莱亚斯·阿什莫尔先生认为他是兰开夏郡人。弗拉姆斯特德先生答应我问问汤利先生。

[备忘]罗伯特·莫里爵士(从弗朗西斯·斯图尔特那里得到的信息)在王家学会宣布(那颗彗星出现在荷兰战争之前),弗朗西斯爵士听哈里奥特先生说他看见了九颗彗星,并预见了其中七颗,但并没有说他是如何预见的。这件事很奇怪,让天文学家们考虑一下这个问题。

这位弗朗西斯·斯图尔特爵士是里士满现任公爵夫人的叔叔(或叔祖父),是个船长,我记得有一年夏天担任海军中将或海军少将。他是个博学的绅士,和沃尔特·雷利爵士等人都是一个俱乐部的成员,该俱乐部位于弗里迪街上的美人鱼酒馆,都是当时的风云人物和才子。本·琼森把《沉默的女人》题献给了他:

献给真正尊贵的弗朗西斯·斯图尔特爵士。
您不仅赞助了我的写作,而且还主持正义,愿您以判官的权威而不是以承办人的信誉,展现出最高尚、最勇敢的美德,不轻信有关我的传闻。

哈里奥特先生死于嘴唇(或舌头)溃疡。里德博士的《外科》提到哈里奥特先生是他的病人,在关于溃疡(癌症)的论文里。

哈里奥特先生创建了一种哲学神学,把《旧约》抛弃了,这样《新约》就没有了根基。他是个自然神论者。他把这一信条教给了沃尔特·雷利爵士、诺森伯兰伯爵亨利和其他人。当时的神职人员把他的死亡方式看作报应,因为他不重视《圣经》。

亚历山大·里德博士的作品,1650年刊印于伦敦,《论溃疡》,第248页:

> 癌性溃疡也出现在这一部位。这一痛苦加速了著名数学家哈里奥特先生的死亡。他死亡之前不久我才认识他,他在伦敦塔的时候,与休斯先生(《论天体》的作者)、沃纳先生、托普利先生、尊贵的诺森伯兰伯爵一起,一度成为学术赞助人,是学者的保护人,他们有才华,著有各种作品。

我很想找到埋葬他的地方,他没有被埋在伦敦塔小礼拜堂。

[备忘]尼古拉·墨卡托先生(教过诺森伯兰最后一任伯爵,即当时的珀西勋爵)在佩特沃思向我断言,被囚禁在伦敦塔里的诺森伯兰伯爵也给学者托普利先生发津贴,他家的藏书室里(我记得在佩特沃思)有他的一些书信文稿。再问问。

亨利·比林斯利爵士
Sir Henry Billingsley
？—1606

伦敦圣凯瑟琳-科尔曼教堂高坛北面尽头有以下碑文：

这里埋葬的是伊丽莎白,亨利·比林斯利的亡妻,女王伦敦港的主顾之一,1577年7月29日去世。

人人都有一个最终的时刻,上帝和可怕的死神把我们每一个人都带走。而您,伊丽莎白,无论是您的虔诚还是您的美丽,都无法保护您不被带走。您走了,和丈夫共同生活了十五年之后,享年三十五岁。您身为人母,儿女绕膝(三个女儿,其余都是男丁),生第十一胎时死神降临,将您带走,还有您第十一个刚出生的婴儿。实际上死神带您离开了这个世界,离开了尘世间的污秽和忧伤,带您到了天堂去见上帝。一个见证者是您纯洁的信仰,一个见证者是您的美德;美德让您丈夫满意,信仰让上帝满意。您亲爱的丈夫把您埋进这座坟墓,他希望自己死后也埋到这里。

[备忘]我小时候,……比林斯利爵士有一座很舒适的别墅,旁边是

一片栎树林,在布里斯托尔东边大约一英里半的地方。询问一下他是否是亨利爵士的后裔。

参阅托马斯·比林斯利爵士,第……页,他是多塞特伯爵理查德家的掌马倌,是英格兰最善于驾驭战马的人。他教选帝侯兄弟几个骑马。

[备忘]比林斯利村位于赛洛普郡,是什罗普郡的一个家族。但现在这个村庄是诺顿先生家的。

这位亨利·比林斯利爵士是伦敦历史上最有学问的市民之一。是他用英语出版了欧几里得的《几何原本》,并附有约翰·迪先生的学术性注释和一篇前言。学术界人士说,这是最好的一本欧几里得。他担任过伦敦市名誉市长和市长。他家是芬丘奇街一所漂亮的房子,现在是商人雅各布·卢斯住着,询问一下这个人。

那时商人经常外出,到意大利、西班牙等地。询问亚伯拉罕·希尔先生他是哪个行会的,可能会在那里找到一些反映他慷慨和热心公益事业的纪念物。回答是金匠行会的,那里有他一幅漂亮的画像。

参阅富勒的《英格兰名人传》和斯托的《伦敦测绘记录》。

1570年,他的欧几里得由约翰·戴刊印于伦敦。译者写给读者的话:

> ……所以,考虑到现在还没有这样优秀的英语作家,同时也为国人没有这样的爱国热情而感到悲伤,上帝既传授了他们知识,也让他们具有翻译成英语的能力,可以出版这样优秀作家的作品;也由于很多有才华的人渴望学习这些技艺,包括绅士和其他各色人物,我就为了这些人而花费了一些钱财,也付出了艰辛的劳动,将其忠实地翻译成英语,刊印出这本欧几里得。我在书里增添了浅

显易懂的说明和例子,各种各样的补充、评注、注释和搜集到的资料……

他承诺翻译更多资料,说已经翻译了一些宗教资料。询问一下。

罗伯特·比林斯利在……教授算术和数学。他刊印了一部非常漂亮的小册子,有关算术和代数方面的。伦敦(也就是《萨福克郡瑟洛免费学校使用算术的最初设想》)是亨利爵士的曾孙。这一消息来自亚伯拉罕·希尔先生。

马丁·比林斯利先生(锡伯恩上尉认识他)是伦敦的习字教员,刊印了一本非常漂亮的书。询问一下他是不是这位亨利·比林斯利爵士的后裔。看看他的盾徽,还有他书前面的画像。

[备忘]彼得勒斯·拉姆斯在其"批注"里说,数学在德意志最为繁荣,其原因是最优秀的著作都被翻译成了德意志人的母语,公共讲座也都是用母语讲。

走访托马斯·比林斯利爵士,询问一下他是不是亨利爵士的后裔。

托马斯·比林斯利爵士是英格兰最优秀的骑手,在英格兰无人能超越他。他教多塞特伯爵及其三十个侍从骑高头大马,教莱茵河的巴拉丁亲王及其几个兄弟①骑马。他在多塞特伯爵理查德的女儿和共同继承人、萨内特伯爵夫人家里辞世,跪在地上祈祷时死的。

奥斯汀托钵修会(现在的沃德姆公学)的修士怀特黑德教过他。比

---

① 查理—路易及其两个兄弟鲁珀特亲王和莫里斯亲王。

林斯利住在他家里,我认为他就死在了那里。

数学家利克先生说,比林斯利是金匠行会的(问一问)。问问该行会的文书。查阅登记簿。到宗谱纹章院看看。赛洛普郡,在布里斯托尔附近。查阅富勒《英格兰名人传》,其中提到各位市长大人。马丁·比林斯利1623年制作习字帖,在边缘处标有纹章。

1606年12月18日,埋葬在伦敦圣凯瑟琳-科尔曼教堂座椅下面的灵堂里。

我在登记簿里发现,除了碑文里提到的伊丽莎白,他还有两任妻子,第二任妻子是特拉普斯女士,第三任……

[备忘]他家的房子(非常漂亮)靠近教堂,大火之后仍然完好无损。客厅的窗户上有他家的盾徽。现在是大商人卢西先生住在里面。

女王伊丽莎白统治的第二十六年,他担任伦敦郡长。

女王伊丽莎白统治的第三十八年,他担任伦敦市长。托马斯·斯金纳爵士担任一部分职务,亨利·比林斯利爵士担任另一部分职务。

约翰·迪
John Dee
1527—1608

  大约在 1674 年,我给伊莱亚斯·阿什莫尔先生留下了有关约翰·迪的材料,对开本,三页纸。

  约翰·迪的父亲是伦敦的酒商,其招牌是……在……。这是伊莱亚斯·阿什莫尔说的,阿什莫尔是听迪的孙子说的,也就是亚瑟的儿子。

  亚瑟·迪(约翰·迪的儿子)是诺里奇的医生,1579 年 7 月 13 日出生,大约是早晨四点半,更确切地说是四点二十五分,太阳刚升起的时候,我记得是这样。这是我在他父亲的星历表上发现的。1650 年前后死于诺里奇。

  [备忘]梅雷迪斯·劳埃德先生对我说,迪的父亲叫罗兰·迪,拉德诺郡的一位绅士,他有迪家的家谱,并答应借给我。约翰·迪是南威尔士亲王里斯的后裔。我曾祖父威廉·奥布里博士和迪是亲戚,彼此也很熟识。阿什莫尔先生有二人往来的信件,是亲笔信。有封威廉·奥布里博士写给迪的信(写得有文采,有学问)谈到海洋主权问题,关于这一问题约翰·迪写了一本书,题献给了女王伊丽莎白,并征求我曾祖父的意见。奥布里博士的乡间别墅在克佑,约翰·迪住在弓形湖,相距不

到一英里。我听祖母说,他们经常在一起。

他儿子医学博士亚瑟·迪住在诺里奇,也在那里开业,是医学博士托马斯·布朗爵士的好朋友。布朗告诉我,荷兰大使威廉·博斯韦尔爵士有约翰·迪的所有手稿。向他的遗嘱执行人要他的书信文稿。他当时住在肯特某地。

[备忘]威廉·博斯韦尔爵士的遗孀住在肯特郡斯文诺克附近的布拉德伯恩。

[备忘]医生学院的黑克先生有约翰·迪先生的一部手稿,去看看或要过来。

向安东尼·伍德索要格温博士的手稿,在牛津大学图书馆里保存着,里面有好几封他和约翰·迪、戴维斯博士的信,谈论的是炼金术和巫术的奥秘,我的好朋友梅雷迪斯·劳埃德先生见过并读过。劳埃德先生对我说,他听说巴洛博士把它交给了托斯卡纳大公。

梅雷迪斯·劳埃德说,约翰·迪已付印的有关灵魂的书不超过手稿的第三部分,手稿在罗伯特·科顿爵士的藏书室,其中相当一部分由于被掩埋而遭到损毁,罗伯特·科顿爵士买下了那块地,想把它挖出来。

[备忘]梅雷迪斯·劳埃德对我说,约翰·迪等人在布雷克诺克郡的一个池塘边施魔法,人们找到一块楔形金子。这些人遇到了麻烦,有人到巡回审判庭告发他们是巫师。这在收获季节掀起了一场大风暴,乡下人没见过这样的事。

他有一幅木刻像,收录在比林斯利的欧几里得(《几何原本》英译本)一书末尾,但伊莱亚斯·阿什莫尔先生从他儿子亚瑟那里得到一幅很漂亮的画像摹本。他有很好看、很均匀的红润脸色,像亨利·萨维尔爵士一样,乳白色的长胡子,一个很漂亮的人。

这一消息来自梅雷迪斯·劳埃德。

塔尔博特娶了南威尔士君主(豪厄尔·达的后裔)的女继承人,约翰·迪也出身于这一家族。特劳特贝克博士有雷蒙德·吕利的……(一篇化学论文),上面有约翰·迪的边注。

寻找约翰·迪的遗骸

福尔多老太太(萨里郡弓形湖本地人)年届八十甚至更多(1672年)。她认识迪博士,对我说他死在弓形湖他家里,紧靠着做挂毯的那所房子,也就是在那所房子西边。老太太说,他死于六十八或六十九年以前(从1672年1月算起),埋葬在高坛,上面有块大理石碑。他生病期间她母亲照料他。她对我说,他在弓形湖住所里款待过波兰大使,不久以后就死了。她还对我说,他借助于暗室让那位大使看过日食。她认为他死时八十岁。她说,他让很多蒸馏器工作着,为埃弗拉德·迪格比爵士平息了一场暴风雨。

孩子们都怕他,因为人家都说他是个巫师。他找回了她和他女儿(两人都是小姑娘)不小心被人偷走的一筐衣服。她知道这事。

他被埋葬在高坛中央,有点靠南。她说,他埋在高坛上,位于霍尔特先生和迈尔斯先生之间,这二人都是女王伊丽莎白的仆人,其大理石墓碑上都有铜碑文。他墓上也有一通大理石碑,但没有任何碑文,这块墓碑被移走了,这块旧石碑上有两三个铜徽章。

他一个女儿(我记得是萨拉)嫁给了索思沃克的一个亚麻服装师。询问她的名字。

丹麦国王来到这里之后不久他就死了,或者是在此之后一年内死的。参阅理查德·贝克爵士的编年史和沃顿上尉的年鉴。

他在弓形湖教堂建了个陈列馆。福尔多老太太的父亲是建造这一工程的木工。

他坟墓上有一块碑,后来被移走了。高坛上端当时有台阶,在奥利弗时代被牧师铲平了,然后就把碑移走了。孩子们在教堂里玩耍时,常跑到迪博士的墓碑前。她对我说,迪事先提醒过女王伊丽莎白,要她提防洛佩兹博士谋害她。(洛佩兹博士泄露了这一消息,迪极为害怕。)

他常常提炼蛋壳。本·琼森就是根据这一线索,看出他是个炼金术士,琼森自己也想炼金。

他是个大和事佬。只要邻居一吵架,他绝不会不管,直到他们言归于好。

他又高又瘦,穿一件长外衣,像艺术家穿的那一种,袖子遮盖住手,并开有衩。

他是个大好人。

他被女王伊丽莎白(她认为)任命为驻波兰大使。

[备忘]约翰·迪为一位绅士的管家找回餐具。这位管家带着一篮子餐具,从伦敦走水路回来时,把另一只相似的篮子当成了自己的。约翰·迪先生盼咐他们在某一天从水路走,并注意观察,就能见到拿他篮子的那个人,他确实见到了。但他要不回丢失的马,尽管得到了几枚金币。

一个妇女(他的邻居)为一个恶邻(另一个妇女)的毒舌而苦恼,这位恶邻来到了她家里,他说这人是个女巫。

1588年,贾尔斯·弗莱彻博士接受女王派遣,到沙皇费奥多那里担任大使。女王与沙皇的关系审慎而严谨,完全由他们自己来解读。沙皇费奥多听说这位数学家学识渊博,就请他到莫斯科,答应每年给他两千英镑,鲍里斯亲王再给他一千马克,食物由皇帝提供,会受到体面的接待,当成全国最主要的人物之一。所有这些迪都没有接受。

——约翰·弥尔顿:《俄罗斯简史》,伦敦,1682 年,第 100 页

尼古拉·希尔
Nicholas Hill
1570—1610

这位尼古拉·希尔是他那个时代最博学的人之一，一位大数学家、哲学家、诗人和旅行家。有些作品没有在作者有生之年被刊印出来，他的作品也是这一命运。他学识极为出众，成为那位了不起的牛津伯爵（就是在女王伊丽莎白面前放屁的那位牛津伯爵，然后他就外出旅行了）的大红人。牛津伯爵让他陪伴自己去旅行（他是伯爵的管家），队伍浩浩荡荡，在佛罗伦萨的宫院比大公的还要大。这位伯爵每年花在旅行上的遗产达一万或一万两千英镑。

高级律师霍斯金斯老先生（诗人，现在的准男爵约翰·霍斯金斯爵士的祖父，我尊敬的朋友）认识他（和他很熟），通过这一渠道我才得到这一消息。要不是本·琼森第二卷里的一些诗，这些信息已经失传了，连他的名字也会被人遗忘。

我猜想他的画像（头像）存放在威尔顿长画廊的尽头，具有我所见过的最坦然自若的神态，很像马姆斯伯里的托马斯·霍布斯先生，但有点古人的样子。遗憾的是在贵族画廊里，名字没有写在画像上，或是写在了画像背面。

王家学会会员、肯辛顿的托马斯·亨肖先生有他一部手稿，也就是

《论上帝的本质》,他不会刊印。

安东尼·伍德的传记显示,他是牛津圣约翰学院的,伍德提到他是吕利的忠实信徒。

他和大人旅行时(我忘了是在意大利还是德意志,我记得是在意大利),一个穷人向他乞讨一个便士。

"一个便士!"希尔先生说,"你觉得十英镑怎么样?"

"啊,十英镑,"乞丐说,"那会让人高兴的。"

尼古拉·希尔先生马上给了他十英镑,然后记到账上:"项目:送乞丐十英镑,让他高兴。"

托马斯·亨肖先生在鲍巷从尼古拉·希尔遗孀那里买了一些书,其中有一部手稿《论世界的无限和永恒》。他从作品里看出希尔是个罗马天主教徒(或是亲罗马天主教)。亨肖先生认为,他死于1610年前后,死时已是个老人。他在女王伊丽莎白时代飞黄腾达。我要到鲍巷查一下登记簿。

我在鲍巷查了登记簿,没有找到尼古拉·希尔的信息。

威廉·奥特雷德
William Oughtred
1574—1660

剑桥神学士威廉·奥特雷德先生,1574 年 3 月 5 日下午五点出生于白金汉郡的伊顿,离温莎不远。

他父亲在伊顿教写作,是个文书,粗通算术,威廉还是学童时父亲就教他算术,对他帮助极大。他祖父杀了人以后,从北方来到这里。家族里最后一个骑士是杰弗里·奥特雷德爵士。我认为是诺森伯兰郡的一个家族,询问一下。

……年,他被遴选为伊顿公学官费生。……年,他升入剑桥国王学院。二十三岁那年,他在这里写出了《几何计时法》,就像标题页所显示的那样。……年,他被委任为萨里郡奥尔布里教区长或牧师并就职,年收入一百英镑,在这里担任牧师达五十年。

他娶了凯里尔女士(当地一个世家之女),二人生有九个儿子(大多数活到成年)和四个女儿,在几个儿子中他没有培养出一个学者。

他是个小个子,黑头发,黑眼睛(很有精神)。他的大脑一直在运转,他会在地面上画线条和图形。

布莱克本博士有他的《谱系学》,他亲笔画的。他喜欢纹章学。

我尊敬的博学的朋友托马斯·弗拉德先生(曾担任过肯特郡郡长)是奥特雷德先生的熟人。弗拉德先生对我说,奥特雷德先生向他坦言,他弄不明白是怎么一回事,可以通过占星来预卜未来,但结果就是这样,还是真的,就像他经常凭经验所发现的那样。

托马斯·弗拉德先生死了。

他的长子本杰明(和我亲戚布思比住同一所房子,现在已老,布思比供应本杰明伙食),签约后成为一个钟表匠的徒弟。本杰明干得相当不错,但视力已衰退,不能干这种细活儿了。本杰明对我说,从他记事起,他父亲就在床上穿着紧身上衣,躺到十一二点才起来。晚上学到很晚,直到11点才上床睡觉,引火盒①放在身边,床柱顶上固定着牛角墨水瓶。他睡眠时间很少。有时候他两三夜不上床,找不到一个问题的答案就不出来吃饭。

他以博学而闻名,在国外比在国内更有名,也更受到尊重。好几位大数学家专程来到英格兰和他谈话,与他结识。他乡下的邻居(尽管不懂得他的价值)知道他必有过人之处,有那么多外国人来拜访他。

文学硕士塞思·沃德先生和医学博士查尔斯·斯卡伯勒先生只要一来(像朝圣一样来看他,崇拜他),就在希尔(相邻的一个教区)客栈下榻。为迎接他们到来,奥特雷德先生就准备一桌丰盛的饭菜,把自己打扮成这个样子:穿一件破旧的红褐色土布法衣,以前则是黑色的;束一根旧皮腰带,戴一顶老式的土气帽,在女王伊丽莎白时代是一顶海狸皮帽。博学的外国人来看看他一个人是怎样过日子的,看过之后都感到惊奇,觉得还是自己有福气,这么有价值、这么博学的一个人,竟然过

---

① 旧时用打火石引燃火绒来点火的一种装置。

得如此寒碜。

剑桥锡德尼-苏塞克斯学院研究员塞思·沃德文学硕士(现在是索尔兹伯里主教)来到他这里,和他在一起住了半年(奥特雷德不愿收一个硬币的伙食费),学到了他所有的数学知识。

乔纳斯·莫尔爵士和他在一起很长时间。此人以前虽然博学,但也只是个普通的逻辑学者。查尔斯·斯卡伯勒爵士是他的学生,约翰·沃利斯博士是他的学生,克里斯托弗·雷恩是他的学生,王家学会会员斯梅思威克先生也是他的学生。

奥斯汀先生(一个最聪明的人)是他的学生,学习学疯了,笑起来没完,结果死了,让老先生悲痛不已。另一位学生斯托克斯先生也疯了,梦见好心的老先生来看他,还给他出高招,结果他康复了,现在仍然很好。王家学会会员托马斯·亨肖先生也是他的学生,当时还是个年轻绅士。但奥特雷德先生只喜欢吃苦耐劳、努力解题的人,其他人一个也不喜欢。他教所有人都是免费的。

他不能容忍学生字写得难看,会马上就帮这类学生补习书法。其中托马斯·霍布斯先生刚来见他时字写得一塌糊涂,经他调教后写得很漂亮。奥特雷德先生写得一手非常清秀的字,图表画得非常匀整,像是用铜雕刻出来的一样。他父亲是个纯熟的书法艺术家(毫无疑问),教得他也写得一手好字。

他是个占星家,按天宫图算命运气很好。他常说,他也不明白为什么会是这样,但确实发生了,他的确相信有某个保护神或精灵帮了他的忙。他坚持用老方式来分配黄道十二宫,认为这样合理,伊莱亚斯·阿什莫尔先生有他亲笔写的原作。抄写一遍。乔治·沃顿上尉把它插在1658年或1659年的历书中。乡下人都相信他会施魔法,他很可能非常乐意让他们这样认为。

我见过他亲笔写的卡坦的《泥土占卜》笔记。他对主教沃德和伊莱亚斯·阿什莫尔先生(他的邻居)说过,"在这个地方","靠着这棵栎树或那棵白蜡树","这样一个答案,或这样一道题进入我脑子里,就像是神灵灌输进来的一样,我想了一年、两年、三年也没有想出来"。

本杰明·奥特雷德对我说,他听见父亲在艾伦先生(著名数学器具制造师)的作坊里对艾伦说,他发现了经度,但我不大相信。

老先生非常喜爱纹章学,与宗谱纹章院里的官员们混得很熟,他们证实了他的血统。

[备忘]他删去了大部分拉丁语语法,又写出了新的。在一个教区居民邓科姆先生家里,他用半年时间教一个绅士学会了拉丁语。询问他在牛津的女儿布鲁克斯夫人,了解这一情况。

奥特雷德先生去世前几年,霍尔斯特因的尼古拉·墨卡托(他的数学作品……)来看他。当时正值仲夏,天气很热,老先生生着旺火,对默卡特先生很友好(被他杰出的数学才能强烈地吸引着)。奥特雷德先生好意的一个表现就是硬缠着他,非要他坐在更靠近火边的位置不可。奥特雷德先生感到冷(年纪大了),以为默卡特也感到冷。

他非常喜爱炼金术。他儿子本杰明还不记事时,他就开始学习炼金术,后来也一直学。他去世前不超过一年时,他对王家学会会员、德特福德的约翰·伊夫林先生说,他要是再年轻个三五岁,就肯定能找到点金石。他经常谈到未开垦的处女地,到那里去寻找点金石(问问他说了些什么很有用处)。点金石是由他能找到的最苦涩的清水制成的,他让水沉淀变纯,通过慢慢沸腾让其蒸发。本杰明照管着火炉。本杰明对我说,他父亲有时候说能制成点金石。经过提炼、过滤的水银,天然的黄金……(这一行不完整,在我的笔记里弄脏了。)

他妻子是个吝啬的女人,吃过晚饭以后不许他点蜡烛,这样很多好主意都丢失了,很多难题都没有解决。所以,亨肖先生在那里的时候就买好蜡烛,这对老先生是个极大的安慰。

英格兰王室最高军务官、阿伦德尔和萨里伯爵托马斯·霍华德阁下是他的大资助人,绝对喜爱他。有一次,他俩在奥尔布里险些被一个倒塌的洞室砸死,两人刚走出来洞室就塌了。伯爵大人房子四周有很多洞室,在山上的沙土地带开凿的,他喜欢坐在里面交谈。

内战期间,佛罗伦萨公爵邀请他过去,每年给他五百英镑,但他由于宗教原因而不愿意接受。①

尽管说了那么多有关这位杰出人物的事,他还处于被扣押的危险之中。翁斯洛是平等派重要成员,反对保王党,也是个众议院议员,住得离他家不远。翁斯洛把奥特雷德先生的《数学题解》译成了英语,并将英文版题献给他,以博得他的好感,这样做挽救了他,使他的财产没有被扣押。这位翁斯洛没有学者风范,遭到全郡人的憎恨,他把萨里郡的人带进圈套遭到屠杀,很多请愿者在威斯敏斯特被杀害,在路上被追捕。

我听他的邻居牧师说,他是个可怜的布道者,因为他从来不研究布道,而是一门心思都扑到数学上。但当他作为保王党成员有被扣押的危险时,便开始学习神学,布道布得(据说)非常好,甚至在老年也是这样。

他是个优秀的拉丁语学者和希腊语学者,这从他抨击德拉梅因的一篇短文中可以看出来。德拉梅因是个细木工人,非常无礼,撰文攻击他(我认为和他的《成比例的圆周》有关)。说起这事,我记得多年以前我见过二十多句好诗,开头大致是这样的:

---

① 可能是因为二人不是一个教派的。佛罗伦萨公爵是天主教徒,而奥特雷德是新教徒。宗教宽容直到十八世纪才逐渐被大家所接受。

> 一个石匠或粗鲁的木匠,
> 拿起他的尺子和圆规,
> 与博学的欧几里得的笔作对……

(找到这些诗并插进来。)

他死前烧掉了大量书信文稿,说这个世界不配得到这些文稿。他很高傲。他还烧掉了好几本印好的书,也不拨火,直到全部烧完。他儿子本杰明很自信地说他懂巫术。在海关工作的奥特雷德先生(他孙子)有他一部分书信文稿。我本人有他的《皮蒂斯卡斯》[①],里面有他精彩的边注,我视之为珍品。我希望也能得到他收藏的比林斯利的欧几里得(《几何原本》英译本),约翰·科林斯说,书里面有他的很多注释。

他死于1660年6月13日,享年八十六岁有余。拉尔夫·格雷托雷克斯是奥特雷德先生的挚友(数学器具制造师),说他认为奥特雷德先生是高兴死了,因为国王于5月29日回归了,在他死去之前。

"你确信他复辟了吗?那就给我一杯萨克葡萄酒,祝国王身体健康。"

他的灵魂是乘着翅膀飞走的。

6月15日,他被埋葬于奥尔布里教堂的高坛,在围屏附近,位于围屏北侧,在高坛和教堂中殿之间。为找到这位博学而又善良的人遗骨安葬的地方(离他去世仅过了十六年),我颇费了一番周折。一开始我问他儿子本杰明,本杰明对我说,父亲的死让他过于悲痛,不记得埋葬的确切位置了,我倒是以为悲痛会让他记得更清楚一些。他是认真思考之后(和他父亲绝对不一样)说出以上这番话的,别人也认可。但直

---

① 德意志三角学家、天文学家。

到今天,也没有人以任何形式纪念老先生,真是让人非常遗憾。

我希望约翰·伊夫林先生等人去找我们的资助人诺福克公爵谈谈,让他为老先生捐一通体面的大理石碑,再刻上铭文,这样也能使公爵大人的英名长存。我问过本杰明有关他父亲死时是罗马天主教徒的传言,本杰明对我说确实如此,他父亲生病时,确实有几个神父从公爵大人(当时为诺福克的亨利·霍华德先生)那里过来和他交谈,想劝他皈依天主教,但他父亲当时已经不省人事,本杰明就在旁边,他对我说。

他的《数学题解》一开始题献给了阿伦德尔和萨里伯爵、英格兰王室最高军务官霍华德大人,时间是1631年。这本《数学题解》数学家利马塔也处理过,1648年由托马斯·哈珀刊印。

第三版有更多的修订,1652年在牛津出版,萨维尔教授约翰·沃利斯博士修订了这一版。老先生在致读者的前言里,以非常尊重的口吻提到萨维尔天文学教授塞思·沃德、查尔斯·斯卡伯勒博士、约翰·沃利斯、克里斯托弗·雷恩先生、罗伯特·伍德先生等人。1634年前后,他写了一本小册子,已装订好,抨击德拉梅因。他的《成比例的圆周》第一版是四开本,题献给了凯内尔姆·迪格比爵士,……刊印。第二版165×年在牛津出版。

他写了一本小册子,八开本,也就是《人造计量杆及其使用方法》,1633年由奥古斯丁·马修斯刊印于伦敦。本杰明给了我一本。但这种技艺后来有很大改进。他写了一篇短文"钟表制造",供他儿子本杰明使用。本杰明对我说,贮木场白厅的霍尔顿先生有一本是原件。[备忘]1678年前后,在牛津刊印了他的小品文《在剧院》。

我听托马斯·霍布斯先生说(此言不虚),尽管奥特雷德在代数方面造诣很深,他从来也没有为几何学增添一道命题。他能把包袱捆得很好。

威廉·奥特雷德

布罗德-乔克牧师（剑桥国王学院有权授予）约翰·斯洛珀先生对我说，奥特雷德先生的父亲是伊顿公学的司膳总管，他记得是个很老的人。

［备忘］伦敦医学博士理查德·布莱克本有威廉·奥特雷德先生亲手绘制的家谱，要回来送给伊莱亚斯·阿什莫尔先生。

［备忘］有一本劳埃德撰写的传记集，对开本，其中有这位奥特雷德先生。

爱德华·戴夫南特
Edward Davenant
约 1596—1680

爱德华·戴夫南特,神学博士,伦敦商人爱德华·戴夫南特(约 1569—1639)的长子,而商人戴夫南特是博学的索尔兹伯里主教大人约翰·戴夫南特的兄长。

我先说父亲。他是当时一个罕见的人物,值得铭记。他有着健康的肤色,早上四五点起床,一直学习到六七点,也就是其他商人忙着做生意的时间。这样,他挤出清晨这么多安静的时间偷偷学习,赶上了多数人学习的东西。

他精通希腊语和拉丁语,比索尔兹伯里主教的希腊语还要好。他写的希腊语字体,在我所看到的人中极其罕见。他是个大数学家,他那个时代所知道的数学知识他都懂。儿子戴夫南特博士有他父亲漂亮的笔记,有数学笔记,也有希腊语笔记。他小时候从商人裁缝学校放学回来,有这样一位博学的父亲在晚上向他传授算术知识,是一个非常有利的条件。

他非常了解商业,是个清醒、高明的管理者,但局势对他不利。他损失惨重,破了产。但债主知道这不是他的错,还知道他是个道德非常高尚的人,是个正直的人,所以没有对他采取极端手段。我认为债主们给了他更长的赊欠期,这样他就去了爱尔兰,在爱尔兰的威西岛建起一个渔场捕沙丁鱼,……年时间挣了一万英镑,还清了欠债主的钱,另外还给儿子留下一笔丰厚的资产。

他的画像显示他是个有判断力、有才华的人,极为严肃。他在索尔兹伯里宫下石阶的时候滑倒了,这一摔要了他的命。他被埋葬在索尔兹伯里大教堂高坛的南耳堂,主教座位后面。他儿子戴夫南特博士为他立了墓碑,也撰写了碑文。

爱德华·戴夫南特博士出生在他父亲的住所,位于萨里郡的克罗伊登(骑马到班斯特德丘陵地时,左侧最远处那座美轮美奂的大房子)。……年,我听他说,他父亲不知道他出生的时辰,真是感谢上帝。要是知道的话,那会引诱他去学习占星术,而他对占星术一点都看不上眼。

他在商人裁缝学校上学,从这里又上了剑桥王后学院,他叔叔约翰·戴夫南特(后来成为索尔兹伯里主教)是这个学院的……(院长),在这里收获很大(他是研究员)。

他叔叔晋升为索尔兹伯里主教时,让侄子担任教堂财务主管,这是最好的职位。叔叔还给了他多塞特郡吉林厄姆教区牧师的职务,后来又让他担任德维泽斯附近保尔肖尔特的牧师。在后来的动荡时期(共和时期),他把最后这个职位让给了内弟威廉·格罗夫。

他至死都学习非常用功,精通所有的学科门类,但他的保护神让他最喜爱数学,他的数学手稿写在四开纸上,至少有一英尺那么厚,字迹清楚得像印刷出来的一样。我经常听他说(玩笑话),谁要是在数学方面写前人写过的任何东西,他就会让人打这个人的头。我听克里斯托弗·雷恩爵士说过,他的确认为在大约三十或三十五年前,爱德华·戴夫南特博士是世界上最优秀的数学家。但身为牧师,他不愿意将其手稿付印,认为世人不应该知道他把大部分时间都花在哪儿了。

他走动的范围很少超出教堂,教堂紧靠着他的住宅。他妻子是个很谨慎、很称职的家庭主妇,所以他不必操心家务。家也是个私人领地,所以他很少在家里应酬客人。

我曾写信给他的遗嘱执行人,希望能有幸将他的手稿保存在王家学会图书馆里,将合适的部分刊印出来。我希望能实现这一愿望。而且埃克塞特主教(兰普卢)娶了戴夫南特博士的二女儿凯瑟琳,他是我们会长约瑟夫·威廉姆森爵士的老师。爱德华有一间很大的藏书室,汇集了他父亲、主教和他自己所有的图书。

他中等身材,有点瘦,两条腿软弱无力。他有时候有痛风,总是很有节制。无论冬夏,他吃饭时喝啤酒总是配一片烤面包,说这样啤酒会更好喝。

他不仅是个博学的人,而且还非常有善心。整个教区和他所有的朋友都会为失去他而蒙受巨大损失。他签约借钱不收利息。他是我唯一的好朋友,我从他那里得到的恩惠,比从其他任何人那里得到的都要多。我向他借了五百英镑,用了一年半,利息他无论如何也不要。

他诲人不倦。他先帮助我学习代数。他几个女儿都是代数学家。

他最熟悉的有学问的人是兰斯洛特·莫尔豪斯,珀特伍德牧师。我记得我年轻时在牛津上学,他一听到新哲学(笛卡尔等人的哲学)就不能容忍,说:"要是引进新哲学,新神学不久就会接踵而至。"他说对了。

他死于前面提到的吉林厄姆他的住所,他和前任杰索普博士都住在那里,二人担任牧师一共有一百……年,死后都安葬在那里的高坛。

爱德华·戴夫南特

他死于1679年或1680年3月9日,当月的32日[①]下葬。

他是叔叔索尔兹伯里主教约翰·戴夫南特的继承人。

[备忘]主教科尔德韦尔来到这一主教辖区时(1591—1596),将其长期出租,主教戴夫南特来到这里时租期刚过,这样大笔的钱就装进了他的口袋。他的前任汤森博士娶了戴夫南特的姐姐,在这一教区待了很短一段时间,撇下好几个孩子无人照顾。所以,国王或白金汉公爵就把这一主教辖区交给主教戴夫南特,这完全是出于仁慈之心。安东尼·韦尔登爵士说(在詹姆斯王宫里),国王不收受钱财而安排主教职务,这是仅有的一次,其他职务全都为了提携其亲属而被当成商品出售了。

主教戴夫南特就职以后,把他所有的侄女和外甥女都嫁给了神职人员,所以这些人晋升他并没有花钱。他让侄子(这位博士)出租波特恩大庄园,每年价值约一千英镑,让他担任索尔兹伯里教堂财务主管,为此的捐款是卡尔恩教区牧师的俸禄,其价值大体相当。主教购买了好几笔地产,全都留给了侄子。

索尔兹伯里的神职人员都说,他通过这一教堂获得的收入,超过了宗教改革以来任何人通过教堂获得的收入。而他死时却没有给这一教堂留下任何东西(或只留下五十英镑),这一教堂正是他的收入来源,所以大家认为他太不够意思。到底是怎么回事我不知道,他到了晚年有人试图对他施加影响?不过几年前我听说,他在遗嘱里为索尔兹伯里大教堂留下五百英镑。

他有六个儿子、四个女儿。吉林厄姆有一所好学校,冬季的夜晚他教几个儿子学习算术和几何,两个大一些的女儿是知名的代数学家,尤

---

① 原文如此,可能是笔误。

其是埃特里克夫人。

他有非常好的方法来提高几个子女的记忆力,其方法如下:他让一人朗读一章左右,其他几个立即把记住的内容复述一遍。这对他们大有好处。对于布道也是这样,他不让他们记笔记(记笔记会使记忆迟钝),而是用口头复述。其长子约翰去温切斯特学校(那里的男生要按照要求记布道笔记)后,没有记过任何笔记。老师向他要笔记,他没有,说:"我复述得要是不如他们记的笔记,那就是我记错了。"

卒于 1679 年或 1680 年 3 月 12 日,安葬于多塞特郡吉林厄姆高坛东端北侧。这一消息来自安东尼·埃特里克先生。

约翰·戴夫南特
John Davenant
1576—1641

　　索尔兹伯里主教,购买了牛顿-托尼(威尔特郡)的受俸牧师推荐权,然后送给了剑桥王后学院。

　　他用紫天鹅绒装饰索尔兹伯里教堂的圣坛,犯渎圣罪时期[①]被抢走了。

---

　　① 即内战期间清教徒掌权时期。

威廉·利利
William Lilly
1601—1681

占星家。他写了自己大半生的生平,在伊莱亚斯·阿什莫尔先生手里。

[备忘]他在1677年的历书中预言,大彗星会在1680年出现,那是他最后一部亲笔所写的历书,之后他就失明了。

[备忘]把前面提到的历书与其他八开本的小册子装订在一起,它相当重要。

6月9日,星期四,威廉·利利先生死于赫沙姆他的家里,预计今天在沃尔顿教堂的高坛下葬,也就是1681年6月10日。他出生于1601年5月1日,要是活到明年5月,就整八十岁。他在赫沙姆有个庄园,每年收益两百英镑,他把它转让给了王室代表惠特洛克(他的大资助人)的儿子惠特洛克先生。

威廉·戴夫南特爵士
Sir William Davenant
1606—1668

骑士,桂冠诗人,大约在1605年或1606年2月底出生于牛津市……街上的王家客栈,3月3日受洗。

他父亲是约翰·戴夫南特,当地的一个酒商,一位很严肃、很谨慎的市民。他母亲是个大美女,也很有才华,谈吐非常受人喜爱。这两口子有三个儿子:长子罗伯特(牛津圣约翰学院研究员,后来被主教戴夫南特晋升为西金顿牧师),次子威廉,三子尼古拉(法律事务代理人)。罗伯特也是主教戴夫南特的助理牧师。他还有两个漂亮的女儿,一个嫁给了盖布里埃尔·布里奇斯(神学士,基督圣体学院研究员,在白马谷担任圣职),另一个嫁给了舍伯恩博士(赫里福德郡彭布里奇的牧师,也是那个教堂的教士)。

威廉·莎士比亚先生每年都要去一趟沃里克郡,路上常常在牛津的这所房子里过夜,在这里极受尊重(我听罗伯特牧师说,莎士比亚先生给了他一百个吻)。威廉爵士有时候和几个最要好的朋友喝酒喝高了兴,如塞缪尔·巴特勒(《休迪布拉斯》的作者)等人,就会说他觉得他写作时精气神和莎士比亚一模一样,要是有人把他当作莎士比亚的儿子,他会很高兴,会告诉他们前面提到的那件事。(他母亲以非常轻佻的口气提起这件事,所以有人叫她娼妇。)

他去牛津上学,师从西尔维斯特先生,德戈里·惠尔的儿子查尔斯·惠尔是他同学,恐怕他还没有成熟就退学了,被晋升为侍从,服侍里士满第一任公爵的夫人。我记得他对我说过,夫人派他到药店里买独角兽角,他决定用这个角来试验一只蜘蛛,他把蜘蛛围困在兽角里,但没有取得预期的成功。蜘蛛会爬上来,一遍又一遍,像没事一样。

他后来又做了仆人,服侍布鲁克勋爵富尔克·格雷维尔爵士(我记得也是个侍从),一直跟着这位大人到死,其死因是一个仆人长期服侍大人,大人经常对他说要帮他一点忙,但实际上没有帮,而是一直敷衍他。一次大人从厕所里出来,他帮大人系带子(当时马裤是用系带系在紧身内衣上,然后是钩眼,我小时候要是不系住就是大罪)时将大人刺死了。与此同时,白金汉公爵也被费尔顿刺死了。威廉爵士告诉我,公爵遇刺一事动静闹得大,掩盖了他主人遇刺一事,所以这件事几乎没有引起注意。

这位富尔克·格雷维尔爵士是个大才子,年轻时是个优秀诗人。他在对开纸上写有一首诗,直到晚年才付印。据威廉爵士说,他后来考虑得太缜密,文字太精练,将其糟蹋了,它本来是一首很优美的诗。

他写过一部或几部戏剧,也写过诗,清新典雅,受到两位赞助人的喜爱,也就是恩迪迈恩·波特先生和亨利·杰明先生(后来是圣奥尔本斯伯爵),也得到了他们的友谊,他把一首叫作《马达加斯加》的诗题献给了他们。约翰·萨克林爵士也是他非常亲密的朋友。本·琼森死后,威廉·戴夫南特取而代之,成为桂冠诗人。

他与一个深色头发的漂亮女人有染,患上了可怕的花柳病,这个女人住在威斯敏斯特的"斧院",他在《冈迪伯特》中提到达尔加时,想到的就是她。这毁了他的鼻子。这种倒霉事很多才子干起来都肆无忌惮,如约翰·明内斯爵士、约翰·德纳姆爵士等人。

1641年,动乱开始时,他想逃到法兰西,在坎特伯雷被市长抓住了。参阅约翰·明内斯爵士的诗:

> 威廉的脸上
> 留下了国运的痕迹:
> 他们像狮子一样扑向他,
> 将他的鼻子撕毁,
> 说他是个迷信的仆人,
> 是天主教的走狗、罗马的卑鄙小人……
> 威廉的宗教信仰成了罪过,
> 这肯定是第一次。

英格兰内战中,他在纽卡斯尔侯爵威廉(后来为公爵)麾下,担任宗教仪式主持。我听他兄弟罗伯特说,为他这一差事,国王查理一世欠他一万英镑。

战争期间,他碰巧俘虏了约克的两个高级市政官,这两人有点犟,不愿意支付军事会议索要的赎金。威廉爵士对他们很客气,在他帐篷里款待二人,让他们坐在餐桌上首(按照法兰西的习俗)。他这样自费款待他们一阵子,之后对他们说(私下里,以很友好的方式),他不能花这么多钱来挽留客人了,让他们找个机会逃走。他们逃走了,但走了一段路之后,觉得应该回去向威廉爵士表示谢意。他们回去表示了感谢,但冒着被士兵捉住的巨大危险。他俩还算幸运,安全到达了约克。

国王派失利之后,威廉·戴夫南特爵士(纽卡斯尔公爵受命授予他骑士荣誉称号)去了法兰西,主要住在巴黎,当时威尔士亲王就在这里。

然后他开始写诗体传奇故事,题为《冈迪伯特》,刚写完第一部,就因为特别喜欢而将其付印(还没有完成四分之一),前面刊印有他写给托马斯·霍布斯先生的信,还有霍布斯先生给他写的精彩回信。威尔士亲王身边的廷臣看过以后,就再也没有平静过。这部作品又催生了另一部非常诙谐而又有讽刺性的诗体作品,八开本,大约四张纸,作者为白金汉公爵乔治、约翰·德纳姆爵士等人……

> 你不睡觉,不吃饭,
> 我们更是不得安宁。

霍布斯先生对我说,这里说的不得安宁就是他们写作的起因。

威廉·戴夫南特在这里制订了一个巧妙的计划,将很多技工(主要是织布工)从这里运送到弗吉尼亚。凭借王太后玛丽亚的帮助,他取得了法兰西国王的信任,允许他到监狱里去挑选人。那些可怜的倒霉蛋明白了他的意图后,就异口同声地高喊:"我们都是织布工!"我记得威廉带走了三十六人,如果不是更多的话,然后用船将他们运走了。

在去弗吉尼亚的航行途中,他和那些织布工全被属于英格兰议会的船只劫走了,我想是把他们当作奴隶卖了,但威廉爵士被俘虏后带回英格兰。他是先被囚禁在怀特岛上的凯里斯布鲁克城堡,还是先被囚禁在伦敦塔,我现在已经忘记了,反正他在这两地都是囚徒。他那部四开本的《冈迪伯特》完成于凯里斯布鲁克城堡。他不指望议会饶恕他,也不指望能逃命。

按照天意的安排,前面提到的那两个约克高级市政官,听到了他被捕并被带到伦敦受审的消息后,知道他处于极度危险之中。他们被他的慷慨大度和好意所感动,就心甘情愿地竭尽全力挽救威廉爵士的性命,威廉曾对他们那么客气,并想办法救了他们的性命。这两位高级市政官来到伦敦,向议会说明了情况,经他们请求,威廉爵士保住了性命。

是亨利·马滕在议会里救了威廉·戴夫南特爵士一命。当时他们正商量拿一个人开刀献祭,亨利说:"献祭都是献纯洁、没有污点的人,而你们献祭却是献一个卑鄙的无赖。"(参见亨利·马滕传)

就凭这一句被人遗忘的俏皮话,福克兰勋爵救了亨利·马滕一命。

从监狱里获释之后(因为悲剧、喜剧之类的戏剧在长老派掌权时期名声不好),他设法成立了一个歌剧团,以宣叙调风格演出,得到梅纳德中士和几个市民的支持。歌剧团一开始在加尔都西修道院的拉特兰宫,后来(1656年)在德鲁里巷的科克皮特,演出很成功,宣叙调风格,《弗朗西斯·德雷克爵士》和《围攻罗德岛》(第一和第二部),对视觉和听觉冲击极大,第一次使舞台布景在英格兰成为时尚,而以前的戏剧只有帷幕。

1660年,查理二世国王欣然回归。随后威廉爵士被任命为狂欢主持人,林肯律师学院的网球场被改建为一个剧场,供约克公爵的演员们演出。威廉·戴夫南特爵士在这里有住所,1668年4月7日死在这里。现在这里又成为网球场,公爵在多塞特花园建了个剧场。

我参加了他的葬礼。他的棺材是胡桃木做的。约翰·德纳姆爵士说,那是他所见过的最好的棺材。灵车将他的遗体从剧场运到威斯敏斯特大教堂,在西大门受到男歌手和唱诗班男童歌手的迎接,一路到达他的墓地,大家为他演唱了葬礼曲(《复活在我》等)。

他的坟墓在南耳堂(靠近艾萨克·巴罗博士的墓碑),上面有一块铺路大理石,石头上写有"啊,非凡的威廉·戴夫南特爵士",与本·琼森墓碑上写的一样。

[备忘]我尊贵的朋友罗伯特·莫里爵士埋在他旁边,但没有碑文。

他第一位夫人是……医生的女儿,二人生有一个非常漂亮而又聪明的儿子,死于二十多年前。他第二位夫人是……的女儿,二人生有好几个子女,我在葬礼上看到几个都很小:长子是查尔斯·戴夫南特,法学博士,继承了父亲的美貌和想象力,在伦敦罗马法博士协会开业。他写有一部剧叫《女巫喀耳刻》,非常受欢迎。

威廉爵士写有大约二十五部剧(查证),传奇故事《冈迪伯特》,一首小诗《马达加斯加》。

他私下里认为,宗教终究会稳定下来,比如说一百年以后,定型为一种有独创性的贵格主义。

威廉爵士是桂冠诗人,其位置现在由约翰·德莱顿取而代之。窃认为应把一顶桂冠放在他棺材上才合适,但还没有人放。

亨利·布里格斯
Henry Briggs
1561—1630

出生于……他一开始在剑桥圣约翰学院。亨利·萨维尔爵士派人找到他,任命他为几何学教授。他住在牛津默顿学院,在这里做了几个日晷仪,放在小礼拜堂东端的扶壁上,用一个小圆球作轴。

他旅行到苏格兰,与默奇斯顿的约翰·内皮尔大人讨论制作对数表问题。

有一次,他看英格兰地图,发现泰晤士河与埃文河(流经巴斯和布里斯托尔)的源头相距并不太远,也就是大约三英里。参阅地图。他发现距离牛津只有大约二十五英里,就找到一匹马去看看,发现那里地势平坦,很容易挖掘。他就考虑挖通这两条河的费用,考虑挖通两条河以后带来的便利,这样伦敦和布里斯托尔之间运输货物既便宜又安全,非常有意义。船只虽然航行缓慢,航线迂回曲折,但船是日夜兼程的,这样和运货马车几乎可以同时到达。而运货马车常常翻车,造成酒瓶爆裂、其他货物破碎。

这事过后不久他就死了,内战爆发了。幸运的是,多塞特郡的一位马修斯先生认识这位布里格斯先生,而且听他讲过这件事。马修斯先生是个朴实的人,花光了所有钱财,这一工程经常在他脑子里打转。他想让这一工程重新上马(否则就被人遗忘了),就到那里去粗略地考察一番(他将考察结果刊印了出来),但在当地或其他地方并没有多少人积极响应。

国王查理二世复辟之后,马修斯先生又重提这一计划,积极游说国王和枢密院。国王比任何人都更赞同(他告诉我的)这一计划。简而言之,由于缺乏赞助,再加上他无能为力,这一计划最终没有实现,他本人也已经老死了。

但乔纳斯·莫尔爵士(优秀数学家,也是个务实的人)被派去考察威尔特郡的当特西庄园(由于约翰·丹弗斯爵士的愚蠢行为而被收归王室)时,去看了看这两条河,测量了一下距离。他对我说,这两条河除冬季之外水量太小。但如果有哪位君主或议会愿意集资,从伍顿-巴西特挖开小山,山不太高,这样水量就够了,河也就够宽了。他算出了花费是多少,数目我忘记了,但我记得好像是大约二十万英镑。

插入他写给约翰·佩尔博士的信,事关对数,写于 1628 年。

威廉·奥特雷德先生在……里称他为英格兰的"阿基米德"。

亨利·盖利布兰德
Henry Gellibrand
1597—1637

出生于伦敦,在牛津三一学院上学,波特博士和威廉·霍布斯博士认识他。汉尼巴尔·波特博士是他老师,在伦敦他的葬礼上布道。他们对我说,他有很长一段时间没有什么作为,后来偶然听了一次数学(几何)讲座,对几何产生了极大兴趣,马上就开始学习,很快就大有长进。学院图书馆上面那个漂亮的日晷,就是他亲手做的。

1631年,他按照亨利·布里格斯的吩咐,完成了布里格斯没有完成的对数。

他是伦敦格雷沙姆学院天文学教授,著有《三角学》。

有一次,他在乡下变戏法,抽出你摸到的那一张牌,这是他和伙伴合作表演的。伙伴将一根绳子系在盖利布兰德的一条腿上,绳子另一头系在他自己腿上,这样有人摸牌的时候,伙伴就给他暗示。但由于这样变戏法,有人说他是个巫师。

参见《坎特伯雷的判决》中有关新教殉教者的情况,插在了年鉴之中。他在格雷沙姆学院召开过祈祷会。

弗朗西斯·莱恩
Francis Line
1595—1675

神父。又名霍尔,出生于伦敦,耶稣会会士罗伯特·皮尤上尉让我确信这一点,他和霍尔非常熟。

他是耶稣会会士,一生大部分时光都住在比利时的列日,在那里去世……

他写有一篇论颜色的学术论文,凯内尔姆·迪格比爵士十分赞赏,在自己的哲学作品中引述了该文。

他刊印一本论日晷的拉丁语著作,四开本,为那里的耶稣会学院制作了世界上最漂亮的日晷,他在这本书里描述了这些日晷。类似的日晷他也制作过(有点像蜡烛架的分支),在怀特霍尔宫的花园里。

1674年(我估计),一个夜晚,这些日晷被人打得粉碎(日晷是用玻璃球做的),有罗切斯特伯爵、巴克赫斯特勋爵、弗利特伍德·谢泼德等人,这些人在痛饮狂欢后回来。

"什么!"罗切斯特伯爵说,"你站在这里……报时?"

几个人冲过来就开始动手。有个值夜的一直站在那里守护着。

他用拉丁语写了一本哲学书,八开本,书名是……

他在光学上造诣很深,是个杰出的哲学家和数学家,一个极为谦和、善良、虔诚的人。我听耶稣会首席神父曼诺尔斯说,他应该被封为圣徒。

[备忘]他写过一篇短文,大约有半张纸,论述圣餐变体,从形而上学和常理上证明其真实性。这篇文章我看过。

伊斯雷尔·汤奇
Israel Tonge
1621—1680

神学博士,出生于约克郡的蒂克尔,位于鲍特里和唐卡斯特之间。死于 12 月……日(1680 年),12 月 23 日埋葬在伦敦圣玛丽-斯坦宁教堂庭院的灵堂。伦敦大火(1666 年)之前,那里是一座教堂,他是牧师。但我听他兄弟汤奇上尉(国王卫队队员)说,那一职务每年收入仅十八英镑,他是推测出来的。

琼斯先生(在他葬礼上布道的人,布道词已刊印)说,汤奇先生留下两卷有关炼金术的书,对开本,从中可以看出他的才华。

大约在 1658 年或 1659 年,当时的掌权者(克伦威尔)将达勒姆的主教宅邸改造成一所学院,这样对北方有好处。汤奇博士是主管(或是教授之一),内德·巴格肖被提名成为另一个教授。汤奇博士把它办成了一所好学校,严格遵循耶稣会的教学方法,使孩子们受益匪浅,他们必定会受益。

后来他又在伊斯林顿的托马斯·费希尔爵士家里任教,那里有一条长廊,挂有好几幅印刷的君主头像,一幅头像下面的动词后面跟与格,另一幅下面的动词后面跟独立离格①。孩子们随口就能说出来。我

---

① "与格""独立离格"均为拉丁语法中的术语。这可能是汤奇博士教学生学拉丁语的一种方式。

去过那里。

新交易所的书商卡德南先生有汤奇的书信文稿,其中有一部关于炼金术的书稿(参见第4页),问问书名。回答说没有。

汤奇上尉(他兄弟)去弗吉尼亚的时候,把他所有的书稿都捐赠给了卡尔佩珀大人。我问过罗伯特·雷丁爵士,而这位大人并没有注意过这种事,这样别人的珍贵收藏就丢失了。

他的葬礼布道在圣米迦勒教堂举行,伍德大街上。圣玛丽-斯坦宁教堂烧毁了,再也不会重建了,但两个教区并到一起了。

神学博士伊斯雷尔·汤奇所发明的东西中,有一种是教孩子们在二十天内学会写一手好字,其方法是用黑墨水写在用铜版印刷的红色字帖上。[①] 孩子们(大约八九岁)白天要写四小时,也就是上午一次写两个小时或两个半小时(视孩子们的忍耐程度而定,不要让他们感到疲劳),然后再玩同样长的时间,接着再写,不让他们感到生疏。

他死之后,罗伯特·莫里先生("便士邮政"的倡导人)又印了好几版红字帖,让孩子们像前面描述的那样学习写字用(效果很好)。

---

① 这种方法类似于中国人练习写毛笔字所用的"描红"。

埃德蒙·哈雷
Edmond Halley
1656—1742

文学硕士,伦敦市富裕的煮皂工哈雷先生的长子,德比郡世家哈雷家族的一员。

他出生在肖尔迪奇教区一个叫哈格斯顿的地方,在霍格斯登后面。

哈雷九岁时,他父亲的徒弟教他写字和算术。他去圣保罗学校上学,师从盖尔博士。他在这所学校时精通天体,我听莫克森先生(天体仪制造工)说,只要有一颗星在天体仪上放错了位置,他马上就能发现。他在……时学习几何,十六岁时就能制作日晷。于是,哈雷说他自认为是个优秀的人。

他十六岁去牛津大学王后学院上学,精通拉丁语、希腊语和希伯来语。十九岁时解决了天文学上一道有用的难题,这一难题以前从未有人解决过,也就是:"已知以太阳为起点的三个距离,以及相互之间的夹角,找出行星的轨道。"

1676年8月或9月第115号《哲学学报》上提到了这一难题的解法,他因此而一举成名。

……年获得文学学士学位。

……年获得文学硕士学位。

……年离开牛津,和父亲一起住在伦敦,一直住到 1676 年。这一年他离别了父亲,用父亲给他的一笔钱去了圣赫勒拿岛,纯粹是为了促进天文学的发展,以正确认识地球南半球,以前对南半球的认识是非常错误的,只是一些无知的海员靠观察得到的资料。

他在那里住了……月,计算正确的经度和纬度,计算南半球恒星的上升和下降。和他一起去的有个女人(还有其他人),……岁,她丈夫……岁,多年没有孩子。他离开这座岛之前,她生了一个孩子。

回来以后,他把自己绘制的地球投影图连同一段简短说明呈献给国王,国王大悦,而他得到的仅仅是赞扬而已。我经常听他说,国王哪怕只是出钱派一条船,他就可以测定南半球很多恒星的黄经、黄纬、正确的高度和倾斜度。

1678 年,他为海洋象限仪小拱(或后杆)的阴影视准器增添了一面镜子,这非常有用。当你看不到任何阴影时,那一亮点会很明显。

1679 年,他去波兰的但泽看望天文学家赫维留。

1680 年 12 月 1 日去了巴黎。

王家学会会员埃德蒙·哈雷先生有航行到圣赫勒拿岛的强烈冲动,去观察南半球的星座,当时只有大约二十四岁。航行之前,他梦见自己在大海上,朝着圣赫勒拿岛航行,从梦中的船上看到了它。然后他向王家学会宣布,他的梦完美地反映了那座岛,就像他真的到了岛上一样。

枢机主教德斯特雷抚抱了他,让他带着一封介绍信去找其兄弟海军上将。

他与法兰西和意大利所有杰出的数学家结识并建立了友谊,与他们保持通信联系。

1681 年或 1682 年 1 月 24 日,他回到英格兰。

赫伯特·桑代克
Herbert Thorndike
约 1597—1672

出生于林肯郡的……,在……上学,剑桥三一学院研究员,后来是威斯敏斯特的受俸牧师。他是个优秀诗人。瑞典国王古斯塔夫·阿道夫死的时候,我看过他写的一首赞颂诗,拉丁六步格,大约一百行或更多。他是他那个时代最优秀的学者和数学家之一(这是索尔兹伯里主教大人塞思·沃德和其他学者告诉我的),他刊印了……但写得并不清楚(问问佩尔博士)。威斯敏斯特校长理查德·巴斯比有他的手稿,问问是什么内容。

他死于1672年,埋葬在威斯敏斯特修道院东北角,紧靠着医学博士托马斯·诺斯的墓碑,上面有一块蓝色大理石,但没有碑文。他自己撰写了碑文,安德鲁·马维尔先生在其《诗歌习作》里提道:

> 这里埋葬的是赫伯特·桑代克,
> 这座教堂的受俸牧师,
> 他在世时虔诚祈祷,
> 研究归正会的正宗教义和仪式,
> 请诸位看官为他祈祷,
> 愿他安息,在基督面前复活。

艾萨克·巴罗
圣阿瑟夫主教
Isaac Barrow
1612/4—1680

墓志铭①
圣阿瑟夫主教艾萨克的遗体交到了我主手里，
希望仅仅凭借基督的功德就能幸运地复活。
我主之家乃祈祷之地，
请途经这里的人为您的仆人同伴祈祷，
以便让我在耶和华的日子得到怜悯。

1680 年 6 月 30 日

同名人。由主教亲笔撰写，指定作为他的墓志铭。但我听说他的继任者劳埃德博士想把它修改一下，以免得罪人。

---

① 据说由其本人撰写。他被埋葬在教堂西端的墓地。

约翰·佩尔
John Pell
1611—1685

　　神学博士,苏塞克斯郡索思沃克的约翰·佩尔之子,1610年或1611年圣大卫节(3月1日)出生在这个教区,他最小的叔叔猜测是在中午前后。

　　他父亲是神职人员,但属于不信奉国教的新教派,出身于林肯郡的佩尔家族,一个古老的世家。他母亲属于肯特郡的霍兰家族。

　　儿子约翰只有五岁零六周的时候父亲就死了,为他留下了一批优秀藏书。他在一所免费学校上学,位于苏塞克斯郡的一个自治镇斯坦宁,学校刚创办,有一个优秀的校长约翰·杰弗里斯。

　　他十三岁零三个月到剑桥三一学院时,学习成绩已赶得上这所大学里的大多数文学硕士了。他懂拉丁语、希腊语和希伯来语,所以他不大和同学们在一起玩儿(可以想象),他们玩的时候或放学以后,他就看前面提到的藏书。

　　他在三一学院从来没有参选过研究员,也没有参评过奖学金。

　　他人长得很漂亮,非常强壮的体形,忧郁气质,血色好,深褐色的头发,打着漂亮的湿卷。

　　除母语之外,他第一次出国之前就懂得这些语言:拉丁语、希腊语、希伯来语、阿拉伯语、意大利语、法语、西班牙语、德语、荷兰语。

1632年,他娶了伦敦的亨利·雷金纳兹先生的二女儿伊撒马拉·雷金纳兹,二人生有四子四女,其顺序是子、女、女、子、女、子、女、子。

1643年12月,他去了阿姆斯特丹,在那里担任数学教授大约两年,在马丁·霍尔登修之后。

1646年,奥兰治亲王请他到著名的布雷达学校,让他担任哲学与数学公共教授,该校由亲王殿下在那一年创办。参见佩尔博士在那里的就职演说,演说词已刊印,是刊印出来的第一部署有他名字的作品。1652年,他回到英格兰。

1654年,护国公奥利弗派他到瑞士的几个新教州担任公使,主要住在苏黎世。他被派出时的头衔是"代表",但后来又受命继续驻在那里,头衔是"常驻公使"。

[备忘]他在谈判中从来没有损害过国王查理二世的利益,也没有损害过教会的利益,这从他的书信中可以看出来,这些书信都在国务大臣办公室。

1658年,他回到英格兰,没过多久奥利弗·克伦威尔就死了。克伦威尔就任护国公以来,从来就没有见过佩尔。

[备忘]1658年6月23日,他离开苏黎世时,用拉丁语发表了演讲,这篇演讲我看过。

国王查理二世回归十个月之后,约翰·佩尔先生第一次就任圣职。1661年3月31日,他被林肯主教桑德森任命为执事,6月被桑德森任命为牧师。

他因公到意大利的皮埃蒙特办事时,护国公理查德·克伦威尔并没有给他充足的费用,他因此有些捉襟见肘。所以国王查理二世复辟时,林肯主教桑德森博士就劝他担任圣职。他不善于布道。

1661年,伦敦主教吉尔伯特·谢尔登为他谋得埃塞克斯郡福宾教区的牧师职位,两年以后(1663年)又给了他莱恩登教区的牧师职位,兼管同一个郡的巴特利登小礼拜堂。这几个圣职都在埃塞克斯郡,位于几个名声不佳而又有害健康(热病蔓延)的百户邑。在福宾,前十年里死了七个牧师。在莱恩登,十六年里死了六个牧师。除此之外,还有一些人离开了这两个地方。死去的还有佩尔的妻子、几个仆人和孙子。

1663年,吉尔伯特·谢尔登被任命为坎特伯雷大主教,……约翰·佩尔成为他在剑桥的助理牧师之一(大主教有两个牛津助理牧师、两个剑桥助理牧师)。有一天,佩尔在兰贝思宫向大主教大人抱怨,说他任职的地方对健康不利,就像前面说过的那样。大主教大人说:"我不打算让你生活在那里。"

佩尔博士说:"是的,阁下是打算让我死在那里。"

沃里克伯爵夫人死时,埃德蒙·沃勒先生写道:

> 该死的埃塞克斯平原啊,
> 到处都是死亡和恐怖……

这时(1680年),你不会怀疑这位博学的大人物不仅在国内外都有名,而且在教会里也身居高位。你不应该保守地估计他的职务会低于教长。那他为什么还继续担任这个可怜的职务呢?这几个教区虽然都很大,然而(教区牧师等都是有薪俸的)他一年挣的钱不超过六十英镑,很少达到八十英镑,住在昏暗的房子里(大才子常常默默无闻),三层高,在杰明大街上,临近船的标牌,不仅没有书,也没有他自己的手稿,他手稿很多,不久以后就能看出来,其中很多都在布里尔顿,在柴郡的布里尔顿勋爵家里。

[备忘]1647年,布里尔顿勋爵被祖父(诺里奇伯爵乔治·戈林)派到布雷达,去接受这位优秀人物的教诲,在那里住了……,成为一个精通数学的人,尤其是在代数方面,他的保护神使得他对代数最感兴趣,一直应用到(布里尔顿大人)去世那一天。

提起这位高贵的布里尔顿大人,我就激动不已,我再也没有见过比他品性更正直(除博学之外)的人了。他从布雷达回到英格兰以后,我就有幸认识了他。师生之间的爱,再也没有比佩尔博士与他这位学生之间的爱更深的了。布里尔顿大人去世(1679年或1680年3月17日,埋葬在圣马丁教堂)之后,这位杰出的博士就失去了一位聪明的同伴和益友。

约翰·佩尔博士第一个发明了代数上的边缘计算,一种非常好的方法。

他好几次对我说,威廉·奥特雷德先生对试位法的证明是错误的,而佩蒂斯克斯的证明是对的。佩尔博士对我说过,他确信他解过一些难题,不能说没有上帝的帮助。

他不会卑躬屈膝、偷偷摸摸地寻求晋升,尽管在其他方面谁也没有他更谦恭、更喜爱交际。1680年9月7日,他因债务而被投入王座法院监狱。

1685年佩尔死后的补充材料

伦敦主教大人吉尔伯特·谢尔登让佩尔博士担任莱恩登教区牧师，兼管巴兹尔登，两地均在埃塞克斯郡的百户邑（人们讽刺这里是"牧师杀手"）。国王查理二世又给了他福宾教区，在四英里开外。两个教区的收益每年都是（或被认为是）两百英镑。但这位博士是个最不懂世事的人，其租户和亲戚骗走了他的收益，榨得他连日常必需品都缺东少西，甚至连纸和墨水都没有。他死的时候，口袋里没有一枚六便士硬币，出资安葬他的是理查德·巴斯比博士、圣吉尔斯牧师夏普博士、诺里奇教长，他们命人将他的遗体安放在属于圣吉尔斯牧师的灵堂里（安葬费是十英镑）。

我无法说服他立遗嘱。所以，按照遗产管理人的安排，他的书籍和手稿都交给了他女婿雷文上尉。

他儿子（约翰）是纽约（或泽西）的一名治安法官，日子过得很好。佩尔博士是本打算过去投奔他的。

1685年12月12日，星期六，下午四点到五点之间，这位博学的人物死于前面提到的圣吉尔斯教区，在戴厄特街读经师科索恩先生家里。

威斯敏斯特学校校长巴斯比博士从雷文上尉手里买走了佩尔博士所有的书籍和书信文稿，其中有他的绝笔（在我恳求之下写的）《一览表》。按照他的承诺，这张表在刊印出来的平方表和立方表（如果需要）的最后一行，西里尔·威奇爵士（当时为王家学会会长）准许出版。只缺一两页使用说明了，他一死也无法弥补了。只有西里尔·威奇爵士知道如何使用。我也记得(不完整)他谈到过一些,如某些题可以有几种解答方式,借助于这些表,就可以准确知道有几种解答方式或答案,不会更多了。

我希望他的老熟人西奥多·哈克先生为这一简短的回忆录补充一些材料,但哈克先生什么也没有做。①

他死于伤心。

西奥多·哈克谈佩尔

1638年,我开始结识佩尔先生,牵线人是塞缪尔·哈特利布先生。哈特利布先生听说佩尔先生在所有学科方面都有杰出才能,尤其是在数学方面,就劝他说,数学可以更有效地加以利用,以促进学术的发展。佩尔先生当时在苏塞克斯……学校里,哈特利布先生一直不停地恳求这里的朋友,让他们劝说佩尔先生别留在……学校,让他到伦敦去。

佩尔先生到了伦敦,与那些最博学的本地人和外国人交谈,很快就受到他们的高度尊重。但他仍然关注并从事其更抽象的研究,本能地嫌恶屈从和乞求,过了许久才得到一个合适的配得上他的职位或住所。

有一次,我向林肯主教大人(前英格兰掌玺大臣)推荐他,主教大人就急于见到他,专门请我们和他一起吃饭,以便就各种文学和试验问题自由交谈,体验一下佩尔先生给他带来的乐趣。结果谈得非常投机,大人收获良多,就问他是否愿意接受一个圣职,大人

---

① 这是1687年年初的事,但到1689年年初,哈克先生撰写了一份材料如下。

非常乐意授予他,以此作为对他的资助。

佩尔先生谢过大人,说他没有资格担任圣职,他不是神职人员,而是主要研究数学,这是为了满足公共需求,为公众服务,为此他可以说是竭尽全力,致力于促进和推动数学的发展。

这一回答令大人感到非常满意,说可惜啊,这么强大的一个王国,政府却不鼓励任何专业的发展,只鼓励法律和神学,真是让人感到悲哀。我要是还担任以前的职务,就会一直不停地恳求和敦促国王,直到筹集一大笔资金,用以资助像数学这样最重要的得到广泛应用的学科。主教大人请佩尔先生把他当作朋友,只要有空就来坐坐,什么时候来都会受到热烈欢迎。然而佩尔先生绝非溜须拍马之辈,以后再也没有去过。

与此同时,他拿出自己的优秀作品《数学理念》(半张纸)与朋友们交流,使他在国内外名声大振,但没有得到其他好处。后来,非常博学和内行的绅士约翰·莫里安先生对我说,阿姆斯特丹的数学教授霍尔登修去世了,希望我们的朋友佩尔先生去接替他。当时,国王派驻到荷兰的大使威廉·博斯韦尔爵士在这里,我就与他商量这件事,威廉爵士答应尽全力帮助。由这两个人牵线帮忙,1643年阿姆斯特丹向佩尔先生发出邀请。

1644年5月,我从丹麦返回的时候见到了他,他已在那里安顿下来,丹麦非常欢迎格拉尔杜斯·约翰内斯·福西厄斯等人。佩尔先生驳斥了隆戈蒙塔努斯在一部巨著中声称的圆求方问题,因此名声大振。这时,奥兰治亲王亨利·腓特烈想在布雷达建一所学院,就把佩尔先生从阿姆斯特丹治安法官那里借走,用这样一位名人为他新建的学院增添几年光彩。

佩尔先生舒适地住在布雷达的时候,当时英格兰议会里最博学的人对外国人利用英格兰同胞感到妒忌,就做出各种承诺,直到把佩尔先生召回国,让他担任(他们宣布的)荣誉教授。但结果并不能让人满意,给他带来不少麻烦。他现在有负担,拖家带口,也就是妻子和四五个孩子。这种状况一直持续到国务大臣索尔先生要雇西奥多·哈克先生到瑞士,去取英格兰人为皮埃蒙特捐的款。但哈克先生推辞未去,而是推荐佩尔先生去。

护国公理查德·克伦威尔没有完全支付佩尔博士到皮埃蒙特出差的费用,所以他经费不足。国王查理二世复辟之后,桑德森博士(林肯主教)就劝他担任圣职。他并不善于布道。

惠斯勒博士请佩尔博士到家里去(1682年),佩尔博士欣然接受了邀请。两个人都喜爱凑热闹,都喜爱好酒,在家里大吃大喝,这成为他折寿的原因。

佩尔博士有个兄弟,是个开业的外科大夫,从纽约当地人手里买下一个种植园,临死时把它遗赠给侄子约翰·佩尔,即佩尔博士的独子。这是一大片地方,有八英里宽、……英里长(询问雷文上尉)。他有三四个女儿。

对约翰·佩尔博士的这一描述,我是从好朋友西奥多·哈克先生那里得到的信息,这是他亲笔写的。

1682年3月,佩尔博士应医学博士丹尼尔·惠斯勒的盛情邀请,和丹尼尔一起住在伦敦医生学院,在那里受到盛情款待。大约6月中旬,他患了重感冒,搬到他一个孙女那里,这个孙女嫁给了黑斯廷斯先生,他是威斯敏斯特圣玛格丽特教堂的,靠近伦敦塔。他现在(1684年)住在布朗洛大街的德鲁里巷,在这里差一点被蜡烛烧死在床上。11月26日,他陷入惊厥,差点要了命。

约翰·威尔莫特
John Wilmot
1647—1680

罗切斯特第二任伯爵,在伯福德上学……牛津沃德姆学院的。我推测他去过法兰西。

大约十八岁时,他诱奸了伊丽莎白·马利特女士,这个人家的女儿和继承人,有一大笔财产,因此我记得看见他被关进了伦敦塔,1662年前后。他年轻气盛,极为富有,这有时会让他做出一些过分的事来,但在乡下他通常彬彬有礼。他常说,一来到布伦特福德,魔鬼就进入他体内;一回到乡下,在奥尔德伯里或伍兹托克,魔鬼就离他而去。

他是伍兹托克猎园护林官,经常住在西端的门房小屋里,一个非常宜人的地方,向西望去景色壮观。他在这里让人绘制了好几幅淫乐图。

他什么书都看。安德鲁·马弗尔先生(此人慧眼识才)常说,罗切斯特伯爵是英国最优秀的讽刺大师,具有真正的讽刺气质。可惜死神过早地把他带走了。

他最后一次生病时极为懊悔,给伯内特博士写了一封悔罪信,现已刊印出来。他把所有仆人都叫来,包括牧童,来听他的放弃声明。1680年7月26日,他死于伍兹托克猎园,8月9日埋葬在同一个郡的斯皮尔斯伯里。

他的早逝让我想起了普洛佩提乌斯的几句诗:

  你在风华正茂时,在你第一个新春,
  你像一朵玫瑰,被一个少女摘去。

拉尔夫·凯特尔
Ralph Kettell
1563—1643

　　神学博士,牛津三一学院院长,出生于赫特福德郡的金斯兰利。凯特尔十一岁时,伊丽莎白·波普女士把他带到这所学院上学(我是听拉尔夫·巴瑟斯特博士说的)。

　　我听惠斯勒博士说,他写得一手漂亮的拉丁文。拉尔夫·巴瑟斯特博士(凯特尔娶了这位博士的祖母……维勒斯)说,在他认识的所有人里面,凯特尔博士最善于用拉丁语骂人。

　　他身体极为健康。他死于我来到学院一年或一年多以后,当时他已八十多岁,脸色依然红润。他长得人高马大,穿上长袍、白法衣,戴上兜帽时,看起来非常高大,一双敏锐的灰眼睛。他常穿的长袍是一件朴素的布袍。据说他头发白得很早。

　　他有一种非常令人崇敬的气质,是个优秀的管理者。他有一句管理格言是:控制住年轻人的激情(古罗马哲学家塞内加的话)。1599年,他当选为院长,是学院创办后的第二任。

　　他是个十足的圣公会教徒。开学期间,每个星期二上午,本科生(我忘了是不是还有文学士)都要来到小礼拜堂,听他讲解圣公会的三十九条信纲。我记得他经常谈到十字架神龛,谈到圣饼,他记得那个时代。在这些日子里,谁要是犯了错,院长肯定会来到小礼拜堂,当着同学们的面训斥。院长会让他戴一顶白帽子,断定他是喝醉了,准会头疼。

约翰·德纳姆爵士向刑事法院法官惠斯勒先生借了钱,很久以后惠斯勒法官要他归还。德纳姆先生笑了笑,说他从来都没有打算还。法官告诉了院长,院长在小礼拜堂里狠狠地训斥了德纳姆一顿,说:"你父亲(法官)把很多比你还诚实的人都吊死了。"

我上学时,安东尼·埃特里克先生和其他一些人玩弄戏法,以此吓唬莫德林学院一名可怜的新生。老博士听说以后,在下一周的星期二说:"埃特里克先生(他个头很小)会用魔法变出一只猴子做他曾祖父。"

凯特尔唱尖锐的最高声部,但有一个人(约翰·霍斯金斯)声音比他还要高,而且还和他开玩笑,逗博士扯着嗓子跟上自己的高音。

他看着人们加入不同的教派,而他自己则置身事外。有一次,坎特伯雷大主教威廉·劳德派一个仆人给他送来了鹿肉,老博士把脸一沉拒绝了,说他老了,胃不行了,很长时间都没吃过这种肉了,所以绝对不能收。但仆人非让他收下不可,对院长说,他是不敢再把肉拿回去的。好吧,院长看推辞不掉,就一本正经地问仆人,坎特伯雷大主教是不是想把某个学生或研究员安插到他学院里。

一位研究员……先生(在弗朗西斯·波特先生那个时候)常说,凯特尔博士的大脑就像一块速煮布丁,里面的记忆力、判断力、想象力全都搅和在一起。所有这些能力他都很强,但全混合到一块儿了。和他打交道时,你要是把他当成个傻瓜,就会发现他心细如发,想象力丰富。而你要是把他当成个聪明人,就会误以为他是个傻瓜。

我一个邻居(劳伦斯·圣洛先生)对我说,有一次他在牛津圣玛丽教堂听凯特尔布道,开头是这样说的:"现在轮到我在这里布道了,我到书房里准备布道词,拿出一本用蓝线装订的书,看了看,是可爱的圣伯纳德的。我碰巧读到这么一部分,论述的是这么一个主题,我就选了这么一段话……"

我不知道这是不是他仅有的一次用这种方式结束:"但现在我发现该合住我的书了,我看见博士的几个仆人从啤酒馆里抹着胡子过来了。"(他从布道坛上能清楚地看见他们。这些人习惯在布道时到啤酒馆里去,布道该结束时再回来服侍主人。)

他有两任妻子,如果没有三任的话,但没有孩子。他第二任妻子是维利尔斯家的人,更确切地说(我认为如此)是维利尔斯先生的遗孀,生有两个漂亮的女儿,都是维利尔斯家的继承人。长女,好几个富家子弟都巴不得娶过来,而凯特尔却想由他自己来安排。他认为,最适合娶这位绝色美人为妻的,莫过于他们学院的巴瑟斯特先生了。

巴瑟斯特先生在兄弟中排行老二,年收入约三百英镑,却是个不上心的学生,红脸膛,一点也不漂亮。凯特尔博士习惯在学院里来回走动,从钥匙孔里窥视学生们是不是在看书。他基本上没发现巴瑟斯特专心看过书,而老是见他缝补紧身内衣或马裤。巴瑟斯特很节俭,手头很紧,因此而俘获了这个大美女。不过她为子女而感到高兴,所有孩子都很聪明,事业发达,大多数都很漂亮。

我记得将近七十年前,学院的一位特别自费生伊沙姆先生(贾斯廷尼安·伊沙姆爵士的哥哥)死于天花。他是个很优雅的绅士,受到全院上下的爱戴,好几个研究员都想在他葬礼上布道,但凯特尔博士不同意,他要亲自布道。研究员们暗暗叫苦,知道他准会闹出笑话来。

凯特尔博士真的去布道了,拿起一篇经文说了一会儿,然后再换另一篇,让年轻人的母亲感到满意;过一会儿再换一篇,让年轻人的祖母感到满意。到了颂扬的时候,他这样说:"他是最优雅可爱的年轻绅士,看到他在四方院里走,我心里就高兴。有句老话说,'饿狗连脏布丁也吃'。但我要说的是,这位年轻绅士总是爱吃甜食。"(他们爱用这句话来嘲笑我。)他说"甜"字的时候用的是尖声。然后布道就结束了。

他发现哪个学院的啤酒稀释得最厉害,哪个学院的醉汉就最多,这会迫使他们到城里去饱口福。所以,凯特尔博士总是让他的学院拥有上好的啤酒,就是到牛津城里,也找不到更好的啤酒了。这样一来,我们就不会到其他地方去喝啤酒了,其他地方只会更差,结果在整个牛津,我们学院里的醉汉最少。

他经常在学院里观察学生们听课和做练习,随身带着他的计时沙漏。有一次,他对学生发火,威胁他们说,要是不把练习做得更好一些,他会"带一个两小时长的沙漏"。

他看不惯有人留长发,叫他们"长毛头皮"。至于戴假发(当时很少见),他认为那是从吊死者头上砍下来的头皮,经鞣制加工后戴在头上的。他要是发现学生的头发比普通的长(尤其是学院的奖学金获得者),就会在手筒(他经常戴着)里带一把剪刀,坐在桌子外侧的学生就要遭殃了。我记得他割掉了雷德福先生的头发,用的是食品供应窗口上切面包的那把刀,然后唱道(亨利八世时期一出旧剧《格兰默·格顿的针》中的台词):

煤矿工格里姆不是剪得这么漂亮吗?
剪发,剪发。

"莱德尔先生,"他说,"你怎么能拒绝我给你剪发呢?剪发、剪发、剪发?"

有一次,正上逻辑课时,他走到桌子旁边,老师正告诉学生说,三段论可能在形式上正确,但不一定在本质上正确。院长接着说(他有时会打断人家的话):"一只狐狸看见树上有一只乌鸦,便很想得到它。狐狸来到树下,把尾巴弯成一只角的形状,心里想乌鸦可能来啄尾巴,然后就能捉住乌鸦了。好,我们说(这是他的口头禅),我说狐狸的尾巴是一只角,这是不是一个真正的命题?"(转身对着一名学生。)

"是的。"这名学生说。

凯特尔博士本来期待着他说"不是",而说"是的"就打乱了他的计划。

"那好吧,"他说,"听他说,听他说。"然后就走了。

他走路时有点拖着一只脚的样子,以此警示大家他来了(像响尾蛇一样)。威廉·埃杰顿(陆军少将埃杰顿的弟弟)很有风趣,又善于模仿,就学着他的样子走路,有时会让整个小礼拜堂的人全站起来,以为是院长进来了。

学生在读到图形的内接和外接时,他说:"我向你们演示一下如何将一个三角形内接于一个四角形。把一头猪带进一个四方院,我让咱们学院的狗去咬它,狗会咬住猪耳朵,然后我来抓住狗尾巴,再抓住猪尾巴,这样你就能看到一个三角形在四角形里。题做完了。"

每逢星期日,他都要到加辛顿(大约五英里远)的牧师寓所里去布道。他骑在枣红马上,仆人拉尔夫走在前面,带着一只羊腿(通常是这样)和学院的一些面包。他并不喜欢乡间的狂欢,因为人们往往会纵情于声色。他在加辛顿的狂欢会上说:"喊吧,加辛顿好啊!卡德斯顿好啊!霍克利好啊!但就是没有人喊全能的上帝好啊!"

每逢三一节(我们的节庆日),他都会在学院里布道,其他学院的很多学生也会来,到这里取笑他。他在祈祷时(当然要提及我们的创办人托马斯·波普爵士,还有托马斯爵士已故的妻子伊丽莎白女士)会多次故意出错,说托马斯·波普爵士是"罚人下地狱者"①,但马上就收回。

他是个大善人。他要是在学院里发现有用功的学生,如果这些学生只能从朋友那里得到微薄的津贴,就会多次把钱从他们窗户里塞进去:他的右手不知道左手做了什么事②。写一手好字的工读生,他会安排做抄写工作,给他们以丰厚的报酬,还给他们出好主意。

格伦登的豪夫人派人送给他一些药酒和上好的干酪饼,派来的人是她的仆人,一个朴实的乡下人。凯特尔博士尝了尝酒,说:"什么!你是从地沟里舀出来的吗?"

一看到干酪饼,又说:"这是什么东西,花里胡哨的?"

可怜的乡下人瞪眼看着他,心里想这么好的礼物,怎么会受到这样粗暴的待遇?

但凯特尔博士很快就以一顿丰盛的晚餐加以弥补,并给了仆人半个克朗③。加辛顿(属于学院)教区的牧师俸禄是每年……英镑。

他教区里如果有诚实勤劳的人不幸有难,这位好心的老博士就会把他的牧师俸禄让给这个人一年、两年或三年,这样他每年就减少收入四十英镑。

他年轻时担任过温切斯特主教托马斯·比尔森的助理牧师。

1642年8月,塞伊和塞尔子爵大人(奉议会之命)来视察各个学院,来到这些学院的小礼拜堂,看看里面有没有罗马天主教新出现的蛛丝马迹。在我们的小礼拜堂里,围屏后面有两个圣坛(上面的绘画在当时够好了,颜色极为鲜艳)。你进入教堂时,右边那一个是奉献给圣凯瑟琳的,左边那一个绘的是将救世主从十字架上抬下来。塞伊勋爵知道

---

① confounder,与 co-founder("共同创办人")发音相似。
② 典出《新约·马太福音》6:3:"你施舍的时候,不要叫左手知道右手所做的。"
③ 当时的一克朗相当于五个先令。

拉尔夫·凯特尔

这都是以前绘制的。凯特尔博士对子爵大人说:"真的,大人,在我们看来,这些东西不过是一块脏洗碗布而已。"

这样圣坛就没有动,直到哈里斯①那个时候才将其涂成绿色。

小礼拜堂窗户上有漂亮的哥特式绘画,每根柱子上都有一个人物,如圣卡斯伯特、圣伦纳德、圣奥斯瓦尔德,其余的我都忘记了。可惜这些东西都丢了。我记录了礼拜堂四周玻璃上所有的盾徽,遗憾的是,巴瑟斯特博士将绘有画的旧玻璃从图书馆里拿走了。以前小礼拜堂里有一架小风琴,在围屏门上方。我在的时候,音管在财务办公室里。

要是没有内战,这位德高望重的老博士很可能会多活几年,活到一百岁。学院里实行专制,受到粗野士兵的公开侮辱和冒犯,这让他极为伤心。我记得有一次上修辞课时,一个步兵进来打碎了他的计时沙漏。凯特尔博士只是退了出去,而杰克·道奇却指着它说事。

我们的小树林是女士们和追求她们的男人散步的地方,伊莎贝拉·锡恩女士(住在贝利奥尔学院)多次来到这里,前面有人演奏着鲁特琴。我本人曾听见她在树林里演奏,她很少这样做,埃德蒙·沃勒先生因此在其《诗集》里使她出了名。你可以像塔西佗谈起阿格丽派娜②那样谈起她:她这个女人具备所有的优点,除了良好的品性。她最漂亮、最谦逊、最慈悲,但有一样东西她降不住。

我记得有一次,这位女士和漂亮的芬肖夫人(她要好的朋友,住在我们学院)来到院长这里嬉闹(芬肖夫人经常和锡恩女士在上午来到我们的小礼拜堂,衣服半遮半掩,像天使一样)。老博士很快就看出来,她

---

① 1648年至1658年担任院长。
② 罗马皇帝尼禄之母,以阴险毒辣、野心勃勃而闻名。

们是来戏弄他的。他对芬肖夫人说:"夫人,您丈夫,还有令尊大人,都是我在这里培养出来的,我也认识您祖父。我知道您是个淑女,我不会说您是娼妓,而宁可把您当作一个良家妇女。"

我在前面说过,这个放荡的时代让这位善良的老博士感到伤心,折了他的阳寿。他死于1643年,埋葬在加辛顿。

塞内加的学生尼禄挑老师风格的毛病,说它是没有石灰的灰浆。而凯特尔博士常说:"塞内加写作就像猪撒尿一样。"也就是像抽筋似的,一股一股的。

我不会忘记一件事,是牛津主教大人罗伯特·斯金纳给我讲的。很久以前,有个人名叫斯莱梅克,是这个学院的研究员,厚颜无耻,不学无术。依照当时的习惯,每个星期六晚上,(我记得是这样)人们爱去书商约瑟夫·巴恩的店铺(圣玛丽教堂西端对面),那里有伦敦等地传来的消息。这个无礼的小丑总是爱听别人说悄悄话,偷看别人的信,常常引起别人的注意。

艾萨克·韦克爵士是个很风趣的人,就决定耍弄他一下,他知道某个星期日斯莱梅克要在圣玛丽教堂布道。所以,在此之前的星期六,艾萨克爵士就给一位显贵念一封非常正式的信,信里说枢机主教巴罗尼乌斯改宗新教,正率领一支四万人的军队去攻打教皇。念信的时候,斯莱梅克竖起耳朵听。

第二天,在布道之前的祈祷中,斯莱梅克就恳求上帝大发慈悲,保佑枢机主教巴罗尼乌斯的军队,这位枢机主教已改宗新教,正率领一支四万人的大军前进云云。他是个大嗓门儿,说起话来声如洪钟,听众全都目瞪口呆……

阿博特(后来是索尔兹伯里主教)当时是校长,斯莱梅克走下讲坛后,阿博特就派人把他叫来,问他叫什么名字。

"斯莱梅克。"他回答说。

"不对,"校长说,"是'编造谎言的人'①。"

凯特尔博士责骂学院里那些不用功的年轻学子时,所使用的名字有这些:粪团(这类人最坏,属于粗野的浪荡公子),以及无赖、瞎五、二流子等(这些人并不伤害人,而是有节制,但把手插在口袋里,在树林里闲游逛,数数有多少棵树等)。

[备忘]牛津投降(1646年的围攻之后)之前,我们都要在星期日、圣日和圣日前夜吟咏赞美诗。有一次,学院的一名学生在食堂里吟咏当天的福音书,在晚饭后半段,其结尾是:"《约翰福音》到此结束,愿主保佑。"

[备忘]我在学院里的时候,有一个华丽的棺罩,放在一个棺材上,是深红色天鹅绒做的,上面有个大十字,白丝绸或缎子的。

我要告诉你一件事逗你一乐,是几天前亨利·伯克黑德在他表亲马里奥特家里对我们说的。大约在1638年或1640年,他在三一学院的时候,凯特尔博士像往常那样在三一节布道,对他们说要保持身体的圣洁。他说:"但是,你们这些学生在这里吃着好伙食,喝着双份的好啤酒……那就走开吧。"

这位好心的老博士要是看到现在的学院是多么奢侈,不知会怎么责骂、怎么敲他的鼓。时代变了。

你要知道,凯特尔博士与研究员之间有派系之争。在一次检查时,凯特尔博士严厉地训斥他们不尊重他,说:"噢!你们都是勇敢的绅士,都是学识渊博的人。你们看不起可怜的院长,嘲笑他,冲他放屁。我是

---

① Liemaker,模仿Slymaker(斯莱梅克)的读音造的词。

识途老马,是谁把你们从可怜的泼皮、工读生中挑出来,推荐你们当上研究员的?不是你们的院长吗?然而说说你们哪一位朋友有一点感恩之心,送给我一顶加工的睡帽了?我恳求你发发慈悲吧(霍布斯博士先生),我记得有一次,你母亲送给我一条熏腿。"

弗朗西斯·波特
Francis Potter
1594—1678

神学士,1594年三一节前夕出生于威尔特郡米尔教区牧师住所。

他父亲是当地牧师,也是萨默塞特郡基尔曼顿的牧师,大约三英里开外,同时也是伍斯特大教堂的受俸牧师。他有三个儿子:汉尼巴尔、弗朗西斯和……。他妻子名叫霍西,出身于多塞特郡克利夫顿古老而又虔诚的霍西家族。

他跟随伍斯特学校的布赖特先生(当时的名师)学习语法。

十五岁那年,他到牛津三一学院上学,他父亲(出生于牛津郡)曾是那里的研究员,他哥哥汉尼巴尔是他导师。他在这里做了二十七年的自费生,除了凯特尔博士和他哥哥,他在全院资历最深。

他的才能主要在机械方面,有一项令人钦佩的机械发明,但在那些黑暗的岁月里缺乏赞助。他父亲死后(大约在1637年),他继任为基尔曼顿牧师,每年收入大约一百四十英镑。他从小就喜欢素描和绘画。三一学院大楼里挂的创办人(托马斯·波普爵士)肖像,就是他临摹的。

他对提升水位有高见。我听他说,他可以提高伍斯特的水位,不用费多大周折,也就是比现有的方法更省事(用水泵?)……他说,他从来没见过抽水机,但他能发明出一种更好的来。

基尔曼顿在一座高山上,牧师住所里的水井特别深。那里有我见到的最精巧、最好用的吊桶井。有一些深井配有轮式器具,人或狗可以下到井里去。他这里的轮子上安装有阶梯,人走在上面(在轮子外面)像上楼梯似的,一个普通人的重量就能提起一大桶水。两只桶的设计很巧妙,系在桶上的两根绳子总是垂直的,所以一直保持平行,这样永远也不会相互干扰。这只大桶太笨重,不能翻转把水倒出来。他就设计了一块板子,四周翘起像个槽一样,大桶提上来时就把槽滑到桶底下,桶底上有个塞子,水的重量推着槽滑动,水就倒进了槽里,再从槽里流到小桶或其他容器里。它确实值得一看。我以前在这里喝过一口水。我听他说,他想把山脚下的泉水引到沙夫茨伯里镇,该镇位于一座没有水的山上。

1625 年,他回寝室的时候,脑子里出现了 25 这个数,也就是数字 666 的平方根,666 是《启示录》里兽的数目[①]。所以他把数字 25 与数字 12 相对照,数字 12 是数字 144 的平方根。

他获得神学士学位时,向他提出的问题是:"教皇是不是敌基督[②]?"他回答说是。他年轻时很容易昏倒,他在神学院与人争辩这一问题时也是这样。我记得他对我说,有一次他读亚里士多德的《动物的本性》[③],亚里士多德在书里描述道,母狮子怀孕临近分娩时,会来到两棵邻近的树之间,使劲把肚子里的小狮子挤出来。这对波特震动很大,他想象着母狮子的痛苦,结果昏倒了。

波特身体十分单薄,年轻时大多数时间都是病恹恹的。他要生病时就喘粗气,一喘就是很长时间,他说这样把有害的郁气都排出来了。

---

① 参见《新约·启示录》13:18。
② 敌基督是《圣经》上所说的基督的大敌。参见《新约·约翰一书》2:18、2:22、4:3。
③ 这本书的作者应该是克劳狄乌斯,亚里士多德的那一本叫《动物志》。

弗朗西斯·波特

他总是喜欢沉思,很有哲学头脑。他读书并不多,有足够的拉丁语、希腊语和希伯来语知识,但不善评论。希腊语他是成年以后通过读蒙塔努斯的双语对照本《新约全书》学会的,没有学语法,然后就读荷马。

他只懂普通算术,学几何从来没有超过欧几里得的前六卷。但他有发明头脑,以此为基础,他就能够解决机械方面的大问题,解决自然哲学上的问题。

他只有几本书,他死后卖了五十六先令,肯定不合算。他公开出版的东西只有《释数字666》,四开本,1642年在牛津刊印,两次被译成拉丁语,还被译成法语和其他语言。

他做了个漂亮的日晷(还有附件),挂在三一学院四方院的北墙上,是依照萨米尼塔图斯的日晷指南做的,1670年前后不见了,现在挂的是另一个。

他一辈子都单身。他很好客,品性正直,有节制,像我前面提到的那样爱沉思。在我见到的人中,他最像修道士,或古代的牧羊人。

他脸很长,光洁的白皮肤,灰眼睛,谈话令人钦佩,新鲜,不粗俗。他的房子没有装饰……像修道士的单人小屋一样,但有很多精巧的发明物,很讨人喜欢。他有个精心设计的花园,有我所见过的最漂亮的黄杨树篱。花园是个很大的正方形,中间是个高丘,四周用这些树篱护卫着(可以这么说)和装饰着,空隙处有一根黄杨高柱子(砍成方形的),无论冬夏都很气派。

他家客厅贮藏室的门上有他父亲的全身像,是他绘制的,还有他的书(按透视法缩小了),手里拿着的眼镜上映出了哥特式的南窗。我之所以提起这幅画像,主要是因为将来有可能被误认为是他儿子弗朗西斯的画像,即前面提到的那本书的作者。

我从任何人那里得到的乐趣和哲学的慰藉，都不及从他那里得到的多。他的书在牛津付印。他也在那里时，我刚被学院录取，但我直到1649年（主显节，1月6日）才有幸与他结识，从此以后我们的密切关系一直保持到他去世，我经常和他通信。他写给我的信我全都保存着，写得很好，我相信有将近二百封，大部分都是哲学方面的。

我有很多他机械方面的精彩笔记，我只是在学习的时候才去找他，总是记笔记。但现在王家学会有了更好的设备，也有了更多的闲款，所做的东西超过了他做的大多数物品。

我有一个他设计的奇特器具来画风景或景观（1656年），但克里斯托弗·雷恩爵士发现了同样的原理，其制作的器具也更好。他有铁匠和木匠技能，足以满足自己的需要，但他从不自称有这些技能。他给了我一个铜象限仪，又给我做了个银的，都是他自己设计的，可用于所有纬度。

他发明并亲手制作了一把长臂圆规，可以将一英寸划分为一百甚至一千份。臂的一端是个圆形物，被分为一百等份，中间有一根指针，用把手可将其来回转动。这一把手转动一枚螺钉，螺钉上缠着一根极细的线，臂的背面是刻度线。他用这把圆规做出了前面提到的象限仪。他给了我一把这样的圆规，王家学会刚创建时，我拿到会上向大家展示，大家都很喜欢，我把它当作珍品送给了我尊贵的朋友埃德蒙·怀尔德先生。这样的圆规世界上只有两把。

1649年，他向我演示了制作拱形的最好办法，也就是用一根链子形成抛物线，他又从法衣上解下腰带，把它挂在墙上向我演示。

[备忘]1649年主显节，我在他家里时，他向我讲述了一种治病的方法，也就是把一个人的血输给另一个人。他产生这一想法反映了奥维德的美狄亚和伊阿宋的故事对他的影响，这是距离当时十年前的事。

弗朗西斯·波特

大约一年以后,我俩去做这一实验,但用的是一只母鸡,鸡太小,我们的工具也不行,后来我送给他一把外科大夫用的柳叶刀。

……年,我收到他一封信,和这一话题有关,好多年前我把这封信拿到王家学会宣读,并收入学会的档案记录,否则洛厄博士会声称这是他自己的发明。现在里士满的医学博士理查德·格里菲思正在出版一本有关输血的书,他想把波特先生的这封信插进书里。我把这封信附在这里,作为永久纪念。

[备忘]梅雷迪斯·劳埃德先生对我说,利巴菲乌斯谈到过输血。但我敢发誓,弗朗西斯·波特先生生前从未看到过。

内战期间,他的财产一直没有被没收,真是幸运。他曾被人恶意告发到韦尔斯的委员会(这种事当时很常见)。他来到委员会里,一名委员(名字我忘记了)给了他一品脱葡萄酒,大大赞扬了他一番,然后让他回家,什么也不用怕。

166×年,他当选为王家学会会员,在学会里很受尊重。

他身体从来都不强壮,所以他晚年身体还算是最好的,只是去世前四五年视力变坏,几近失明。他死于……埋葬在基尔曼顿圣坛的……

[备忘]他和大多数人一样会下象棋。比舍普上校(和他在三一学院同届)被认为是英格兰最好的棋手。我听波特先生说,他们二人在三一学院下过棋(我记得一共下了两天),谁也没有占上风。

[备忘]他常说,他把下象棋看作非常适合年轻人学习和实践的活动,因为下棋会让他们有远见,(其结果)对他们料理日常事务有用处。

他对我说,他经常梦见自己在罗马,害怕被抓起来带到教皇面前,常会被吓醒。

……教皇梦见林肯主教来找他,用手杖狠狠地打他的脸。(林肯主教罗伯特·格罗斯泰思特撰文抨击教皇。)

令人遗憾的是,这样一个身体虚弱的发明天才,居然被安排到一个偏僻的角落担任闲职(在那里缺少能启迪心智的谈话),在那里很少有晋升的机会。由于缺少有益的交流,只能像果园里的旧围栏一样,上面长满苔藓。即便是最为深邃的思想家,有益的交谈也是必不可少的。(霍布斯先生经常这样对我说。)

我最后一次见到这位可敬的朋友是在1674年10月。在此之前,我有三年没有见到他了,当时他的近视几乎到了失明的程度,见到他这个样子真让我伤心。他让胡子一直长着不刮,稀稀拉拉的没有几根。我问他,你年纪这么大了,为什么不找个亲戚来和你住在一起照料你?他回答说,他也找了,但找不到合适的,亲戚总是抱怨他花钱多,然后就离他而去。而他的仆人(陌生人)对他很好,负责照料他。

弗朗西斯·波特的父亲是伍斯特大教堂管风琴的捐助人之一。

"1625年12月10日十点,发现了兽的秘密。"这句话我发现写在了他的希腊文版《新约全书》上。他对我说,他在三一学院上楼梯进入寝室时产生了这一想法,那是高年级研究员的寝室,他和兄长汉尼巴尔·波特博士住在一起,现在和院长的住所并到一起了。

珀特伍德离基尔曼顿大约六英里,其牧师兰斯洛特·莫尔豪斯先生(每年四十英镑)是个非常博学的人,一个真正有造诣的数学家,曾撰文驳斥波特的《释数字666》,批评波特说数字25并非真正的平方根,而是近似的平方根。波特先生颇为巧妙地回答说,25不必是真正的平方根,因为25更符合他的要求。1668年,莫尔豪斯先生把正反双方的手稿交给了索尔兹伯里主教塞思·沃德,另外还有一部法语手稿,对开本,是英格兰国王……和法兰西国王……一部奇妙的预言书,与英格兰有关,拉丁诗体,一张纸,四开,是他从一个裁缝剪子底下抢救出来的。

莫尔豪斯先生(剑桥的)死了,把很多有价值的数学笔记留给了他天才的朋友约翰·格朗特(欣登的)。

他撰文论述圆求方问题,四开纸,其中有大智慧和大学问。但最后戴夫南特博士(他的邻居)让他认识到谬误。我想把这篇文章刊印出来(写得很有学术性),以此证明大才子也会犯错误,也会受骗。

他是个非常有探索才能的人,孜孜不倦地解答难题,我经常听到爱德华·戴夫南特博士这样说。

他不是克莱尔学院的就是国王学院的,出生于威斯特摩兰,是乔克教区沃勒先生的助理牧师。他被欣奇曼主教从珀特伍德提升到小兰福德,1672年前后死在那里。

安东尼·埃特里克先生给我提出建议,叫我给基尔明顿的波特先生的继任者写信,要这位牧师尽快回复,并对托马斯·波普爵士的肖像加以说明。没有回复。

问问我兄弟汤姆——他就是继任者,询问并查阅葬礼登记簿和埋葬地点。

威廉·哈维
William Harvey
1578—1657

博士。他所出生的那座房子现在是个驿站,一座漂亮的石头建筑,他把它送给了剑桥大学凯厄斯学院,还有那里的一些地产,参阅他的遗嘱。他弟弟伊莱亚布愿意拿钱或物来换它,无论多少钱都行,因为那是他父亲的财产,他们都是在那里出生的。但博士(真诚地)认为,以这种方式来纪念父亲更好,因为他弟弟继承了几座宏伟的别墅,还有每年至少三千英镑的收益。

医生学院图书馆里,他雕像(身穿博士长袍)上面有以下铭文:

1578年4月2日,威廉·哈维出生于肯特郡的福克斯顿,托马斯·哈维和乔安娜·哈尔克的头生子,同胞兄弟有托马斯、约翰、丹尼尔、伊莱亚布、迈克尔、马修,同胞妹妹有莎拉、埃米。

白色大理石雕像底座上写有:

这是伦敦医生学院为威廉·哈维竖立的雕像,其作品使其永垂不朽,他提出了血液循环理论(也适用于动物),当之无愧地成为这一理论永久的创立者。

阿门角(烧毁了)医生学院图书馆大客厅哈维博士画像上方：

威廉·哈维十岁在坎特伯雷学校上学,学到了一些基础知识,十四岁成为剑桥大学冈维尔与凯厄斯学院学生,十九岁到法兰西和意大利旅行,二十三岁到帕多瓦,师从尤斯塔斯·鲁迪、托马斯·米纳多斯、阿瓜本特的耶罗尼米斯·法布里修斯等人,成为英格兰人的课代表①。二十四岁成为医学和外科学博士。回到伦敦以后行医并娶妻。二十五岁成为医生学院研究员,三十七岁成为解剖学和外科学教授,五十四岁成为御医。撰写了《心血运动论》和《论动物的生殖》。卒于1657年6月30日,享年八十岁。

但我清楚地记得,奥尔索普博士在他葬礼上说,他差一岁不到八十,在兄弟姐妹九人中排行老大。

他被安葬在埃塞克斯郡亨普斯特德的一个灵堂里,那是他弟弟伊莱亚布·哈维建的。他用铅裹着,胸前用大字母写着"威廉·哈维博士"。我参加了葬礼,帮着把他抬进灵堂。向石匠马歇尔先生要铭文(在那里的教堂里)。

哈维博士为前面提到的医生学院添加了(或慷慨捐助了)一座宏伟的罗马式建筑(粗面石的,带有科林斯式壁柱),下面是供研究员们聚会的大会堂,上面是图书馆。在外面的雕带上,用三英寸长的字母写着

---

① 在帕多瓦,每一个民族的本科生都要推选一名课代表。1600年和1602年,哈维被提名为英格兰人的课代表。

铭文：

　　在院长弗朗西斯·普鲁金和研究员埃德蒙·史密斯的敦促和关心下，这座建筑于1653年始建并建成。

所有这些建筑和纪念物，都被伦敦大火(1666年)烧毁了。

他总是爱沉思。在英格兰，他是我所听说过的第一个对解剖学感兴趣的人。他解剖过蛙、蟾蜍和其他很多动物，对这些动物进行仔细观察，有关论文（还有财产）在他怀特霍尔的住所里，内战之初被掠夺了。他是支持国王的，和国王一起在牛津。他常说，他遭受的所有损失中，最让他痛心的莫过于这些论文了，他无论如何也找不回来了。

国王查理一世由于动乱而离开了伦敦，哈维就陪伴着国王，埃奇希尔战役中和国王在一起。战斗中，太子和约克公爵被托付给他照顾。他对我说，他和这二人一起撤退到树篱下，他从口袋里掏出一本书读了起来。没有读多久，一支大枪射出的子弹就落在他旁边的地面上，迫使他移动一下位置。他对我说，艾德里安·斯克罗普爵士在这里受了重伤，被当成死人留在了死人堆里，衣服也被脱光了。这恰巧救了他一命。那是个冷晴天，夜里下了霜，止住了他的血。大约半夜时分，或是受伤后几个小时，他醒了过来，不得不拉过来一具死尸盖在身上取暖。

1646年7月24日，牛津投降，他来到伦敦，和弟弟伊莱亚布（伦敦的一个富商）住在一起，在……山，正对着圣劳伦斯-波尔特尼教堂，当时教堂上有一个高高的铅尖塔（只有两个铅尖塔，也就是这一个和东端的圣邓斯坦教堂），也住在他弟弟在罗汉普顿的乡村别墅。

大约在1654年，他弟弟伊莱亚布买下了科凯恩宫，即现在（1680年）的税务署，一座宏伟的建筑，哈维博士常常在楼上的铅屋顶上沉思，

威廉·哈维

并根据太阳的位置或风向,坐在几个不同的位置。

他喜欢待在暗处,对我说这样最有利于沉思。以前他在萨里郡的库姆有一所房子,空气好,景色美。他在地下挖了几个洞,夏季时他喜欢坐在洞里沉思。

他精通数学,晚年时掌握了奥特雷德先生的《数学题解》。他死前不久,我看见他读这本书,解答难题,那本书总是在他的沉思房里。

他的寝室现在成为伊莱亚斯·阿什莫尔先生的办公室。他死在这里,患了中风不能说话。他感到要发病时,就立即派人把他弟弟和几个侄子叫来,给这个人一块表,给那个人另一样东西,作为纪念品。他死后留下两万英镑的遗产,留给了弟弟伊莱亚布。他在遗嘱里给老朋友托马斯·霍布斯先生留下十英镑,以示爱意。

(他的言论)他常说,人只是个淘气的大狒狒。

他说,我们欧罗巴人不知道如何使唤或管制女人,土耳其人是唯一能够聪明地利用女人的民族。

他一点也不偏执。

他担任过培根大法官的医生,非常敬重培根的才华和风格,但不想让他成为大哲学家。"他写哲学著作就像个大法官一样,"他以嘲笑的口气对我说,"我把他治好了。"

大约在1649年,他又到意大利去旅行,当时乔治·恩特博士(现在是乔治爵士)陪伴着他。

他在牛津逐渐认识了查尔斯·斯卡伯勒博士,当时是个年轻医生(后来由国王查理二世册封为骑士),他很喜欢和查尔斯交谈。在此之前,他跟随军队南征北战,现在他把查尔斯叫来,让查尔斯住在自己寝室里,对查尔斯说:"请你放下武器住在这里,我会让你开业的。"

我记得他养了一个年轻女人来服侍他,我猜测他是用她来取暖,就像大卫王那样①。他还在遗嘱里关照她,就像关照男仆一样。他死前有二十年没有考虑过俗务,而他弟弟伊莱亚布是个很聪明、很细心的管家,不仅很尽职地料理一切,而且比他本人做得还要好。

哈维和其他几个兄弟一样,也是脾气暴躁,年轻时带着一把匕首(当时的风尚如此。我记得老校长拉蒂默先生,甚至七十岁时还带着一把木柄匕首、一把刀、一把短尖匕首,我外祖父莱特和布里斯托尔的奥尔德曼·惠特森也是这样,我认为他们年轻时都是这个样子),但这位博士动不动就会把匕首拔出来。

他个子不高,而是最低的身材,圆脸,橄榄色的皮肤,像栎木板一样,小眼睛又圆又黑,很有精气神。他头发乌黑发亮,但去世前二十年就变白了。

我第一次见到他是在牛津,那是1642年,埃奇希尔战役之后,但当时还太年轻,无缘结识这么一个大博士。我记得他好几次去我们三一学院,去神学士乔治·巴瑟斯特家,有一只母鸡在他卧室里孵蛋,他们每天都打开门看看动静,看看生殖的方式。

我直到1651年才有幸结识他,当时他是我表妹玛丽·蒙塔古的医生和朋友。那时我正要去意大利(但母亲强行阻止了我,让我非常伤心)。他很健谈,愿意指导任何谦虚和尊重他的人。对我这次旅行,他教导我看什么、与什么样的人为伴、看什么书、如何安排我的学习等。总之,他叫我到源头去,读亚里士多德、西塞罗、阿维森纳②,说新哲学的

---

① "大卫王年纪老迈,虽用被遮盖,仍不觉暖。所以臣仆对他说:'不如为我主我王寻找一个处女,使她伺候王、奉养王,睡在王的怀中,好叫我主我王得暖。'于是在以色列全境寻找美貌的童女,寻得书念的一个童女亚比煞,就带到王那里。这童女极其美貌,她奉养王,伺候王,王却没有与她亲近。"参见《旧约·列王纪上》1:1—4。希腊哲学家巴门尼德认为,衰老是由体温降低而引起的,增加体温可以延缓衰老。

② 伊斯兰名医。

信徒都是蠢货。他字写得很糟糕,习惯了以后我还能认得出来。

我听他说,他关于血液循环的书出版以后,就开始全力投入运用。而平民百姓都以为他发疯了,所有医生都反对他的观点,责骂他,很多人写文章攻击他,如普里姆罗斯博士、帕拉西萨努斯等人(参阅乔治·恩特博士的书)。经过不少周折,二三十年之后,他的观点才被世界上所有大学接受下来。就像霍布斯先生在其《论物质》一书中所说的那样:"哈维也许是唯一活着看到自己的理论得到承认的人。"

他很熟悉希腊语和拉丁语,但不善评论,拉丁文写得也很糟糕。据我推测,《心血运动论》是由乔治·恩特爵士译成拉丁语的(询问一下),他另一本书《论动物的生殖》也是如此。但一本抨击里奥拉尼的十二开小册子(我认为)是他自己写的,他把自己的理论表述得也更清楚,我认为是在牛津写的。

查理一世国王授予他牛津默顿学院院长一职,作为对他效力的回报。但由于时代因素,他没有得到或享受到这一职务带来的任何好处。

他是英格兰王室最高军务官、阿伦德尔和萨里伯爵托马斯·霍华德大人的医生和大红人,1636年作为派驻到皇帝①……那里的大使医生,随托马斯大人一起到维也纳。温塞斯劳斯·霍拉先生(当时为大使阁下的侍从之一)对我说,旅途上哈维仍然会拐到树林里,观察当地奇特的树木、植物、土壤等天然物品,有时候几乎迷了路,所以大使大人就会对他发火,这样不仅有遇到强盗的危险,也有遇到野兽的危险。

他经常受到痛风的折磨,他的治疗方式如下:如果有霜冻,就光着腿坐在科凯恩宫的铅屋顶上,把两条腿放进一桶水里,直到几乎冻僵为止,然后再到火炉边,这样就不痛了。

---

① 指神圣罗马帝国皇帝。

他脾气暴躁，大脑一直在运转，经常无法入睡。他对我说，他的办法是起床后穿一件衬衫在卧室里散步，直到觉得冷为止，也就是浑身开始起鸡皮疙瘩，然后回到床上，这样就能安然入睡了。

我记得他习惯喝咖啡，咖啡馆在伦敦流行之前，他和弟弟伊莱亚布就常喝。

他的职业完全可以使他成为一位优秀的解剖学家，但我从来没有听说有任何人佩服他的治疗方法。我认识几位伦敦的开业医师，他们不愿意花三个便士去买他一张药方，从他一张药方上你很难看出其用意。

他对炼金术没有兴趣，常说些贬低炼金术士的话。

有句话我现在可以说了，而且也应该说出来了：我要让世人了解一桩人们经常谈论的丑闻的真相，那是我在一些年轻学者那里听到的，那就是他靠鸦片来止痛。他要是痛得厉害，就马上服用鸦片。我不否认，这不符合他在一些事情上的原则……但他死的样子确实是这样。他死的那天上午，大约十点，他要说话，但发现舌头不听使唤，他意识到要出事，而且没有痊愈的希望了，于是就叫他几个小侄子马上过来，把他的表（一块很小的表，他做试验用的）给了一个侄子，把别的纪念品给了另一个侄子，等等。他示意药剂师桑布鲁克（黑修士）给他的舌头放血，几乎不见效，这样他就去世了。

他晚年的行医生涯并不太辉煌，不再出诊了，除非特殊的朋友，如豪兰夫人，她患有乳腺癌，他把乳房切除了，并灼了灼，但她还是死于这病。

他骑马去看望病人，马身上饰有马披，仆人步行跟在后面，当时的风尚就是这样，很体面，现在则见不到了。法官们去威斯敏斯特大厅，也骑着这样饰有马披的马，王座法院首席法官罗伯特·海德爵士死后，就没有人这样骑了。沙夫茨伯里伯爵安东尼想恢复这一习俗，但几个法官老了，骑术又不好，便不同意恢复。

前面提到的丑闻（哈维服用鸦片）是查尔斯·斯卡伯勒爵士说的，说他晚年调制鸦片。我不知道是怎么回事，他把鸦片放在书房里，需要的时候就服用止痛，查尔斯爵士答应为他提供鸦片。我相信确实如此，但一点也不相信他真的把鸦片给了哈维。瘫痪给了他一个很方便的保障。

向脚镣巷的马歇尔先生要他墓碑上的碑文，在埃塞克斯。

我记得他对我说过，他写有一本有关解剖的书，写了很多年，进行了认真研究，对解剖进行了多次观察。这本书已经散失了，内战期间他在怀特霍尔的住所遭到抢劫的时候，再也找不回来了，也没有听说过书的下落，他说这是他一生中遭受的最大损失。

哈维博士对我说，也对任何一个同意他说法的人说，一个人不能真的以为自己一无是处。大自然倾向于完美，在生殖问题上，我们要多考虑感觉和天性，少考虑理性、审慎、当地的时尚和利益。我们看到审慎的政治造成的后果是多么可鄙（那些为了地位或财富而结婚的人），那些虚弱、愚蠢、走路蹒跚的孩子，他们是大自然的耻辱，是他们国家的耻辱。宗谱纹章官都是蠢货，他们完全走错了路。使人得福的是在强烈冲动下为爱而缔结的婚姻。

墓志铭——马歇尔先生。问问安东尼·伍德，牛津大学图书馆里是不是有一部谈论血液循环的书稿。里奇利博士和特罗特贝克博士能告诉我。这一信息来自梅雷迪斯·劳埃德。

[备忘]帕克先生对我说，城市建筑师奥利弗先生有父亲马歇尔的碑文和书信文稿，从中可以寻找哈维博士的碑文，还有伊尼戈·琼斯的碑文。

弗朗西斯·培根
Francis Bacon
1561—1626

骑士,韦鲁勒姆男爵,圣奥尔本斯子爵,英格兰大法官。

从下面的铭文来看,格雷律师学院的杰里米·贝腾厄姆先生与培根大人关系密切,是他非常要好的朋友。这段铭文出现在格雷律师学院北面花园山丘上避暑别墅的雕带上,别墅由大法官培根所建造。(铭文的北侧已经消失不见了,风标是一个拉弓的丘比特。)

> 弗朗西斯·培根,国王首席检察官,杰里米·贝腾厄姆的遗嘱执行人。杰里米曾担任本学院讲师,一个品性正直、有节制、爱沉思的人,故建造这座别墅来纪念他。
>
> 1609 年

培根大人春风得意时,富尔克·格雷维尔爵士,即布鲁克大人,是他的好朋友和熟人。培根大人失宠并陷入贫困时,布鲁克则变得很卑鄙,不让管家给培根一点淡啤酒。培根以前经常派人去拿他家的淡啤酒,他的胃很娇贵,格雷律师学院的淡啤酒不合他的胃口。这件事给布鲁克大人带来的耻辱,比他与菲利普·锡德尼爵士的友谊给他带来的荣誉还要大,这一友谊铭刻在他的纪念碑上。

米德兰兹郡玛丽邦的福西特先生是他的朋友和熟人,从这封信里可以看出来——我抄自他的亲笔信(优美的罗马字体),信在医学博士沃尔特·查尔顿手里,查尔顿不久前从福西特先生的孙子手里要来的。

多塞特伯爵理查德是培根大法官的仰慕者和好朋友。他经常和托马斯·比林斯利爵士(英格兰最优秀的骑手)一道,记住并写下培根在餐桌上说过的话。

本·琼森先生是他的朋友和熟人。他为培根大人过生日而写了漂亮的诗。在他第二卷的《林下灌丛》里,有一个角色就是培根,最后说:"在他那个时代,他看到的人都是天生的才子,这些人可以为一个民族增辉,或是可以促进研究。"

培根大人经常到切尔西去找约翰·丹弗斯爵士。约翰爵士告诉我,培根大人写完《亨利七世本纪》之后,在书稿付印之前先送给他征求意见。约翰爵士说:"大人,您知道,我不是学者。"

"没关系,"培根大人说,"我知道学者会说什么,我想知道的是你会说什么。"

约翰爵士看过之后,表达了他对某处的不同意见(很遗憾,这些意见我忘记了),说塔西佗是不会遗漏的。培根大人承认这些意见是对的,并进行了修改。他说:"呃,一个学者永远也不会对我说这些。"

(马姆斯伯里的)托马斯·霍布斯先生受到培根大人的喜爱,培根大人常常和霍布斯一起在他那怡人的小树林里散步,也在这里沉思。一旦脑子里闪过一个念头,霍布斯先生马上就把它写下来。培根大人常说,霍布斯先生比他身边的任何人做得都要好。好多次培根大人看那些人的笔记时,很难看懂他们写的是什么,因为他们自己都不太懂。

总之，所有伟大和善良的人，都喜爱并尊重霍布斯先生。

首席法官大人爱德华·科克爵士总是妒忌他，说他法律知识贫乏，这可以从培根大人的信里看出来，我认识的一些老律师还记得这事。

国王詹姆斯巡行到苏格兰时，培根大人是摄政者，在怀特霍尔宫的宴会厅里隆重接见各国大使。

培根大人经常在他默想的房间隔壁欣赏音乐。约克大厦的鸟舍是大人建的，花了三百英镑。每次吃饭时，他都会根据不同季节，用芳草和香花点缀餐桌，他说这样可以振作精神，恢复记忆力。

培根大人住在戈勒姆伯里的乡间别墅时，圣奥尔本斯就像是王宫似的，他日子过得真排场。仆人穿着号衣，上面有他的饰章（一头公猪）。他的船工主要由绅士雇用，甚至是国王的侍从。

国王詹姆斯送给他一头雄鹿，他给了饲养者五十英镑。

他的仆人谁也不敢穿西班牙皮靴出现在他面前，一穿他就会闻到小牛皮味，这会让他作呕。

东印度商人送给他一箱珠宝，他的侍从官科凯恩先生收到后欺瞒了他。

培根大人是个优秀诗人，但其诗才被掩盖了，这从他的信件中可以看出来。让我们看看他漂亮的诗作，法纳比先生将其译成了希腊语，将原文和译文都刊印在他的选集里：

一

世界如幻影，
人生也苦短。
怀胎即不幸，
至死亦可怜。

儿时就受罪,
成人多悲惨。
谁人求长生,
徒劳而枉然。

二

此生何其苦,
何处有幸福?
宫廷太谫陋,
戏儿在掌股。
乡村人野蛮,
已然变兽窟。
城市无罪恶?
让你兽不如!

三

男人有家室,
家务惹烦恼。
单身也倒霉,
做事更糟糕。
父让子受苦,
或盼子走掉。
一人独遭罪,
夫妻同煎熬?

四

在家侍亲人,
伤心事一桩。
跨海走天涯,
艰辛又危亡。
战争人生畏,
和平更遭殃。
不该来尘世,
来到就中殇?

在他的《新工具》结尾,休·霍兰写下了这样的话:

这是一本蠢人写不出来、聪明人又不想写的书。这是休的看法。

他常对仆人亨特(一个非常节俭的人,热爱这个世界,是唯一不受大人束缚的仆人)说:"这个世界是为人(亨特!)创造的,而人不是为这个世界创造的。"亨特在萨默塞特留下了一座庄园,每年收入一千英镑。

有一次,培根大人在约克大厦花园,看见渔民在泰晤士河里撒网,就问他们一网鱼卖多少钱。渔民回答说是多少钱,培根大人不愿出那么多,只愿出这么多。渔民把网拉上来,里面只有两三条小鱼。培根大人就对渔民说,你们要是接受我出的价钱就好了。渔民回答说,他们本来希望一网能捕到更多的鱼。培根大人就说:"希望是一顿美味的早餐,却是一顿难咽的晚餐。"

培根大人失宠后,邻居们听说他债台高筑,就过来找他,想买他的

弗朗西斯·培根

栎木林。培根大人对这些人说,他不想卖自己的羽毛。

曼彻斯特伯爵被解除了民事诉讼法院首席法官的职务,改任枢密院院长。他对培根大人(在其倒台时)说,看到大人受到这样的惩罚心里很难过。培根大人回答说,"你当上院长了,不会让你烦恼的"。

伦敦主教在富勒姆砍倒一大片树。大法官对他说,他是"一个善于解释什么是阴暗处的人"。

他一失宠,他的仆人马上就走光了。他把这些人比作房子倒塌时飞走的蟑螂。

有人对大人说,他到了该环顾四周的时候了。大人回答说:"我不环顾四周,我昂首往上看。"

朱利叶斯·西泽爵士(大法官法院案卷主事官)在大人陷入困境时送给他一百英镑。向迈克尔·马利特询问这件事。

大人在就寝时常喝一大口烈性啤酒(马奇啤酒),让他的想象停止下来,否则他会在夜里很长时间无法入睡。

我记得约翰·丹弗斯爵士对我说过,培根大人很喜欢约翰爵士那座位于切尔西的漂亮花园。有一次,他在这里散步时昏倒了,丹弗斯夫人按摩了他的脸、太阳穴等处,还给了他有兴奋作用的药水喝。大人一醒过来就说:"夫人,我可走不好路。"①

大人的三个仆人(托马斯·缪蒂斯爵士、布谢尔先生和艾德尼先生)自备有马车,有些人还养有赛马。参见安东尼·韦尔登爵士的"国王詹姆斯的宫廷"。

他是个同性恋者,其性爱伙伴和亲信收受贿赂,但大人自己总是公正、诚实地判案。他在大法官法庭做出的判决难以撼动,也就是说,他

---

① "I am no good footman."一语双关,其另一层意思为"我可不是个好仆人"。

做出的判决被撤销的数量,比其他任何一位大法官的都要少。

他的遗孀嫁给了她的礼宾官(我认为是)托马斯·昂德希尔爵士,她使他纵欲过度,落得个又聋又瞎。先王(查理一世)被斩首以后她还健在。问问她死亡的时间和地点。

他有一双敏锐、充满活力的眼睛,淡褐色(像托马斯·霍布斯),哈维博士对我说像蝰蛇的眼睛。

我忘记布谢尔先生是怎么说的了,不知道培根大人最喜欢在夜里沉思还是在早上沉思。

托马斯·霍布斯先生对我说,培根大人的死因是做一项实验。他和威瑟博恩博士(苏格兰人,国王的御医)一起坐着马车到海格特墓地去兜风时,地上有积雪。培根大人想,肉能不能放在雪里保鲜,就像放在盐里一样?他们决定马上进行试验。

二人下了马车,去了海格特山脚下一个贫穷的妇女家里,买了一只母鸡,让这个妇女取出鸡的内脏,在鸡肚子里填满雪,培根大人也亲自动手帮忙。雪使他受了冻,他马上就病倒了,病情极为严重,无法回到住所(我认为当时是在格雷律师学院),就去了海格特的阿伦德尔伯爵家。他们将他放到一张好床上,用一口锅为其加热。但那张床潮湿,大约有一年没有人睡过了,这让他患上严重的感冒。我记得他(霍布斯先生)对我说,两三天以后,培根大人就死于窒息。

剑桥大学演讲官乔治·赫伯特先生有优秀诗作描写这位伟人,亚伯拉罕·考利先生在其《品达颂》里也描写过他。剑桥三一学院的托马斯·伦道夫先生也有写他的诗作。

他有个同胞兄长安东尼·培根(其母亲是安妮·库克,尼古拉·培根爵士的第二任妻子),一个大政治家,在政治上比弟弟弗朗西斯强得多,是个瘸子。他从埃塞克斯伯爵……那里领取年金,与伯爵住在一起,培根大人把自己《随笔》的第一版题献给了他。这本小册子比识字祈祷书厚不了多少,我在牛津大学图书馆里见过。

他几个姐姐①都有才华,受过良好教育,会使用天体仪,这从布伦德维尔先生的《星球》前言里可以看出来,看看这本书是不是题献给了这几个姐姐,其中有一个嫁给了约克郡的约翰·康斯特布尔爵士,培根大人把《随笔》第二版(八开本)题献给了这位姐夫,把最后一版(四开本)题献给了白金汉公爵。

博学而又伟大的枢机主教黎塞留十分赞赏培根大人,巴尔扎克先生也十分赞赏。

问问我是否插入了他在春雨中灌溉的事。参见安东尼·韦尔登爵士《国王詹姆斯的宫廷》,其中提到国王在苏格兰时,他在这里摄政,并在宴会厅召见外国使节。

[备忘]1681 年 10 月,整个圣奥尔本斯都在盛传,说大法官法院的案卷主事官哈博特尔·格里姆斯顿爵士,把这位最著名的大法官的棺材挪走了,为他自己的棺材腾地方,也就是圣米迦勒教堂的灵堂。

---

① 与培根同父异母。

韦鲁勒姆宫

我要写一写韦鲁勒姆,写写他在戈勒姆伯里的府邸。

在韦鲁勒姆,可以看到几处城墙的遗址,城墙范围大约……英里。这位慷慨的大法官很想让它重新成为一座城,并搞好了设计,对重建有统一规划。但命运女神不让他建,不过她对伟大的枢机主教黎塞留更好一些。黎塞留在世时,设计并建成了漂亮的黎塞留城,那是他出生的地方,以前是个不知名的小村庄。这座城和宫殿的平面图雕刻得很壮观。

韦鲁勒姆(培根大人的男爵领地)是座老城,城墙范围之内有韦鲁勒姆宫,离圣奥尔本斯大约有半英里,由培根大人建造,是我所见到的设计最巧妙的建筑。很遗憾,我没有测量它的正面和宽度。但我不太相信将其拆除是为了卖建筑材料。毫无疑问,培根大人是最主要的建筑师,他有一个亲信多布森先生(培根大人的得力助手,圣奥尔本斯当地人)当助手,一个很有才华的人(财产转让办公室主任)。不过多布森在女人身上挥霍无度,他儿子威廉·多布森迫于生计,成为英格兰有史以来最优秀的画家(死于1648年10月,埋葬在圣马丁教堂)。

从干道走进大门,所看到的这座府邸是这样的:各边连接流畅。我记不清东边是不是凸窗,这种窗子大人很喜欢,这从他的随笔"论建筑"里可以看出来。问问东边的窗户是不是有五个或七个,就我记忆所及只有五个。

建造这座府邸花费了九千或一万英镑,大约在1665年或1666年,准男爵哈博特尔·格里姆斯顿爵士(现在是大法官法院案卷主事官)把它卖给了两个木匠,卖价为四百英镑,两个木匠赚了八百英镑。

弗朗西斯·培根

〔备忘〕有很好的壁炉台,房间很宽敞,到处都镶嵌着漂亮的镶板。

〔备忘〕有两个浴室之类的房间,他下午看案件的时候到这里去。所有烟囱的烟道都延伸到府邸中央,周围是座位。房顶用铅封得严严的,从铅屋顶上可以看到漂亮的水池,水池对着府邸东侧,在壮观的林荫大道另一侧,林荫大道通向格勒姆伯里宫。从房顶看过去,树梢形成了一种斑驳的青绿色,看上去赏心悦目,像爱尔兰刺绣一样(同一种颜色绣出不同的深浅)。厨房、储藏室、酒窖等都在地下。府邸中央有一个很雅致的木楼梯,上面有很精美的雕刻,每一处空隙的柱子上都有漂亮的雕像,比如一个严肃的神学家手拿一本书、戴着一副眼镜,一个托钵僧等(没有两个相同的雕像)。

〔备忘〕二楼门外面(漆成了深棕色)有异教徒的神像(二层南门上有阿波罗,另一扇门上有朱庇特及其雷电等),都比真人大,由能工巧匠绘成。使像生色的是金影线,阳光一照熠熠生辉。

〔备忘〕东侧最上面一扇门的上部安装有一面大镜子,陌生人照过之后会心存感激地上一回当:欣赏过一阵子水池、道路、乡村景色之后(在这扇门对面),你就要回到房间里时,乍一看就会断言你透过府邸看到了另一番景象。陌生人一来到阳台,在宫里带路的看守就会把门关住,用这面镜子向他显示这种假象。这是培根大人的夏宫,他(在随笔里)说一个人应有夏季别墅和冬季别墅,就像衣服一样要有夏装和冬装。

从这里到格勒姆伯里大约有一英里,一路缓缓向上倾斜,其坡度几乎连写字台都不如。从这里到格勒姆伯里有三条平行的直道,最中间的道可以并排走三驾马车,两边的道可走两驾。路旁有几种长势和高低差不多的大树,即榆树、栗树、山毛榉、鹅耳枥、西班牙白蜡树、花楸果等,其树梢(如前所述)从房顶看去,显示出我所见到的最漂亮的景象。我是在米迦勒节前后看到这一景象的,这一时节树叶的颜色最为斑驳陆离。道路的排列是这个样子的：

```
mnorstuxmnorstuxmnorstu
mnorstuxmnorstuxmnorstu

mnorstuxmnorstuxmnorstu
mnorstuxmnorstuxmnorstu
```

水池的外形是这样的：底部铺着几种颜色的卵石，组成了几种图形，如鱼等，培根大人在世时，可以透过清澈的水看得很清楚，现在则长满了香蒲和灯芯草。

要是一个穷人拿给他六个颜色奇特的卵石，他会付给一先令。他在完善鱼池上非常讲究，我推测鱼池有四英亩大。岛上最中央的那个鱼池中间，有一个精美的宴会厅，一座罗马风格的建筑，铺着黑白大理石，覆盖着康沃尔石板，用护墙板装饰得很整洁。

[备忘]从韦鲁勒姆宫到格勒姆伯里的半道上，右手方向，在一个山丘面对路人的一侧，有前面提到的人工栽培的树，山腰上树的绿色深浅各异，令人赏心悦目。这些细长的小路和美景让人大饱眼福，一直通向格勒姆伯里宫。格勒姆伯里宫很大，是一座哥特式建筑，建得很漂亮，（我记得）是由掌玺大臣尼古拉·培根爵士所建，也就是培根大法官的父亲。培根大人的兄长安东尼·培根死后无嗣，这所房子就由大法官大人继承了。

大法官大人补建了一个很气派的门廊，朝南面对着花园。门廊的每一个拱对面，都有能工巧匠绘制的精美图画，和拱一样大（但糟糕的是用水彩颜料绘制的），全是寓意画，每一幅下面都有警句。比如说，我记得有一幅画的是一条船在风暴中颠簸,警句是"掌舵的是另一个蒂菲斯①"。询问其他的画。

这一门廊上面是个很气派的走廊,其玻璃窗上都绘上了画,每一块玻璃上都画有不同的野兽、鸟或花。也许大人想用这些画来做主题,以勾起他对当地的记忆。从窗户里可以看到花园,对着窗户的一侧没有窗户,但上面挂满了画像,都是全身像,如国王詹姆斯、培根大人,还有当时的几个名人。走廊尽头也没有窗户,但有一幅很大的画:大海里一块岩石中央站着国王詹姆斯,身披盔甲,一身国王的行头;他右边站着(但是否站在岩石上我忘记了)身披盔甲的法兰西国王亨利四世,左边是同样装扮的西班牙国王。这些画像(至少)和真人一般大小,仅用深棕色和壳金色绘成,所有高光部分都是亮金色,暗部为深棕色,就像韦鲁勒姆宫门上的神像那样。走廊顶是半柱形的,上面绘有希腊、罗马皇帝和众英雄的头像和胸像,由同样的画工用同样的方法绘制而成。

在主厅(古代建筑风格)有一个宏大的故事,绘的是诸神的盛宴,战神马耳斯被火神伍尔坎用一张网捕获。烟囱上面的墙上绘的是一棵栎树,果实从树上落下来,还有"除非有更好的"几个字。桌子上面的墙上绘着谷神刻瑞斯教人种植谷物,还有"学到了更好的方法"几个字。

花园很大,培根大人在世时(毫无疑问)种植、养护得极好。有一扇漂亮的门通向栎树林,门上方用金字写着六行诗。

林中的栎树高大成荫。培根大人很喜欢这里,他在每一棵树下都栽上一朵或几朵漂亮的花,有些花仍然还在(1656年),有牡丹、郁金香……

这片树林里有一扇门,通向一个大如普通庭园的地方,其西面是一

---

① 希腊神话中的超人,在众英雄寻找金羊毛时乘坐的阿尔戈号船上当领航员。

片矮林,林中辟出几条笔直的道路,其宽度足以过马车,长度有四分之一英里或更长。培根大人常在这里沉思,仆人布谢尔先生在一旁陪同,拿着笔墨以记录下他当时的想法。托马斯·霍布斯先生对我说,培根大人在这里的时候,经常让他干这一差事,对他记的笔记感到满意,说他记得比其他人好,其他人并没有把意思完全弄明白。霍布斯先生对我说,他被雇来翻译一部分《随笔》,也就是三篇,其中一篇是《论城市之强大》①,其他两篇我现在忘记了。

大人的事业如日中天时,这个小花园(一直延伸到韦鲁勒姆宫)东部宛如仙境,现在是一大片开垦过的田地。东部这一带由几部分组成,有李树丛,中间有羊肠小道,还有紫莓,有英格兰可以生长的所有果树,有很多上等的林木,如野白蜡树、山梨树、花楸果、紫杉树等。矮林和其他树林中间的小道是最巧妙地设计出来的。几个观景楼上有美轮美奂的避暑别墅,为罗马风格,建造得很漂亮,墙上和房顶上都有镶板,仍然耸立着,但遭到损坏,让人以为野蛮人曾征服过这里。培根大人在世时,这个地方是野鸡、山鹑等几种鸟的庇护所,这些鸟有好几种,来自不同国家,如白色、有斑点的和其他颜色的山鹑。

在四月和春季,每逢下雨,培根大人就会坐着敞篷马车享受雨淋。他常说,这很有益于健康,因为空气中有硝酸钾,还有世界上普遍存在的精气。

培根大人常说,我愿拿我的格勒姆伯里庄园打赌。一位法官充满恶意地回答说,那座庄园他不会赌,而培根大人其他任何一座庄园他都愿意赌。现在,这位大法官大人只有这么一座格勒姆伯里庄园了。

---

① 培根《随笔》里并没有这一篇,奥布里可能记错了。霍布斯翻译的可能是《论王国与政府的真正强大之处》,也就是第二十九篇。

弗朗西斯·培根

沃尔特·雷利爵士
Sir Walter Raleigh
1554—1618

沃尔特·雷利爵士一封信的抄件,信寄给了德文郡的杜克先生,由雷利亲笔所写(我记得我把原件给了安东尼·伍德):

杜克先生:

我给普里多先生写信,想劝您买下海斯①,这座农场一度属于家父。无论任何东西,只要您觉得有价值,我都会最为乐意地给您。无论任何时候,只要您用得着我,您都会发现我是一个有感恩之心的朋友,无论是对您还是您的家人。假如我无法说服您,我就决定建在科利顿。但我出生在那座房子里,对那里有一种与生俱来的喜爱,我宁愿居住在那里而不是其他任何地方。我告辞了,我会聊尽绵薄,报答您所有的好意。

1584 年 7 月 26 日
王宫
您忠实的朋友,沃尔特·雷利

---

① 海斯位于东巴德利教区。

他没有被父母埋葬在埃克塞特,也没有埋葬在多塞特郡的舍伯恩,他想让妻子(他死亡前一天夜里给她写了一封信)把他埋在这两个地方,其中任何一个地方都可以。他父亲在海斯农场八十年,自称乡绅。

他是个高大、英俊、勇敢的人,但毛病就是那该死的高傲。布兰普顿-布赖恩城堡的老爵士罗伯特·哈利(他认识沃尔特爵士)说,是沃尔特爵士最高傲,还是托马斯·奥弗伯里爵士最高傲,这还是个大问题,但差别是法官站在托马斯爵士一边。

他有两任妻子。第一任妻子叫伊丽莎白·思罗克莫顿,第二任妻子是他次子卡鲁·雷利的母亲。

威尔特郡唐顿的卡鲁·雷利爵士是他大哥,也是朗利特的约翰·锡恩爵士的掌马官。约翰·锡恩爵士死后,卡鲁爵士娶了他的遗孀,二人生育有子女,家谱里有记载。

雷利的孙子沃尔特和汤姆说,卡鲁爵士是更年长的骑士。

我听我祖父说,卡鲁爵士有一副柔和清脆的嗓子,特别善于演奏奥尔法里昂琴(当时流行的一种乐器),由这种乐器伴奏着来演唱。(如鲁特琴一般大小,但面板是平的,有弦。吉它的一种?)

雷利的孙子沃尔特和汤姆(我和汤姆一起在多塞特郡的布兰福德上学达四年)也有极为悦耳的嗓子,六弦提琴拉得也很好,有才华,但都很高傲,爱争吵。

沃尔特·雷利爵士是牛津……的。参见安东尼·伍德的《牛津大学历史与古物》。

他去了爱尔兰,在那里服役打仗,表现得很勇敢,但和当时的总督(我记得是格雷)老是合不来(向贾斯蒂斯·鲍尔了解更多详情)。后来让他到枢密院向女王申辩,这正合他的心意。他向女王讲了他的事,讲得极为得体洒脱,引起了女王的特别关注,很快就晋升了他的职务。

所以,他在法兰西参战应该是在这之前。

他在一次决斗中担任牛津伯爵的副手。他认识当时全国所有的风云人物,与他们都有交往。

德雷科特的沃尔特·朗爵士(现在的詹姆斯·朗爵士的祖父)娶了约翰·锡恩爵士的一个女儿。由于这一原因,再加上性情相似,两兄弟(卡鲁爵士和沃尔特爵士)和他关系十分密切。老约翰·朗当时服侍沃尔特·朗爵士,有一次他和主子一起在怀特霍尔宫的御花园里,看见诺丁汉伯爵恭恭敬敬地用自己的斗篷为沃尔特·雷利爵士擦鞋上的灰尘。

雷利先生家在唐顿,其大客厅里有一幅沃尔特爵士的肖像(原作),很漂亮,他身穿一件白缎子紧身内衣,上面缀满了贵重的珍珠,脖子上戴一条极为精致的大珍珠项链。几个老仆人对我说,珍珠差不多有画上那么大。他仪表堂堂,前额极高,长脸,乖张的眼皮,眼睛小而凹陷。

注意:在德鲁里巷一个偏僻的酒馆里(一个市政官副手开的),有一幅这位名人的漂亮画像,还有他那个时代的其他人,以前执行某一扣押财物令时拿走了(我推测)。

我听我祖母说,她年轻时人们常说这一字谜:

胃的大敌,丢脸的字,①
就是那个无耻绅士的名字。

他的胡子自然上翻。

他是第一个把烟叶带到英格兰的人。在我们北威尔特郡这一带,比

---

① "胃的大敌"指"生食物"(raw),"丢脸的字"指"睡"(lie),raw + lie = 雷利(音)。

如说马姆斯伯里百户邑,第一个让烟叶流行开来的是沃尔特·朗爵士。

我听我外祖父莱特说,一个烟斗绕着桌子从一个人传递给另一个人。一开始用的是银烟斗,普通烟斗是用胡桃壳和一根麦秆做的。

当时烟叶按银子的重量销售。我听我一个当侍从的邻居(乔赛亚斯·泰勒)说,他们去马姆斯伯里或奇彭哈姆市场时,挑出他们最大的先令放在秤上换烟叶。

现在的烟叶关税是国王最多的关税。

赖德的历书(1682年):"烟叶由沃尔特·雷利爵士带到英格兰已有九十九年,现在的烟叶关税是所有关税中最多的,每年达到……"

沃尔特·雷利爵士站在罗伯特·波因茨爵士家(在阿克顿)庭园里的一个台子上抽烟,让女士们不要抽,等到他抽完以后她们才能抽。在这三十五年里,神职人员抽烟是件丢脸的事。

沃尔特·雷利爵士是个大药剂师,从一些手写的配方中,我看到了他的一些秘方。

[备忘]他制成一种很好的兴奋药,治发热等很有效。罗伯特·博伊尔先生有处方,制成药后治好了一些大病。

他主要在航海时学习,总是带着一箱子书,任何事都不能使他分心。

一个一直埋头实干并掌控自己命运的人(直到他被监禁在伦敦塔),要不是在早晨抽出时间的话,是没有多少时间学习的。他肯定不是个懒汉,有一种自强不息的精神,有很强的判断力来指导。

达勒姆宫是一座宏伟的宫殿,他飞黄腾达以后就住在这里,或住在其中某个房间。我清楚地记得他的书房,是一座小角楼,从这里可以看到泰晤士河及其对岸,景色宜人,也许不亚于世界上任何一个地方,不仅悦目,而且赏心,(说句心里话)我相信也能开阔一位才子的思路。

舍伯恩城堡、庭园、庄园等,以前属于(现在仍然应该属于)索尔兹伯里教堂,……时被让渡给了……然后……然后沃尔特·雷利爵士就恳求女王伊丽莎白赐给他。他在庭园里用砖建了一座雅致的小屋,不大,但很合用,作为夏季从宫里回来休息、沉思的地方。他的财产被剥夺以后,这里又被宠臣萨默塞特伯爵卡尔要走了,卡尔又因毒杀托马斯·奥弗伯里爵士而失去了它(我记得是这样)。然后布里斯托尔伯爵约翰又得到了它,他在担任驻西班牙大使期间业绩突出。约翰为沃尔特·雷利爵士的小屋增添了两个耳房。总之,这里的确是西部最舒适、最宜人的地方之一,也许没有一个地方能比得上它。

雷利年轻时爱结交一些喜欢招摇的花花公子,除了那些他有意找来为他帮忙的人,他还普遍结交一些有才华的人,如北威尔特郡金顿-圣米迦勒的查尔斯·斯内尔爵士,我的好邻居,一位诚实的年轻绅士。但雷利长期养着个酒徒,他让这个酒徒造一条船(天使加百列号),他想去圭亚那。造这条船花掉了他的亚顿-基内尔庄园、伊斯顿-皮尔斯农场、桑希尔和比舍普斯-坎宁斯的教堂租借权。沃尔特·雷利爵士的财产被剥夺以后,这条船也被没收。这类年轻绅士他肯定还有。

据约翰·佩尔博士提供的信息:沃尔特·雷利爵士年轻时,有一个叫查尔斯·切斯特的人经常与他为伴。查尔斯是个唐突无礼的家伙,有了他永远也不得安宁,他老是说个没完,动静闹得很大,就像在屋里打鼓一般。所以,有一次在酒馆,沃尔特·雷利爵士打了他一顿,又用硬蜡封住了他的嘴(上下唇上面的胡子)。本·琼森以他为原型,在《人人扫兴》中刻画了卡洛·巴福诺(即"弄臣")这一人物。

我现在忘了(参见《历史》)沃尔特爵士是不是赞成处死苏格兰女

王玛丽,我认为他赞成。除此之外,女王伊丽莎白死后,在怀特霍尔的一次磋商会上,大家商量事情该如何安排、该做些什么时,沃尔特·雷利爵士发表了意见,说最好的办法就是将政府控制在自己手里,建立一个共和国,不要受一个穷युण①支配。

在参与这次密谋的人中,好像有人没有守住秘密,结果传到了国王詹姆斯的耳朵里,国王詹姆斯在……。英格兰贵族在这里聚会并迎接了国王,贵族们把这些人的名字告诉了国王。当提到沃尔特·雷利爵士的名字时,国王说:"雷利,天啊,我听说过你的大名。"

他就是这么一个人(各个方面),就像国王查理一世说斯特拉福德大人那样:君王宁可害怕他,也不愿为他感到羞辱。他有一种凌驾于别人之上的威严和优越感,所以国王……

迎接国王的场面是最为壮观的景象。贵族和绅士们乘坐着极为富丽堂皇的马车,他们在最优秀的女王统治下享受了长期的和平岁月。队伍浩浩荡荡,顺从里也隐藏着畏惧。国王詹姆斯心里并不喜欢这样的场面,心里有点妒忌地说,尽管英格兰人还像以前那样,他相信凭借自己的力量(如果英格兰人将他拒之门外)也完全能够对付他们,得到他自己的权利(据惠斯勒博士提供的信息)。沃尔特·雷利爵士对国王说:"愿您经受上帝的考验。"

"为什么你希望这样?"国王问道。

沃尔特爵士回答说:"因为这样您就可以分清敌友了。"

沃尔特爵士的这一理由既没有被忘记,也没有被饶恕。

汉普郡的老少校斯坦斯比(询问一下罗伯特·亨利爵士,看看是不是上校)是已故的南安普敦伯爵(财政大臣)最亲密的朋友、邻居和同龄

---

① 指苏格兰。雷利的意思是阻止苏格兰国王詹姆斯到英格兰继位为王。

人。他对我说(从其朋友伯爵那里得到的消息),关于科巴姆大人等人的密谋一事,沃尔特爵士当时是泽西岛典狱长,做事受到一些限制,除非他们来到他的岛上,在他那里出主意解决问题。实际上沃尔特爵士的目的,就是让他们来了以后出卖他们,出卖这一密谋计划,再把他们交给国王与他和解。

至于他在圭亚那的宏伟计划,参见已刊印的书。参见一本拉丁文航海记,沃恩勋爵约翰让我看过,其中提到诺斯船长(诺斯勋爵的兄弟)和沃尔特爵士一起去了那里,有大量这类事情的描述。埃德蒙·怀尔德先生认识诺斯船长,说他是个博学、持重的绅士,一位优秀数学家,但你只要一提起圭亚那,他就会莫名其妙地激动不已,说那是"太阳底下最宜人的地方"云云,反省这一大胆计划的受挫。

女王伊丽莎白喜欢宫里的所有仆人都是英俊的人(如前所述,沃尔特·雷利爵士仪表堂堂,这对他来说可不是个小优点),我认为他在宫里的第一个肥缺是女王的卫队队长。

一位乡绅(或富足的自耕农)来到伦敦城,他有好几个儿子,其中有一个极为英俊的小伙子,他想让这个儿子当上王室警卫。父亲(他本人就很漂亮)来找沃尔特·雷利爵士,他并不认识雷利。他对沃尔特爵士说,他养大了一个孩子(他子女很多),想让这个孩子当女王的卫兵。沃尔特·雷利爵士说:"你自己要是想当卫兵,我马上就答应你的要求,你的长相当之无愧,但我不收男孩子。"

父亲说:"孩子,进来。"

儿子进来了,大约十八九岁,长得一表人才,沃尔特·雷利爵士从未见过这么漂亮的人,是所有卫兵中个子最高的。沃尔特爵士当即拍板要他,命他在进餐时端第一盘菜,女王以赞赏的目光看着他,他像扫罗一样,比别人高出一头①,像是个漂亮的年轻巨人加入了服务行列。

他年轻时,有好几年时间(询问安东尼·伍德有几年)陷入困境,缺少钱花。我记得伍斯特郡的托马斯·蔡尔德先生对我说,沃尔特爵士在牛津时借过他一件长袍(两个人在同一所学院),之后再也没有归还,也没有赔他钱。

他很爱一个女人。有一次,他和女王的一个侍女在树林里靠着一棵树。她一开始像是有点顾忌面子,有些羞怯,就叫喊道:"可爱的沃尔特爵士,你想干什么?你要脱我的衣服吗?不,可爱的沃尔特爵士!可爱的沃尔特爵士!沃尔特爵士!"

最后危险和快乐的感觉同时增加,她发狂似的喊道:"可爱的沃尔特!可爱的沃尔特!"

结果她怀了孕。这是他第一个女人,我相信这条好汉会照顾好母子二人的,而且这孩子也不会是泛泛之辈。

他因那件让他掉脑袋的事而被一名军官逮捕后,被一条浅水客货船运走了,我记得船上只有两个人。国王詹姆斯常说,这样抓捕他、押运他,说明他是个胆小鬼,否则警力这么弱,他会轻而易举地逃脱的。

他在伦敦塔里被关押了……年。问问他的住所在哪里。他在那里(除了编撰他的世界史)研究化学。诺森伯兰伯爵也同时关押在那里,他是哈里奥特先生和沃纳先生的资助人,这两个人是当时世界上最优秀的数学家,受他资助的还有休斯先生,《论天体》的作者。高级律师霍斯金斯(诗人)也是那里的囚徒。

我听我表亲惠特尼说,他在伦敦塔里见过沃尔特爵士,戴一顶系着

---

① "他有一个儿子,名叫扫罗,又健壮,又俊美,在以色列人中没有一个能比他的。身体比众民高过一头。"参见《旧约·撒母耳记上》9:2。

带子的丝绒帽,穿一件昂贵的长袍、一条宽松短罩裤。

他在其《世界史》的结尾处,为最高贵、最有前途的亨利亲王的死而悲痛。他是亨利亲王的大红人,亨利要是比他父王活得时间长,很快就会释放沃尔特爵士,而且会给他荣誉。这样,写到亨利亲王去世,《世界史》第一部分就以一篇赞美他的悼词而结束,结尾是:"所以,我的琴音变为悲音,我的箫声变为哭声。"[1]他为第二部分写出了大纲,但感到不满意,就把它烧了,说:"我要是配不上这个世界,这个世界也配不上我的作品。"

他有时写诗,但不常写。斯宾塞的《仙后》前面有一组漂亮的诗,开头是这样的:

> 我认为我看见了劳拉的坟墓。

最后是 W.R.,三十六年前,我听说是沃尔特·雷利。
他的老熟人和挚友是:
牛津伯爵爱德华·德维尔,
弗朗西斯·维尔爵士,
霍雷肖·维尔爵士,
弗朗西斯·德雷克爵士,
尼古拉·希尔,
托马斯·卡文迪什,
托马斯·哈里奥特先生,
威尔特郡德雷科特的沃尔特·朗爵士,

---

[1] 语出《旧约·约伯记》30:31。

卡瓦利罗·斯威夫,

本·琼森等。

高级律师霍斯金斯被关押在伦敦塔时,是沃尔特·雷利爵士的改稿人。

参见培根大人的格言集和书信集:女王伊丽莎白在演奏维金纳琴①时,……有人发出这一评论:"拨子抬起,键就落下。"影射的就是雷利。

老爵士托马斯·马利特是查理一世和查理二世统治时期王座法院法官,他认识沃尔特爵士。我听他说过,尽管沃尔特爵士能熟练驾驭风格,和最博学、最彬彬有礼的人谈起话来应付裕如,但至死都带着浓重的德文郡口音。他嗓门小,他几个侄孙(也是我同学)说话也是这个样子。

他被指责为不信神,令人愤慨。但他是个无所畏惧的人,敢说出让教士很不愉快的话来。我记得斯丘达莫尔第一任勋爵说:"据说沃尔特·雷利爵士谈起 dog 的换音词,真是卑鄙。"②

至于他在断头台上说的一番话,我听我表亲惠特尼说(我认为已刊印出来),他对基督只字未提,但提到伟大的无限的上帝,而且充满崇敬之情。所以惠特尼断言,沃尔特爵士是不信基督,不是不信神。他上断头台之前抽了一袋烟(我记得这一信息来自约翰·斯通),一些守旧的人对此表示愤慨,但我认为这很得体,是为了稳定情绪。

我记得我听老神父西蒙兹(耶稣会会士)说,沃尔特爵士被处决时一位神父在场,这位神父知道他死时还说了谎话,我现在已经忘记是什

---

① 当时一种古钢琴类的乐器。
② 换音词是英语中变换一个词的字母顺序而构成的另一个词,属于一种字谜游戏。如这里提到的 dog,其换音词就是 God。沃尔特·雷利爵士让人猜 dog 的换音词,在基督教徒看来就是亵渎神灵。

么谎话了。

处决他的日期定于1618年的市长节(圣西门和圣犹大节之后的第二天①),那天会有盛大的庆典活动和精彩演出,会把大家吸引走,不让他们观看英格兰哺育的一代大豪侠的悲惨下场。他被悄悄地埋葬在威斯敏斯特圣玛格丽特教堂的主祭台下面……这一墓穴里(或其附近)埋着《大洋国》的作者詹姆斯·哈林顿先生。

伊莱亚斯·阿什莫尔先生对我说,沃尔特爵士的儿子卡鲁·雷利对他说,他有其父亲的颅骨,几年前挖墓时看到了父亲的颅骨和颈骨,发现颈骨折了过去,所以不可能是吊死的。

向约翰·埃洛伊斯爵士要颅骨,约翰爵士娶了卡鲁·雷利先生的女儿和继承人。

王家学会登记员、海关官员迈克尔·威克斯先生向我断言,从海关记录可以看出,整个英格兰的烟叶关税是每年四十万英镑。

沃尔特·雷利爵士②

在老宅院里搭起一个断头台,就在这个断头台上,在缓刑十四年之后,他的头被砍了下来,大量的血马上从血管里流了出来,这说明他虽然已经年过六十,但储存的元气足以让他再活很多年,如果不是刽子手夺去他性命的话。

---

① 10月29日。
② 摘自贝克《编年史》第441页。

这就是伟大的沃尔特·雷利爵士的下场,在女王伊丽莎白庇护下辉煌一时,仅次于弗朗西斯·德雷克爵士,那位西班牙人的大祸根和大仇人。他一生中有很多值得赞许之处,但最值得赞许的莫过于他在临死时不屈不挠,面对死亡而毫不畏惧,可以看出他肯定期待着来世更美好的生活。他根本不信奉无神论,那是有些人对他的诽谤。

下面是一首短诗,是沃尔特·雷利爵士为索尔兹伯里伯爵罗伯特·塞西尔写的,伯爵从巴斯返回伦敦时,死在马尔伯勒以西三四英里的一条沟里。1656年前后,该诗刊印在一部八开本的书里(也许是奥斯本先生的书):

> 这里埋葬的是牧羊人罗伯特,
> 他一季剪一次我们的羊毛,
> 他向潘神献祭品,以这种方式:
> 先献一件小物品,再把我们献上去。
> ············
> 尽管他有涂羊皮的焦油盒,
> 他还是死于疥疮。

这首诗我是从老爵士托马斯·马利特那里得到的。托马斯爵士是王座法院法官,认识沃尔特·雷利爵士,也记得这些诗。

沃尔特爵士是泽西岛(凯撒里亚)的典狱长。

论沃尔特·雷利爵士

这座坟墓里埋葬着
世界的奇才。
世人没有帮上他多大忙,
才华也保不住他的性命。
他在世时没有人喜爱他,
但死亡时所有人都为他悲伤。
他灵魂升上天堂,英名留在世间,
遗体埋在坟墓,耻辱留给斯蒂克利。

这一墓志铭我是从我尊贵的朋友和邻居托马斯·廷代尔先生的书信文稿里找到的。廷代尔先生卒于167×年,享年八十五岁。这位斯蒂克利是……(询问这位斯蒂克利是谁。)

伊莱亚斯·阿什莫尔先生说,迪戈里·惠尔在其《冬季演讲集》里给予沃尔特爵士以高度评价,认为他比所有历史学家都优秀。

他的书一开始销售得很慢,书商发牢骚,说要赔钱了。这让沃尔特爵士大为光火,说世人理解不了,第二部分他们就看不到了。他抓住书扔进火里,亲眼看着它烧毁。(这一信息来自他侄孙,也是我同学。)

在威斯敏斯特圣玛格丽特的登记簿里,沃尔特·雷利爵士的名字登记在10月份,是10月的最后一个人,但没有写明10月哪一天。他被斩首是在市长节那一天,埋葬在……

他被埋葬在你离开台阶顶部走向圣坛的地方,不是被埋葬在圣坛下面。(这一信息来自伊莱亚斯·阿什莫尔先生。)

沃尔特·雷利爵士的长子沃尔特由他第一任妻子所生,后死于美洲,你可以在他的《世界史》里看到。

这位艾德里安·吉尔伯特是个优秀药剂师,彭布罗克伯爵夫人玛丽的大红人,他和这位夫人住在一起,是她的助手。他是个很有才华的人,但又是英格兰最爱讲黄段子的人,也不管听他讲的人是男人还是女人,也不管人家是什么身份。我们国家一些好色的女人有他开的珍方。是他在威尔顿的罗林顿庭院周围建了那道漂亮的围墙。

伊莱亚斯·阿什莫尔先生说,他手里有约翰·迪或纳皮尔博士的一些书信文稿,他发现其中一人经常与艾德里安·吉尔伯特通信,问问他这件事。

我的表亲惠特尼和这位沃尔特·雷利在牛津时是同届同学。我现在忘记雷利是哪个学院的了,但我记得惠特尼对我说,沃尔特·雷利是个英俊、强壮、结实的人,很大胆,好冒犯人,拉丁语讲得很流利,一个著名的辩手和追踪比武者,从来也不会露出窘相或被人难住,打架很厉害。有一次追踪比武,他在盒子里放个粪团,然后抹到对手脸上。

我的老朋友詹姆斯·哈林顿先生(《大洋国》的作者)和本杰明·拉迪尔爵士很熟悉,本杰明爵士是沃尔特·雷利爵士的熟人。本杰明爵士对詹姆斯·哈林顿先生说,沃尔特·雷利爵士应邀到某位大人物家里去吃饭,儿子要和他一起去。沃尔特爵士对儿子说:"你今天要和我一起去吃饭,而你爱吵架、爱顶撞人……带着这样一个粗鲁的家伙去,我觉得丢人。"

沃尔特先生对父亲很谦恭,答应他会表现得规规矩矩。这样他们就一起去了,我记得本杰明爵士是和他们一起去的。吃饭时沃尔特先生坐在父亲旁边,至少有一半时间装得很规矩。然后他说:"今天上午,我没有敬畏上帝,而是受魔鬼唆使,去找了一个妓女。我很想得到她,就吻她、拥抱她,要占有她,而她一把把我推开,叫我不能这样,说'一个小时之前(或今天上午),你父亲刚跟我睡过'。"

沃尔特爵士大惊失色,在这么大一个场面上丢尽了脸,就照着儿子脸上狠狠地打了一拳。儿子虽然和老子一样粗鲁,但不会打老子,便打了坐在他旁边的一位绅士的脸,说:"挨个儿打,打一圈儿就打到我父亲了。"这句话现在成了大家的口头禅。

参见杰拉德·温斯坦利的《英格兰名人传》,其中有五六页和沃尔特·雷利爵士有关。

我听老少校科什说,沃尔特·雷利爵士不喜欢坐船过泰晤士河,他宁愿绕远路走伦敦桥。

关于这件事,参见诺斯船长,第18页。

参见药剂师科尼尔斯先生的沃尔特·雷利爵士原始审讯记录等,向约翰·埃罗伊斯爵士要雷利的颅骨,埃罗伊斯娶了雷利的儿子卡鲁·雷利的女儿和继承人。

埃德蒙·怀尔德先生有雷利的矿井和矿物试验手稿。约翰·埃罗伊斯爵士娶了沃尔特·雷利爵士的女儿和继承人,这位沃尔特·雷利爵士是萨里郡的卡鲁·雷利的儿子,卡鲁·雷利是我们的传主沃尔特·雷利爵士的次子。向约翰·埃罗伊斯爵士要沃尔特爵士的颅骨,将其送交牛津或王家学会。

> 这就是时间,它托管了
> 我们的青春、喜悦和我们的一切,
> 而还给我们的只是衰老和尘土。
> 在幽暗的坟墓里,
> 我们四处游荡,

在世间的故事停止了。

但我相信

上帝会让我从坟墓和尘土里复活。

这首诗沃尔特·雷利爵士写在了他的《圣经》里,他被斩首的前夜,并为亲属留下这句话:"把我的遗体要回来,我活着的时候是要不走的。把我埋在舍伯恩或埃克塞特教堂。"①

有人答应给我沃尔特·雷利爵士在伦敦塔的原始审讯记录,有大法官培根、乔治·阿博特(坎特伯雷大主教)和爱德华·科克爵士的亲笔签名,可插在本书中。

一位法律代理人的父亲(在我卖掉赫里福德庄园之前,此人在那里代理我的事务)娶了伯希尔博士的遗孀。她说,伯希尔是沃尔特·雷利爵士的亲信(我认为也是他的专职牧师),雷利写书时所有或绝大部分的苦活,如评论、排列事件的年月顺序、阅读希腊和希伯来作家的作品等,都是由他替沃尔特·雷利爵士做的,雷利的画像也归属伯希尔博士所有。

沃尔特·雷利爵士的孙子、卡鲁·雷利的儿子沃尔特·雷利被国王查理二世册封为骑士,和他同时受封的还有托马斯·奥弗伯里爵士。一些人希望他们比另一个沃尔特·雷利爵士和另一个托马斯·奥弗伯里爵士的命运更好一些。

---

① 奥布里最后在威斯敏斯特的圣玛格丽特教堂找到了他的坟墓。

托马斯·霍布斯
Thomas Hobbes
1588—1679

写作古代哲学家的传记,通常先要说明其家系。作者会告诉我们,在时间的进程中,几个名门世家,因是某某贤人的后裔而感到自豪。在这部马姆斯伯里哲学家的小传里,为什么对这种写法弃而不用呢?他只是平民出身,其声誉已经为他的名字和家族增光添彩了,并将继续增光添彩。以后他的家族可能会飞黄腾达、财源茂盛,而且以是这位名人的亲属而感到光荣。他以博学而闻名,无论是在国内还是国外。

我所写的这位托马斯·霍布斯,是马姆斯伯里附近查尔顿和韦斯特波特教区牧师托马斯·霍布斯先生的次子。老托马斯娶了布罗肯博拉(一个自由民家庭)家的米德莱顿,生有二男一女,是女王伊丽莎白时代一个识不了几个字的人,只能读教堂的祷辞和布道文,不喜欢学问(他儿子埃德蒙这样告诉我的),没尝过做学问的甜头。至于他父亲的无知和滑稽,就像是矿石里的好金属,需要筛拣和提炼。才子需要长期培养,需要吃很多苦,需要艺术和得体的谈话来使其完美。

奥布里的兄弟威廉在一封信里补充了以下内容:

　　老牧师霍布斯是个大好人,星期六整夜打牌,在教堂里睡梦中喊道:"特拉费尔斯是一套王牌(也就是梅花长套)。"于是执事就学着他的话说:"那就获胜了,谁有 A 谁就赢这一墩。"

他是个暴躁的人。一位牧师(我认为是接替他在韦斯特波特任职的)在教堂门口(故意地)找他的碴儿,霍布斯就打了他,然后被迫逃走,住到伦敦那边隐姓埋名,最终死在那里。那是大约八十年前。

威廉·霍布斯先生是这位哲学家的从兄。他破产了,剩下一千英镑,还欠了一千英镑的债。他在伦敦要和一个人掷骰子,赌一千英镑,结果赢了,还了债,后来生意兴隆……

老托马斯有个兄长名叫弗朗西斯,一个富人,担任过市里的高级市政官,职业是手套商(关于这一点,我是要说出来,还是要隐瞒住?霍布斯先生会承认的),是这里的一个大行业,以前更大。他没有儿女,就把很多钱给了侄子,甚至完全供养着侄子,当时侄子在牛津莫德林学院上学。他死时给了这个侄子一块草地叫加斯坦地,靠近马姆斯伯里的马市,每年收益十六到十八英镑。其余的地他给了另一个侄子埃德蒙。

埃德蒙差不多比弟弟托马斯大两岁,神态上有点像弟弟,不太高,但智力比弟弟低很多,不过也是个明白事理的乡下人。他和弟弟一起上学,可能会写作文、写诗,死的时候也懂点希腊语。埃德蒙只有一个儿子叫弗朗西斯,还有两个女儿嫁给了附近的乡下人。这位弗朗西斯很像他叔叔托马斯,尤其是眼睛,要是受过良好教育的话,很可能会有才华,但他把才华都淹没在啤酒里了。

韦斯特波特现在是个教区,没有西大门(已经拆掉了),以前这门坐落在联结马姆斯伯里和韦斯特波特的狭窄地带上。内战之前,这里有个很漂亮的教堂,包括一个中殿和两个耳堂,是献给圣玛丽的。还有个漂亮的尖塔,上面有五口声音悦耳的钟。镇子被威廉·沃勒爵士占领时(大约在1644年),这几口钟被铸成大炮,教堂也被夷为平地,这样敌人就不能藏在里面攻击要塞了。尖塔比现在矗立在镇里的那座高,为景物增色不少。窗户漆得很漂亮,上面有题词,很有古色古香的味道。这里现在又重建了一座教堂,像个马厩。

马姆斯伯里的哲学家托马斯·霍布斯出生在韦斯特波特他父亲的房子里,就是那座在尽头的房子,朝向马市,也就是你朝特德伯里走时左侧最远端的房子,这时教堂就在你右侧。为防止出错,免得以后拿不准是哪一座房子以这位名人的出生地而闻名,我于1659年4月专门来到这里证实,他哥哥埃德蒙和我一起走进这座房子,走进他出生的那间卧室。现在东西已开始废弃,我听说他哥哥埃德蒙可能就住在这所房子里,也可能死在了这里。但情况就是这样,就像我所说的这样。这房子是老托马斯(霍布斯的父亲)给他女儿的,我在那里的时候由他女儿或孙女所拥有。这是座坚固的房子,用石头建的,用瓦片覆盖,下面是一个房间(旁边是个食品贮藏室或类似的地方,在户内),上面是两间卧室。霍布斯是在最里面那一间呱呱坠地的。

他的生日是1588年4月5日上午,星期五,正是这一年的耶稣受难日。他母亲是在西班牙人入侵的惊恐之中生下他的。

四岁时,他到韦斯特波特教堂学校上学,直到八岁。那时他的阅读能力已很不错,能数到四位数。然后他到马姆斯伯里上学,跟着镇里的牧师埃文斯先生学习,然后又跟着罗伯特·拉蒂默先生学习。拉蒂默是个年轻人,大约十九或二十岁,刚从大学毕业,在韦斯特波特开办了一家私立学校,食宿的地方就在铁匠铺北面隔壁,正对着"三杯"(我记得是这样)。拉蒂默是个单身汉,喜欢学生陪伴,常常教霍布斯还有其他两三个有才气的小伙子,直到晚上九点为止。托马斯·霍布斯在这里学到很多知识,十四岁离校时已成为高才生,然后去了牛津莫德林学院。

不要忘记,他上大学之前,就把欧里庇得斯的《美狄亚》从希腊语译成了拉丁语诗体,抑扬格,把它献给了老师。霍布斯先生对我说,他宁可把这部译作留下来,看看他是如何成长的。二十多年前,我找遍了拉蒂默老先生所有的书信文稿,但还是找不到这部译作。烤炉(馅饼)将它吞掉了。

我听他哥哥埃德蒙和韦特先生(霍布斯的同学)说,托马斯小时候很贪玩,但仍然有一种忧思的神情。他会到一个角落,马上就把课程背会。这位拉蒂默先生是个很好的希腊语学者,也是宗教改革以来第一个来到我们这一带的希腊语学者,后来成为马姆斯伯里牧师,从这里晋升到薪俸更高的职位,每年收入一百英镑甚至更多,在这个百户邑的利·德拉米尔。

在牛津,托马斯·霍布斯先生通常一大早就起床,尤其是在夏季,用绳子系住铅币(当时在圣诞节时用于纸牌游戏),在绳子上抹上粘鸟胶,用奶酪皮引诱寒鸦。寒鸦远远地在空中看着(这个故事是他告诉我的,谈论光学时举这个例子,说明这么小的眼睛也会有如此敏锐的目光),远至奥斯尼修道院,然后向诱饵扑过来,这样就被绳子缠住了,铅币的重量会使绳子粘住寒鸦的翅膀。

他不太喜欢逻辑,但还是学了,自认为是个优秀辩手。他非常喜欢去装订铺子,躺在那里张着嘴看地图。

托马斯获得了文学学士学位,正要离开牛津时,当时的莫德林学院院长(詹姆斯·赫西爵士)把他推荐给一个年轻的贵族。这位贵族认为,要是有个和自己同龄的学生来服侍自己,会对自己的学业有好处,比跟着一个严肃的博士学更好。托马斯就成为这位贵族的侍从,和他一起骑马打猎,带鹰出猎,为他保管私房钱。过着这样一种生活,霍布斯几乎忘掉了拉丁语。所以他买了一些阿姆斯特丹刊印的书籍,装在口袋里(尤其是恺撒的《高卢战记》)。主人外出拜访的时候,他就在休息室或前厅里看书。

读修昔底德之前,他花了两年时间阅读传奇故事和戏剧。他经常感到后悔,说这两年时间白费了。可能他也错了,这样阅读可能会扩大词汇量。

大法官培根大人喜欢与霍布斯交谈(我认为这是在霍布斯第一个主人死后)。霍布斯协助培根大人把好几篇随笔译成拉丁文,我清楚地记得有一篇是《论城市之强大》①,其余的我忘记了。培根大人是个非常喜欢沉思的人,经常在戈勒姆伯里悠然散步时沉思,向托马斯·布谢尔先生或其他侍从口授。侍从手里拿着纸和墨水,随时准备记下他的想法。培根大人常说,他更喜欢让霍布斯先生记录他的想法,其他任何人都不行,霍布斯写的他能看懂,而其他人写的他看不懂。大人多次煞费苦心,试图弄懂他们所写的文字是什么意思。

需要记住的是,大约这一时期,托马斯·霍布斯先生迷上了音乐,练习演奏低音提琴。

1634年,这年夏天,我记得是在吃鹿肉的季节(7月或8月),托马斯·霍布斯先生回故乡看望朋友,其间到利·德拉米尔看望了他以前的老师罗伯特·拉蒂默先生。当时我就在这里的教会学校上学(我有一匹好马,经常骑,但这与此无关。也就是说,我不是个平民家的孩子,背上不背书包。但这话仅限于你知我知,不足为外人道),刚跟着拉蒂

---

① 奥布里记忆有误。参见前文培根传里的注释。

默学语法。就是在这里,我第一次有幸见到这位博学的名人,当时他很高兴地注意到了我,第二天看望了我的亲属。他当时很体面,兴致勃勃,穿着漂亮的衣服。当时他头发很黑。他在马姆斯伯里及其附近住了一个星期或更长时间。这是他最后一次在威尔特郡。

他四十岁时才学几何学,而且很偶然。在一个绅士的藏书室里,他看见欧几里得的《几何原本》打开着,是第一卷的第四十七个命题。他读了这个命题。"我对……发誓,"(他时常起誓,意在强调)他说,"这是不可能的。"然后他看了这一命题的证明,这一证明又引他去参考另一个证明,然后又引他去参考另一个,这个证明他也看了。这样一直看下去,最后他明确相信了其真实性。这使他喜欢上了几何。

我听乔纳斯·莫尔爵士(还有其他人)说,霍布斯先生没有更早地开始研究数学,真是非常可惜,因为他有那么好用的脑子,会极大地促进数学的发展。他要是早一点学数学,就不会那么容易遭到那些精通数学的对手的攻击了。但你可以说他,就像说斯卡利杰[①]那样,说他犯错误犯得是那么绝妙,你宁愿和他一起犯错,也不愿和克拉维乌斯[②]一起取得成功。[③]

我听霍布斯先生说,他常常在大腿上、床单上画线,也做乘除。他常常发牢骚,说代数(虽然用途很大)受到的赞赏太多了,学代数的人也太多了,这样人就不再周密思考,不再经常考虑直线的性质和力量,这对几何的发展极为不利。尽管代数能又快又好地解决直线问题,但对

[①] 斯卡利杰,文艺复兴时期人文主义者和古典学者,生于意大利,1525 年前往法国,翻译并注释了亚里士多德等人的著作。
[②] 克拉维乌斯,德意志数学家、天文学家,以出版《欧几里得几何原本》(1574 年)和建议教皇格列高利十三世改历(1582 年)而闻名。
[③] 作者在这里套用了西塞罗的名言:"宁可跟着柏拉图犯错,也不与那伙人一起正确。"

付立体几何却不行。

[备忘]霍布斯先生开始思索英格兰国王关注他与议会的关系问题以后,有十年时间他都不常考虑甚至近乎完全不考虑数学问题,而是把精力主要集中在他的《论国家》上,之后又集中在《利维坦》上,这就大大耽误了他数学水平的提高。请注意,一个人中断研究十年(或超过十年),(尤其是)数学就会荒废。

[备忘]霍布斯先生对我说,曼纳林主教(圣大卫教堂的)宣扬了他的学说,成为其被监禁在伦敦塔的原因之一。霍布斯先生就认为,现在该他想办法自保了。于是他躲到法兰西,住在巴黎。我记得还有其他人宣扬霍布斯先生的学说。这篇短文扩展为他的《论国家》,最终扩展为如此令人惊叹的《利维坦》。他写这本书的方式(他对我说的)如下。他边散步边思索,把笔和墨水瓶放在手杖顶端,口袋里一直装着笔记本,只要一个想法在脑子里一闪现,马上就记在笔记本里,否则就有可能忘掉。他把这本书设计成若干章,这样他就知道把这个想法放在哪个地方。这本书就是这样写成的。

在巴黎期间,他向戴维森博士学习了一门化学课程,还学了维萨里①的《解剖学》。我确信这是在1648年之前,因为威廉·佩蒂爵士(当时是佩蒂博士,医生)和他一起学习、一起解剖。

1650年或1651年,他回到英格兰,主要住在伦敦的脚镣巷,在这里写了或完成了《论物体》,先用拉丁语写,再用英语写。他还写了驳斥牛津两位萨维尔教授的教程。

他经常在伦敦,直到王朝复辟。这里不仅看书方便,而且还便于和

---

① 佛兰芒解剖学家,主要著作为《人体结构》七卷,用图解法第一次详细描述了人体解剖。

博学的人交谈,如约翰·塞尔登先生、威廉·哈维博士、约翰·沃恩等人。我听他说,他主人在乡下的家里有很多藏书,主人觉得哪本书合适,就把它买下来收藏。但他又说,无法与博学的人交谈(窃以为在乡下无法与博学的人交谈,长此以往,人的理解力,包括智力和创造力,就会退化)是一大麻烦事。他虽然认为可以像别人一样梳理自己的思绪,但还是觉得是个大缺陷。

在他的熟人中,我不能忘记我们共同的朋友塞缪尔·库珀先生,过去这个时代的绘画大师,所画的霍布斯像达到了艺术的极致,也是他所绘制的最好的作品之一。王朝复辟之后,国王将这幅画像买了下来,作为珍品保存在他怀特霍尔宫的密室里。

1659 年,还有之前几年,他的主人在小索尔兹伯里宫(现在改造成了中部交易所),他在这里写的作品中有一首拉丁文诗,六韵步和五音步,谈论神职人员(包括罗马天主教和新教)对民权的越权干预行为。我记得当时我看到五百多行诗(他写时每十行标出一个数字)。我记得他读过克吕弗的《通史》①,他的诗就是依据此书写的。

他思考的方式:他沉思的地方当时是在花园门廊里。他说,他有时会把思绪集中到探索和研究上,总是在一段时间内专注于一件事(也就是一个星期,有时是两个星期)。

据说(肯定确有其事)王朝复辟之后不久,议会里有一些主教提出一项动议,要把这位善良的老先生作为异端分子烧死。听到这一消息,他担心自己的书信文稿可能会受到搜查。他对我说,他已经烧掉了一部分。

---

① 克吕弗是德意志历史学家、地理学家。这里提到的《通史》(*Historia universalis*)应该是指他的《普通地理学导论》(*Introductio in Universam Geographiam*, *1624—1629*),此书对各国地理,特别是各国的风土人情、历史等均有描述。

1659年冬季,他是在德比郡度过的。第二年3月,我们仁慈的国王即将回归,4月回归的曙光就出现了。当时他在乡下,我给他写了一封信,告诉他国王即将到来的消息,希望他在国王驾到之前务必赶到伦敦。我知道国王很喜爱优秀的画作,我推测他必定会突然看到库珀先生精美的作品,库珀的大名国王在海外早有耳闻,也见过他的一些绘画。这样,国王会摆好姿态让库珀为他画像,此时此地霍布斯先生有天赐良机来重新得到国王的恩典。霍布斯先生回了信,对我的友好情谊表示感谢,到5月就来到了伦敦。

国王回来两三天之后,坐着马车从斯特兰德大街上走过时,霍布斯先生就站在小索尔兹伯里宫(他的主人当时住在这里)大门口。国王看到了他,很友好地向他脱帽致意,询问了他的近况。大约一个星期之后,他在库珀先生家里与国王进行了交谈。国王坐在那里让库珀先生为他画像,同时享受着霍布斯先生令人愉快的谈话。在这里,国王恢复了对他的好感,并下令他可以自由入宫见驾,国王总是喜爱他的才华和机敏的应答。

宫里的才子们常常侮弄他,但他谁也不怕,尽到了本分。国王喜欢叫他"熊"(太粗俗,不宜发表出来):"熊来让人逗弄了。"

妙语应答。他很乐于回答问题,应答脱口而出,而且没有恶意(除非受到挑衅)。但我现在谈谈他对风趣幽默的笑话所做的机敏应答。他常说,他不喜欢也不善于脱口回答一个严肃问题,他倒是愿意让人期待他即席解答一道算术题。他在哲学、政治等领域曲折探索,就像是做分析工作似的。他总是尽量避免匆忙下结论。

[备忘]从1660年直到最后去德比郡,他大部分时间都住在他主人伦敦的家里(也就是小索尔兹伯里宫,然后是王后大街,最后是纽波特宫),伴随着他的沉思和研究。他在上午思索和创作(用铅笔之类记下

思绪),在下午编辑。

1664年,我对他说:"窃以为你有这么清晰的判断力,有这么活跃的思维,却从未考虑过学习法律,令人遗憾。"我试图说服他学法律。而他回答说,他来日无多,不大可能完成这一艰巨任务了,这需要长期坚持才能完成。我就拿给他一本大法官培根的《法律原理》(薄薄的四开本),以此来诱导他。他很高兴地接受了,并认真地阅读了。下一次我去看他时,他让我看了第2页上出现的明显错误的论点(我记得很清楚,有一个是在第2页上),非常遗憾,这些论点我已经想不起来了。

让我失望的是,他没有朝这一目标努力,他有他的道理。但后来在乡下,他好像写了一篇论文《论法律》(没有刊印)。民事诉讼法院首席法官约翰·沃恩爵士有一个抄本,我证实他非常赞赏这篇文章。

1665年,这一年,霍布斯先生对我说,他愿意为其出生地做点好事。国王很喜爱他,如果我能在我们的家乡(威尔特郡)找到某样在国王授予权之内的东西,他相信他能从国王那里得到它。他被培养成了学者,他认为在这里捐赠一所免费学校再合适不过了,这里还没有学校(宗教改革之前,所有修道院都有附属于自己的规模很大的学校,如莫德林学校和新学院学校)。经过询问,我在布雷登森林(每年收益约有二十五英镑)里找到一片地方,这里在国王的授予权之内。他希望能得到国王恩准,用这片地为一位教师发放工资。但王后[①]的几个神父探听到了这一消息,这些人都是霍布斯先生的死对头,就阻止了这一公共慈善计划。

1675年,他离开了伦敦,再也不想回来了,在德比郡度过余生,在查

---

① 卡塔里娜,葡萄牙国王的女儿,信奉天主教。

特索思和哈德威克与德文郡伯爵一起沉思和研究。

然后就是他的生病、死亡、葬礼、埋葬地、墓志铭。了解详情。

1679年1月16日詹姆斯·惠尔登致约翰·奥布里的一封信:

去年10月中旬,他病倒了。他患的病是痛性尿淋漓,由于他的高龄和自然衰竭,医生判断已无药可治。11月20日前后,伯爵大人要从查特索思搬到哈德威克,霍布斯先生不愿被抛下,就把一个羽绒褥垫铺到马车上。他躺在上面,盖得暖暖和和的,被安全地拉走了。走过不远的一段路之后,气色和原来一样。

但七八天以后,他整个右半身完全瘫痪,也不会说话了。他这样熬过了七天,几乎没有吸收营养,睡眠不错,每隔一会儿想说话,但说不出来。他在整个生病期间并不发烧。所以,他似乎是死于缺乏维持生命的养料(体内的养料耗尽了),还有虚弱和衰竭,并非死于疾病。据认为,他的病只是由于高龄和虚弱造成的。

……他被放进一块羊毛裹尸布和棺材里,上面覆盖一块白布,白布上面再罩一块黑布,由几个人抬起来,走一英里到教堂。他的家人、邻居等来参加了葬礼,陪着他来到墓地。一行人受到很好的款待,有葡萄酒、烤过的未烤的饼、饼干……

面色。他年轻时不健康,面有病色(有点黄)。

他的主人爱挥霍,派他到处借钱,去招收侍从,大人自己不好意思说。他受了凉,双脚都湿了(当时街上没有停着的出租马车),踩得两只鞋都朝一边歪。但他还是深受喜爱,他们喜欢与他为伴,他的诙谐令人愉快,心肠好。从四十来岁起,他的健康状况好一些,面色红润起来。

他是多血质-抑郁质型的。[①] 据生理学家说,这是最有聪明才智的面色。他常说:"各种面色都可能显示出有才华,但不可能显示出好心肠。"

头。他老了以后秃了顶(这值得尊敬),但在室内他学习、坐着时常常光着头,说他从来不因为头而感冒,但最大的麻烦是如何不让苍蝇落到秃头上。

皮肤。他皮肤柔软,属于培根大人在《生死录》里所说的那种"鹅皮",也就是质地松:

> 皮肤松,脑袋宽,智力高。

脸。不很大,前额宽,胡须黄里透红,自然往上卷,这是才思敏捷的标志。下面的胡子刮得很干净,除了嘴唇下面一点。虽然上天赐予他一把令人崇敬的胡子,但由于天生有令人愉快的性格,他一点也不故作深沉或严肃,并不希望自己拥有聪明才智的名声来自胡子的修剪,而是希望来自理性:

> 胡子造就不出哲学家。"他不过是一缕髯、两撇八字胡而已,要毁掉他,只需要用剪子剪三下就行了。"(巴尔扎克:《书信集》)[②]

眼睛。他有一双漂亮的眼睛,淡褐色,充满精气神,直到生命最后一刻也是如此。他认真谈话时,眼睛里就像燃烧着的煤炭一样炯炯放

---

① 依据中世纪的生理学理论,人的体液分为血液、黏液、黄胆汁、黑胆汁四种,不同的体液决定不同的性格。
② 这位巴尔扎克当指让-路易·巴尔扎克(Jean-Louis Guez de Balzac, 1597—1654),法兰西著名作家,法兰西学院早期成员之一。

光。他有两种神情:他笑时,说话风趣时,心情愉快时,两只眼睛简直消失不见了;他渐渐严肃起来时,有把握时,两只眼睛便瞪得滚圆。他眼睛中等,不太大,也不太小。

身材。他身高六英尺多,走路时适度挺直身板。更确切地说,考虑到他的高龄,已经挺得够直了。

视力、智力。他的视力和智力一直保持到最后一刻。他视力极为敏锐,才思也同样敏锐。他智力可靠、稳定(与人们所说的无拘无束相反)。我常听他说,在做乘除时,他从未错过一个数,做其他事情时也是这样。他勤于思考,方法正确,始终如一,这使他极少出错。

他虽然14岁就离开了家乡,而且高寿,但有时仍然可以听出他说话稍微带一点乡音。王座法院一位老法官托马斯·马利特爵士认识沃尔特·雷利爵士。他说,雷利尽管走南闯北、交游甚广、学识渊博,但至死都说浓重的德文郡方言。

藏书。他藏书很少。我在他房间里从来没见过(威廉·佩蒂爵士也是这样)六本以上的书。荷马和维吉尔通常都放在桌子上,有时候还有色诺芬,或某种史书,希腊文版《新约全书》等。

阅读。他读书很多,如果考虑到他的高寿。但他沉思要远多于阅读。他常说,他要是读书读得和别人一样多,他知道的也就不比别人多了。

药。他很少吃药。吃什么药我忘记了,但可以询问他的药剂师谢尔布鲁克先生,此人住在斯特兰德大街上的"黑飞鹰"。他常说,他宁可听从一个有经验、服侍过很多病人的老妇人的忠告,吃她让吃的药,也不听从一个博学但没有经验的医生的忠告,不吃他开的药。

饮酒和饮食。他甚至在年轻时就(通常)有节制,包括酒色两个方面。我听他说,他确实相信自己一生中酗酒一百次。考虑到他的高龄,还达不到一年超过一次的程度。他喝酒时,喝多了会吐出来,这对他来说很容易。凭借吐酒的帮助,他的脑子和胃都没有受到伤害(吐出来之后)。但他从来都不是个喝酒成性的人,也不能容忍成为这样的人,也就是每天都和人一起喝酒的人,这样即便不喝醉,也会损害大脑。

他在最后三十多年里,在饮食等方面都很有节制、很有规律。六十岁以后,他不再喝酒,胃功能减弱了,但多数鱼他都吃,尤其是牙鳕,他说他消化鱼比消化肉强。他大约七点起床,早餐吃涂黄油的面包,散步,沉思到十点,然后把思考的细节都记下来。

他有一张一英寸厚、约十六英寸见方的桌子,上面贴着纸。他在这张桌子上画线(图表)。他脑子里想出一条线时,就会在散步时匆匆记在一张备忘便条上,保存在脑子里,直到走回房间。他从不闲着,大脑总是在工作。

他的午饭准时在十一点端上来,这时他等不到主人吃饭的时间了,也就是十四点左右,他的胃受不了。

午饭后他抽一袋烟,然后立即上床,脱掉领圈就睡(小睡半个小时左右)。

下午,他把上午的想法写下来。

锻炼。除每天散步之外,他每年打两三次网球(约七十五岁时还打),然后在那里上床按摩([备忘]那时还没有土耳其浴。大约他去世时,纽盖特大街上建了一个土耳其浴室)。他相信这样能让他多活两三年。

乡下没有网球场,他就在庭园里上山、下山,直到大汗淋漓,然后给仆人一些钱让他按摩。

审慎。他每年都把自己在莱斯特的津贴送给誊写员詹姆斯·惠尔登(德文郡伯爵的面包师,写一手清秀的字),让他服侍自己、照料自己。

托马斯·霍布斯

惠尔登一直勤勤恳恳地照料他,直到他去世,对他十分尊重。考虑到这一点,霍布斯先生让他做遗嘱执行人。

服装。天冷时,他通常穿一件黑丝绒大衣,里子是毛皮的,要不然就穿其他大衣,也是毛皮里子。但一年到头他都穿一种西班牙皮革做的高靴,用黑带子系在两侧。

唱歌。他桌子上总是放着歌本,如 H. 劳斯的。夜里,他躺在床上,把门关紧,确信没有人听,就大声唱起来(不是因为他有一副好嗓子,而是为了健康的缘故)。他相信这对肺有好处,对延年益寿大为有利。

颤抖。他有双手颤抖的毛病,1650 年以前在法兰西时开始。从那以后逐渐加重,1665 年或 1666 年以后,他写的字就难以辨认了,我是从他写给我的信里发现的。

善举。他对其亲属兄长般的爱已经说过了。他根据财力,对那些真正需要他慷慨解囊的人大力相助。我记得有一次,他走在斯特兰德大街上,一个年老体弱的穷人希望得到他的施舍。霍布斯先生用怜悯同情的目光看着他,把手放进口袋里,拿出来六便士给了他。站在旁边的一个牧师(贾斯珀·梅恩博士)问道:

"你这样做是遵照基督的命令吗?"

"是的,"他回答说。

"为什么?"对方问。

他答道:"因为看到老人的惨状我很痛苦。我施舍解了他的燃眉之急,我的痛苦就减轻了。"

他心肠好,愿意教导任何想洗耳恭听的人,对此我是见证人,见证者既有我本人,也有旁人。

诽谤与妒忌。他的工作伴随着妒忌,他几次遭到诽谤和造谣中伤。比如说,一种情况(常见的)是在夜里,他害怕一个人睡在卧室里(我经常听他说,他不是害怕鬼魂,而是害怕有人为了五英镑或十英镑而砸他的头,一些无赖会以为他卧室里有钱)。其他一些说法是假的。

我听有人不容置疑地说,霍布斯先生每年从法兰西国王那里领一笔津贴,可能是由于他维护了像法兰西国王这样履行职责的君主政体,至于其他原因我就不知道了,除非是因为法兰西现任国王据说资助各行各业中的优秀人才,这些人能为他增光添彩。这种事我从未听霍布斯先生提到过。而且他去世以后,我曾问过德比郡他最亲密的一些朋友,他们回信说从未听说过这种事。如果真有此事,他和那些朋友都不应该感到不好意思。一个如此伟大的君主这样做,与其慷慨大度非常般配。

无神论。有人把不信神的污名扣到他身上,他的作品和他圣洁的生活证明并非如此。他显然是个基督徒,他从皮尔森博士那里领了圣餐,临终前(他觉得自己不行了)向约翰·卡津斯博士忏悔时宣布,他最喜爱的宗教是圣公会。

他喜欢在敬拜上帝时有音乐伴奏(他对我说的)。

依照惯例,博学者的传记中都记录有传主的格言。如果清楚而又风趣地说出来的实话(不常见)也算格言的话,他平常谈话中就充满格言,而且这些话大部分都很尖锐,意味深长。

他说,要是没有断头台,有些生性残忍的人就会以杀人为乐,比我杀一只鸟还要痛快。我曾听见他痛骂摩西残忍,让数千人因为敬拜金牛犊而惨遭杀害[1]。

我听他说,亚里士多德是历史上最糟糕的教师,也是最糟糕的政治学家和伦理学家,能活在世上的一个乡下人都不会比他差,但他的修辞

---

[1] 参见《旧约·出埃及记》32。

学和对动物的论述则很精彩。

托马斯·霍布斯先生在法兰西生病时,一些神职人员来看他、戏弄他(有罗马天主教的,有圣公会的,也有加尔文派的)。他对这些人说:"别打扰我,要不然我就查明你们所有的欺骗行为,从亚伦[①]一直查到你们这帮人!"我觉得我听见他说的话大意如此。

他去世之前不久写了一首情诗,插在这里。

一

年届耄耋尽显朽迈,
爱神面前不受青睐。
历尽寒冬令我僵冷,
从头到脚全都变呆。

二

我也能爱也有情人,
花容玉貌头脑聪敏。
然而她却毫不高傲,
做事从来不伤我心。

三

将她暴露太过无礼,
知其特点任你寻觅。

[①] 摩西之兄,用老百姓的金饰品做成金牛犊引诱他们敬拜,最终招致数千人被杀。参见《旧约·出埃及记》32。

> 只要不怕老朽蠢笨,
> 既爱花容又爱岐嶷。

除了前面已经提到的,他博学的好友和熟人我记得他谈到的还有:

本杰明·琼森先生,桂冠诗人,是他喜爱的好朋友和熟人。

罗伯特·艾托恩爵士,苏格兰人,优秀诗人、评论家和学者,与霍布斯的女主人(布鲁斯)是近亲。霍布斯先生希望本·琼森和这位绅士评判一下他翻译的修昔底德的风格。

福兰克勋爵卢修斯·卡里,及其好友和赞赏者威廉·佩蒂爵士。在霍布斯先生的朋友中,我听他提到过这两个人,但布莱克本博士在其《霍布斯传》里没有提到这两人,我感到吃惊。我问布莱克本博士为什么这样做。他回答说,因为这两个人不为外国人所知。霍布斯先生在巴黎开始与威廉·佩蒂爵士结识,那是1648年或1649年,当时霍布斯先生研究维萨里的《解剖学》,威廉爵士和他在一起。后来威廉爵士还帮助霍布斯先生,为其光学著作画图表,威廉爵士画一手好画,他绘制的图样霍布斯先生大为赞赏。威廉爵士在这方面的特长,使他们更快地与我们共同的朋友塞缪尔·库珀先生熟悉起来。

霍布斯先生在佛罗伦萨时,与著名的伽利略·伽利雷建立了友谊。霍布斯先生极为尊重和推崇他,不仅是因为伽利略是个奇才,还因为他的性格和举止温文尔雅。他们二人很相像,长相相似,这从他们的画像上可以看出来。二人都是乐呵呵的,属于多血质-抑郁质型,有相同的命运,都受到神职人员的憎恨和迫害。

他和笛卡尔相识,也相互尊重。他常说,他要是致力于几何学,就成为世界上最优秀的几何学家了。但要是那样的话,他的脑子就不能应付哲学了。

他的《利维坦》出版后，他让书商（安德鲁·克鲁克）的仆人给加尔默罗宫的约翰·塞尔登先生送去一本精装的。塞尔登先生对送书的仆人说，他并不认识霍布斯先生，但久闻其大名，很愿意和霍布斯先生结识。于是霍布斯先生就去拜访他，从此以后二人保持着亲密的友谊，直到塞尔登先生去世。塞尔登在遗嘱里留给霍布斯先生十英镑的遗产。

乔纳斯·莫尔爵士，数学家，国王的军用器材监督员，对霍布斯先生极为敬重，常常感到痛惜，觉得霍布斯先生学习数学太晚了。

贝康斯菲尔德的埃德蒙·沃勒先生："霍布斯先生最值得称道的地方，就是他身为一介平民，却推翻了教会的堡垒，让阳光透了进来。"

罗伯特·史蒂文斯，高级律师，常这样说霍布斯先生："从来没有一个人像他那样如此经常、如此深刻、如此严肃地考虑人性问题。"

［备忘］在他健在的乡党中，谁都没有我认识他的时间长（自1634年开始）。在他的朋友中，谁都没有我对他了解得多。

这些都是他有才华的博学的朋友。他肯定还有更多朋友我不认识，或忘记了。他也同样有很多仇人（尽管他不应该有仇人，因为他从不挑衅。但如果受到挑衅，他也会很尖酸刻薄）。身为预言家，他在祖国没有受到尊重，但外国人比他的同胞更尊重他。

他主要的对手有：

塞思·沃德，神学博士，索尔兹伯里现任主教，在其《为大学辩护》中匿名攻击霍布斯先生，尽管以前二人曾经争辩过，对此霍布斯先生感到遗憾。不过霍布斯先生非常尊重他的长处、学识和善良。

约翰·沃利斯，神学博士，大数学家，以其艰苦努力为学术界做出过贡献，是霍布斯先生在数学上的大敌。如前所述，霍布斯先生开始涉足数学太晚，令人惋惜，否则他是不会这么容易遭到攻击的。

最后,他极为尊重王家学会,说"自然哲学从两所大学①转移到了格雷沙姆学院",指的就是在格雷沙姆学院聚会的王家学会。王家学会也极为尊重他(通常如此)。要不是一两个人(沃利斯博士[保护他们二人的神灵肯定势不两立]和博伊尔先生,我还可以再加上保罗·尼尔爵士,此人看谁都不顺眼)从中作梗,他把这二人看作他的仇人,他早就被认定为王家学会会员了。格雷沙姆学院王家学会的会议室里有他的画像,1663年一位高手的写真作品。会员们十分珍视这幅画,已经有了好几个摹本。

问问亨利·伯奇特先生,有关斯卡吉尔宣布放弃信仰的书信,约翰·伯肯黑德爵士是不会许可的。问问伯纳德博士他的出生时辰。参见我收藏的算命天宫图。他自己亲口说的更准确,也就是早晨五点二分。

---

① 英格兰当时只有牛津、剑桥两所大学。

约翰·汤贝斯
John Tombes
1602—1676

神学士,出生于伍斯特郡的比尤德利,父亲是……(1618)年,他被牛津莫德林学院录取。……年,他为学生讲课,是约翰·威尔金斯的导师,威尔金斯后来成为切斯特主教。他是希腊语大师,希伯来语他也很熟练。我忘记了他是不是博学的彭布尔先生的学生,但很受彭布尔先生青睐。

他总是随身带着一小本希腊文版《新约全书》,几乎能背下来。他是个令人钦佩的辩手。我记得他经常说,要成为一名优秀辩手,就要成为优秀语法学家,也要成为逻辑学家。他很快就以其探索精神和洞察力而引人注目。

他在牛津东面某个地方布道,后面有一群人跟着他。有人预料他会给圣公会造成很大伤害,想一想……说的,最有才华的人已经给圣公会造成最大的伤害了,他们提出了一些新观点。……年,他是赫里福德郡的一个集镇莱姆斯特的牧师,很受该教区信徒的爱戴。赫里福德现任主教的长兄……克罗夫茨爵士在莱姆斯特建了一座房子,住在那里听他布道。

……年,他写了……八开本,题献给了斯莱戈子爵和德罗莫尔男爵约翰·斯丘达莫尔。1645年或1646年,他成为伦敦圣殿教堂牧师。1647年,他被约翰逊牧师取而代之。

然后他回到故乡比尤德利(一个集镇),当时巴克斯特先生(他的对手)在另一个集镇基德明斯特(相距二英里远)布道。二人在布道时相互攻击对方的教义,也刊发文章相互攻击。汤贝斯先生是再洗礼派的领袖,二人都有大批听众,人们步行好几英里,去听各自的牧师布道。有一次(我记得不止一次),他们面对面地辩论,其追随者像是两支大军,每一派都有大约一千五百人。最后他们竟然扭打起来,造成了伤害,民事治安官费了很大周折,才让事态平息下来。

大约在1664年,汤贝斯先生来牛津参加学位授予典礼(询问),在这里参加晚祷礼拜时,他向在场所有的人发出邀请,希望大家挑战他信奉的再洗礼派教义,但没有一个人想和他辩论。他这样向整个牛津大学发出挑战,看上去好像过于大胆,但实际上并不奇怪,因为他来时做好了充分准备,经过了三十年的研究和思考,所以大多数人都感到吃惊。

他和林肯主教大人桑德森博士相互尊重,和巴洛博士(林肯现任主教)也相互尊重。抛开他的再洗礼派立场不说,他和圣公会还是蛮合得来的。

大约在1658年或1659年,他娶了索尔兹伯里的达夫的遗孀,常去听公祷文,领受圣礼,有时拜访沃德主教,沃德敬重他的学识。主教桑德森死后,他被认为是最杰出的神职人员之一。

我记得他从来不说或很少说"我们的救主基督",而是说"我主基督"。他像是一个非常虔诚、非常狂热的基督徒。我听他说(尽管他反对罗马天主教),就他个人来说,如果他看到一个贫穷、狂热的托钵修士来布道,就会向这个修士表示敬意。

他是个小个子,四肢匀称,一双锐利的小眼睛,深灰色。1676年,他死于索尔兹伯里(5月22日),埋葬在圣艾德蒙教堂墓地(25日),在尖塔对面,有一段距离,在北侧。他女儿比他早死七年,坟墓上有墓碑,也有碑文。他埋在这里,同一块墓碑上后来刻上了约翰·汤贝斯先生的碑文,写得很中肯。

威廉·赫伯特
彭布罗克第一任伯爵
William Herbert
1506/7—1570

  彭布罗克第一任伯爵。出生于(我记得是听我表亲惠特尼说的)蒙默思郡的……蒙默思郡科尔布鲁克的赫伯特就是这一家族的。

  他是(我猜测)兄弟之中的弟弟,一个疯狂的、爱打架的年轻人。他肯定是武斯特家的仆人,身着这一家的蓝制服,戴着这一家的徽章。他去伦敦的时候,我表亲惠特尼的姑奶给了他一枚天使金币(价值六先令八便士)。有一次,他在布里斯托尔被捕,杀死了该市的一位治安官。他从后街逃走了,通过大门进入沼泽地,然后去了法兰西。

  [备忘]他杀了治安官以后,城市当局下令砌道墙将大门堵住,只留一个小门,用栅栏挡住,只许行人通过。这种状况一直延续到布里斯托尔成为国王要塞,1644 年或 1645 年大门又开了。我小时候和奶奶一起住在这里,奶奶嫁给了高级市政官约翰·惠特森(此人是我的教父)(自宗教改革以来,惠特森是该市最大的捐助人,每年给市里拿出来至少五百英镑,赡养慈善学校的男女学生。他死于 1629 年前后。参见登记簿),所以这件事我仍然记忆犹新,就像发生在昨天一样。他被称为"黑

威廉·赫伯特"。

他在法兰西参了军,显示出勇敢和机智,很快就崭露头角,受到国王……的青睐,后来国王把他推荐给英格兰国王亨利八世。国王亨利非常器重他,给了他一个又一个的好处和荣誉。解散修道院[①]时,国王把威尔顿修道院给了他,附近隶属于修道院的土地和庄园也一并给了他。国王还把威尔特郡的雷梅斯伯里修道院和隶属于它的大片土地给了他。格拉摩根郡的加的夫城堡,还有隶属于城堡的古老的王室土地,国王也都给了他。几乎整个郡都是这座城堡所拥有的土地的佃户。城堡是由诺曼人罗伯特·菲茨阿蒙德爵士建造的,这个诺曼人埋葬在图克斯伯里修道院,还有一座墓碑,他还建造了格洛斯特修道院,后来这些到了贝德福德公爵贾斯珀手里,这样就归了国王。

我看过格拉摩根郡兰特里锡德的约翰·奥布里爵士的几篇作品,其开头是:"我,贾斯帕,是国王、贝德福德公爵、彭布罗克伯爵、格拉摩根和摩根诺格领主的兄弟和叔叔,向所有看到本文的人致意。"

他娶了安妮·帕尔,王后凯瑟琳·帕尔的妹妹、(我记得是)北安普敦侯爵托马斯·帕尔的女儿与共同继承人,二人生有两个儿子,即彭布罗克伯爵亨利和鲍伊斯勋爵的祖先……

他被任命为枢密院成员和国王亨利八世的遗嘱保管人。他既不会写,也不会读,但有一枚印章刻有他的名字。他很有天赋,但很暴躁,身材壮实,但瘦削,肤色微红,眼睛敏锐,神情冷酷。

女王玛丽统治时期,天主教卷土重来,修女们又回到威尔顿修道院。这位彭布罗克伯爵威廉来到大门口(由大街朝向王宫,现在用墙堵

[①] 亨利八世因离婚一事与罗马教皇决裂,因修道院隶属于罗马,便下令解散英格兰的修道院,以发泄对罗马的不满,同时也可以趁机掠夺修道院的财产。

住了),手拿着帽子跪在女院长(最后一位女院长是诺林顿的高恩,那里属于乔克,其家族已有四百年,1665年前后卖给了法官沃德姆·温德姆)和众修女面前,大声说道:"我违反了教规。"

女王玛丽一晏驾,伯爵就来到威尔顿(像一只老虎一样),把修女们赶了出去,喊道:"滚,你们这些婊子,去干活儿,去干活儿,婊子,去纺线。"

他在我们这个地方是个陌生人,一个暴发户,很遭人妒忌。

那个时候(剑和盾的时代),贵族们(还有大骑士,如朗家)去索尔兹伯里的巡回审判庭或治安法庭时,后面会跟着一大批扈从,大户邻居之间会有世仇(当时你会听说),也就是争吵和敌意。尤其是这位新伯爵,当时遭到斯特顿勋爵的妒忌。斯特顿勋爵去索尔兹伯里时,或从索尔兹伯里返回时(路上要经过威尔顿),就会吹起喇叭,说一些刺耳的话。这是骑士精神的遗风。

据我舅公、布罗德-乔克的布朗家提供的信息,女王伊丽莎白统治时期,有一位主教以前担任过伯爵的专职牧师(我忘记是谁了),被女王和枢密院派来询问伯爵的信仰问题①。主教拿出笔和墨水,一边问一边写。写了好大一阵子之后,伯爵说:"让我看看。"

主教回答说:"看什么看?您不能看。"

"反正都一样,我要看。"说着,伯爵把纸抓过来撕成碎片。

"哼,你这个无赖,"他说,"你以为我会让人用削笔刀②杀死吗?"

他们似乎是想挑他的毛病,然后没收他的财产。据说他让人给他放血,血流得太多,结果要了命。他临死时大概说了:"他们想要威尔顿,他们想要威尔顿。"然后就咽了气。

---

① 女王伊丽莎白即位后断绝了与罗马的关系,并逐步清除官员中的罗马天主教徒。如果一位官员经询问是天主教徒,就会被革职。
② 当时用的笔是鹅毛管做的,用一段时间后,要用刀削一削才能继续用。

彭布罗克现任伯爵（1680年）在威尔顿有五十二条獒和三十条灰狗，还有一些熊，一头狮子，大约有六十个人，比这些野兽还要凶残。

［备忘］这位威廉（家族创始人）有一只小杂种狗，狗喜欢伯爵，伯爵也喜欢狗。伯爵死的时候，这条狗不愿离开主人的遗体，因悲伤过度而死在灵柩下面。这条狗的画像在伯爵画像下面，存放在威尔顿画廊里。

这让我想起了一个类似的故事，发生在阿皮安（叙利亚战争）。吕西马古被杀以后，喜爱他的一条狗在他遗体旁待了很长时间，不让鸟和野兽靠近他，直到法萨利亚国王索拉克斯发现了遗体并把他埋葬。我认为普林尼也有个这样的故事。

他被埋葬在伦敦圣保罗的……有一通宏伟的墓碑，上面有威廉·达格代尔爵士撰写的墓志铭。

玛丽·锡德尼
Mary Sidney
1561—1621

彭布罗克伯爵夫人,菲利普·锡德尼爵士的妹妹,嫁给了前面提到的彭布罗克伯爵威廉的长子亨利。但这位老伯爵老谋深算,预见到他那漂亮、有才气的儿媳会让他儿子戴绿帽子,就把这一想法告诉了儿子,让儿子把她留在乡下,不让她常到宫里去。

她是个美女,才华横溢,接受了那个时代所能提供的最好的教育。她有一张轮廓分明的椭圆形脸,头发黄里透红。

她很放荡。每年春天,公马要与母马交配的时候,她就想出个馊主意:让人把公马和母马带到她房前一处地方,她可以从一个小孔里窥视,从这里悠然自得地观看马交配,然后就与她自己的"种马"玩同样的游戏。她的姘夫中,有一个是驼背的索尔兹伯里伯爵塞西尔。

她那个时候,威尔顿宫就像个学院,里面有很多学识渊博、富有才华的人。她是当时妇女中最大的学术资助者,一个大化学家,每年都花很多钱来从事化学研究。伯爵夫人在这座宫里有一个助手叫艾德里安·吉尔伯特(通称"吉尔伯特博士"),他是沃尔特·雷利爵士的同母异父兄弟,当时的一个大化学家。是他在威尔顿的罗林顿庭院周围建了那道漂亮的围墙,这个庭院就邻近威尔顿宫。

亨利·桑福德先生是伯爵的秘书,一个优秀学者和诗人,参与撰写了《阿卡迪亚》并题献给了伯爵夫人。他在前面写有序言,有两个字母代表他的名字。邦德的《贺拉斯》前面也有他写的诗。伯爵夫人也给莫费特博士一笔荣誉年金,此人写有《论昆虫》一书。还有一位波斯顿先生,一位优秀的炼金术士,出生于索尔兹伯里,由于研究点金石而把自己毁了。她想留用此人,但他想把所有金子都据为己有,结果死在了狱中(我认为)。

威尔顿有很多藏书,克里斯托弗·韦斯先生对这些藏书的讲述无人能及,这些书都是在这位博学的伯爵夫人在世时收藏的。有一部写得很典雅的书稿,也就是大卫的所有《诗篇》,由菲利普·锡德尼爵士翻译,用深红色丝绒封面包裹着,很精美。还有一部玛丽安夫人写的有关狩猎和带鹰出猎的书稿,英语诗体,写于国王亨利八世时代(向克里斯托弗·韦斯先生了解更多详情)。① 还有威尔顿的分户账本,有一页是撒克逊语,其余都是拉丁语,达格代尔先生读过。

威尔顿这座别墅及其附近的乡村非常漂亮,是个世外桃源和人间天堂。菲利普·锡德尼爵士常在这里,他和漂亮的妹妹情深意厚。我听两个老绅士(德雷科特的沃尔特·朗爵士和廷代尔先生)说,他们两人同床共枕,据说彭布罗克伯爵菲利普一世就是他生的,但这位伯爵没有继承两兄妹中任何一方的才智。

伯爵死后,伯爵夫人嫁给了(杰克·马卡姆说没有结婚)伦敦医生学院的一位骑士马修·利斯特爵士(死于1644年或1645年),据说是位博学、漂亮的绅士。她在贝德福德郡建了一座漂亮的房子叫霍顿小屋,位于安普特希尔附近,建筑师是从意大利请来的。房子是依照《阿

---

① 作者实际上是朱莉安娜·伯纳斯,写作时间是1486年。

卡迪亚》第一卷里所描述的巴西留斯的房子而建的(《阿卡迪亚》就是题献给她的)。房子坐落的位置最为宜人,可以看到四个方向的景色,每个方向都能看二十五或三十英里远。这所房子卖给了埃尔金伯爵,卖了……英镑,建房子就花费了一万英镑。

我记得她埋葬在索尔兹伯里教堂高坛上的墓穴里,在她第一任丈夫彭布罗克伯爵亨利旁边。但没有为她立墓碑,除了一些三角矛旗和盾徽之外,没有任何纪念物。

彭布罗克伯爵夫人玛丽的墓志铭(在某地刊印),作者是威廉·布朗,他写有田园诗。彭布罗克伯爵威廉将他晋升为卡那封第一任伯爵的私人教师,其价值为五六千英镑,也就是他每年买三百英镑的土地。这一信息来自杰克·马卡姆。

> 这座阴暗的坟墓里,
> 埋葬着所有诗歌描写的对象:
> 锡德尼的妹妹、彭布罗克的母亲。
> 死神!你要是再夺去一位像她这样
> 美丽、善良而又博学者的性命,
> 时间老人会向你发去飞镖。

言归正传,接着说杰出的彭布罗克伯爵夫人玛丽,她哥哥的《阿卡迪亚》已使她万世流芳。但《阿卡迪亚》中很多或大多数诗都是她写的,一看就像是女人写的。令人非常遗憾的是,菲利普爵士没有活到《阿卡迪亚》最后定稿那一天。他在英格兰时,在这里住了很长时间,如果不是大部分时间的话。他还住在索尔兹伯里附近的艾维丘奇,当时也是属于这一家族所有。我不能想象爱德华·斯宾塞先生在这里是个陌生人。

她的才华既表现在化学方面,也表现在诗歌方面。博学的莫费特博士,也就是《论昆虫》的作者,在这里领津贴。杰拉德·兰贝恩整理出一份英国戏剧目录,其中有"彭布罗克夫人,安东尼厄斯,四开本"。

当时威尔顿住着一位索尔兹伯里人波斯顿先生(他父亲是这里的酿酒匠),是个大炼金术士,治愈过大病。彭布罗克伯爵夫人玛丽因他的技艺而对他非常敬重,想让他做技师,和她住在一起。但他不愿接受夫人的盛情邀请。他找点金石找了很长时间,之后死于威尔顿,钱都让他花光了。他死后,人们在他实验室里找到两三篮子蛋壳。我记得格伯说过,蛋壳是点金石的主要成分。

威廉·赫伯特
彭布罗克第三任伯爵
William Herbert
1580—1630

彭布罗克伯爵威廉,宫务大臣和牛津大学名誉校长,生于 1580 年 4 月 8 日,卒于 1630 年 4 月 10 日。

我是在他画像(雕刻的)下面看到这一信息的。

他死于中风,这一结果早有预兆,所以他晚饭饱餐一顿,上床时好好的,但在睡眠中死去。

他是个最伟大、最勇敢的贵族,喜爱学者,是个诗人。有一本小书,十二开本或十六开本,里面有他和本杰明·鲁德尔爵士的诗,本杰明·鲁德尔爵士是他的朋友和同代人。

彭布罗克第三任伯爵。他的出生日期是由托马斯·艾伦老先生算出来的。死亡日期也有人预测出来了,届时他真的死了。他身体好好的,大摆一场宴席,大吃大喝一顿,上床睡觉,早上发现他死了。

他是个最高贵、最勇敢的贵族,喜爱博学的人。他是个诗人。有一本小册子收录有他妻子和本杰明·拉迪尔的诗,拉迪尔是他朋友和同龄人。

我记得他是王室管家,特伦特河这一边王室森林巡回法官,牛津大学名誉校长,枢密院官员,嘉德勋位骑士。他是个最高尚的人,詹姆斯国王和查理国王统治期间王宫的骄傲。他漂亮,仪态非凡。

他是他那个时代和后来贵族中资助学者力度最大的人。他非常慷慨,虚怀若谷。他把大批优秀图书和手稿捐献给牛津大学图书馆,图书馆的存在就是对他慷慨的隆重纪念。大家认为,他要是不突然去世,让所有博学、善良的人感到悲伤,就一定会成为牛津彭布罗克学院的一个大捐助人,而现在那里只有他送的一件大金质餐具。

他学识渊博,是个诗人,一些诗收录在他和本杰明·拉迪尔爵士写的一本诗集里。他让一个博学的占星术士计算他的生辰,正好在预测出来的那个日子去世,死在伦敦贝纳德城堡家中。他本来身体很好,但受控于一个要命的指令,大摆筵宴招待朋友,1630年4月10日在睡梦中死去。

他精神崇高,热心公务,对朋友和仆人慷慨大方,大力赞助学者。

菲利普·锡德尼爵士
Sir Philip Sidney
1554—1586

他那个时代最有才艺的骑士。他是亨利·锡德尼爵士的长子,父亲亨利爵士是嘉德勋位骑士,威尔士事务大臣,1570年任爱尔兰总督。我推测他出生在肯特的彭斯赫斯特(滕布里奇附近)。

他师从当时最优秀的教师,父亲能够为他找到的只能是这些人了,如……

他游历了法兰西、意大利、德意志,参加过波兰战争。当时他有个侍从(为他增光添彩的人)亨利·丹弗斯(后来为丹比伯爵),威尔特郡当特西的约翰·丹弗斯爵士的次子(这是我表亲伊丽莎白·丹弗斯告诉我的,她现在是珀贝克子爵夫人,锡德尼的外甥女)。约翰爵士自认为有福气,儿子能谋得这份差事。锡德尼在《诗艺》里提到他在匈牙利(我记得是这样)。

他不仅才华出众,而且还极为漂亮,很像他妹妹。但他头发不红,而是有点接近红,也就是深琥珀色。要是让我挑毛病的话,窃以为是阳刚气不足,不过他是个非常有勇气的人。他经常在威尔顿和妹妹在一起,在常春藤教堂,以前是个宜人的修道院(靠近克拉伦登猎园的桩篱),坐落在一个山丘上,俯瞰整个西部和北部乡村地区,可眺望索尔兹伯里和平原,向东可看到那座宜人的庭园(被认为是英格兰最好的庭园)。在此之前它是一座修道院(回廊还在),人称"埃德罗斯修道院"。我舅公托马斯·布朗先生还记得他,说他在宜人的平原上打猎时,常常从口袋里掏出笔记本,记下当时的想法,那时他正写《阿卡迪亚》(一直没有完成)。

他是那个黑暗时代将诗歌复兴的人,当时诗歌处于衰退状态。如《雅各布和伊索喜剧》,曾为国王亨利八世表演过,我记得其中有这样的话:"这燕麦粥真好,全能的上帝可能把他的手指放进去了。"还有《格兰默·格顿的针》。在这些剧里,不出三行必有"上帝做证",或"上帝的伤口做证"。

他生性十分慷慨,对所有爱好学问的人都出手大方,对那些自称熟悉诗歌的人也出手大方,结果当时的三流诗人让他感到厌倦。其中有个埃德蒙·斯宾塞先生来找他,给他带来了《仙后》。菲利普爵士正在书房里忙活,仆人把斯宾塞先生的书拿给他,他把书放在一边,以为还是那种经常让他心烦的东西。斯宾塞先生等得失去了耐心,悻悻地走了,再也不打算来了。

菲利普爵士看了诗以后极为高兴,对斯宾塞先生离开感到非常后悔,也不知道到哪里去找他。经多方打听,菲利普爵士知道了斯宾塞先生的住处,就派人去找他,热烈地抚抱他,命仆人给他……磅黄金。仆人说太多了,菲利普爵士说:"不多,他与众不同。"又命令再增加一些。从此以后,二人建立了深厚的友谊,直到他去世。

我听佩尔博士说,菲利普爵士时代的一些老绅士告诉他,那个时候以重骑兵而闻名,一个年轻绅士要是让人看见坐着马车上街,就会被认为是奇耻大辱,就像现在的绅士让人看见穿着裙子和马甲上街一样。时尚的变化真是太大了。

他娶了首席国务大臣弗朗西斯·沃尔辛厄姆爵士的女儿(我认为

是弗朗西斯爵士唯一的孩子),非常爱她。他在低地国家(我记得是在拉米金斯港)指挥打仗时受了伤。他不听医生劝阻,忍不住还要和她同房,结果要了命。当时有人作淫诗调笑他。

他的遗体安放在一具铅棺里(圣保罗大教堂着火以后,我亲眼看见过),隆重地从……抬进圣保罗大教堂,埋葬在圣母小礼拜堂,遗体由人抬着(也许是假棺材)。参加这一隆重葬礼的有所有贵族和宫廷要员,所有法官和高级律师,所有士兵和军官,还有在伦敦的绅士、市长大人、高级市政官、同业公会会员。

我九岁时,有一次和父亲一起在一位辛格尔顿先生家,辛格尔顿先生是格洛斯特高级市政官和羊毛布料商。他家客厅的烟道上方有菲利普爵士葬礼的全景图,是雕刻并印在纸上以后再拼贴在一起的,如果全部展开的话,我认为至少有整个房间那么长。但他设计得可以在两根别针上旋转,转动一根别针时,画上的人物就会排成整齐的队伍往前走,在我幼小心灵里留下了极为深刻的印象,我现在想起来就像是发生在昨天一样,我在其他地方再也没有见过。他家的房子位于一条长街上,正对着高尖塔,可能现在还在那里。可惜没有再印一份。

沃里克的圣玛丽教堂里有一通布鲁克大人的豪华墓碑,环绕着黑色大理石圣坛有这样的铭文:

> 安卧在这里的是骑士富尔克·格雷维尔爵士,女王伊丽莎白的仆人,国王詹姆斯的枢密顾问官,菲利普·锡德尼爵士的朋友。

在一块小木匾上:

> 英格兰,荷兰,天堂,艺术,

菲利普·锡德尼爵士

军人,世界,

成为高贵的锡德尼的六部分。

有谁会认为

一堆石头能把锡德尼埋没?

彭布罗克《阿卡迪亚》的答案(摘自 1687 年 2 月 18 日 D. 廷代尔致奥布里的一封信):

先生:

所有好人都感谢你的问候。要不是头痛耽误了我,我就会早些告诉你了。我希望能把你想要的答案告诉你,但我所知道的一切都毫无价值,尽管熟悉他的关系的人知道,帕梅拉是诺森伯兰夫人,菲洛克利是里奇夫人,这是两姐妹,他最后爱的人,由于这二人的缘故,他创作了《阿斯特罗费尔和斯特拉》。米索、考克斯女士、莫普西、露西女士,这几个人现在已不得而知。马西多卢斯、佩里克勒斯是两位女士的丈夫。里奇勋爵是他朋友,就劝她母亲答应这门亲事,不过他后来后悔了。她当时很年轻,暗恋着他,但他并不把她放在心上。她的美与日俱增,他在《阿斯特罗费尔和斯特拉》里说,他并不认为"明天会是个晴朗的日子"。她们的母亲美丽优雅(他是不是用她来暗示金尼西斯,我不知道),但父亲死了,她们还年轻。她改嫁给达德利(莱斯特和诺森伯兰),之后再嫁她的仆从克里斯托弗·布伦特爵士,后来克里斯托弗爵士和埃塞克斯勋爵一起被斩首。一般认为他用安菲亚卢斯指他本人,用科林斯女王指他夫人,即弗朗西斯·沃尔辛厄姆爵士的女儿和继承人。如果他把自己的品格刻画得很高尚,他们说菲力西德斯也是他本人,但这全是猜测。他创作的时候还年轻,因其愚蠢行为而死。

还有一些我猜出来了,但现在忘记了,所以无法满足夫人的要求,看在你的面子上,我愿满足她。

在这片土地上,有彭布罗克伯爵在威尔顿的豪宅,但阿卡迪亚和达佛涅在常春藤教堂和威尔顿附近,这里的平原和树林充满浪漫气息,肯定有助于提高菲利普·锡德尼爵士的想象力。他在这里住了很长时间,他田园诗中最出神入化的妙笔,就是在这里写出来的,在这里构思的。就是在这森林的边缘地区,缪斯女神常向菲利普·锡德尼爵士显灵,他把缪斯口授的内容记在笔记本里,尽管他是在马上(我记得我的亲戚和一些老人曾看见菲利普爵士这样做)。这些转瞬即逝的精灵,除了马上记下来的全都飞走了,也许再也抓不住了。

但精灵从来也没有向我显灵过,尽管我是土地承租人。精灵好像只惠顾业主,世世代代只向赫伯特家族这样的显贵示好。

埃德蒙·斯宾塞
Edmund Spenser
约 1552—1599

塞缪尔·伍德福德先生（诗人，意译了《诗篇》）住在汉普郡，在奥尔顿附近。他对我说，斯宾塞先生在这里住过一段时间，享受着这里清新的空气，享受着缪斯给他的灵感，写了很多诗。我在前面说过，菲利普·锡德尼爵士、沃尔特·雷利爵士都是他的熟人。他在爱尔兰住了一段时间，描述过爱尔兰，和莫里森的《爱尔兰史或素描》刊印在一起。

约翰·德纳姆爵士对我说，阿尔马首席主教厄谢尔大主教也认识他。其证据是：威廉·戴夫南特爵士的《冈迪伯特》出版后，约翰爵士问首席主教是否看过。首席主教说："去他的吧。他在前言里自吹自擂，抨击我的老朋友埃德蒙·斯宾塞。"

威斯敏斯特大教堂的南通道上，靠近门的地方有这一铭文：

这里埋葬着（等待着救世主基督耶稣的再临）埃德蒙·斯宾塞的遗体，他那个时代的诗歌王子，其天赋才能不需要其他证据，他留下的作品就足够了。1510 年他出生于伦敦，卒于 1596 年。

埃德蒙·斯宾塞先生是剑桥彭布罗克学院的，没有得到研究员职位,后来让主教安德鲁斯得到了。他是伊拉斯谟·德莱顿爵士的熟人和常客,其情妇罗莎琳德是伊拉斯谟爵士夫人的亲戚。伊拉斯谟爵士家的卧室现在仍然叫"斯宾塞先生的卧室"。不久前,学院拆他卧室的护墙板时发现很多卡片,卡片上写有《仙后》的诗节。这一信息来自桂冠诗人约翰·德莱顿先生。

比斯顿先生说,斯宾塞是小个子,留着短发,小饰带,小袖口。

托马斯·莫费特
Dr Thomas Mouffet
1553—1604

晚年住在巴尔布里奇(在威尔顿西端)的庄园主宅第,它属于彭布罗克伯爵,是一座漂亮的老式房子。巴尔布里奇紧邻威尔顿,只有一条河将两地分开。他死在这里,葬在威尔顿,但没有为他立碑,查阅登记簿。

彭布罗克伯爵的管家对我说,他在一些旧簿册账本里发现每年付给莫费特博士一笔津贴。他是当时最为博学的医生之一,用拉丁语写有一本论昆虫的书,对开本,以前约翰·佩尔博士对我说过(询问一下),这本书最初是由一个托钵修士写的。他死去多年之后,大约在1649年刊印了他的《食物》(四开本,英文)。

托马斯·埃杰顿爵士
Thomas Egerton
1540—1617

  大法官,柴郡里德利的理查德·埃杰顿爵士的私生子。托马斯是林肯律师学院的。我听约翰·丹弗斯爵士说,他是个非常用功的学生,居然三四年没有走出过学院。他很有才能(脑子好使),很早就从业了。

  我的老义父沙林顿·塔尔博特上校(我相信他有二百个养子)对我说,施鲁斯伯里伯爵(我认为是吉尔伯特)想让埃杰顿买下那座宏伟的埃尔斯梅尔庄园,并把钱交给了他。埃杰顿非常喜欢这笔交易,喜欢这个庄园,居然把它留给自己了,然后把它变成自己的领地(他的头衔就是由此而来),不过他又把钱还给施鲁斯伯里伯爵了。

  (他被册封为布里奇沃特伯爵)死于……埋葬在……他的儿子和继承人后来是布里奇沃特伯爵,是个不知疲倦的敲钟人。参见"歌谣"。

  这一信息我是三十年前从约翰·埃杰顿爵士那里听到的。约翰爵士是柴郡埃杰顿家族的准男爵,是该家族的族长。

  他是本·琼森的大资助人,这可以从他几首诗里看出来。

亨利·萨维尔爵士
Sir Henry Savile
1549—1622

骑士,出生于约克郡,参见安东尼·伍德的《牛津大学历史与古物》。他不是长子,或者他父亲不是长子,生下来就没有立锥之地①。他来到牛津默顿学院……被任命为院长……

他是个博学的绅士,像当时的多数绅士一样。他想让人们认为(我听托马斯·霍布斯先生说)他是个大学者,像约瑟夫·斯卡利杰一样了不起。至于数学,我听沃利斯博士说,他认为亨利爵士是当时最伟大的数学家之一。

他是个极为英俊漂亮的人,女人也没有他的肤色光洁好看。女王伊丽莎白很宠爱他。(我记得他为女王讲解过希腊语和政治学)他还被提升为伊顿公学校长。

他是个非常严厉的管理者,学生们都恨他,说他要求太严格。他不能容忍说话风趣的人。一个年轻学生因说话风趣而被推荐给他,他说:"把他赶出去,我不和他打任何交道。我要说话乏味的学生。我要是想找说话风趣的人,就会去纽盖特了,那里有说话风趣的人。"(这是1646

---

① 英格兰实行长子继承制,即全部财产均由长子继承,次子及以下什么都得不到。

年牛津主教罗伯特·斯金纳告诉我的。)

他所接收的唯一因说话风趣而被人推荐给他的学生是约翰·厄尔斯(后来成为索尔兹伯里主教)。这一信息来自基督堂学院的古德温博士。

他并不仅仅是个严厉的管理者。耶茨老先生(当时是研究员)到死还在抱怨他,说他残酷压制研究员。他在女王面前红得发紫,没有人和他打交道。他的毛病是过于为自己的学问和财富而感到得意。

他非常慷慨,这从他资助天文学和几何学这两个教授职位上可以看出来。索尔兹伯里主教塞思·沃德对我说,他先是派人请伦敦的冈特先生(牛津大学毕业的)担任几何学教授。于是冈特先生来了,带着函数尺和象限仪,开始解答三角题,做了很多花里胡哨的事情。亨利爵士严肃地说:"你这叫讲解几何吗?这叫变戏法,伙计!"

然后就不屑地把他解雇了,又派人去请剑桥的布里格斯。

我听沃利斯博士说,亨利·萨维尔爵士在书页边上就足以驳倒约瑟夫·斯卡利杰的《圆求方》。有时候约瑟夫·斯卡利杰说"依图形,AB = CD",亨利·萨维尔爵士就在页边上写道:"依图形,你的证明是个蠢驴。"

他只留下一个女儿,嫁给了肯特郡……的……塞德利爵士,是现在的查尔斯·塞德利爵士的母亲,查尔斯爵士很像他外祖父萨维尔的脸型,但没有外祖父漂亮。

亨利·萨维尔爵士卒于……埋葬在伊顿公学小礼拜堂高坛的东南侧,坟墓上面有一通漂亮的黑色大理石墓碑,上面有碑文。

他游历甚广,与国外学者有广泛交往,因此他从国外学人的藏书中得到好几部珍贵的希腊语书稿,他让一位优秀的希腊语誊写员抄写下来。

有人开他的玩笑。此人有一位朋友在(我记得是)佛兰德,每周他都把珍贵的克里索斯托的书页寄给这位朋友,这些书页是在伊顿刊印的,然后译成拉丁文,以希腊文和拉丁文同时刊印,这样就大大影响了亨利爵士的销售。

[备忘]他把自己收藏的数学书籍赠送给一个特别的小图书室,该图书室属于萨维尔资助的教授。

理查德·斯塔佩尔
Richard Staper
？—1608

伦敦圣马丁奥特维奇教堂南墙上，有一通漂亮的墓碑，上面有这样的碑文：

> 在这里安息的是尊敬的理查德·斯塔佩尔的遗体，他于1594年当选为这座城市的高级市政官，他那个时代最大的商人，是发现土耳其和东印度贸易最主要的人物。一个谦卑的富人，勤恳，热心公益，公私分明。一个大方的管家，对穷人慷慨，为人正直，虔诚地向往来世，其恩泽惠及后世亲朋。卒于1608年6月30日。

除了他和妻子的塑像，还有他五个儿子和四个女儿的塑像，墓碑顶上是一条船。

约翰·伯肯黑德爵士
Sir John Birkenhead
1617—1679

骑士,出生于柴郡的诺斯威奇,父亲是当地的鞍工,有个兄弟也是鞍工,在托马斯·阿什顿爵士的团里当过骑兵,在我父亲家里住宿过,这是我父亲告诉我的。

他十五岁上牛津大学,一开始在奥里尔学院做工读生。威尔顿牧师格温先生在那里和他同届。格温先生告诉我,伯肯黑德写得一手好字。1637年或1638年,坎特伯雷大主教威廉·劳德最后一次在那里,需要找人抄写一些材料。有人把伯肯黑德推荐给他,伯肯黑德把这一工作完成得极为漂亮,大主教就把他推荐到万灵学院做研究员,这样他就当选了。他很有文化,是个诗人。

埃奇希尔战役之后,国王查理一世先把宫廷迁到牛津,伯肯黑德被推选出来写新闻。牛津的报纸被称为《宫廷信使报》,他写得妙趣横生,直到牛津投降(1646年6月24日)。他留下了他所收藏的所有《宫廷信使报》,还有其他小册子,他的遗嘱执行人(理查德·梅森爵士和马迪福德·布拉姆斯顿爵士)奉国王之命,把这些材料都交给了坎特伯雷大主教图书馆。他的藏书以二百英镑的价钱卖给了罗伯特·阿特金斯爵士,手稿(主要是抄写的案卷)卖了九百英镑。

牛津投降以后,他的研究员资格被巡查员取消了,不得不想办法另谋生路。他大部分时间是在伦敦度过的,在这里遇到几个上流人士,这些人喜欢与他为伴,很推崇他。

他去了法兰西,在那里住了一段时间,我记得时间不长。他在那里接受了纽卡斯尔公爵夫人的恩惠,我记得他对我说过。

他凭借写小册子得到了很多个四十先令(我相信),例如《普赖德上校》《彭布罗克伯爵菲利普的最后遗嘱》等。

王朝复辟后,他被任命为圣公会书记长,后来又成为衡平法院法官。他信心满满,说话风趣,对恩人没有多少感激之情,谎话连篇。他身材中等,一双大暴眼,长相并不讨人喜爱。

166×年,他在威尔特郡的威尔顿当选为议会议员……也就是国王的长期议会议员。

1679年,在本届议会选举中,他落选了。在索尔兹伯里,他听说有人在威尔顿(他正赶往那里)鄙视和嘲笑他,被人叫作"受豢养者"。

维吉尔《埃涅阿斯纪》第六卷:

> 他出卖家乡换回金子,欺骗他强大的主子,制定法律、废除法律都是为了钱云云。

这是库里奥,参见塞维乌斯对维吉尔《埃涅阿斯纪》的注释。

他没有去他要代表的那个镇,而是回到了伦敦,对这件事一直耿耿于怀,结果日渐衰弱和憔悴,1679年12月死在他怀特霍尔的住所。12月6日,星期六,根据他的遗嘱,把他埋葬在圣马丁教堂墓地,在教堂附近。他的理由是,他们把遗体都移出了教堂。询问安东尼·伍德,我把伯肯黑德的死亡日期写下来给他了,这个日期我还记得,和托马斯·霍布斯先生死在同一天。他的遗嘱执行人打算为他书写铭文,紧靠着教堂的墙。

他有记忆地址的才能。他的原理是万灵学院的寝室,大约一百间,这样他就能轻而易举地记住一百项任务。

[备忘]约翰·伯肯黑德爵士和普林先生在议会里一直都是冤家对头。

他由于陪王伴驾而被授予教会法规博士头衔。

威廉·普林
William Prynne
1600—1669

出生于(据他外甥乔治·克拉克这样对我说,询问更多详情)格洛斯特郡的奥斯特,他父亲在这里有一座庄园。我从宗谱上查到他出身于世家。参见拉尔夫·谢尔登的藏书。

他父亲和他都住在斯旺斯威克,萨默塞特郡一座宜人的邸宅,离巴斯大约三英里。他外祖父舍斯顿住在巴斯并担任过市长,一个很聪明的地方行政官。他在这里学习了语法知识。他是牛津奥里尔学院毕业的,我记得他获得的是文学硕士。

1621年,他从这里被录取到林肯律师学院。他总是有节制,学习很努力,有惊人的记忆力。

1637年,他受到惩罚示众,然后被流放到卡那封城堡和泽西岛奥吉埃尔山上的城堡,在这里受到典狱长卡特雷特的礼遇,卡特雷特家是岛上的一个世家。

他的耳朵没有被完全割掉,只是上半截没有了,耳垂还看得见。坎特伯雷大主教威廉·劳德作为旁观者而备受指摘。劳德是主审法官,是神职人员和审判员组成的裁决委员会成员之一。参阅奥斯本。1640年,普林和伯顿、巴斯特威克一起被议会召回,数百人走出伦敦好几英里去迎接他们。

他是个博学的人,博览群书,但因引述别人的话不忠实而备受指摘。他学习的方式如下。戴一顶缝制的长帽子,拉下来至少两三英寸,盖住眼,像伞一样挡住光线不射到眼里。大约每过三个小时,仆人就给他拿来一个面包卷和一壶麦芽酒,让他提提神。(德意志……的古克勒纽斯教授招数更高:在书房里放着上好的莱茵白葡萄酒,精神疲惫了就喝一大杯)他就这样学着、喝着、嚼着面包,一直撑到天黑,然后吃一顿丰盛的晚餐。这时他就不再吃了,吃东西会中断人的想象,中断以后不会马上接续上。发明也是这样,一旦启动便会猛烈奔腾,如果受阻便成涓涓细流。出汗也是如此,阻止出汗,汗就出不来了。

> 你用麦芽酒或劣等酒,
> 给威瑟斯、普林和维卡斯①以灵感,
> 不顾自然和星象的违忤,
> 教授写作……
>
> ——《休迪布拉斯》第一部

他有一种奇怪的阴郁肤色。C. W. 爵士说过,普林的面容像个巫师。

他是代表巴斯市的议会议员,王朝复辟前后都是。

他为支持国王而几度入狱,在国王复辟过程中起到重要作用。

议会开幕时,也就是让隐退的议员参加时,他佩上那把生了锈的破长剑(比一般的剑长)。威廉·沃勒爵士走在他后面(在去议会的路

---

① 神职人员公会的成员和审判员之一。

上),威廉·普林的长剑插到了威廉爵士的两条短腿之间,把他绊倒了,引起一阵大笑。

1669年,他死于林肯律师学院他的寝室,埋葬在林肯律师学院小礼拜堂。据挂在小礼拜堂的碑文说,林肯律师学院法官威廉·普林先生死于1669年10月24日,享年六十九岁。

他还是伦敦塔的案卷保管员。

塞思·沃德
Seth Ward
1617—1689

索尔兹伯里主教,1618年12月(那颗大彗星出现时)出生于班廷福德,赫特福德郡的一个小集镇。他父亲是这里的法律事务代理人,享有诚实的名声。

十六岁时,他上了剑桥锡德尼-苏塞克斯学院,是塞缪尔·沃德博士(学院院长,神学教授)的工读生①。沃德博士十分喜爱他的聪明才智和勤奋,也喜爱他的谦和性格,很快让他成为院里的奖学金获得者,后来又成为研究员。他虽然和沃德博士同姓,但二人并没有亲缘关系(沃德博士待他很好,大多数人都以为他们是亲戚)。但二人性情相似,这比血缘关系更能成为友谊的纽带,血缘所起的作用很小。

他父亲教他基础算术。他的才能主要在数学方面,数学符合他的天性,他轻松自如地就能学会。医学博士查尔斯·斯卡伯勒爵士(当时一个有才华的年轻学生,剑桥凯厄斯学院研究员)和他极为熟识,二人都是学数学的。为了提高数学水平,他们来到萨里郡的奥尔伯里,找到威廉·奥特雷德先生,跟着他学习《数学题解》,这本书在当时像谜一般

---

① 奥布里在其他地方加注说:"删掉工读生,这样好听一些。"

费解。奥特雷德先生待他们极为友善,有才华的年轻人来到他这里,他心里非常高兴,这会促使他不停地使用其代数知识。二人回到剑桥后,就向学生讲解《数学题解》,这是第一次在大学里讲解这本书。

优秀数学家和代数学家劳伦斯·鲁克先生(我记得也是奥特雷德先生的学生)是塞思·沃德的熟人。鲁克先生(我记得是这样)在格雷沙姆学院讲解《数学题解》第六章(讲得妙极了)。

1644年内战爆发时,他由于支持国王而被监禁在剑桥圣约翰学院,和他一起监禁的还有沃德博士、科林斯博士、托马斯·哈顿爵士等人,他在锡德尼学院的研究员资格也被剥夺。出狱以后,他受到朋友和邻居、阿普斯坦的拉尔夫·弗里曼先生的友好款待。弗里曼先生是个品性正直而又好客的绅士,沃德在他这里待了……

1648年,议会巡视牛津大学,解雇了很多教授和研究员。天文学高级讲师(格里夫斯,肯定要被解雇),文学硕士塞思·沃德(当时和温曼大人一起住在牛津郡),还有……格里夫斯不愿被解职,而是宁愿让位给某个配得上这一职位的人。查尔斯·斯卡伯勒博士和神学博士威廉·霍尔德就向格里夫斯推荐他们共同的朋友塞思·沃德先生。沃德先生应邀来接替他,从弗里曼先生那里(实际上是从温曼大人那里)来到牛津,获得了天文学教授职位,住在沃德姆学院,在这里与院长约翰·威尔金斯博士交往。

他的好朋友和资助人塞缪尔·沃德博士。

1656年,他从埃克塞特主教布朗里格那里得到了一个埃克塞特教堂唱诗班首席歌手的职位(这在当时没有任何意义)。

1659年,牛津三一学院院长威廉·霍斯肺里断了一根血管(这是治不好的)。沃德先生在这个学院里广为人知,也深受爱戴。经全体研究员同意,威廉·霍斯将院长职位让给了沃德先生,几天以后就去世了。

1660年,国王查理二世复辟时,汉尼巴尔·波特博士(被议会巡查员隔离起来的院长)又恢复了院长职位。

索尔兹伯里现任主教塞思·沃德博士在担任牛津三一学院院长时,用黑、红、黄、绿、蓝墨水来画几何图,这样来避免使用A、B、C等带来的麻烦和混乱。

我应该说过,1654年他在牛津参加学位授予典礼,获得神学博士学位,和约翰·沃利斯博士同时获得。

然后他在埃克塞特担任唱诗班首席歌手,我记得他肯定还是伦敦圣劳伦斯-朱里教堂的牧师。

1661年,埃克塞特教长去世,他有权利继任教长职位。1663年,埃克塞特主教门斯去世,沃德博士(当时的教长)正在德文郡(我记得是塔维斯托克),巡视……,那里聚集了本郡的很多绅士。沃德教长在这些乡绅中很有名气,他有学问、审慎、谦恭有礼,赢得了大家的爱戴,所有人都成为他的朋友。主教去世的消息传来,大家兴高采烈,大摆宴席庆贺,所有绅士都异口同声地高呼:"让教长先生当我们的主教。"

当时正是众议院受国王宠爱的时候。在这关键时刻,教长告诉大家说,他本人在宫里既没有势力,也不认识宫里的人,但他又向大家暗示,国王很尊重议会议员(当时有很多议会议员在场),对他们是有求必应。

"如果是这样,先生们,"教长先生说,"如果大家想让我当你们的主教,你们之中只要有人去找国王谈谈,事情就能办妥。"

话音一落,大家就先举杯祝国王健康,再举杯祝他们企盼的主教健康。然后他们立即让人备马,骑上马高兴地去了伦敦,见到了国王,国王立即答应了他们的请求。这是有史以来主教第一次由众议院任命。

现在即便是妒忌的人也无法否认,这位杰出人物可以配得上授予他的任何职务。但一些老主教(如伦敦主教汉弗莱·亨奇曼、达勒姆主教约翰·卡津斯等)极为不满,一个半青不黄的主教,居然能看透他们的道貌岸然,而他只有45岁,不是走正门进来的,而是翻过篱笆进来的,这让他们耿耿于怀。

而他毕竟当上了埃克塞特主教,整个教区都高兴不已。身为主教,他有权随时晋见国王,而国王是个爱才的人,也有识才的慧眼,所以很快就喜欢上了他。1667年,索尔兹伯里主教亚历山大·海德去世,随后他就被任命为索尔兹伯里主教。

他(没有一点奴颜媚骨)审慎、博学、善良,对得起晋升的职务,晋升的职务也对得起他,无论如何晋升他都不算过高。卢修斯·福克兰大人常说,他认识的人里面,只有主教贾克森的法衣衣袖没有改过;他要是早认识这位杰出的主教,就会说除主教贾克森之外还有一个。沃德先生是谦恭的典范,知道何时应该严厉。他不是个任人宰割的人,也不是个耳软心活的人。

他是个单身汉,思想高尚、大度。他是王家学会的捐助人(王家学会创始会员之一),……年给了他们……英镑。

科学试验1649年始于牛津,有威尔金斯博士、塞思·沃德、拉尔夫·巴瑟斯特等人参与。

他还送给王家学会一座上好的摆钟(可以走一个星期),以永久纪念他博学的好朋友劳伦斯·鲁克先生。

沃德主教担任过格雷沙姆学院教授吗?询问一下。

167×年,他捐出……英镑疏通河道,以便从索尔兹伯里航行到基督堂学院。1679年,他捐给锡德尼—苏塞克斯学院一千英镑。

他批阅了索尔兹伯里教堂里的所有案卷,这些案卷由于长期堆放已粘到了一起。他全部读了一遍,做了摘要,我相信几百年来,这一工作他的前任没有一个人做过。

他有令人赞叹的体形(动作敏捷不够,是个缺点),英俊,和蔼乐观。他不希望别人看他板着胡子而以为他有智慧,而是希望看到他的深思熟虑和推理。窃以为这对他来说有些奇怪,身为大学者(而且是研究数学和解难题的学者,这通常不适合做具体事务),他是如此清醒,如此胸有成竹,连律师也没有他办事干练。

神学博士,索尔兹伯里主教大人,最尊贵的嘉德勋位执事塞思·沃德,建造了这座慈善机构并为其捐款。他出生于这座城里的阿斯普登教区,在班廷福德一所免费学校上学。

德文郡的希尔夫人立下遗嘱,每年捐出八百英镑用于慈善事业,由审慎的萨金特·梅纳德建议如何使用。他的确尽其所能做出了安排,但他说,捐助的所有款项都被滥用。

我在奈特斯布里奇索尔兹伯里主教塞思的家里查找了他所有的书信文稿,他是在家里去世的。我本月底去牛津的时候,会向你讲讲这件事。我已委托他侄子和继承人去照管索尔兹伯里他书房里的书信文稿。他侄子对我说,按照习俗,索尔兹伯里主教一死,"教长和全体教士就把他的书房锁上并封起来"。最近还没有打开,只要一打开他就告诉我,我再向你转述。

索尔兹伯里主教大人塞思·沃德研究过习惯法,我见过这篇论文,是他亲笔写的,在他七零八散的文件之中。他死之后厨师要用,是我从厨师手里抢救出来的,否则这篇论文会和其他有价值的书信文稿一样,注定要用来包馅饼。

主教遗嘱没有得到执行。那里①的人这样说,他的表亲弗里曼也这样说。

我把沃德亲口对我说的话记在了备忘录里,有一次他漫不经心地说,他是"那颗大彗星出现时出生的",我相信那是 1618 年。但索尔兹伯里教堂财务主管、沃德的侄子和遗嘱执行人塞思·沃德对我说,去年夏天他在沃德的出生地班廷福德查阅登记簿,发现了这样的记载:

塞思·沃德,1617 年 4 月 5 日受洗。

他回了布里亚尔达斯一封信,可能和他自己撰写的《几何天文学》的篇幅问题有关。他把这本书借给了某个人(忘记了),后来弄丢了。主教书房里有好几封他和布里亚尔达斯的往来书信,也有他和赫维留的往来书信。

恶毒的索尔兹伯里教长刊印小册子讽刺挖苦他,导致他精神不正常,因此他后来基本上失去了记忆。

他死前大约有一个月吃得很少,只靠体内储备的养分维持生命,死时只剩下一副骨头架子。

1688 年或 1689 年 1 月 6 日,星期日上午,他死在家里,即在伦敦附近的奈特斯布里奇。

《时事报》和《新闻信札》在他去世的日期上犯了严重错误。这一信息来自神学士塞思·沃德先生。

---

① 指班廷福德,主教在那里捐赠了一家慈善机构。

威廉·霍尔德
William Holder
1616—1698

神学博士,克莱门特·霍尔德的长子。母亲娘家姓布鲁德内尔。他出生于诺丁汉郡的……,在……上学,进入剑桥彭布罗克学院,在这里获得了一个享受希腊语奖学金的名额。……年成为文学学士,……年成为文学硕士。

1640年前后,他娶了温莎教长、威尔特郡诺伊尔教区牧师克里斯托弗·雷恩的女儿。1642年,他就任牛津郡布莱特钦顿教区牧师一职。战乱期间,他和岳父雷恩一起在布里斯托尔要塞。布里斯托尔向议会投降以后,他和岳父一起在诺伊尔住了……年。1646年前后,他回到布莱特钦顿他的牧师寓所。他好客、博学,而且彬彬有礼,很容易赢得所有邻人的爱戴。教长和他一起来到这里,也死在这里,埋葬在这里。

他对教育其内弟克里斯托弗·雷恩先生帮助很大。雷恩先生现在已受封为骑士(一个有创造奇才的年轻人),霍尔德先生对他慈爱有加,待他就像亲生儿子一样,教雷恩学习几何和算术入门知识。雷恩上了牛津大学,成为年轻的奖学金获得者以后,霍尔德又成为他不可或缺的好朋友。布莱特钦顿的牧师寓所是克里斯托弗·雷恩先生的家,也是他休息的地方,雷恩在这里沉思、学习,在数学里发现很多有趣的东西。

他在这里亲手制作了好几个精美的日晷,放在房子周围,现在仍然可以看到(确实值得一看)。

现在言归正传。霍尔德是个诚实、有才华的绅士,一个优秀诗人。我有他写的一些好诗(大约一百行),拉丁语的,写的是布里斯托尔附近圣文森特的岩石和温泉。他有音乐天赋,既懂理论又有实践,有一副甜美的歌喉。他用英语写了一篇优秀音乐论文,既适合有文化的人看,也适合没有文化的人看,随时可以刊印。

1674年,他晋升为国王小礼拜堂副教长,极为称职。……琼斯死后,他也担任副施赈员,是个憎恶贪婪、充满怜悯之心的人。

16××年,爱德华·波帕姆(议会舰队司令)的独子……波帕姆天生聋哑,被送到霍尔德这里来学说话,霍尔德就教了他,至于是用什么方法教的,教了多久,你可以参阅他的《说话原理》有关的附录,是八开本,于伦敦刊印(1669年)。这是一本最为精彩奇妙的论著,任何人都没有论述过。他没有参考任何作者的著作,只向大自然请教。这本书我送给了比利时列日的安东尼·卢卡斯先生,他大为赞赏,我希望他翻译成法语。

约翰·沃利斯博士把教前面提到的那个年轻人说话的荣誉归于自己,这是不公正的。《哲学学报》和罗伯特·普洛特博士的《牛津郡史》都是这么说的,这促使霍尔德博士写了这本四开本的小册子来驳斥他。[①]

[①] 奥布里保存有托马斯·霍布斯的一封信,他把这封信和他为《霍布斯传》写的笔记放在了一起。霍布斯在这封信里评论说:"至于这件事本身,我指的是教天生的聋哑人说话,我觉得是不可能的。如果一个人能听见在他耳边大声说出来的一个字,我认为他并不聋,认为他并非不可教。我坚信,一个生来就完全聋的人,必须先让他听见,然后才能让他说话,更不用说理解了。能让他听见的人(这是件惠及大众的大好事)既应该得到荣誉,也应该得到财富。只能让他说出只言片语的人,什么都不配。而吹嘘能做到但实际上做不到的人,该挨鞭子。"

威廉·霍尔德

167×年,他被任命为伊利受俸牧师。……年,他成为诺福克郡……的牧师。

他在绘画方面有良好的判断力。他是个漂亮、有魅力的人,灰色的眼睛,高挑匀称,面色红润,薄皮肤,身材修长,性情温顺平和,个头适中,圆脸,演讲得体,说起话来一副绅士派头,有礼貌,推理清晰。谁要是想描绘一个完美的大好人,准会刻画这位博士的性格。

据说观点相似的人容易成为朋友。如此说来,这位值得尊敬的绅士和索尔兹伯里主教塞思·沃德大人情谊深厚就不令人奇怪了,塞思·沃德大人是他在剑桥同一届的同学。

不应该忘记的是,这位博士和他贤妻之间的爱情堪称典范。他妻子在妇女中间和地位上,都和她弟弟克里斯托弗爵士一样值得称赞,而且(这在女人身上十分罕见)她的优秀品质并没有使她趾高气扬。在她很多才能之中,有一种是治疗创伤的绝活。这种本领她既不是从前人那里学来的,也不是从医书上学来的,而是她自己悟出来的,依据受伤的原因、伤口外观和具体情况而定。

167×年,查理二世国王伤了一只手,让御医去治,结果越治越糟,最后肿了起来,一直疼到肩上,疼得他睡不着觉,而且开始发烧……告诉国王,说霍尔德家里有个医术高超的女大夫,于是在夜里十一点立即把她召到宫里。她很快就制好了一贴膏药给国王贴上,国王顿时止住了疼痛,睡得很安稳。第二天她又给国王敷药,……天以后就把他完全治好了,让所有外科大夫都叫苦不迭,既妒忌她又恨她。

比他更好、更爱美、在女人之中更崇敬诸神的只有她。

——奥维德:《变形记》,1,322

罗伯特·桑德森
Robert Sanderson
1587—1663

桑德森博士对他的密友坦言,他研究并掌握的只有西塞罗的《论责任》(约克大主教哈森内特总是在胸前衣襟里放着一本)、托马斯·阿奎那的《神学大全》第二部第二册、亚里士多德的《修辞学》,其他书他只是大致浏览过。

但如果他允许我补充一句的话,他忘记提亚里士多德的《工具论》和有关逻辑的书了,否则他自己绝对编不出那本优秀的《逻辑学》来。这一信息来自索尔兹伯里主教塞思·沃德和切斯特主教皮尔森,这两位都是他好朋友。主教沃德说,他要是重新开始自己的人生,也会这么做。

他爱好音乐,经常演奏低音提琴,并在低音提琴伴奏下唱歌。他爱好纹章学,在他探讨宗教问题的论文集里,要求神职人员提供教堂窗户上的盾徽标记,但教士们给予他的回报实在可怜,简直毫无意义。议会派尊重他的学问和道德,这样他总是能维持生计。(《牛津大学历史与古物》里提供的信息是错误的)

他记性不太好,我敢肯定他记不准。我上大一时听他讲第一节课,他在背主祷文时出了个差错。他总是读布道文和讲稿。如果他记性再好一些,判断力就会差一些,记性和判断力就像井里的两个吊桶一样。

他在《逻辑学》里向年轻人推荐辩论,认为这是训练年轻人智力的最好方式。

托马斯·斯特普尔顿
Thomas Stapleton
1535—1598

　　神学博士,耶稣会会士,出生于苏塞克斯的亨福德,大约位于流到肖勒姆的那条河中游。他以前是牛津新学院的,询问一下那个地方的代理人,看看他家是否还住在那里。如果还在,如果他的画像还在那里或其他地方,向洛瓦伊内女修道院索要,他死在了这里。赫特福德学院院长约翰·拉姆菲尔博士会把它交给学院。

亨利·斯佩尔曼爵士
Sir Henry Spelman
1563/4—1641

骑士，出生于……

斯佩尔曼大约十岁或十二岁上学时，碰到一位本性邪恶的老师，引起他的反感。这位老师经常让他难堪，对他非常苛刻，常对一个智力迟钝的学生说："你笨得就像亨利·斯佩尔曼似的。"斯佩尔曼是个很有血性的人，不愿意在这里上学了。他被送到（经过他一番缠磨）另一个老师那里，收获很大。问问他孙子哈利·斯佩尔曼。这是温莎的贾斯蒂斯·鲍尔提供的信息。

我听他孙子说，斯佩尔曼开窍晚，对诉讼事务和世人的纠葛迷惑不解，大约四十岁时才安下心来学习，取得很大进步。他取得进步后我们就发现，他为世人留下了多么丰富的古代文化知识。

坎特伯雷大主教威廉·劳德对他极为尊重，让他成为高等宗教法院……的一名成员，但（大主教在批准书籍出版问题上极为死板，反对任何有新意的观点）不准他刊印词表的第二部分，这部分从字母 M 开始，其中有三个首字母为 M 的词条冒犯了这位大主教，这三个词条是 Magna Carta（《大宪章》）、Magnum Concilium Regis（大咨议会）和……

据乔治·李提供的信息：他是个漂亮的绅士（科顿图书馆里有他的

肖像),强壮勇敢,总是佩着剑,直到七十来岁。这时他发现两腿无力,走路颤颤巍巍,说:"现在该卸下我的剑了。"

他儿媳(约翰爵士之妻)看望邻居之后回到家里,他总会问她听到或看到什么古物了。她要是没有把这些信息带回家,他就会责怪她(开玩笑)。

他被安葬在威斯敏斯特大教堂的南耳堂,在柱脚下,正对着卡姆登先生的墓碑,但至今没有任何铭文,也没有墓碑(1680年)。我清楚地记得他的三角旗挂在那里,上面有他的盾徽,但查理二世国王加冕搭看台时把它拿掉了,或它自己掉下来了。

威廉·达格代尔爵士认识亨利·斯佩尔曼爵士,说他和他孙子哈利·斯佩尔曼一样高。他听说亨利爵士直到四十岁才完全掌握拉丁语。斯佩尔曼对威廉爵士说:"我们受惠于斯皮德先生和斯托,这两人为我们把英国历史梳理清楚了。"这两个人好像都是裁缝。

约翰·波帕姆爵士
Sir John Popham
约 1531—1607

王座法院首席法官,萨默塞特郡亨特沃思的亚历山大·波帕姆的儿子。

他是……协会会员,有好几年时间很少下功夫学习法律,而是和一帮人寻欢作乐,还常常替他们付钱。他妻子考虑到两口子的状况,最后说服他改弦易辙,走上学习法律的道路。他架不住妻子软缠硬磨,就顺从了她,当时他大约三十岁。他对妻子说,要好好款待伙伴们一顿,和他们告别。从此以后,他就开始刻苦学习,进步很大。

他是个身强力壮的人,能够整天整夜地坐下来学习(一个习惯法律师的画像:他必定有"一颗铁头、一张铜脸、一个铅屁股"),在他这一行里出类拔萃,委托人众多,成为高级律师,然后当法官……参见《司法起源》。

威尔特郡利特尔科特有个(我记得是)约翰·戴雷尔爵士,让他妻子的一个女仆怀了孕。她快分娩时,约翰爵士派一个仆人骑着马去请产婆,蒙住产婆的眼睛把她带来了。产婆来到后让孕妇躺下,但小孩一生下来,产婆就看见骑士把小孩抱走杀死,放进卧室的火里烧掉了。产婆办完事后得到了极为丰厚的报酬,然后蒙住眼睛把她送走了。

这恐怖的一幕一直萦绕在这个产婆的脑海里,她想找出真相,但不知道在哪里。她自己推算了骑马的时间,再以此速度推算骑行的里程,然后断定那是个大户人家,房间有十二英尺高,要是见到那间卧室的话,她就能认出来。

产婆找到治安法官,然后就去搜寻,找到了那间卧室。约翰·戴雷尔爵士被送去受审。长话短说,法官得到了这座豪宅、庭院和庄园,而且(我认为)还有其他东西,骑士为保住性命而向他行贿。约翰·波帕姆爵士依法做出了判决。约翰·波帕姆是个大人物,一个红人,获得了一个"撤回诉讼"的结果。后来波帕姆显然买下了利特尔科特。

我见过他的画像,他是个高大、笨拙、丑陋的人。他留给儿子弗朗西斯爵士一大笔财产(我记得是每年一万英镑)。他日子过得像个猪一样,但他儿子约翰是个大败家子,父亲还健在时就死了。他是英格兰最大的户主,在利特尔科特一次就有四五个领主甚至更多。他妻子(哈维)给他带来的财产我认为有六万英镑,像他一样虚荣。她说,她带来了这么多财产,绝不会过得比他寒碜。丈夫不在家的时候,她会把全郡的女人都叫到家里来,请她们大吃海喝,把她们都灌醉,她自己也是大醉。

这两口子都是死于大吃大喝,死于奢侈的享受和仆人的欺骗,他死的时候我认为欠下十万英镑的债。老骑士弗朗西斯爵士在萨默塞特郡的豪恩斯特里特过得像个猪,这段时间一直只有少量津贴。约翰爵士常说,他妻子的财产来路不正,所以他们就红火不下去了。妻子则说,老法官是以不正当手段得到的财产。这样二人相互指摘,说的都是实话。

我记得约翰·波帕姆先生的墓志铭是这样的:

他长眠在这里。不久以前
他日子过得像个王子,

死神一来要拿东西，

　　老人就问：付多少钱？

　　[备忘]在萨默塞特郡（波帕姆家族的祖居地）的韦林顿宫，也就是这位王座法院首席法官约翰爵士家的府邸（询问一下他是不是将它买了下来）里挂着一副脚镣。关于这副脚镣，当地有一个传说。很久以前，波帕姆家的一个人（当地的领主）被土耳其人抓走了，沦落为奴很长时间。他夫人十分虔诚，一直不停地祈祷，一个看不见的神灵就把他带到了这个地方，他腿上就戴着这副脚镣。后来这副脚镣就挂起来作为纪念，直到这座府邸（用作堡垒）被烧掉。当地所有人都对这一传说深信不疑。

　　王座法院首席法官波帕姆，首先在伦敦引进（复兴）砖建筑（也就是模仿林肯律师学院和圣詹姆斯教堂），首先踏足种植园，如弗吉尼亚的种植园（这一信息来自费边·菲利普斯），靠英格兰所有监狱的收入往那里投资或栽种。

约翰·斯托
John Stow
1525—1605

伦敦圣安德鲁杆下教堂(也就是在五朔节花柱下面或旁边,五朔节花柱在古代叫作杆子,正对着教堂西端,现在威克斯先生家所在的位置)。高坛北侧,上端。他的纪念碑是肖像形式,坐在一张小桌子后面,拿着一本书。他是个漂亮、乐观的老人,雕刻(木雕)绘制得都很好。

纪念碑碑文

在这里等待复活的是约翰·斯托,伦敦市民,用最精确、最谨慎的方式解释古代纪念物。他用明白易懂的语言,撰写了英格兰年鉴和伦敦概况,无愧于他自己的时代,也无愧于后世。他一生虔诚、诚实,1605年4月5日去世,享年八十岁。他妻子伊丽莎白出资雕刻了这尊像,永远证明着她的爱。

托马斯·沃尔西
Thomas Wolsey
1470/1—1530

枢机主教,萨福克郡艾普斯威奇一个屠夫的儿子。参见……撰写的传记。

他是牛津莫德林学院的研究员,是萨默塞特郡伊尔切斯特附近利明顿一个年轻绅士的导师,这位绅士把一座每年价值二百多英镑的教堂送给了导师沃尔西。他在这附近干过纵情声色的事(我记得是酗酒,他肯定是个非常粗鲁的人),贬损埃米亚斯·波利特爵士(附近的治安官),埃米亚斯爵士把他当成了嘲笑对象(这一信息来自我表亲莱特,莱茨凯里的,离利明顿大约一英里,三十年以前。这一传言仍记忆犹新。他学生的名字我忘记了)。

沃尔西当上枢机主教以后,对此事一直耿耿于怀,他处罚埃米亚斯爵士,让其修建中殿律师学院的大门。波利特的盾徽,连同盾面的四分之一,直到今天(1680年)还在那里的玻璃上。枢机主教的盾徽据说在外面的石头上,但由于年代久远,早已面目全非,只能找到那个地方,雕在了一块很容易碎裂的石头上。

他的遗稿显示,他是个拉丁语大师。约翰·佩尔博士对我说,他在伦敦基督堂教师海恩斯的一本语法书前言里发现,沃尔西是在威廉·

利利的《语法》出版之前就任枢机主教的。

他得到升迁,是由于他迅速而又审慎地为亨利八世往巴黎送信,仅用了……天时间。

他有最崇高的精神。关于他的高贵,可参阅斯托的《编年史》等。他是个伟大的建筑师,这可以从怀特霍尔宫、汉普顿宫上看出来。萨里郡的埃谢尔是一座宏伟的建筑,用我所见过的最好的烧成砖(也许是)所建成,壮观的门房和大厅。(参见我的萨里笔记,看是不是威廉·温弗利特建的,两个盾徽都在那里。)这座宏伟的建筑(可以成为一座王宫)被伦敦一个酒商……买走了,1666年前后。该酒商后来破产了,又把房子卖掉,1678年前后被拆除。我有这座建筑的草图,在有关萨里的文献资料中。

他有一座宏伟的酒窖用来存放葡萄酒,在鱼街附近,人称"枢机主教沃尔西的酒窖"。他在牛津莫德林学院建造了那座宏伟的塔楼,在温切斯特(他是温切斯特主教)建造了那座宏伟的主教宅邸,人称"沃尔西宫",我记得很清楚,1647年还矗立着,现在我猜八成已经被拆掉了。

他创建了牛津基督堂学院,那座宏伟的教学大楼是由他完成的。他为非常宽敞的四方院及其入口设计了最为壮观的(这从建筑上可以看出来)回廊(约翰·费尔博士的新设置破坏了这个出色的设计),支撑着一个极为富丽堂皇和壮观的哥特式门楼。

现任托斯卡纳大公①在牛津时,在看过的所有建筑中最受沃尔西的建筑所吸引,又多参观了它一次。

不应该忘记的是,小礼拜堂的地基是多么壮观,从学院沿着大街一直到蓝猪客栈,大约七英尺或更高一些,装饰有非常精美的哥特式泻水台,1670年前后被约翰·费尔博士(院长)拆掉了,以利用学院四周的石头。

---

① 科西莫三世。

参见约翰·欧文的《讽刺诗》：

> 房子可能没完工，像一片废墟，
> 一大片地为你而空旷着。

[备忘]学院建筑四周有很多柱子，还有斧子、主教帽。

关于这位大枢机主教的垮台，请参阅当时的史书记载。他从约克回伦敦时死在莱斯特，随后就埋葬在那里（让基督堂学院的人蒙羞），但至今没有任何墓碑之类的纪念物。

> 尽管沃尔西可以用
> 一座府邸或一所学院来做坟墓，
> 然而他被埋葬在这里，
> 似乎人们对他的全部记忆就是垮台。
> 没有宏伟的墓碑，只有泥土、
> 卵石或石板覆盖着他。
> 如果您就这样受到冷落，
> 我们死后还能指望什么？
> 我们只是您身上掉下来的碎屑。

参见科比特博士的诗集《北方之旅》。参见他的传记，由……撰写。参见神学士托马斯·富勒在《神圣之国》里所写的沃尔西传，其中有一幅他的肖像，酷似基督堂学院里的玻璃像。他是个身强力壮的人，粗脖子，与马丁·路德有几分相像。我相信他让金牛座和七姐妹星一起升到天顶，这让本地的沃尔西性格粗鲁。

他年纪轻轻就成为文学士，人称"娃娃学士"。这一信息来自约翰·佩尔博士（前面提到的序言）。

白金汉郡温斯洛的奥森奈伊有一口很大的钟，但在奥森奈伊只能排在第三位。不久以前它变得更小了，一个名叫达比的人骗了他们六十英镑的金属。枢机主教沃尔西身为圣奥尔本斯修道院院长（温斯洛属于圣奥尔本斯管辖），在拆除奥森奈伊修道院时，将这口钟送给了温斯洛。斯蒂芬斯先生出生于温斯洛。

托马斯·库珀
Thomas Cooper
约 1517—1594

莫德林学院院长（参阅安东尼·伍德《牛津大学历史与古物》）。爱德华·戴夫南特博士对我说，这个博学的人有个泼妇似的妻子，他一熬夜编拉丁语词典（《罗马与不列颠词典》），她就怒不可遏。他编完一半的时候，她趁进入他书房的机会，把他辛辛苦苦换来的成果抱起来，扔进火里烧了个精光。

尽管如此，这位好人对促进学术的发展热情很高，就重新开始，最终将其完成，为我们留下了一部最为有用的作品，伦敦，1584 年，题献给了莱斯特伯爵和牛津名誉校长罗伯特·达德利。他后来被任命为温切斯特主教，死于……

在莫德林的托马斯·库珀的词典里，有理查德·斯蒂芬的几行诗：

> 富含红砂的帕克托洛斯河，赫耳穆斯，
> 富含黄金的塔霍河的洪水，没有价值。
> 克里萨斯王的宝石，迈达斯的塔兰特，没有价值，

不列颠人之中,出现了更值钱的珍宝,
韦恩弗利特啊,英吉利人应把这一珍宝归功于您的校友,
他夜以继日地劳作,给予我们这么多。

约翰·威尔金斯
John Wilkins
1614—1672

切斯特主教,父亲是牛津的金匠,弗朗西斯·波特先生和他很熟,常说他是个很有才华的人,在机械方面很有天赋。他很支持做实验,脑子里经常想着永恒运动。他娶了约翰·多德先生(著有戒律方面的作品)的女儿。在北安普敦……多德先生家里,她生下了儿子约翰,就是我们要说的这位传主。约翰有一个兄弟(蒂默西先生),牛津……的仪仗官,还有个同母异父兄弟沃尔特·波普,医学博士。

约翰在牛津学习语法(我记得是师从西尔维斯特先生),被录取到牛津莫德林学院,导师是博学的约翰·图姆斯先生(再洗礼派的唱诗班指挥)。……年成为文学学士,……年成为文学硕士。他在这里教学生(学生中有医学博士沃尔特·查尔顿),一直教了十年。

他常说,他出道,或让他出道的线索,是从偶然去追猎一只野兔开始的。当时他碰到一个有才华的上流绅士,这位绅士与他交谈后发现他很有才华,就对他说,要是继续待在大学里,永远也不会得到实质性的晋升,最好的办法是到某个贵族或大人物家里,在那里可以得到丰厚的报酬。约翰·威尔金斯先生说:"我在世上默默无闻,不知道该找谁去实现这个计划。"

那位绅士回答说:"我亲自推荐你。"这样就把他推荐给了(我记得是)塞伊和塞尔子爵大人(询问一下)。

约翰在子爵大人这里十分愉快地待到内战爆发,随后出任莱茵河选帝侯……殿下的专职牧师,和他一起走了(在德意志签署和约之后①),在那里得到殿下的提拔,待了不到一年。

议会巡视牛津之后,他担任沃德姆学院院长。……年,他娶了牛津基督堂学院牧师弗伦奇博士的遗孀,也是(当时)护国公奥利弗的妹妹。1659年,奥利弗任命他为剑桥三一学院院长(担任这一职务期间,他通过严格考试来选拔研究员以复兴学术,在这里很受尊重,受到所有人的爱戴),一直担任到1660年(王朝复辟)。

后来,他担任伦敦圣劳伦斯-朱里教堂牧师,……年担任约克郡的里彭教长。他朋友塞思·沃德神学博士被任命为埃克塞特主教,他成为埃克塞特教长。1668年,承蒙白金汉公爵乔治关照,他被任命为切斯特主教,在这一教区深受爱戴。1672年,他死于结石病。

他遗赠给王家学会四百英镑(询问一下),要是有能力的话,他会捐赠更多。他读书并不太多,但生性爱沉思,爱动脑子,是个审慎而又有才华的人。他是索尔兹伯里主教大人塞思最亲密的朋友之一。他长得强壮有力,身材好,宽肩膀,性格开朗,热情友好。

他是实验科学(培根大人的思想)在牛津的主要复兴者,在这里每周都举行实验科学聚会,从1649年开始,是王家学会的摇篮。他来到伦敦后,他们在奇普赛德的牛头酒馆聚会(如1658年、1659年及以后),后来人太多,容纳不下了,才来到格雷沙姆学院的客厅。

威尔金斯主教:八开纸的小画像最像他。

---

① 即1648年,三十年战争结束时。

著作:《月亮上的世界》;《敏捷的密使》;《祈祷和布道艺术》;《数学魔术》,题献给选帝侯殿下,刊印于……;《真正的品质》,伦敦,刊印于……

最后一部是他最喜爱的。最让他痛苦的事,莫过于他临死时没有把它完成。再过一年,就会由格雷沙姆学院的罗伯托·胡克先生、萨默塞特郡切多伊的神学士安德鲁·帕斯卡尔先生、伦敦商人弗朗西斯·洛德威克先生、埃塞克斯的王家学会会员约翰·雷先生、沃德姆学院的文学硕士托马斯·皮戈特先生将其完成了,他们关心这件事,对其进行了研究。

他埋葬在圣劳伦斯……教堂高坛东北头,离墙不远,将来会刻上铭文来纪念他。

卢修斯·卡里

Lucius Cary

1609/10—1643

福克兰第二任子爵,爱尔兰总督、福克兰第一任子爵亨利·卡里爵士的长子,母亲是财务法院首席法官劳伦斯·坦菲尔德爵士的女儿和继承人。卢修斯·卡里通过这位外公,得到了牛津郡的大克斯图(以前是雷恩斯福德家的)和牛津郡的伯福德隐修院,他把隐修院卖给了长期议会议长伦撒尔。

卢修斯·卡里出生于……在爱尔兰的都柏林大学接受教育。他外出旅行,有一个很谨慎的绅士……先生当他的管事,卡里至死都一直尊重他。

他娶了理查德·莫里森爵士的女儿莱蒂斯为妻,生了两个儿子,长子活到成年,死后无嗣,次子就是现任福克兰大人的父亲。

莱蒂斯是位贤惠、虔诚的夫人,你可以从她的传记中看出来,传记写于1649年或1650年,作者为神学博士约翰·邓科姆。

我要讲一个有意思的故事,是三一学院的威廉·霍克斯告诉我的,霍克斯和我前面提到的那个管事很熟识。那个管事告诉霍克斯,这位夫人(以女人的方式)对苗圃培育工作很感兴趣,她要是想为手下的女仆(护工等)向大人要些东西,她不会亲自去(如果她能克制自己的

话),而是让这位绅士去找大人张口要。大人名下只有一点产业,老绅士就说:

"夫人,向大人提出这样的要求太不合理了,我相信他是绝对不会答应的。"

有一次,她要以每年少收二十英镑的价格出租一块地。最终她不能说服他,就说:

"尽管是这样,我向你保证,我能得到大人的同意,我只要流几滴眼泪就行了。"

她的话得到了证实。这位极聪明的人,当时最为通情达理、最能明辨是非的人,最终被她的眼泪征服了(我推测,亲吻和偷偷地拥抱也起了作用),这位虔诚的夫人还是让可怜的大人答应了她那不合理的要求。

> 说真的,这些话都是鳄鱼的眼泪,
> 这样表达出的悲伤,我很难阻止。
>
> ——《宦官泰伦斯》,第一幕,第一场

福克兰大人年轻时很难管束,也很爱捣乱,比如说动不动就拿刀子伤人。但他不久就学规矩了,成为非常勤奋的学生。我听拉尔夫·巴瑟斯特博士说,大人小时候住在考文垂(当时他在那里有一座房子),常常在书房里学习到很晚(和大人住在一起的有一个女仆,曾和他父亲住在一起),多次到当地学校的图书馆里去(有欧几里得的《和音》,由菲利蒙·霍兰亲笔誊写,用一种非常漂亮的希腊字体。他是这里的校长)。

当时(在英格兰)流行的学习科目是诗歌,还有与罗马教会的争执。大人的母亲是个狂热的罗马天主教徒,非常想让儿子也信奉她这一教派。这时,她儿子努力寻找真理,最终并没有皈依罗马教会,而是选择了波兰教派,我指的是索齐尼教派。他是英格兰第一个索齐尼派教徒。默顿学院的克雷西博士(爱尔兰的雷林教长,后来成为本笃会修士)当时和大人很熟识。他在塞缪尔·库珀家(1669年)对我说,他本人是第一个购买索齐尼著作的,不久以后,福克兰大人去找他时,看见了这些著作,马上就要借走看,看后非常喜爱并感到很满意,从此以后就皈依了这一教派。

大人经常住在克斯图,那是一个很宜人的地方,离牛津大约12英里。大人认识这所大学里最有才华的学者,他的府邸就像一所学院,学者济济一堂。牛津三一学院的威廉·奇林沃思先生(后来为神学博士)是他最亲密、最喜爱的人,和他待在一起的次数最多。其次我认为(如果并不相当的话)是默顿学院的约翰·厄尔斯先生(《人物》的作者)。

基督堂学院的埃格莱昂比博士也很受他的尊重。他的专职牧师查尔斯·加塔克尔(雷德里夫作家托马斯·加塔克尔之子)是个很有才华的年轻绅士,但不是作家。在当地有学问的绅士中,他认识的有……(埃文河畔斯特拉特福附近,问问托马斯·马里埃特)的亨利·雷恩斯福德爵士、威特尼教区卡斯韦尔的弗朗西斯·温曼爵士、旅行家和翻译家桑兹先生(温曼夫人的叔叔)、本·琼森(参见《琼森纪念册》,里面有他写的诗,查尔斯·加塔克尔大人对我说,是他起的名字)、埃德蒙·沃勒先生、托马斯·霍布斯先生,还有那一段和平时期所有最优秀的才子。

内战期间,他效忠于国王查理一世。埃奇希尔战役之后,国王任命他为首席国务大臣(还有爱德华·尼古拉爵士)。他以足够的智慧和谨慎履行了职责,只是他的建议让国王运气不佳,他劝国王(在迪韦齐斯附近的朗德韦高地大捷和占领布里斯托尔之后)围攻格洛斯特,遭到无比警惕的长官马西上校和勤奋小心的士兵与平民(男女都有)的勇敢抵抗,极大地削弱了国王的兵力,成为国王失败的主要原因。参见霍布斯先生,164×年。从此以后,国王的一切都每况愈下。

1643年的纽伯里战役,福克兰大人就在现场。他无事可做,决定进攻。两军激战时,他像个疯子一样(当时他就是个疯子)骑马来到两军中间,结果中弹身亡(他必须中弹)。一些极善谈吐的政治家和绅士想知道他这样疯狂送命的原因,认为是他对自己给主子提了不幸的建议后感到内疚,这一建议前面已经提到。但那些最了解他的人向我透露了消息,所以我知道事情的内幕(如他们所说)。他对宫中一个漂亮的女士莫里夫人的死亡感到悲伤,莫里夫人是他的情妇,他爱她超过所有的人,这才是他疯狂死亡的真正原因,这在前面已经提到过。没有一个大才子没有疯狂的时候。[①]

第二天,他们去埋葬死者时,找不到大人的遗体了,遗体被剥光了衣服,践踏得血肉模糊了。有个人在他卧室里服侍过他,就到死人堆里去辨认。大人脖子上有一颗痣,就凭这一标志把他找到了。他被埋葬在前面提到的大克斯图,但我记得没有立碑,询问一下是否有铭文。

餐厅里有他一幅全身像,很像他(由教我绘画的雅各布·德韦尔克绘制)。他个头不高,力量不大,头发稍黑,细长下垂。我记得他眼睛是黑色的。厄尔斯博士不让他成为一个好诗人,尽管是一个大才子。他写的诗并不悦耳,但很有意义。他写了……

他在赫特福德郡的……有一座庄园,(我记得)内战之前不久被莫里森卖掉了。

[①] 语出塞内加:《心平气和》,17,10。

约翰·沃利斯
John Wallis
1616—1703

神学博士,1616年出生于肯特郡的阿什福德,父亲是当地的牧师,他在这里上学。

他十六岁时被录取到剑桥大学以马内利学院,"他是这里的本科生,然后是同一所大学王后学院的研究员"(奥特雷德先生《数学题解·序言》)。……年成为文学学士,……年成为文学硕士。他是个好学生,但直到二十多岁才开始学数学。

他生涯中一个值得关注的事件,是他见证了劳德(坎特伯雷大主教)受审,劳德将罗马天主教的新制度引入剑桥大学。参见1646年刊印的《坎特伯雷法规》第73页和其他地方。他生涯中第一个值得关注的事件,是他破译了国王查理一世的一批书信,这些书信是在内斯比战役中缴获的,这本书叫作《国王的密室打开了》,刊印于伦敦……

……年,他成为威廉·奥特雷德先生的学生。1649年,议会巡查①以后,他来到牛津,担任萨维尔几何学教授。他是王家学会会员。他和马姆斯伯里的托马斯·霍布斯先生争执不下,二人的水星肯定是不和

---

① 议会派专员去清除两所大学里的保王党分子或同情高教会的人。

或相冲。

1657年,他(以不正当手段)当选为牛津大学档案保管员,当时朱什博士获得了多数人的支持,但因为朱什博士是个不满分子①,就让他靠边站了(沃利斯博士公开抗议,说朱什博士说过奥利弗的坏话)。但萨维尔教授再担任另外一个职务,就公然违反了亨利·萨维尔爵士所制定的章程,再想望别的是不行的。如果再担任其他职务,他就是发了假誓。然而沃利斯博士还是获准担任了另一个职务。

1654年,他在牛津参加学位授予典礼,获得博士学位,成为复费生(花费二百英镑②),只是为了要压塞思·沃德博士一头,沃德拿学位比他早大约一年。1660年,沃德博士被任命为埃克塞特教长,第二年升任埃克塞特主教。这样一来,沃利斯博士的二百英镑算是白扔了。主教塞思·沃德声称,他兄弟沃利斯遭受了二百英镑的损失,他为此而感到不安。

他写过好几篇论文,而且写得很好,说句公道话,完全应该得到学术界的奖赏,也许没有哪一位数学作家能像他那样配得上学术界的奖赏。

可以肯定的是,他是一个真正有本领的人,可以凭自己的能力获得荣誉,不必靠他人来出名。而他对名誉的贪念极强,不惜偷别人的羽毛来装饰自己的帽子。比如说,他密切注意克里斯托弗·雷恩爵士、罗伯特·胡克先生、威廉·霍尔德博士等人的谈话,把他们的想法记在笔记本里,然后刊印出来,只字不提作者的名字。这种事经常发生,他们都有怨言。

---

① 指当时支持国王、反对议会的人。
② 拥有财产且年收入超过三百英镑的学位候选人,要缴纳这笔额外费用,比获得普通学位的人地位高。

不过他虽然伤害了原创者,但他把这些奇妙的想法发表出来,却对学术有好处,原作者(尤其是克里斯托弗·雷恩爵士)本人也许永远没有闲工夫将其写下来。

奥特雷德先生的《数学题解》在牛津付印时(第三版,有增补),作者奥特雷德先生在序言里提到他教过的几个年轻数学家的优秀品质,其中包括约翰·沃利斯,说沃利斯对奥特雷德先生很好,不辞辛劳地校对书稿,老先生怀着敬意表示感谢。奥特雷德先生还列举了沃利斯的头衔和爱好:

> 一个聪明、虔诚、勤奋的人,精通所有深奥难懂的文献,对数学、对破译最为复杂的用密码写作的作品最有领悟力(这是一种极为玄妙的论证),取得了惊人的成功。

最后有关密码的这一部分,是由沃利斯博士自己添加进去的,书印出来之后,老先生一看大为恼火,说他本以为对沃利斯的赞扬已经足够了,沃利斯也应该知足了。

他娶了……在肯特有一处很大的庄园……他只有两个女儿,都是漂亮的年轻淑女,其中一个嫁给了……米德尔顿-切尼的布伦考先生。

他住在牛津新学院附近一座建得很漂亮的房子里,是当地一名治安官,在167×年、1679年、1680年连任。

托马斯·艾伦
Thomas Allen
1542—1632

出生于斯塔福德郡。德意志人西奥多·哈克先生是王家学会会员,1626 年来到牛津格洛斯特学院,认识这位博学可敬的老先生。他认为艾伦死于 1630 年前后,享年大约九十六岁。

博学的埃德蒙·雷诺兹博士成为天主教徒,促使他改宗的是他兄弟,也就是博学的约翰·雷诺兹博士,基督圣体学院院长,当时也是格洛斯特学院的。兄弟二人年龄相仿,在一年之内相继去世,二人的葬礼艾伦先生都参加了。艾伦先生到大厅聚餐,但雷诺兹先生让人把饭送到他寝室里。

哈克先生说,艾伦先生是个整天乐呵呵的人,爱和人开玩笑,每个人都喜欢和他交往,每逢节日聚餐,每个学院都愿意邀请他。

应拉尔夫·凯特尔博士的请求,有人为艾伦先生画了像,挂在牛津三一学院院长的餐室里(艾伦最初就是这个学院的,在这里接受的教育)。从画像上可以看出,他是个英俊、面色红润的人,身材极好。

《莱斯特共同体》里提到他,说了不起的莱斯特伯爵达德利曾利用他来算命,他是当时最好的占星家。他写了很多论文,对开本,评论托勒密的四部主要著作,伊莱亚斯·阿什莫尔有其漂亮的手稿,我希望将来能刊印出来。

在那个黑暗时代,占星家、数学家和巫师被认为是同类人,平民百姓肯定认为他是个巫师。他房间里有很多数学器具和玻璃器皿,这让那些愚昧无知的人更加相信自己的判断。他的工读生仆人(为了欺骗新手和头脑简单的人)总是告诉他们,说他有时候会碰到鬼怪上楼梯,就像蜜蜂一样。我们教区(金顿)的一个居民约翰·鲍尔也是格洛斯特学院的,这件事发生七十多年后,他把那位工读生的话告诉了我。现在对一些人来说,撒谎、欺骗轻信者是一种极为无耻的行为,而当年那位工读生却认为,为这样一位主子效劳是一种荣誉。

艾伦广为人知。每年暑假,他都骑着马到乡下,去看望老熟人和资助人。他学识渊博,再加上他那令人愉快的幽默,使他很受欢迎。

有一次,他在赫里福德郡的霍姆-莱西,在约翰·斯丘达莫尔先生(斯丘达莫尔勋爵的祖父)家里,不巧把表遗忘在寝室的窗台上了(表在当时是稀罕物)。几个女仆进来整理床铺,听见一样东西在表壳里嘀嗒嘀嗒响,马上断定那就是他的魔鬼,就用钳子夹住表带,将它扔到窗外护城河里了(将魔鬼淹死)。也真是凑巧,表带挂在了从河里长出来的一棵接骨木的小枝上,这就向她们证实了那就是魔鬼。这样一来,这位好心的老先生又得到了他的表。

凯内尔姆·迪格比爵士非常喜爱他,从他手里买来了他珍贵的藏书,把这些书送给了牛津大学。

我有他一本施蒂费尔的算术,我发现他读过多次,肯定完全掌握了。

他埋葬在三一学院的小礼拜堂(问问在哪里,我认为是在小礼拜堂外面),神学士乔治·巴瑟斯特用拉丁语在他葬礼上发表演讲,已经刊印出来。令人遗憾的是,他坟墓上面的石头上没有他的名字。

伊丽莎白女王召见他,倾听他对出现在天鹅座或仙后座(我记得是天鹅座)的一颗新星的意见,他以渊博的学识发表了自己的看法。

伊莱亚斯·阿什莫尔先生有托马斯·艾伦对托勒密《占星四书》第二、三卷的注释。

乔纳斯·莫尔爵士
Sir Jonas Moore
1617—1679

出生于兰开夏郡的怀特利,靠近达勒姆主教住所。他从小就喜欢数学,1647 年前后,几位好心的朋友(这几个朋友他在《算术》第一版前言里提到过)把他这本书题献给了……和埃德蒙·怀尔德先生,后来奥特雷德先生又更全面地训练他,然后他就教伦敦的绅士们,并以此为生。

他是达勒姆教区执事长伯吉尔博士手下的文书。这一主教辖区里的牧师米尔本让他学数学,并亲自教他。然后他来到伦敦中殿律师学院,在这里出版了他的《算术》,在斯坦诺普大街教这本书。之后他结交了贝德福德伯爵戈吉斯大人和托马斯·奇切利爵士,从事测量沼泽地的工作。这一信息来自舍伯恩上尉。

测量沼泽地的巨大水平面时,前面提到的怀尔德先生(他的学生,议会议员)对帮他找到这一测量工作起了很大作用,这促成了他的升迁。他被册封为骑士以来,我听他在好几位显贵面前表达他对怀尔德先生的感激之情,这也证明他是个心地善良的人。

[备忘]在测量沼泽地时,他观察了海水在海滩上留下的那条线,发现这条线不是直线(询问是什么线),由此挡住了诺福克的海水,赢得高

度赞誉。他是筑堤来阻挡和那条线在同一平面上的海水,那条线就是海水在海滩上留下的。别人都想不到这一办法,海水仍然会灌进来。

[备忘]他为奥利弗·克伦威尔制作了一个要塞模型,以控制伦敦城,模型在怀尔德先生手里。这一要塞后来成为圣保罗教堂的十字建筑。

国王复辟后,他被任命为王家军械署检查长,167×年获得骑士荣誉。他是个优秀数学家,一个大好人。

他又高又胖,薄皮肤,漂亮、明亮的灰眼睛。他从朴次茅斯到伦敦时死在戈达尔明……1679年9月2日埋葬在伦敦塔小礼拜堂,鸣礼炮六十响(与其寿数相等)。

他一直打算把他收藏的数学图书遗赠给王家学会,他是王家学会会员。但他死得突然,没有留下遗嘱,所以王家学会蒙受了重大损失。

1680年8月9日,他的独子乔纳斯在温莎荣升为骑士。"国王之所以很高兴地授予乔纳斯这一宠爱的标志,是因为他既考虑到乔纳斯本人的能力,也考虑到乔纳斯已故的父亲所提供的忠实服务。"(《伦敦报》,第1537号)但小乔纳斯爵士到老也没有成为老乔纳斯爵士,尽管《伦敦报》全是溢美之词。

[备忘]赖特先生为亨利王子制作了一个木天体仪,在小乔纳斯·莫尔爵士手里,告诉克里斯托弗·雷恩爵士把它要回来,交还给国王。

威廉·加斯科因先生(北方的,我记得是约克郡的)是个富有的人,一位最博学的绅士,内战中为国王战死沙场。他也是位大数学家,由耶稣会在罗马培养成才,教授了乔纳斯爵士很多数学知识。请向我们的朋友拉尔夫·谢尔登先生要他的纪念物,越多越好。他是他那个时代最有才艺的绅士之一。

我记得乔纳斯爵士对我们说过,一位耶稣会会士(我记得是罗马学院①的格林博格鲁斯)找到一种飞翔的方法,还让一个年轻人去表演。加斯科因先生把这一方法教给了一个爱尔兰男孩,这孩子飞越了兰开夏郡(或附近)的一条河。但他升到空中时,人们大喊大叫,孩子害了怕,掉落到河那边,把腿摔断了。他醒过来以后说,他以为人们看到了某种奇怪的幽灵,这一幻觉把他吓迷糊了。这事发生在1635年,两年后他在王家学会谈到在巴黎的飞翔时提到了它。参见《议事录》。

我记得我听乔纳斯爵士说过,他开始学数学时,通过阅读比林斯利的欧几里得(《几何原本》英译本)获益良多。比林斯利对《几何原本》第一卷四个命题的讲解极为清晰明白,让他第一次开了窍。

他坐骨神经痛,通过煮半边臀部的方式治好了。

约克公爵说:"数学家和医生不信宗教。"这句话传到了乔纳斯·莫尔爵士的耳朵里,他向约克公爵表示了敬意,并"衷心希望公爵大人也是个数学家"。这是因为有人怀疑约克公爵是个罗马天主教徒。

---

① 罗马学院是耶稣会创始人罗耀拉创办的一所学校,位于罗马。

托马斯·莫尔爵士
Sir Thomas More
约 1478—1535

大法官,其乡间别墅在切尔西(位于米德尔塞克斯),约翰·丹弗斯爵士的房子建在这里。约翰爵士卧室里的大理石壁炉台是托马斯·莫尔爵士卧室的壁炉台,这是约翰爵士亲口告诉我的。现在的大门装饰有两个宏伟的方尖塔,这一位置以前则矗立着一个门楼,平顶,上面铺着铅,从这里可以看到泰晤士河与远处田野里最宜人的景色。大法官莫尔经常来到这里消遣和沉思。

有一次,一个疯子来到他跟前,想把他从屋顶上扔下去,说:"跳下去,托马斯,跳下去。"

大法官穿着长袍,而且还是老式的,无法与这么一个壮汉搏斗。大人身边带了一条小狗,就对那人说:"咱先把这条狗扔下去吧,看看有什么好戏。"

然后他就把狗扔了下去。

"这很好玩儿,"大人说,"把狗弄上来,再来一次。"

疯子一下去,莫尔就关紧了门喊救命。从此以后,这扇门就一直关着。

[备忘]莫尔在其《乌托邦》里规定,年轻人在结婚之前见面时要赤

身裸体。有一天一大早,肯特郡埃尔塞姆的威廉·罗珀爵士来找莫尔,提出要娶他一个女儿。当时莫尔的两个女儿正在父亲卧室里的一张小矮床上睡觉。莫尔领着威廉爵士来到卧室,抓住被单的一角猛地掀掉。两个女儿正仰面躺着,内衣一直掀到胳肢窝下面。二人惊醒了,马上翻身趴在床上。罗珀说:"两边我都看到了。"

他选中了一个,轻轻地拍着她的屁股说:"这个是我的。"

求婚就这样结束了。这件事我是听我尊敬的老朋友廷代尔夫人说的,她祖父威廉·斯塔福德爵士是这位威廉·罗珀爵士的熟人,罗珀把这件事告诉了她祖父。

这位威廉·罗珀爵士(坦哈姆大人是其后裔)有托马斯·莫尔爵士夫妇及其所有子女的全家福像,那是汉斯·霍尔拜因[①]画的,挂在前面提到的他在肯特郡的家里。但1675年前后,这幅画被作为珍品送给了国王查理二世,挂在了怀特霍尔宫里。

他谈话极为诙谐。一天夜里他骑着马,突然在自己身上画了一个大十字,高声叫道:"耶稣,玛利亚!您没看见天上那条巨龙吗?"

所有人都仰面朝天,这个人没看见,那个人也没看见。后来一个人看见了,到最后所有人都看见了。实际上连个影子也没有,是他让人想象出来的。

莫尔被斩首以后,他的躯干被埋葬在切尔西教堂,靠近南墙中间,立了一个小纪念碑,时间一长也旧了。1644年前后,切尔西的……劳伦斯爵士(不是他的亲戚)自己出资,为他立了一通漂亮的大理石纪念碑,上面刻有碑文。

莫尔的头颅挂在伦敦桥上。他家里流传有这一说法:有一天,他一

---

① 德意志画家,到英国后被亨利八世聘为御前画师。

个女儿从桥下路过,看着桥上她父亲的头颅说:"这颗头颅多次枕在我腿上,我走到头下面时,愿上帝让它还落到我腿上。"

她如愿以偿,头就是落到了她腿上,现在保存在坎特伯雷大教堂的灵堂里。

托马斯爵士的后人有赫里福德郡奇尔斯顿的莫尔先生,他那里有大量珍品,(内战期间)被士兵们抢走了,其中有托马斯爵士的下颌,他们作为圣物来保存。窃以为这么长时间过去了,他还没有被封为圣徒,真是奇怪,他为教会赢得了很高的荣誉。①

[备忘]托马斯·莫尔爵士的父亲在赫特福德郡的格宾斯有一幢别墅,现在仍属于他们家,其家人仍然是天主教徒。莫尔是否出生在这里,说法不一。这一信息来自索尔兹伯里主教塞思·沃德。

[备忘]白金汉郡贝西尔斯-莱的约翰·伦撒尔爵士家客厅里,有一幅托马斯爵士及其父母、妻子和孩子的画像原件,由汉斯·霍尔拜因绘制。上面有一段金字铭文,大约六十行,我让沃德姆学院的托马斯·皮戈特先生抄了下来,他抄得非常仔细。向他索要抄件。

[备忘]参见伊拉斯谟《书信集》后半部分,安特卫普版,八开本,第503、504、505页,有一篇为托马斯·莫尔爵士撰写的墓志铭,还有一篇他夫人的墓志铭,我认为墓碑从来也没有立起来,但一定要得到一份他画像下面的铭文抄件,还有他家人的铭文抄件,在巴塞尔斯雷,托马斯·皮戈特先生有。只有他能帮你得到,里面有对这一家人的评论,其他地方都没有。

---

① 莫尔在世时曾参与宗教迫害,身后一直有非议,这可能是他死后四百年才被封圣的原因。但教会官方一直没有说明。

约翰·格朗特
John Graunt
1620—1674

上尉,后来是少校,出生于1620年4月24日,星期一,早上差半个小时不到八点。当天十二点,星座在双子座九度。

他是亨利·格朗特的儿子,亨利出生于1592年1月18日,星期二夜里,死于1661年或1662年3月21日,星期五,凌晨一点到两点之间,埋葬在康希尔圣米迦勒教堂新礼拜堂的灵堂。亨利出生于汉普郡的……他儿子约翰出生于伦敦伯钦巷的七星,位于康希尔的圣米迦勒教区。

他精心撰写了《死亡清单观察资料》,但我认为他受到好友威廉·佩蒂爵士的指点,而且我也知道一部分情况,刊印以后他又进行一些补充。如果他还活着,他打算写出更多这一题材的作品。

他还写了《消费税增长的观察资料》,没有刊印。向他遗孀要这些资料。

说句公道话,他是个很有聪明才智、很勤奋的人,受到普遍爱戴,一大早店铺开门之前,他就起身到书房里去。他是个讨人喜爱的伙伴,诙谐,很好客,通晓拉丁语和法语。

他以清教徒的方式培养成人(当时的时尚如此),能熟练地速记,经过多年不停地聆听和记录布道词,他开始购买和阅读最好的索齐尼教派的书籍,有好几年时间一直持有这一教派的观点,最后大约在……成为罗马天主教徒,至死都狂热地信奉罗马天主教。

一个受到普遍爱戴的人,一个忠实的朋友。他精明、公正,经常被推选为仲裁人,是个了不起的调解人。他有非常好使的脑子,谈起话来诙谐、滔滔不绝。

他破产了。

他享有布商行会的特权,论职业是个卖零星服饰用品的商人,担任过伦敦城的所有职务,升至市议会委员。他任市议会委员两年,然后因为宗教信仰而被除名。任武工队上尉好几年,任少校两三年,然后就放弃经商和所有公职,以罗马天主教徒的身份,一心从事宗教活动。

1663年前后,他成为王家学会会员。

他死于1674年复活节前夕,复活节周的星期三埋葬在舰队街的圣邓斯坦教堂,在楼座下面,大约在北侧中间或更靠西一点,享年五十四岁。

他有一个儿子,已成年,死于波斯;还有个女儿,我记得是修女,在佛兰德的根特出家。他的遗孀还健在。

他是我值得敬重的朋友。愿上帝宽恕他的灵魂,阿门。

他的去世让所有幸运地认识他的好人都感到悲痛,很多有才华的人都护送他到墓地,在这些流着眼泪的人中,有那位才华横溢的艺术品大鉴赏家威廉·佩蒂爵士,他亲密的老相识,一度是布拉斯诺斯学院的学生。

托马斯·布谢尔
Thomas Bushell
1594—1674

是……郡的人,出生于……

他是服侍大法官培根大人的侍从之一,当时的侍从时兴用扣子来装饰服装。培根大人当时已经失宠,其侍从布谢尔斗篷上的扣子比平常还要多。人们就说,培根大人的屁股做扣子,布谢尔穿在身上,此后大家都叫他"扣子布谢尔"。

他只是一个英语学者(也就是不懂拉丁语),但很有才华,爱动脑子,好沉思,培根大人很喜欢他。他的才能主要在自然哲学方面,尤其是在威尔士卡迪根郡等地银矿的发现、排水和改进上。

他用一种我所听说过的最奇特的方法来诱惑人(甚至是小心谨慎的人)参加他的工程项目。他的舌头就是个符咒,把很多人吸引过来参加他的计划项目,结果也毁了一些人。

布谢尔先生(也许)是世界上最大的负债大师(比如说牛津郡……的古德耶尔先生就毁在他手里),到死时负债十二万英镑。他活得时间长,结果他的债都被人忘记了,成了债主的重孙子。

他写了一篇装订起来的论文,论述矿井和改善矿井入口,还有用风箱吹风等问题,在他的熟人约翰·丹弗斯爵士手里,丹弗斯将这篇论文和一份计划一起,钉在切尔西他家客厅的墙上,我相信现在仍然在那里,大约十年前我在那里看见过。

内战期间,他住在伦迪岛。1647年或1648年,他来到英格兰。在切斯特上岸时,他身上只有一枚西班牙三便士硬币(这一信息我是从大克斯图的一个绅士那里听说的,是布谢尔告诉他的)。他说:"我要是能像个穷人那样讨到一便士,就很满意了。"

那时他说他欠了钱,我忘了是五万英镑还是六万英镑了。但他就像凯内尔姆·迪格比爵士那样,即便手头连四便士都没有,走到哪里都能得到尊敬和信任。

[备忘]他的主子大法官大人死后,他结了婚,住在牛津郡的恩斯顿。他在这里有一些地,位于朝南的一个山坡上,山脚下有一条清澈的小河,河床已经石化,有个宜人的僻静处。他吩咐其仆人杰克·西德纳姆,让他找一个劳工,把长在山坡上的灌木丛清理一下,再在山上挖个洞,可以坐在里面阅读或沉思默想。杰克·西德纳姆以前和查尔斯·斯内尔爵士一起住在金顿-圣迈克尔。他常常抱住我,一个举止得体的仆人,是他告诉了我这件事。

这个劳工干了不到一个小时,就发现了一块石头,而且是一块不同寻常的石头,带有冰柱状的垂饰,就像在伍基洞(萨默塞特郡)里发现的一样,当时正修建那个精美的洞穴和漂亮的人行道。天气好的时候,他会整夜在这里散步。杰克·西德纳姆很少唱歌,另一个仆人巴蒂先生也是这样。他们穿衣服很绅士,布谢尔喜爱他们就像喜爱亲儿子一样。他不拖累妻子,而是自己在这个天堂里尽情享受,直到战争爆发,他去了伦迪岛。

大约在1650年,他做了某件事(我忘记是什么事了)得罪了议会或奥利弗·克伦威尔,如果抓住他的话,非把他绞死不可。他刊印了几封信，从海外寄给了议会。

这一时期，他一直隐居在兰贝斯沼泽地的家里，也就是方尖塔所在的地方。那里的顶楼上有一条长廊，全被他装饰成黑色，还画有死人头和死人骨头。在放有长沙发的一端，一个破旧的哥特式壁龛（像一个旧碑）里，绘有一具骷髅躺在一领席上。另一端是他一张小床，有一个形容枯槁的死人伸展着躯体。这里他写有几句禁欲的箴言（尽可能仿效其主子培根大人），往窗外看是一幅宜人的景象。夜里他在花园和果园里散步。只有西德纳姆先生和一个可靠的老妪知道他在英格兰。他死于 1676 年或 1677 年，问问死在哪里，享年八十岁。

他死在苏格兰场，怀特霍尔附近，1675 年前后或 1677 年。贵格会教徒比奇先生能告诉我确切情况。

布谢尔先生有一个女儿，嫁给了布里斯托尔的一个商人……

我在前面提到的兰贝思他家里见到他时，他是个英俊、体面的绅士，大约七十岁，但看上去简直不到六十岁。他有一副完美健康的体格，精神饱满，面色红润，鹰钩鼻，性情温和。

他有负债的本领，所以有时受到攻击，遭到监禁，但他能莫名其妙地脱身出狱。（他是否活到王朝复辟我记不太清楚了，但他活到那个时候了，或很接近了，我记得是死于伦敦。威廉·达格代尔爵士知道。问问裁缝沃茨先生。）他死于大约三年以前，也就是 1677 年前后，埋葬在……

［备忘］内战期间，他在恩斯顿岩石上的隐居处悬挂着黑呢，床上有黑幔等物，但没有床柱，而是用四根绳子吊着来代替床柱，绳上覆盖着黑呢。王太后来到牛津看国王时，带来了（我记得是这样）一具完整的埃及木乃伊，或是由别人给她的。这是珍稀之物，王太后把它送给了布谢尔先生。但我认为那里很潮湿，早就发霉毁坏了。

〔备忘〕下面的洞穴朝向正南,这样转动一个龙头,就能人工制造降雨,还能看见一道彩虹。岩石对面,离得很近的地方,有一个小水池(只有一个脸盆大小),里面矗立着(1643年8月8日)一尊海神尼普顿的雕像,用木头精雕而成,手里拿着三叉戟,指向一只鸭子,鸭子一直绕着他转,后面跟着一条游着的小狗,很漂亮,但早就毁坏了。

我听说这件物品现在在罗切斯特伯爵手里,保管得很好。

他在恩斯顿款待亨利埃塔·玛丽亚王后(查理一世之妻)是在1636年。插入,也就是插进我的书里(杰克·西德纳姆给我外祖父艾萨克·莱特的那一本),插在这个地方……牛津基督堂学院的古多尔作曲,我记得由基督堂学院的一个学生演唱,名字我忘记了。

布谢尔先生(也许)是世界上最大的负债大师,死时背负着十二万英镑的债。他有一套非常老练的办法,让其工程项目具有吸引力,让人家觉得切实可行、有利可图,结果被他引诱上钩的不仅有毫无城府的富人,甚至有当地最狡诈的无赖,那些曾经骗过人、毁了别人前程的人,比如说古德耶尔先生,这个人就毁过尼古拉·米斯先生的父亲等人。

在苏格兰场门房诺顿上尉那里住了一段时间(也许是几年),七年前死在了那里,享年大约八十岁,(现在是1684年)埋在威斯敏斯特大教堂的小回廊里。有人在石头上写了"B. B."。这一消息来自贵格会教徒比奇先生。

埃德蒙·怀尔德先生说,布谢尔拧开了威尔士……斯诺登山上的水,这样很可能将当地全都淹没,他们很可能打他的头,打他侍从的头。

〔备忘〕他发明了一种很精巧的鼓风装置,可以把新鲜空气吹到矿井里。问问贵格会教徒比奇先生有没有刊印出来的书,或是在哪里能找到。他给了约翰·丹弗斯爵士一本,被钉在客厅里的护墙板上。大约有八张。

问问普洛特博士(《牛津郡的古迹》一书的作者)几年前我给他的那本书,书里有歌曲,有布谢尔先生在他的岩石上款待亨利埃塔·玛丽亚王后的娱乐节目。要是他没有,也许安东尼·伍德先生有。

约翰·帕特里奇
John Partridge
1644—1715

占星家,帕特里奇先生的儿子(老先生 1680 年时还健在,是萨里郡帕特尼一个老实的船工)。

据他的天象图,他出生于 1644 年 1 月 18 日,在伦敦范围之内。

他学会了阅读,也会一点写作,只学到"现在时"就不学了。

他是一个制鞋匠的签约徒弟,被严格要求从事这一职业。

十八岁那年,他得到一本利利的《语法》、一本戈德曼的《词典》、一本拉丁文《圣经》、一本奥维德的《变形记》。

他身体极为健康,生活很有节制,不知疲倦地工作,只睡……个小时。

……年以后,他就熟练掌握了拉丁语,足以阅读任何占星术方面的书,很快成为一个熟练的占星家。然后他又学习希腊语,也学习希伯来语,对这两种语言他都不陌生。然后他又学习优秀的医书,打算以行医为业,但至今(1680 年)还是科芬园里的鞋匠。

詹姆斯·哈林顿
James Harrington
1611—1677

  他出生于 1611 年 1 月的第一个星期五,北安普敦郡附近,是林肯郡兰德的塞普科茨·哈林顿爵士的儿子,母亲是……塞缪尔爵士的……女儿,……年出生于……北安普敦郡……塞缪尔爵士家。

  他是牛津三一学院的自费生,游历过法兰西、意大利和荷兰。他的才能主要在政治和民主政府方面。

  他很受波希米亚王后(詹姆斯一世的女儿伊丽莎白公主)的尊重。这位王后由哈林顿夫人培养成人,对这一家的好意心存感激。

  1647 年,如果不是 1646 年的话,他遵照议会的命令,成为国王的内侍之一,在霍姆比等地。国王喜欢他伴驾,只是无法忍受他讲共和,而哈林顿先生极为喜爱国王。哈林顿先生和国王经常辩论政府问题。国王被斩首时,他和国王一起在断头台上。在这些会议(轮值俱乐部的会议,见下文)上,我经常听他谈起国王查理一世,热情洋溢,十分动容。国王之死让他十分悲痛,并因此而染病,没有任何事对他的影响有这么大。

  [备忘]旅行家赫伯特先生是议会指定的另一个内侍,也和国王一起在断头台上,这两个人国王都看了几眼。

他几次尝试着写诗,也就是情诗等,并翻译了维吉尔的《埃涅阿斯纪》第……卷,但诗艺不精。亨利·内维尔先生,一个有才华、有教养的绅士,众议院议员,优秀诗人(但含而不露),他非常熟悉、非常信任的朋友,劝他不要摆弄诗,他这样做违背了密涅瓦①的意愿。内维尔先生劝他发挥长处,也就是思考政治问题,他就写了《大洋国》,(1656年)在伦敦刊印。托马斯·霍布斯先生常说,亨利·内维尔管了一档子闲事,这话说得很对。这篇精彩的论文,加上他和内维尔的精彩谈话和谩骂,让很多人改变了政治信仰,他们每天都在咖啡馆里。

　　1659年,秋季学期开始时,他每天晚上都参加在(当时的)"饰结"举行的聚会,位于新宫院,在这里喝水,在邻近台阶的迈尔斯家,有一张专门做的大椭圆桌,中间有一条通道,由迈尔斯端送咖啡。围着桌子坐着哈林顿的门徒和艺术鉴赏家。这种交谈在我所听到的谈话中,或期待听到的谈话中最有思想性,而且听过之后就急于讨论。连议会里的辩论与之相比,也毫无趣味可言。

　　他出版了一本小册子(四开本),叫《人民政府的不同模式》,由丹尼尔·帕克曼刊印。随后他的小团体又想让他刊印另一本小册子《轮值俱乐部》,四开本。

　　这里我们有(非常正式的)一个投票箱,通过试验方式来投票决定事情该怎么办。每天晚上房间里都挤满了人,我无法清点总人数。一位有才华的年轻绅士、约翰·弥尔顿的学生西里亚克·斯金纳先生是主席。有亨利·内维尔先生、约翰·怀尔德曼少校、斯塔福德郡……的伍尔西利先生、爱德华·科克爵士的孙子罗杰·科克先生、威廉·波尔特尼爵士(主席)、约翰·霍斯金斯爵士、约翰·奥布里、马克西米利

----
① 罗马神话中司艺术的女神。

安·佩蒂先生(在这些事务上一个很有能力的人,不止一次使全体与会者转向他的亲戚奥利弗·克伦威尔)、迈克尔·马利特先生、格恩西的卡特雷特先生、商人克拉多克、亨利·福德先生、文纳少校、爱德华·巴格肖先生、托马斯·马里埃特先生、医学博士克鲁恩,其他还有很多人我已忘记了。

除了这些人,还有几个旁听者,如蒂尔康奈尔大人(伯爵)、约翰·彭鲁多克爵士、约翰·伯肯黑德爵士,还有我本人。斯塔福德先生等人,反对者。几个士兵(军官)。①

我们多次转移到里尼什酒馆。有一次,斯塔福德先生及其一帮人从酒馆里喝得醉醺醺的来了,公开侮辱与会的人。几个士兵要把他们踢到楼下去,但哈林顿先生的克制和劝阻制止了这一行为。斯塔福德先生制造了一通混乱,撕毁了会议记录。

他们的信条很有迷惑力。人们预见不到国王回来的可能性,就更加有迷惑力。但绝大多数议会议员根本不喜欢这种"靠投票选举来轮流执政"的设计,他们都是该死的残暴成性的人,留恋手中的权力,要是接受了这种方式,他们就得死,除八个或十个人之外。亨利·内维尔在下议院提议,并向他们说明,要是不接受这一政府模式,他们注定要完蛋。上帝要毁掉谁,就让谁先发疯。

终身议员的傲慢是难以容忍的,他们能够把任何不喜欢的人碾成粉末。他们遭到军队和他们所代表的地区的痛恨,其名字和名声令人厌恶,简直比暴政还要糟糕。

这种轮流模式是:上议院成员中,每年有三分之一的人通过投票轮换出去,这样每九年上议院成员就能全部换完;治安官任职不得超过三

---

① 约翰·霍斯金斯爵士、阿德恩教长等人不想让别人看到这些人的名字。

詹姆斯·哈林顿

年,而且全部由投票选出。除了这种选举方式,其他任何方式都不可能有这么公平。

那么,这次会议从 11 月、12 月、1 月一直持续到 2 月 20 日或 21 日,然后蒙克将军突然到来,形势急转直下,所有这些泡沫模式都破灭了。再这样做就不合适了,甚至成了背叛。但我清楚地记得哈林顿好几次(在散会时)说:

"噢,国王要回来了。让他来吧,召开一届由英格兰最大的保王党组成的议会。他们都是有家产的人,只要让他们任职七年,全都会变成共和派。"

他经常挑我们政体的毛病,而且言辞激烈。他讲了一个骑士的故事,这个骑士是他在意大利狂欢节上见到的。该骑士骑着一匹很驯服的马,只要他用脚指头一碰,马就会跳着转圈。他身上穿的衣服一边是西班牙样式的,另一边是法兰西样式的。同一个人突然变来变去,让观众感到惊喜。"就是这样,"他说,"我们也是如此。没有议会就是专制君主制,有了议会就会变成共和制。"

问问马维尔先生为他写的墓志铭在哪里。
罗伯特·伍德博士是轮值俱乐部成员。

有关詹姆斯·哈林顿先生的一张纸条

1660 年,他被监禁在伦敦塔一段时间,然后监禁在波特西城堡。蹲这两座监狱(他是个情绪高涨、脾气暴躁的人)成为他精神失常的直接原因。他疯得并不厉害,说起话来有板有眼,与人交往时爱开玩笑。但他逐渐产生一种幻觉,认为他的汗变成了苍蝇,有时候变成了蜜蜂,而在其他方面则清醒如常。

他让人建一座有多种用途的木屋,在哈特先生家花园里(圣詹姆斯猎园对面),以便进行试验。他会让木屋朝向太阳,他坐在对面,用狗尾草去追杀在那里发现的所有苍蝇和蜜蜂,随后关上窗户。这种试验现在只在天气暖和时做,有些苍蝇躲在各个角落里和布上(悬挂起来用来装饰的),不想马上显露出来。也许一刻钟以后,一两个或更多苍蝇可能由于暖和而从隐藏的洞洞里爬出来,于是他就大喊:"这些苍蝇明明是从我身上爬出来的,你没看见吗?"

这是我所见到的最离奇的一种精神失常。一转谈其他话题,他就妙语连珠,讨人喜爱。

……年,他娶了老情人戴雷尔夫人,一个标致素雅的女人。他印章上的格言是:爱的烈火永远在一起燃烧。

由于某种不宜公开的原因,他在风华正茂时不能与情人享受鱼水之欢,从来都不和她睡在一起,而是热烈地爱着她,赞赏她。他娶她时,她已人老珠黄、青春不再了。

他中等身材,粗壮有力,身材匀称,面色红润,敏锐、充满激情的淡褐色眼睛,浓密湿润的鬈发,从他画像上可以看出来。他说起话来很友善,诙谐,好客。

他去世之前在小奥姆布里(左侧一座漂亮的房子)住了二十多年(入狱期间除外),其住所朝向威斯敏斯特的教长院。楼上一层有他漂亮的廊台,朝向他平常就餐、沉思和抽烟的院子。

他的朋友有亨利·内维尔先生,此人至死也没有抛弃他。哈林顿死前虽然整整一年因病而失去了记忆和谈话能力(看到这样一种死法真是让人悲伤,这位我后来才认识的活泼可爱的豪侠),内维尔先生还是按时去拜访他,就像他这个朋友精神健全时那样,确实是一位真正的朋友,我永远也不能忘记他忠贞不渝的友谊。安德鲁·马维尔先生为他撰写了墓志铭。他舅舅……塞缪尔先生,其儿子威廉·塞缪尔先生是优秀建筑师,建了好几所漂亮房子,有罗伯特·亨利爵士的,有柴郡托马斯·格罗夫纳爵士的。还有托马斯·多尔曼爵士、罗杰·莱斯特兰奇先生、约翰·佩尔博士、约翰·奥布里。

他常说:"思考时正确推理才能有正确的行动,反过来也是这样。按照自然方式生活,就是有道德的生活,但牧师们不会允许这样做。牧师让我们高于道德一英寸,我们就会低于道德一厄尔[①]。"

下面的诗是他在……年写的:

> 自然状态从未这样原始,
> 依照规律栎树结出果实,
> 蜘蛛结网,桑蚕吐丝,
> 每种生物都有与生俱来的权利。
> 人必须是私生的!没有婚生的份儿!
> 如果理性不健全,怎么会有艺术?

安德鲁·马维尔先生为他撰写了很好的墓志铭,但可能会得罪人。

[①] 当时英国的长度单位,相当于四十五英寸。

有关轮值俱乐部的一张纸条

请记得查看一下詹姆斯·哈林顿先生的生平,看看我的修改。这是个哲学或政治俱乐部,绅士们夜里聚在一起闲谈政治问题,探讨投票方法。该俱乐部始于迈尔斯的咖啡馆,大约在秋季学期期中,蒙克将军回来后就停止活动了。

凯内尔姆·迪格比爵士
Sir Kenelm Digby
1603—1665

骑士,出生于6月(7月)11日,参见本·琼森第二卷:

> 见证了你在斯堪达隆的战斗,
> 那是你的生日:6月11日。

[备忘]首次印刷的八开本里是这样说的,但在对开本里是"我的",不是"你的"。

伊莱亚斯·阿什莫尔先生向我断言,从纳皮尔博士的两三张算命天宫图来看,本·琼森是错误的,是为了押韵才这么说。

在纳皮尔博士的算命天宫图上(在阿什莫尔先生手里),我发现凯内尔姆·迪格比爵士出生于1603年7月11日早晨5点40分,狮子宫向天顶上升,另一张天宫图上是早晨4点26分,巨蟹宫向天顶上升。另外还有两张巨蟹宫和狮子宫的天宫图。

他是埃弗拉德·迪格比爵士的长子,埃弗拉德爵士被认为是英格兰最漂亮的绅士。埃弗拉德在火药阴谋案中作为叛逆者而受到惩罚,但国王詹姆斯把他的财产归还给了他儿子和继承人。弗朗西斯·波特先生对我说,埃弗拉德爵士写有一本书叫《漂浮术》。我有一本他写的拉丁文书,八开本。

埃弗拉德爵士的二儿子是约翰·迪格比爵士,一个勇敢的绅士,英格兰最优秀的剑客之一,1644年前后在布里奇沃特为国王战死沙场。1647年,约翰·迪格比爵士(好像是在夏季下葬的)旁边的一座坟墓被挖开,发现他棺材上的花还是新鲜的,这是那年我听哈科特先生(被处死了)证实的。约翰爵士至死未婚。

凯内尔姆·迪格比爵士被认为是他那个时代最有才艺的骑士。1618年,他到牛津格洛斯特学院学习。博学的托马斯·艾伦先生(当时是这个学院的)常说,凯内尔姆是他那个时代米兰杜拉①式的奇人。我听我表亲惠特尼说,凯内尔姆没有被准许注册入学。

他和托马斯·艾伦先生友情深厚。凯内尔姆是不是艾伦先生的学生我不知道。艾伦先生是当时英国最博学的人物之一,也是个了不起的善本书收藏家。这些藏书被凯内尔姆爵士买了下来,艾伦先生在有生之年可以享用,艾伦先生身后再送给牛津大学图书馆,现在仍然在牛津大学图书馆。

他是个大旅行家,通晓十种或十二种语言。他不仅是优美明晰风格的大师,而且还写一手清秀的好字,既能写行书体,又能写罗马体。我见过他写给彭布罗克现任伯爵之父的书信,此人非常尊重他。

他长相非常漂亮,嗓音洪亮,谈吐得体,举止高雅。他就是从空中掉到世界上任何一个地方,都会受到别人尊重。但耶稣会不屑一顾地说,确实如此,但他在那里待的时间不能超过六个星期。他是亨利埃塔·玛丽亚(当时为王太后)派到教皇……那里的使节,在那里他一开

---

① 美第奇家族资助的佛罗伦萨新柏拉图学院的大才子。

始很受人称赞,但过一段时间之后就高傲起来,戏弄圣座,对圣座说谎话。教皇说他疯了。

他精通所有学科。他还有一个长处:比任何人都更能屈能伸,屈伸对他来说都无所谓。谁也没有他讲排场,但有时候他又落得只剩下一个仆人,马身上只有马披(骑一匹装备精良的马)。

他为人慷慨,对值得帮助的人很大方。亚伯拉罕·考利只有十三岁时,他就把一出叫作《爱之谜》的喜剧献给了他,并在献词最后说"抽打他的那根桦树条,最终会成为月桂枝"。凯内尔姆爵士对他非常好。

他在罗马时,有一次和圣座争辩(我认为是在他担任王太后玛丽亚驻教廷使节的时候)。

……年,他不顾母亲等人的反对,娶了那个大美女、交际花维妮夏·斯坦利夫人,多塞特伯爵理查德把她当情妇养着。她为多塞特伯爵生了孩子,伯爵每年赠予她五百英镑的年金。凯内尔姆·迪格比爵士和她结婚以后,这笔年金伯爵就不再支付了。(为这笔年金,凯内尔姆爵士对伯爵提起诉讼,把钱要了回来。)

凯内尔姆爵士常说,一个漂亮、强壮而又谨慎的男人,可以把妓女造就成贤妻。多塞特伯爵理查德每年都邀请她两口子一次,以火辣辣的目光看着她,只吻她的手,凯内尔姆爵士坐在一旁一动不动。这位夫人的行为无可指摘,不过(据说)凯内尔姆爵士嫉妒她。她死得很突然,铁石心肠的人(女人)常常严厉指摘他。

维妮夏死后,为了避开妒忌和流言蜚语,凯内尔姆爵士躲到伦敦的格雷沙姆学院,在那里以研究化学以及和教授们交谈来转移注意力。他在这里穿一件长丧服,戴一顶高帽,胡子也不刮,像个隐修士似的,以此来表达丧失爱妻的悲痛。他为妻子竖起一通豪华的墓碑,现在已被伦敦大火烧毁了。他在格雷沙姆学院住了两三年。

1643年,他因国王查理一世而被捕,被关押在温切斯特宫,在这里学习化学,制作人工宝石,写他的书《躯体与灵魂》,把这本书题献给了长子凯内尔姆,这个儿子(我认为)在霍兰伯爵起义(1648年7月)时被杀害。

163×年,查理一世统治时期,他在怀特霍尔宫的小礼拜堂领受圣餐,宣布皈依新教,让罗马天主教徒们十分反感,但后来他又反悔了。

位于霍尔博恩的那几座漂亮房子,在国王街和索瑟姆顿街之间(阻断了这两条街的连接),大约在1633年由凯内尔姆爵士所建,内战之前他就住在这里。查理二世复辟以后,他住在西边最后一座漂亮房子里,位于科芬园的北门廊,后来由登齐尔·霍利斯大人居住。他在这里有一间实验室。我认为他就死在这所房子里。还是要再问问。

他力大无比。我记得舍伯恩有个人(与布里斯托尔伯爵有亲戚关系)向我们断言,说他是中等个子,有一次坐在椅子上,凯内尔姆爵士只用一只胳膊,就连人带椅子全掳了起来。

他有无可争议的胆量,但丝毫也不会冒犯别人。他的谈话既妙趣横生,又没有恶意。

至于他在斯堪达隆的那场大战,请参见《土耳其史》。格拉摩根郡的爱德华·斯特拉德林爵士当时是副船长,他屋里有一幅凯内尔姆的漂亮画像,画的就是凯内尔姆当时的情景:他旁边是个破碎的浑天仪,下面写着"面对打击,他镇定自若"(贺拉斯)。

托马斯·怀特先生(1642年撰写了《三个世界的对话》),还有列日的耶稣会会士……霍尔先生,这两人都是他好朋友。

参见本·琼森(凯内尔姆是琼森的重要资助人)第二卷中精彩的诗作。165×年,在法兰西蒙彼利埃一个哲学家的聚会上,他发表一篇演讲《论同情的粉末》,现有印行的法文版,也有英文版(由詹姆斯·豪厄尔先生翻译)。他在王家学会会议开始时,发表有一篇演讲《论植物的生长》。

他出生时每年有三千英镑的收入。他家的祖居地(我记得)是白金汉郡的哥特-赫斯特,他在拉特兰郡也有一座漂亮的庄园。由于内战,再加上慷慨大方,他负了很多债。我不知道他是如何(他和当时唯一的儿子约翰闹翻了)将其财产转让给康沃利的。康沃利是个狡诈的律师,也是众议院议员,曾控告过约翰·迪格比先生。询问一下这件事的结果。

约翰·迪格比娶了现在的诺福克公爵亨利的妹妹……,她生下的孩子没有存活下来。他第二任妻子……福蒂斯丘,为他生下……

约翰·迪格比先生自己也有一座漂亮的庄园,日子过得相当不错。那个时候,为了您[①]的《牛津大学历史与古物》,我到他那里去过两三次。当时他拿给我一本大部头的书,有我见过的最大的教堂版《圣经》那么大,装订得也最为精美,有银浮雕,刻有纹章和羽饰(一只鸵鸟),一本精美的羊皮纸书稿。这是一本迪格比家族史,是凯内尔姆爵士制作的,或是他让别人制作的。凡是在任何地方能找到的和他们有关的任何资料,全都收入其中,有伦敦塔里的记录、案卷等,所有古代教堂里的墓碑,都由某位出类拔萃的艺术家绘成精美图画。他对我说,编纂这本书花了他父亲一千英镑。约翰·福蒂斯丘爵士说,他相信还不止一千英镑。约翰·迪格比先生出于好意,让我看了这本珍稀书稿,对我说:"我父亲所有的财产,在我手里只剩下这本书了。"

他差不多和他父亲一样高大,有他母亲脸上那种和蔼的神情。他由耶稣会培养出来,是个好学生。他死于……

---

① 奥布里的《名人小传》是为安东尼·伍德写的,这里他直接向伍德讲话。

参见……传记,看看凯内尔姆爵士是什么时候死的。

他写有美第奇家族宗教信仰观察资料。

约翰·霍斯金斯爵士告诉我,凯内尔姆·迪格比爵士确实把彼得罗纽斯·阿比特的作品①译成了英语。

凯内尔姆·迪格比爵士,著名骑士,语言学大师,艺术大师,出生于6月11日,死于6月11日,在斯堪达隆打仗也正好是6月11日。听听费拉尔先生为他撰写的墓志铭:

> 墓碑下安葬着无与伦比的迪格比,
> 伟大、勇敢、聪明的迪格比,
> 我们这个时代因他的杰出才华而精彩。
> 精通六种语言,掌握所有学科,
> 生死都在一天,6月11日,
> 那天他也在斯堪达隆英勇战斗,
> 他的生、死、胜利都在同一天,
> 这种事情实在罕见。

---

① 彼得罗纽斯的讽刺小说《萨迪利空》。

维妮夏·迪格比
Venetia Digby
1600—1633

牛津郡恩舍姆的爱德华·斯坦利爵士的女儿,一个最为妩媚动人的大美人。爱德华·斯坦利爵士是骑士托马斯·斯坦利爵士的儿子,托马斯·斯坦利爵士是德比伯爵爱德华的小儿子。她长大以后得到父亲的允许,与一个佃户和一些仆人一起,住在牛津郡的恩斯顿大教堂(她父亲的地产,或是德比伯爵的地产)。(该教堂西头有两座塔,就像韦尔斯或威斯敏斯特大教堂那样,1656年前后仍然矗立着。教堂的房间都用护壁板装饰,包括两侧和房顶)这地方虽然僻静,她的美貌好像还是藏不住。小鹰们瞄上了她,她有姿色,温顺而又文雅(卖弄是一大憾事)。

当时,多塞特伯爵理查德(财政大臣的长子和继承人)在英格兰贵族中生活最为奢华。他有三十个侍从,每年给每一位侍从五十英镑,另外还饲养马。乔治·维利尔斯(后来为白金汉公爵)以前也在他手下担任侍卫,但后来失去了这一职位。不到一个月,他变得比伯爵身份还要高,成了公爵,从此以后就对多塞特伯爵怀恨在心。这一信息来自萨内特伯爵夫人。

多塞特伯爵喜欢的玩乐之中,美女并非最不重要(塞缪尔·丹尼尔:"面如玫瑰,发如琥珀,禁在闺中无人诉说……")。这位大美女的名声很快就灌进了这位大人耳朵里,他毫不迟疑地去抓这样一个机会。

我忘了是谁第一个把她带到城里的,但我听舅舅丹弗斯说(舅舅和她是同龄人),经常有人向她求婚,而且都是大人物。一天夜里,有人用安色尔字体在她住所上写道:

请不要靠近,
维妮夏·斯坦利女士住在这里。

前面提到的多塞特伯爵是最狂热的求爱者,对她最为迷恋。她为他生了一个孩子,如果不是更多的话。他每年赠予她五百英镑的年金。①

在当时其他年轻的求婚者中,凯内尔姆·迪格比爵士与她逐渐熟识起来,热恋上了她,娶了她,违背了他母亲的良好意愿。但他常说:"一个聪明强壮的男人,能把妓女改造成贤妻。"埃德蒙·怀尔德爵士有她的画像(可以想象和她非常熟悉),这幅画现存伍斯特郡的德罗伊特威奇,在一家客栈里,现在是镇里开会的地方。珠宝商罗斯先生家也有一幅,在亨利埃塔街(科芬园),画像很漂亮,是她死后不久画的。

她有一张最为甜美可爱的脸庞,长着柔和的暗褐色头发,有完美健康的体格,强壮,皮肤好,身材匀称,很像个荡妇(非常接近)。她的脸呈短椭圆形,暗褐色的眉毛,看上去很柔和,眼皮张开的时候也是如此。她脸蛋的颜色就像是粉红色的玫瑰,既不太浓,也不太淡。她身材中等,不太高。

---

① 实际上可能是他兄弟爱德华赠的,1624 年爱德华接替他成为伯爵。

凯内尔姆爵士有好几幅她的肖像,由凡·戴克①等人绘制。他还用石膏塑造了她的手、脚、脸。

凡·戴克画的她那幅像,现在保存在喀麦登郡的阿伯马利斯,在康沃利先生儿子的遗孀家里(康沃利夫人家里),康沃利夫人是阿伯马利斯的琼斯的女儿和继承人。

参见本·琼森第二卷,他用诗歌、用绘画延续她的生命,包括她的躯体和精神:

> 坐好,让画师画像,
> 既然四肢都像脸庞,
> 这些丝纱罗、绸缎、细麻布、
> 刺绣、羽饰、缘饰、花边
> 还能派上什么用场!

写这首诗时,她已经为凯内尔姆生了三个孩子,也就是诗中提到的凯内尔姆、乔治、约翰。

维妮夏·斯坦利一开始是埃德蒙·怀尔德爵士的情妇,埃德蒙·怀尔德爵士有她的画像。他死以后,画像落到了高级律师怀尔德(埃德蒙·怀尔德爵士的遗嘱执行人)手里,高级律师死后,挂在了伍斯特郡德罗伊特威奇的娱乐活动室里。这位律师住在德罗伊特威奇。

她暴死于床上。有些人怀疑她中毒而死。她的头颅打开时,发现只有一点脑浆,她丈夫将其归咎于她喝蝰蛇酒。但一些恶嘴毒舌的女人说,是一个蝰蛇般恶毒的丈夫嫉妒她,她才会偷喝蝰蛇酒。我听人

---

① 佛兰德画家,到英国后被查理一世聘为画师。

说,比如我表妹伊丽莎白·福克纳,说她婚后恪守妇道,挽回了声誉。多塞特伯爵每年都请她和凯内尔姆爵士来吃一顿饭,伯爵会用火辣辣的目光看着她,只吻她的手。

凯内尔姆爵士为她立了一通豪华气派的墓碑,在基督堂(临近纽盖特街)南耳堂东端。她的遗体安葬在一个砖砌的墓穴里,上面有三个黑色大理石台阶,台阶上有一个宏伟的黑色大理石圣坛,上面有四段铜鎏金铭文,圣坛上有她一尊铜鎏金胸像。所有这一切(除墓穴之外,坍塌下来的东西只砸开了一点)都被那场大火完全烧毁了。凯内尔姆·迪格比爵士传记里提到的那本书收有一些墓碑画,其中可以看到这一墓碑,画得很精美,还有抄写下来的几段碑文。

大约在1676年或1675年,我走在纽盖特街上时,看见维妮夏女士的胸像摆放在一个货摊上,属于一家名叫"金十字架"的铜匠作坊。我记得一清二楚,但大火将镀的金烧掉了。但我让和我在一起的一个人看过这尊像,后来我再也没见过它摆放在大街上。他们把像熔化了。要不是像我这样闲散的人将这些珍品记录下来,人们就会忘得一干二净!

[备忘]在白金汉郡的歌德斯特,有一幅罕见的原画,凯内尔姆·迪格比爵士及其夫人维妮夏·迪格比在一幅画上,由安东尼·凡·戴克绘制。本·琼森第二卷里有一首诗留给了后世,叫"赞美女神",写的是"尊贵的女士维妮夏·迪格比夫人,无与伦比的骑士凯内尔姆·迪格比爵士的亡妻。由这十首组成:奉献她的摇篮,歌唱她的家世,她身体的画像,她精神的画像,她当选为缪斯女神,她的业绩,她的良缘,她有出息的子女,她与圣徒的关系,她的碑文或荣誉"。

安东尼·凡·戴克绘制了她的肖像,挂在温莎城堡王后客厅的烟道上。

维妮夏·迪格比 319

[备忘]弗里曼先生(娶了莱克女士)有蒙默思公爵母亲的肖像,非常像她,在山上哈罗附近的斯坦莫尔。

她的肖像在贝尔沃的拉特兰伯爵手里。这一消息来自我的表亲蒙塔古。

伊丽莎白（贝丝）·布劳顿
Elizabeth（Bess） Broughton

伊丽莎白·布劳顿夫人是赫里福德郡……一个世家……布劳顿的女儿。她父亲住在坎农-派昂一座庄园府第。她是不是出生在这里我不知道，但她在这里委身于一个穷小伙儿。小伙子当时我认为很英俊，但到1660年时，已经成了个贫穷而又可怜的老织布工，教区执事。他有一头漂亮的鬈发，灰色。她父亲后来看出了她的心思，就把她锁在府第的一个塔楼里。但她像……一样，用一根绳子爬了下去，跑到伦敦，居然自立了门户。

她是个绝世美人，身材标致至极，头脑敏锐。她很快就在伦敦引人注目，身价很高，成为名妓泰依丝第二。多塞特伯爵理查德供养着她（是在维妮夏·斯坦利之前还是之后我不知道，但我推测是在维妮夏之前）。后来她逐渐色衰，声名狼藉，染上天花死了。

当时有一首老歌，我记得有这么几句，是我在一本歌集里看到的，有点像连祷文：

> 从十二点钟，
> 从贝丝·布劳顿带纽扣的衣服上，
> 主啊，把我们解救出来吧。

（卡斯尔曼伯爵夫人芭芭拉有这样一件衣服，由我的女裁缝帮忙做的。）

本·琼森诅咒火神时，最后这样说：

> 火神伍尔坎，让你得天花，让潘多拉的天花，
> 让从她盒子里出来的所有疾病，
> 都降临到你身上。要是这些瘟疫还不行，
> 就让你妻子的天花传染给你，
> 让贝丝·布劳顿的天花也传染给你。

在第一版八开本里，她的全名就这样写了出来。
我知道，在我们这个时代之前，就有著名的妇女。

> 阿伽门农之前就有很多壮士。
>
> ——贺拉斯：《颂诗集》，IV，9

我记得她父亲（1646年）年近八十，是我所见过的身材最漂亮的男人，很聪明，演讲技艺令人赏叹。他是赫里福德郡和格洛斯特郡的委员，马西上校的代理人。他以前是清教派的，做祷告等很有才能。他妻子（我听祖母说的，我祖母和他妻子是邻居）和他一样有才华。他是第一个凭借撒皂灰来提高土地肥力的人，当时他住在布里斯托尔，那里的人都是将皂灰扔掉。

港口上塞满了皂灰（由此还引起几场官司）。当时改善土地肥力靠的是堆肥，他就尝试着用皂灰来改善。他在城市附近有地，结果土地肥力有很大改善。这是他本人告诉我的。

亨利·布朗特爵士
Sir Henry Blount
1602—1682

骑士，出生于（我推测）赫特福德郡的蒂坦汉格，以前是圣奥尔本斯修道院院长大人的避暑别墅。

他就读于牛津三一学院，和弗朗西斯·波特先生很熟。他在那里待了大约四年，然后去了格雷律师学院，待了……，后来又把那里的房子卖给了托马斯·博纳姆先生（诗人），而后到东方旅行，……年返回。

参阅他的《东方游记》，16××年刊印于伦敦，四开本。

1634年5月7日，他从威尼斯搭船去君士坦丁堡。

他年轻时很野，尤其是热衷于玩弄姿色平庸的妓女。他在兄弟中排行第二，是国王查理一世的侍卫，服侍（轮到他了）国王到约克（国王打败议会以后），埃奇希尔战役中与国王在一起，陪国王一起到牛津，又回到伦敦，佩着剑走进威斯敏斯特宫。议会派的人都盯着他，把他当成保王党成员，知道他一直陪王伴驾。因此他被召到众议院，向议员们分辩说自己只是履行职责，这样他们就宣告了他无罪。

那时他经常在制梳工餐馆（海科克）就餐，在斯特兰德大街帕尔斯格雷夫-黑德酒馆附近，那里是议会议员和风流人物经常光顾的地方。有一次，贝特里奇上校（城里的大美男子）在餐馆里吹嘘女人们多么爱他。亨利·布朗特爵士就和他打赌,"二人一起到一家妓院,贝特里奇(不拿钱)只凭漂亮长相,亨利爵士把二十先令放在光头上,这样妓女们就会先选择亨利爵士而不是贝特里奇"。结果亨利爵士赌赢了。埃德蒙·怀尔德先生是见证人之一。

[备忘]164×年前后,……有一本小册子(作者为亨利·内维尔先生,未具姓名),名为《女人的议会》,三四张纸,四开本,其中提到亨利·布朗特爵士第一个奉召出庭,因为他散布一个可恶而又危险的信条:玩弄普通女人,要比玩弄上流社会妇女便宜得多、安全得多。

父亲留给他的资产是每年五百英镑,他卖给了……换取年金一千英镑,16××年……后来他兄长死了。

公元1652年,他成为法律制定委员会成员。他极力反对什一税,要求废除,每位牧师每年一百英镑,不得超过这一数目。

……岁以后,他只喝水或咖啡。1647年前后,他娶了赫斯特·韦斯夫人(克里斯托弗·韦斯的女儿),她死于1679年,为他生了两个儿子,均为聪明的年轻绅士。

查尔斯·布朗特(他的次子)写了《纯洁的灵魂》,八开本,由伦敦主教下令焚烧了;还写了《论圣餐》,八开本。

我记得二十年前,他强烈反对送年轻人上大学(询问他儿子是不是上大学了),他们在大学里学得道德败坏,在那里学到的知识以后还会忘掉。就像一个被扣子扣得太紧或带子系得太紧的人,一定要把它解开才会感到舒服。他强烈反对酗酒,但允许嫖妓。咖啡一开始引进时他就极力赞成,此后经常光顾咖啡馆,尤其是法尔先生在内殿律师学院大门附近开的彩虹咖啡馆,还有不久前开张的位于富勒租屋的约翰咖啡馆。

伦敦第一家咖啡馆位于科恩希尔的圣米迦勒街,正对着教堂,1652

年前后由一个名叫鲍曼的人所建。鲍曼是土耳其商人霍奇斯先生的马车夫,咖啡馆是霍奇斯先生提议建的。四年后另一家才开业,也就是法尔先生开的,圣米迦勒教堂对面的乔纳森·佩因特是这一行的第一个学徒,也是鲍曼的徒弟。

[备忘]纽盖特大街上有一家巴格纽咖啡馆,1679年12月建成开业,由几个土耳其商人所建。接下来一家是(理发师)法尔先生开的,建成于……年。

亨利·布朗特爵士具有清醒的判断力,经验丰富,深思熟虑,看书不太多,政治上有先见之明,谈话令人钦佩。他年轻时收藏了很多书,他儿子现在也是这样。

他以前是个吹牛大王,也就是说假话,这些话不伤害任何人,但会影响人的判断。比如说,在法尔先生的咖啡馆,他说在圣奥尔本斯的一家客栈(说出了其招牌),掌柜用一口毛石棺材做了个猪槽,随后猪就瘦了,上蹿下跳,像山羊一样跑到房顶。

亨利·布朗特爵士一本正经地说的这番话,让两个年轻人听到了,第二天他俩就骑上马,到圣奥尔本斯去打听。到那里一问,谁也没听说过这种事,全是假的。第二天夜里,他俩一下马就来到彩虹咖啡馆,找到了亨利爵士,以威胁的目光看着他说,讲这样的故事是不是不知羞耻。

"噢,二位先生,"亨利爵士说,"你们到那里去问了?"

"是的。"他们说。

"噢,说实话,两位先生,"亨利爵士说,"我要是听到你们讲一些离奇古怪的事,我就是知道是假的,也绝不会跨过门槛去当场抓你个现行。"

听到这话,在场的人无不嘲笑那两个年轻人。

他常说,他并不想让仆人去教堂做礼拜,在教堂里仆人们会相互影响,比着到啤酒馆里学着纵酒狂欢。他倒是让仆人到泰伯恩刑场看行刑,对仆人来说,这可比听任何布道都更管用。

许多年前,我听他说过他画像上面的箴言:

> 平庸者爱说话,智慧者善感知。

他今年(1680年)接近或整整八十岁,思维仍然敏捷,身体也很结实。

1682年9月最后一周,他在伦敦病倒,双脚肿胀,被转移到蒂坦汉格。

10月9日(1682年)早上,亨利·布朗特爵士最终去世。

亨利·马滕

Henry Marten

1601/2—1680

亨利·马滕先生是骑士、海事法院法官亨利·马滕爵士的儿子和继承人,出生于牛津。老亨利·马滕爵士(法学博士)出生于白金汉郡的斯托克-波格斯,其父为当地的副本土地保有者,每年收入约六十英镑。老亨利以前是牛津新学院的研究员,为儿子留下每年三千英镑的遗产。

儿子亨利是牛津大学的,曾到法兰西旅行,但从未到过意大利。父亲为他找了个富妻,他有些不太情愿地娶了她。他特别喜爱漂亮姑娘,对女人出手大方,因此花掉了绝大部分财产。

插入歌曲《奥利弗像个幽灵似的来到议会》等。

他与妻子长期分居。如果我没有记错的话,她有时会被他的不体贴行为而逼疯。

[备忘]查看他的书房时,曾发现他写给情妇的一些信件,用四开纸刊印,话语风趣,语气和善。

国王查理一世对他乱搞女人的事颇有怨言。有一次,亨利在海德公园时,碰巧国王在那里看赛马。国王发现了他,大声说:"让那个丑无赖滚出公园,那个嫖妓老手,要不然我就不看比赛了。"

亨利只好乖乖地走了,但这件事在他脑海里留下了难以抹去的记忆。这么一句尖刻的话,让整个伯克郡都起来反对国王。亨利·马滕与清教徒天差地远,就像光明与黑暗一样。大约一年之后(1641年),他在无人反对的情况下当选为伯克郡骑士,成为国王的死敌。

他非常真诚地热爱家乡,从来没有通过议会拿过一枚硬币。他非常好客,在整个伯克郡人缘极好。什里弗纳姆教区的贝克特宫是他主要的居住地,位于白马谷,现在属于怀尔德曼少校。

他妙语应答的才能无与伦比,毫不贪婪,谦逊,一点也不像大多数人那样高傲。他极力倡导公正,在议会里总是站在被压制者一边。

1660年,他曾面临惩罚,由于以前担任过已故国王的审判官,处境非常危险,他极有可能步其他审判官的后尘。(他只是以国王在布雷达的法令或公告为理由替自己辩护,他把法令执于手中)但(就像他自己妙语连珠一样)福克兰大人也以一句妙语救了他一命,说:"先生们,你们在这里谈论献祭问题,依照旧法律,所有祭品都必须没有污点,而现在你们要让一个老朽的无赖当祭品。"

这句妙语蒙住了议员们,救了他一命。

他一开始被关在伦敦塔,后来被关在温莎(又从这里转移走了,因为他是国王等人的眼中钉),从温莎又转移到切普斯托,现在还关在这里(1680年)。他入狱期间,他妻子用自己的钱救济他,但她死于……

爱德华·贝恩顿爵士常说,他为人做伴是无与伦比的,但就是醉得太快。他要是找到一个他喜欢的已婚女人(他有眼线外出寻找,男女都有),就会达成一笔非常划算的交易,每年少收二三十英镑的租金,让她搬得离他近一些。

他在议会的发言一般不长,但极为尖锐、切题、风趣,总能巧妙地举出恰当的例子。有时他一个人就能改变整个议会的看法。

他身材中等，衣着朴素，长相不好看。他和老亨利·文爵士翻脸以后，有一次发言猛烈抨击他，说："要不是小亨利·文爵士……"然后就坐下了。

几个人大叫起来："小亨利爵士又怎么啦？你有什么要说的？"

他站起来说："嗨，要是小亨利爵士长老了，那就是老亨利爵士了！"

说完就坐下了，整个议会笑声一片。这种事他经常做。

有一次，奥利弗·克伦威尔在议会里喊他，又像是开玩笑，又像是嘲笑："亨利·马滕爵士。"

亨利·马滕站起来鞠了一躬："谢谢陛下，我一直都认为，您要是当了国王，我就会被封为骑士了。"

一位虔诚的议员提出动议，要把所有亵渎神灵的、不虔敬的人从议会里清除出去。亨利·马滕站起来提议说，所有的蠢货也要清除出去，这样议会里人就少了。

亨利·马滕说，他看到《圣经》上的话应验了："你叫卑贱的升高，叫饥饿的得饱美食，叫富足的空手回去。"①

参见他的一篇演讲，已刊印，谈苏格兰人来让我们发誓并指挥我们。

他经常在议会里睡觉（至少是打瞌睡）。奥尔德曼·阿特金斯提出一项动议，那些睡觉的、不关心议会事务的可耻议员，都要被清除出去。亨利·马滕站起来说："议长先生，一项动议是赶走打瞌睡的人，我希望那些让别人打瞌睡的人也要被赶出去。"

1680 年 9 月（大约在中旬），他死于切普斯托，死时还是囚犯。

亨利·马滕先生写给他情妇的信，1685 年刊印在四开纸上，但这并

---

① 语出《新约·路加福音》1:52—53。

不让他丢脸,信里显示出真实、轻松自如的妙语和善意。

他父亲在伯克郡的贝克特有一通漂亮的墓碑,是他从埃塞克斯……爵士手里买过来的。

马滕在议会提出动议,要求那些发言人做出解释,也就是那些向护国公理查德·克伦威尔献殷勤、要以自己的性命和财富支持他的人,凡是属于议会的发言人都要被驱逐出去,他们是英格兰共和国的敌人,背叛了国家对他们的信任,要让一个人行使统治。要不是迪克·克伦威尔①溜了出去,残余议会肯定会砍了他的头,我一位朋友语气十分肯定地对我这样说。

[备忘]威尔金斯博士(理查德·克伦威尔的姨夫)在劝说一些显贵和行会发言时起了很大作用。但这又意味着什么?

"你本来就渺小,现在你显得更加渺小了。"

马滕通过阿宾登送给他表亲斯通豪斯的短信说:"如果国王接受他关于枪炮工匠和火药工匠的建议,他就永远不会安宁。"这一消息来自约翰·伦撒尔爵士。

当初在五六种设计思路之内创建共和国时,他起草了给议会的进谏书,说要"恢复古代的共和国政府形式"。宣读进谏书时,亨利·文爵士站起来表示谴责,对马滕"厚颜无耻地肯定这样一个臭名昭著的谎言感到吃惊"。亨利·马滕站了起来,不紧不慢地回答说:"有一篇文章让一个人几天几夜心神不宁,这个人从娘胎里出来的时候就瞎了,后来恢复了视力。"

也就是恢复他本应有的视力。

---

① 即第二任护国公理查德·克伦威尔。

费边·菲利普斯
Fabian Philips
1601—1690

1682年,费边·菲利普斯本人提供的信息:

1601年9月,米迦勒节前夕,出生于格洛斯特郡的普雷斯特伯里附近。母亲叫巴杰特(她弟弟的继承人),父亲叫安德鲁·菲利普斯,出身于赫里福德郡的一个世家,已传七代。父亲每年在赫里福德郡的利奥敏斯特卖掉价值六百英镑的家产,其中一部分被他儿子费边(这位传主)又买了回来。

他曾就读于伦敦中殿律师学院,是伦敦、米德尔塞克斯、剑桥郡和亨廷登郡的法律官员,非常勤奋,爱读书,极为喜爱古物。他记忆力很好,现在八十岁了仍然很好。他对我说,圣奥古斯丁九十岁时还在著述,法官科克八十四岁时还在著述,诺里奇主教霍尔八十多岁还在著述。

他家的房子正对着林肯律师学院花园中间,位于钱塞里巷。国王查理一世被斩首的前两天,他写了一篇《抗议蓄意谋害国王》,把它刊印出来,让人贴在街上的拴马柱子上。威斯敏斯特宫所有的法院都被"提名议会"①关闭以后,他写了一本书为正确利用这些法院而辩护,伦索尔

---

① 1653年7月4日由克伦威尔提名组成的议会,取代了之前的残余议会,同年12月12日解散。

（议长）和自由捍卫者都因他挽救了这些法院而对他表示感谢。

他死于1690年11月17日。他儿子不愿出资为父亲立墓碑、刻写墓志铭。但我对他孝顺的女儿说过，让她写上父亲的名字和去世日期。他的作品会"在城门口荣耀他"①。

老费边·菲利普斯好几次对我说，他花了八百英镑，历尽艰辛搜索和写作，以维护国王的特权，但连一枚硬币都没有得到。只是在贯彻执行法律规定时，他被任命为特派员之一，每年有两百英镑的收益，我认为他持续了两年。

---

① 语出《旧约·箴言》31:31。

安德鲁·马弗尔
Andrew Marvell
1621—1678

他父亲我记得是赫尔的牧师(询问一下),他就出生在那里。

他受过良好的语法教育,后来被送到剑桥三一学院学习。

护国公奥利弗时代,他是拉丁文秘书。他是拉丁语大师,杰出的拉丁语或英语诗人,在拉丁语诗歌方面无人能比。《给画家的建议》这首诗是他作的。他的故乡赫尔的人民非常喜爱他,推选他作为代表担任议会议员,给他一笔荣誉津贴用来赡养他。

他中等身材,很壮实,圆脸,樱桃色的面颊,浅褐色的眼睛,褐色的头发。他说话很谦虚,话语很少,虽然爱喝酒,但在交际场合从来不多喝。他常说,他不会和一个不能托付性命的人打得火热。

他在住所里存有成瓶的酒,多次独自一人开怀畅饮来提神,激发灵感。我记得有人(哈克先生和佩尔博士)对我说,博学的……(德意志人)喜欢在书房里存放上好的瓶装莱茵葡萄酒,精疲力竭的时候就喝一大杯。

詹姆斯·哈林顿先生(《大洋国》的作者)是他的密友。神学博士约翰·佩尔是他的熟人。他没有泛泛之交。

他写有《诗歌习作》(抨击神学博士塞姆·帕克)。斯默克先生(装订好的四开本,大约八张)《显而易见的真相》。

1678年8月18日他死于伦敦,埋葬在圣吉尔斯教堂,大约在南耳堂中央(再问问)。有些人怀疑他是被耶稣会毒死的,但我不能肯定。

我记得听他说过,罗切斯特伯爵是英格兰唯一真正具有讽刺才能的人。

他埋葬在圣吉尔斯教堂南耳堂的厢席下面,在窗户下面,窗户玻璃上画着一头红狮子(霍尔伯恩的红狮客栈老板送的),是从东面数第……个窗户。这一信息我是听教堂司事说的,这位司事为他挖了墓穴。

西尔韦纳斯·斯科里
Sylvanus Scory
约 1540—1617

赫里福德主教约翰·斯科里的儿子和继承人。(问问是不是受封为骑士了)

他是个很漂亮的绅士,很有才华,父亲为他提供了那个时代所能提供的最好的教育,有国内的,也有海外的。父亲把他当成心肝宝贝,便搜刮赫里福德教会,为儿子留下一大笔产业,长期租赁给很多人。马斯特斯夫人(赫里福德主教威斯特法林的长子和继承人赫伯特·威斯特法林先生的女儿)对我说,最近六十年这些租赁才到期。我记得她对我说,留给斯科里的财产是每年一千五百英镑,全都让他挥霍一空(他肆意寻欢作乐),让他儿子穷得叮当响。在绅士中间,人家还以为他只有五先令或十先令。

我听约翰·德纳姆爵士说(1652年在乔克),斯科里是他那个时代最有才艺的绅士。

证明他有才华的一个有力证据是,本杰明·琼森先生(此人从来都看不起没有才华的资助人)把他的……题献给了斯科里。

我还听约翰·德纳姆爵士说过,斯科里是法兰西大亲王(法兰西国王的大弟弟)最亲密的朋友和知己。大亲王追求女王伊丽莎白,女王也诚心诚意地爱他,其标志是,有一次在伦敦圣保罗教堂做礼拜时,女王当众亲吻了他。要不是为了国家利益,女王就选他做丈夫了。女王放弃他时情绪激动,给了他足够的尊重。女王送给他厚礼,一些最优秀的廷臣一路陪伴他到多佛,其中就有我写的这位公子。

大亲王与斯科里告别时对他说,女王虽然不能嫁给他(如前所述),但他知道女王很爱他,不会拒绝他提出的任何要求,因此,他请求女王关照他的一位朋友。他给心爱的英格兰女王写情书,信中只求她一件事,也就是看在他的薄面上,特别关照斯科里先生(持信人)。最后,大亲王把信交给了斯科里(我认为还给了他一枚宝石)。

西尔韦纳斯回伦敦时路过坎特伯雷,市长(一个制鞋匠)是个务实的家伙,就问他是谁,从哪里来,有什么事,有没有通行证?斯科里说"有,有通行证",然后拿出了大亲王写给女王的信。按理说这就足够了,而市长竟然打开情书看了起来。

我不知道这件事是如何传扬出去的,传到宫里以后,西尔韦纳斯·斯科里受到嘲笑和奚落,再也没有把信交给女王,而放弃了这个一介平民所能向往的最便捷、最体面的晋升机会。

国王爱德华六世统治时期,他父亲约翰·斯科里是罗切斯特主教,从这里又调到奇切斯特,又从奇切斯特调到赫里福德,1585年6月26日死于赫里福德郡惠特本的家里。这一信息来自他妻子伊丽莎白的墓志铭,伊丽莎白在圣伦纳德-肖尔迪奇教堂有碑文。

约翰·德纳姆爵士
Sir John Denham
1615—1669

巴斯勋位骑士,1615 年出生于爱尔兰的都柏林。

询问巴斯比博士他是否在威斯敏斯特上过学,我忘记了。……年,他被录取到牛津三一学院,在这里待了……他在这里的导师是……我听乔赛亚斯·豪先生说过,德纳姆是个最爱空想的年轻人,他根本没想到德纳姆离开这个世界时,会为世人留下这样的东西。他在这里时嗜赌成性,把自己的钱输光以后,又输掉了他父亲装饰有黄金的帽子。

他父亲是老约翰·德纳姆爵士,爱尔兰财务法院大法官。老约翰爵士曾是爱尔兰上诉法院法官,娶了加勒特·莫尔爵士的女儿埃莉诺(埃格姆有她一尊雕像,看上去是个大美女。据说小约翰爵士很像他父亲)。加勒特·莫尔爵士是个骑士,爱尔兰王国梅利丰特男爵。老约翰爵士在爱尔兰担任大法官时娶了埃莉诺。

他从三一学院去了林肯律师学院,在这个学院里并无过人之处(法官沃德姆·温德姆和他同一届,是沃德姆告诉我的),没有人相信他会成为才子。

后来,也就是 1640 年,他的戏剧《波斯王》出版,大获成功。埃德蒙·沃勒先生当时这样评价他:"他一举成名,就像爱尔兰人造反,谁也没想到有六万人起事。"

他结识了一帮邪恶的赌棍,上了他们的当,破了产。他父亲有所察觉,大骂他一顿,儿子约翰(独子)就写了篇短文,八开本,刊印于……《反对赌博,揭露赌博无价值和带来的麻烦》(参见尤斯图斯·特凯尤斯《骰子的欺骗性》,他在文中证明赌博是一种病态,源于高傲,而西班牙人是最高傲的民族,最热衷于赌博)。然后他把文章拿给父亲看,让父亲知道他对赌博的厌恶。

但他父亲去世后不久(死于1638年1月6日,埋葬在萨里郡的埃格姆。他父亲遗留下现金两千英镑或一千五百英镑,两所家具齐全的房子,还有很多金银餐具),他先把钱输光,然后又变卖了餐具。我记得大约在1646年,他玩扑克牌游戏一夜就输了二百英镑。……年(我推测是1642年),他曾担任萨里郡郡长。

内战之初,他被任命为国王的法纳姆城堡堡主。但他只是个新兵,并没有守住。1642年或1643年,埃奇希尔战役之后,他的一首诗《库珀山》在牛津付印,印在一种褐色的纸上,当时已经找不到更好的纸了。

1646年或1647年(问一问),他将约克公爵和格洛斯特公爵从圣詹姆斯(在诺森伯兰伯爵的监护之下)偷偷运送到法兰西,到了威尔士亲王和王太后那里。国王查理二世派他和卡尔佩珀大人到波兰国王那里担任特使。

1652年,他回到英格兰,身处困境中的他在威尔顿受到彭布罗克伯爵的盛情款待,我在这里有幸和他结识。他在这里翻译了维吉尔的《埃涅阿斯纪》第……卷。(他嘲笑自己的译文,并把它烧掉,说最好的诗人不该受到这样的伤害。这一信息来自克里斯托弗·韦斯先生。)询问克里斯托弗·韦斯先生,他是赫伯特大人威廉的老师,当时就在这里。我记得他和彭布罗克大人在威尔顿和伦敦住了一年,然后将他父亲留给他的地产全部卖光。

他的第一任妻子是格洛斯特郡……科顿的女儿和继承人,通过妻子他每年收入五百英镑,还有了一个儿子和两个女儿。他儿子不像父亲,是威尔金斯博士时期沃德姆学院的,我认为他死后没有留下子女。他(约翰爵士)有一个女儿嫁给了苏塞克斯的莫利先生,另一个……

他很受国王查理一世的青睐,国王很看重他的才华。伊尼戈·琼斯①去世以后,国王让他接任了王家建筑师一职。国王查理二世复辟以后,他担任这一职务直至去世。克里斯托弗·雷恩爵士告诉我,据他所知,约翰爵士担任这一职务挣得七千英镑。克里斯托弗·雷恩爵士是他的副手。

1665年,他娶了第二任妻子玛格丽特·布鲁克斯,一个很漂亮的年轻女人,而约翰爵士已年老,走路一瘸一拐。约克公爵深深地爱上了她(不过我确信,他和这个女人从来没有过肌肤之亲),166×年导致约翰爵士精神错乱。

有一次,约翰爵士从伦敦到多塞特郡的波特兰岛,第一次出现了精神错乱。他到这里来看著名的毛石采石场,已经走到离采石场不到一英里的地方了,突然又转身回了伦敦,不想看采石场了。他去了豪斯洛,要收地租,而那片地他多年以前就卖出去了。他去找国王,说他就是圣灵。

但依照天意,他的精神错乱被治好了,写出了优秀诗作,尤其是后来在亚伯拉罕·考利先生去世时所写的作品。他的第二任妻子没有生育,罗切斯特伯爵夫人用巧克力把她毒死了。

在国王查理二世的加冕典礼上,他被册封为巴斯勋位骑士。

---

① 英国著名画家和建筑师。

他死在办公楼里(他自己建造的,附近苏格兰场街上的砖建筑也是他建造的),1668年或1669年3月23日安葬于威斯敏斯特大教堂的南耳堂,靠近杰弗里·乔叟的墓碑,但到目前为止(1680年),对他没有任何形式的纪念。

[备忘]埃格姆的牧师寓所(俗称"大宅院")由男爵德纳姆所建,使用很方便,不大,但很漂亮,位置很好,是他儿子约翰爵士最喜欢住的地方(尽管他有更好的邸宅)。他把这一寓所卖给了约翰·锡恩先生。这个教区有个地方叫黄春菊山,因山上长有野生的黄春菊而得名。它西边是洋李井山(以前是约翰爵士的财产),山上有一片漂亮的小树林,一汪清澈的泉水,向东看景色秀美,视线从米德尔塞克斯和萨里郡上方穿过。约翰爵士很喜欢这个地方,常说(动乱之前)要在这里建一个隐居处,用来款待赋予他灵感的缪斯女神。但战争迫使他将其卖掉了,其他地方也卖掉了。他把这个寓所卖给了安斯蒂先生。这一教区西部偏北(兰尼米德北边)是库珀山,景色壮观,诗人约翰·德纳姆爵士对它的描绘无与伦比。

[备忘]他很喜欢草地滚木球戏,球艺很好。

他个头很高,但双肩有点向内弯曲,不太强壮,头发稀疏,呈亚麻色,湿湿的有些卷曲。他走路慢,迈着阔步(他腿长),这让我想起了贺拉斯的《诗艺》:

> 他昂着首喃喃地吟诗,
> 像个捕禽者一样迈着阔步,
> 忙着去抓一只黑鸟。
> 如果他掉到陷阱里或洞里,
> 虽然高喊"救命,老乡!"

也没有一个人去救他。

他的眼睛是淡鹅灰色的,不大,但有一种奇特的洞察力,不明亮,但(像爱挑剔的人那样)和你交谈时能看透你的心思。

他喝酒通常有节制。但他在林肯律师学院上学时,有一次和伙伴们在酒店里饮酒,到夜深时想到一个馊主意。他找到一把粉刷用的刷子和一罐墨水,从坦普尔栅门一直到查林十字街,一路上把所有标牌都涂抹一遍,第二天引起了一阵不同寻常的混乱,当时正值开学期间。但这事还是败露了,他和伙伴们花了一些钱。这件事我是听理查德·埃斯特科特先生说的,当时他掂着墨水罐。

内战期间,诗人乔治·威瑟斯向议会要约翰·德纳姆爵士在埃格姆的庄园,威瑟斯是议会派的骑兵上尉。碰巧乔治·威瑟斯被俘虏了,性命难保,他曾写文章猛烈抨击国王。约翰·德纳姆爵士找到国王,希望国王不要把乔治·威瑟斯绞死,乔治活着时并不算是英格兰最蹩脚的诗人。

[备忘]在抨击《冈迪伯特》的诗作中,大多是由约翰爵士写的。他要是想讽刺的话,就能表现出讽刺来。

理查德·科比特
Richard Corbet
1583—1635

理查德·科比特,神学博士,文森特·科比特的儿子。

> 更为人所知的名字是波因特,
> 其次才是他自己的名字。
> 在这里埋葬着,
> 直到骨头和泥土复苏的那一天。
> 看官,他在一个墓志铭里有两个名字,
> 就不令人奇怪了。
> 这是由两个家庭的名字所组成。

文森特是特威肯的园丁,这是我表亲惠特尼对我说的,参见本·琼森在《林下灌丛》中为文森特·科比特写的墓志铭,其中提到他的苗圃等,第177页。

他在威斯敏斯特上学。沃里克郡奥尔斯科特的老牧师伯西曾和他一起上学,说他是个很英俊的人,但有点爱欺负人,是个胆小鬼。

他是牛津基督堂学院的学生,好开玩笑,是个好伙伴。有一次,他和几个熟人在"托钵修士培根的书房"(那里有好酒出售)里玩,在房子的铅屋顶上喝酒,其中一个学生正在睡觉,脚上穿着一双好丝袜。科比特博士(当时是文学硕士,如果不是神学士的话)拿了一把剪子,就把袜子剪得到处都是小洞。睡觉的人醒来后,发现有人欺负了他,又知道是谁欺负的,就责骂了他,让他赔了钱。

他获得神学博士学位以后,有一天逢集的时候,他到阿宾顿的十字塔去唱民歌。他和几个伙伴在十字塔(模仿布里斯托尔主要街道上的十字塔建成,但建造得更精细。询问一下是不是大理石的。顺便一提,这座十字塔是当时英格兰最好的,我还是大一新生的时候就记得它,一座精美的哥特式建筑,壁龛里有漂亮的雕像,是国王爱德华为王后建造的建筑物之一)附近的小酒店里。唱歌的人抱怨说没有主顾,歌卖不出去。喝得微醉的博士就脱掉袍子,穿上歌手的皮夹克,一副英俊的模样,一副罕见的圆润嗓子,一下子就卖出去很多,赢得很多听众。

古德温博士去世以后,科比特被任命为基督堂教长。他对大人物有很大的影响力,这可以从他诗歌里看出来,对当时的大红人白金汉公爵也很有影响力,他杰出的才华就是写推荐信。详情我忘记了,但与此同时,费尔博士想当院长,科比特博士就耍弄他一把,让他专门跑到伦敦去提出要求,而实际上科比特博士已经获得批准了。

他在伍德斯托克为国王布道(我记得是国王詹姆斯,待查),他肯定是很乐意的,不过碰巧他精神失控,因此当时有人写了这样一首诗:

> 一位值得崇敬的院长,
> 轮状皱领浆得漂亮,
> 在国王面前布道,
> 胸前有一条饰带,

理查德·科比特

上面系着一枚指环,
你说好看不好看?
……
这枚指环自不必说,
最终让他神志不清,
说了上句忘了下句,
哪管下面一片听众。
我凭良心说句实话,
他要对付的不仅仅是布道。

　　与他谈话极为令人愉快。斯塔宾斯博士是他一个老朋友,大胖子,也是个好管家,牛津郡安布罗斯丹的牧师。有一次下过雨后,科比特博士和斯塔宾斯博士一起乘坐马车走到洛布巷(一条极深而且又脏的巷子),马车翻了。科比特博士说,斯塔宾斯博士身上的泥一直到胳膊肘。
　　1628年,他被任命为牛津主教,我听说他的仪表令人赞赏,举止庄重,令人崇敬。
　　有一次,他正在施坚振礼,一群乡下人挤进来要看这一仪式。他说:
　　"走开,要不然我就用棍子给你们施礼。"
　　还有一次,他就要把手放在一个秃子头上时,转身对他的助理牧师(卢盛顿)说:
　　"来点粉末,卢盛顿。"(防止手滑落下去)
　　有个人长着一大把胡子,主教说:
　　"你在胡子后面了。"
　　他的助理牧师卢盛顿博士是个很博学、很聪明的人,两人相互爱慕。主教有时候带着酒窖钥匙,和助理牧师一起到酒窖里,把自己锁在里面开怀畅饮。他先脱下主教帽：

"这是博士。"

然后脱下袍子：

"这是主教。"

然后：

"祝你健康,科比特。"

"祝你健康,卢盛顿。"

这一说法来自牛津三一学院的神学士乔赛亚斯·豪。

他在"托钵修士培根的书房"那边的人行道附近建了一座漂亮的房子。

他为艾丽斯·赫顿证婚,据说艾丽斯是他所生。她是个大美女,她母亲也很漂亮。他有个儿子(我记得叫文森特),和内德·巴格肖一起在威斯敏斯特上学,巴格肖是个很英俊的年轻人。但他把一切都挥霍完了,到处找绅士们乞讨。

1632年,他被任命为诺里奇主教。他死于1635年7月28日,最后的遗言是：

"晚安,卢盛顿。"

他被埋葬在诺里奇圣坛上端,创建者赫伯特主教的纪念碑南侧,坟墓上面覆盖着一通漂亮的毛石墓碑,但是上面的铭文和铜标牌被偷走了。

他的诗歌是朴实自然的妙语,令人愉快、流畅。

他的《旅行到北方》我没有看到日期,但其结尾是：

> 我们回来了,只是带回来很多矿石,
> 就像雷利航行归来一样,什么都没有了。

他懂得解析,这从他1618年12月9日写给国务专员艾尔斯伯里先生的诗里可以看出来。他和这位专员很熟,和博学的托马斯·哈里奥特先生也很熟。

[备忘]他的对手普赖斯博士被任命为赫里福德教堂的教长,是个周年纪念派成员①。1656年,这个教堂的教士沃兹博士告诉我,这位教长是个很强势、很自负高傲的人。有一次,人们绕着大教堂列队行进时,教长并不是像通常那样身穿白法衣、头戴兜帽步行,而是骑着一匹母马,还是这身打扮,手拿一本祈祷书看。碰巧一匹公马脱了缰,闻到母马的气味后,就跑过来往母马身上跳,弄得教长大人一直紧紧地抱着马不能下来,直到马干完事为止。后来他再也不骑马参加列队行进了。

---

① 可能是因为他遵照罗马天主教的习俗,在一个人去世的周年纪念日做祈祷。

本·琼森

Ben Jonson

1572—1637

桂冠诗人。我记得 1646 年,我在牛津三一学院上学时,曾听到拉尔夫·巴瑟斯特先生(现在是韦尔斯大教堂教长)说本·琼森是沃里克郡人,但这件事要问一问。大家一致认为,他父亲是个牧师。他把《人人高兴》题献给威廉·卡姆登先生时,其献词里显示他在威斯敏斯特上学,威廉·卡姆登先生是他老师。

他父亲死后,母亲改嫁给一个砌砖工人。大家都说他有一段时间和继父一起干活儿,尤其是砌林肯律师学院的花园围墙,在大法官法庭巷旁边(这一消息来自赫里福德郡斯特雷顿教区的老牧师希尔,1646 年),还说林肯律师学院的一位主管委员(骑士)从旁边路过,听见他背诵荷马的希腊语诗歌,便与他攀谈起来,发现他有惊人的才华,就给他一笔奖学金,供他在剑桥三一学院学习,他在那里……(问一问)

后来他去了低地国家,在军队里度过一段时间(不太长),并没有像他在讽刺短诗里描述的那样丢人现眼。

然后他回到英格兰,在"绿幕"边演出边写作,但都很糟糕,那里类似儿童室或不知名的排练房,位于郊区的某个地方(我记得离肖尔迪奇或克拉肯韦尔不远)。这一信息来自 J. 格林希尔。

然后他又着手写剧本,并大获成功,也就是《人人高兴》,这是他第一部好剧。

赫里福德郡的高级律师约翰·霍斯金斯是他义父。我记得约翰的儿子(准男爵贝内特·霍斯金斯爵士,年轻时有些诗才)对我说,琼森想让约翰收自己为义子时,约翰说:"不行。我做你大哥已经够有面子了。我是你父亲的义子。是他让我逐步成熟起来的,我承认。"

他皮肤光洁白皙(确切地说是以前),衣着朴素。我听演员莱西先生说,他常穿的一件外衣像是马车夫穿的,腋窝下面烂开了几道缝。他多次酗酒,喜欢喝加那利白葡萄酒,喝完后跌跌撞撞地回家上床,出一身大汗之后就开始学习。我见过他学习时坐的椅子,禾秆做的,老妪坐的那种,就像画上奥卢斯·革利乌斯[①]坐的那一种。

我在牛津时,主教斯金纳(牛津的)在我们学院住宿。他常说,琼森理解一位作家就像理解任何一个英格兰人一样。

他在"讽刺短诗"里提到他有一个儿子,在墓志铭里也提到了。

很久以前,在国王詹姆斯时代,我听舅舅丹弗斯说过(舅舅认识他),琼森住在坦普尔栅门外,大象城堡附近一家梳子作坊里。晚年时他住在威斯敏斯特的一座房子里,你从教堂庭院出来进入旧宫殿时,要从这座房子下面经过,他就死在了这里。

他埋葬在威斯敏斯特大教堂的北耳堂(方石路,其余的是菱形图案),罗伯特·罗斯的盾徽对面。在用蓝色大理石铺成的方石路上,只有这么几个字的铭文,大约十四英寸见方:

啊,非凡的本·琼森

[①] 古罗马作家,以《阿提卡之夜》而闻名。

这一铭文是杰克·扬(后来被册封为骑士)出资刻上的。坟墓封顶时他路过这里,就拿出18便士让人刻上铭文。

他在书(购买的)的扉页上写的警句是:像探险者一样。我记得这句话出自塞内加的《书信集》。

他是大法官埃杰顿的红人,这从他写给埃杰顿的诗中可以看出来。在其中一首诗里,他求大法官帮他朋友一个忙。

霍斯金斯夫人有一句妙语,说本·琼森从不写爱情,他要是写,会写得很不自然。

安东尼·伍德在《牛津大学历史与古物》里说,琼斯出生于威斯敏斯特,(长大以后)在剑桥学习,以后又自愿去了牛津,在这里上了基督堂学院,1619年在牛津获得硕士学位(或授予他硕士学位)。

他从"绿幕"排练房出来后,在班希尔杀了诗人马洛先生。这一信息来自爱德华·舍伯恩爵士。[1]

描述这件事的文字材料是艾萨克·沃尔顿先生(约翰·多恩博士等人的传记作者)在1680年12月2日给我的,当时他87岁,是他亲笔写的。

我基本上不认识本·琼森,但温切斯特主教大人和他很熟,说琼森在六年级,也就是威斯敏斯特学校的最高年级时他父亲死了,母亲改嫁给了一个砌砖工人,继父让他(他很不情愿)帮助砌砖。但不久以后,他老师卡姆登先生就给他找到一份更好的差事,陪着沃尔特·雷利爵士的一个儿子去旅行。回来后不久他们就分手了(我认为不是闹掰了),二人在旅途上(不值得夸赞)很合得来。

后来,琼森开始从事一种使他名利双收的职业,我就不必再说了。

---

[1] 奥布里在另一处把这一说法归于演员约翰·莱西,并在上面注上"假的"。

他最终从国王那里每年得到一百英镑,从伦敦城也得到一笔津贴,还从很多贵族和一些绅士那里得到类似的资助。这些人之所以慷慨解囊,或是由于喜爱他在诗歌或散文中的责骂,或是由于畏惧这些责骂,或是二者兼而有之。温切斯特主教大人对我说,琼森说他极为痛苦(大人常去看他,他长期隐退,还有病在身),以致在剧中亵渎《圣经》,并为此在恐惧中感到悲痛。

然而,在他长期的隐退生活中,他的津贴(所有送给他的)都给了一个掌控他的女人,他和这个女人住在威斯敏斯特大教堂附近,他也死在了这里。无论是琼森还是这个女人,都不大在乎下一个星期,他们确信不会缺酒喝。他通常是痛饮之后才上床,如果不是更经常、更快的话。主教大人告诉我,他不知道琼森出生在何处,但认为出生在威斯敏斯特。这个问题可以很容易地向伍德先生请教,问他凭什么断定琼森出生在那里。他是个友好的人,可以解决这一问题。勇敢的琼森就说到这里。

向托马斯·沙德韦尔要纽卡斯尔公爵有关本·琼森的笔记。还要询问托马斯·亨肖(有关爱尔兰的石头)。参见他的《诅咒火神》。向克利福德大人询问一名绅士的情况,这位绅士曾坏过本·琼森的事。琼森这样说他:"没良心的家伙!我要让他尝尝厉害。"

本·琼森连续……年每年花五十英镑,以阻止埃塞克斯的 W. 怀斯曼爵士担任郡长。最后詹姆斯国王扎选了怀斯曼。本·琼森找到国王,说国王扎到了他的"痛处",然后又为自己的行为辩解(指怀斯曼被扎选为郡长一事),终于将怀斯曼除名。①

参见《无与伦比的查理》。本·琼森临终时,国王查理只送给他十

---

① 挑选郡长是用一根大针在一份名单上扎。这一习俗一直延续至今。

英镑。

本·琼森一只眼比另一只眼低,也比另一只眼大,像演员克伦的一样,也许是他生了克伦。他从莱西先生(演员)那里拿到一份约克郡方言一览表,是他为丑角表演喜剧《木盆记》提供的指南,这件事我是从莱西先生那里听说的。

国王詹姆斯让他写抨击清教徒的作品,当时清教徒开始制造麻烦了。

本·琼森当着国王詹姆斯的面,即席作了一首感恩诗:

> 上帝保佑国王和王后,
> 保佑普法尔兹格拉夫[①]还有贝丝女士。
> 上帝保佑一切生灵,
> 所有活着的、爱国王的生灵。
> 上帝保佑上层社会,
> 保佑幸运的白金汉。
> 上帝保佑所有这些人,让他们平安。
> 上帝保佑我,保佑拉夫。

国王很想知道这位拉夫是谁。琼森对他说,是查林十字街附近天鹅酒馆里的酒保,总给他打上好的加那利白葡萄酒。为了这一趣话,国王赏了他一百英镑。

---

① 神圣罗马帝国的一个选帝侯。

他把第一部剧《人人高兴》题献给了高级纹章次官卡姆登先生,献词里说道:

> 有些人会让年轻时得到的好处随着年龄一起消亡,我可不是这样的人。只能记住眼前的事情,这样的记忆力也太弱了吧。

威廉·莎士比亚
William Shakespeare
1564—1616

威廉·莎士比亚出生于沃里克郡的埃文河畔斯特拉特福。他父亲是屠夫,我听他家的一些邻居说,莎士比亚小时候干过父亲这一行,但他在杀一头牛犊时会摆起谱来,做一番演讲。当时镇里还有个屠夫的儿子,据称他的天赋一点也不比莎士比亚差,也认识莎士比亚,和莎士比亚同龄,但年纪轻轻就死了。

威廉生性爱好诗歌和表演,我推测当时大约是十八岁就来到伦敦,在一家剧场里当演员,演得极好。当时本·琼森根本就不是个好演员,而是个出色的导演。

他很早就开始试写诗体剧,当时的诗体剧质量很低,但他写的剧大受欢迎。

他是个相貌英俊、身材匀称的人,善于和人交往,谈吐机敏,令人愉快。《仲夏夜之梦》里那位总管①的幽默,他是在白金汉郡的格伦登构思出来的。我认为他住在那里时正好是仲夏。那是从伦敦到斯特拉特福

---

① 这出剧里并没有这个人物。也许是《无事生非》里的多格贝里,《一报还一报》里的埃尔博,《爱的徒劳》里的达尔。

的路上,1642年前后我第一次去牛津时路过,那位总管当年就住在那里。乔赛亚斯·豪先生是那个教区的,认识莎士比亚。本·琼森和莎士比亚无论走到哪里,每天都搜集人们的幽默话语。

有一次,莎士比亚在埃文河畔斯特拉特福的客栈,一个年老富有的放债者库姆要下葬,莎士比亚即席写了下面这首短诗:

> 百人里魔鬼只让进来十人,
> 但库姆郑重宣告:我有十二人。
> 假如有人问:何人埋在这座坟墓?
> 魔鬼说,嘀!是我的约翰·库姆。

莎士比亚每年都要回故乡一次。我记得有人对我说,他每年都留给一个妹妹两三百英镑,这个妹妹就在故乡或其附近。

我听威廉·戴夫南特爵士和托马斯·沙德韦尔先生(此人被认为是当今最优秀的喜剧作家)说,莎士比亚有最惊人的才华,他们钦佩他的天才,认为其天才超过了所有剧作家。莎士比亚常说(本·琼森在其《林下灌丛》里说),他"一辈子也没有抹掉过一行"。本·琼森说:"我希望他抹掉一千行。"

只要英语能让人理解,他的喜剧就会妙趣横生,他掌握了人的癖性。而现在的作家只关注具体的人,只关注花花公子的愚蠢行为,二十年以后就没有人能看懂他们了。

本·琼森说,莎士比亚只懂一点拉丁语,懂得的希腊语更少。实际上,莎士比亚的拉丁语掌握得很熟练,他年轻时在乡下当过教师。这一信息来自比斯顿先生。

约翰·萨克林爵士
Sir John Suckling
1609—1641/2

　　骑士，王室总管室的约翰·萨克林爵士（我记得是在查理一世统治时期）的长子，母亲是……的女儿。他出生于1609年2月。

　　我听邦德夫人说，约翰爵士的父亲是个愚钝的人（她丈夫托马斯·邦德先生认识他父亲），他的才智来自母亲。询问一下巴斯比博士，他是不是在威斯敏斯特学校上过学，他们二人差不多是同一时期的。我听威廉·戴夫南特爵士说，萨克林十一岁就上了剑桥大学，在这里学习了三四年（我记得是四年）。十八岁时已经游历了法兰西和意大利，游历了德意志、（我记得还有）西班牙的部分地区。

　　他回到英格兰时，已成为一个才艺出众的绅士，在宫里以才华横溢而闻名，招致别人的妒忌，成为人家设套诱捕的一头公牛（据威廉爵士的说法）。他在论辩中才思敏捷，对答如流，无与伦比，遭受攻击最厉害的时候，也是其才华最出彩的时候。

　　他是当时最风流倜傥的绅士，也是最大的赌棍，既玩草地滚木球戏，也玩纸牌戏。（他是当时英格兰最优秀的滚木球戏玩家之一，纸牌也玩得极好，常常一个人躺在床上练习，琢磨最佳出牌方式。他几个姐妹来到皮卡迪利大街上的草地滚木球区大哭小叫，怕他把她们的嫁妆输光了。)当时没有任何一个店主会赊给他六便士,比如说就像现在,他赢了以后可能价值两千英镑,第二天其价值可能还不到这个数的一半,有时候甚至一钱不值。威廉爵士(他的密友,全身心地爱着他)常说,约翰爵士赌博最低潮的时候,也就是运气不好的时候,会把自己穿戴打扮得最为光鲜,说这样能增强斗志,他最有派头、斗志最高的时候,运气就最好。

根据威廉·比斯顿先生提供的信息:约翰·萨克林爵士发明了克里比奇牌戏。他把纸牌送到全国各地所有的赌博场所,纸牌上标有他个人的标记,用这种方法挣了两万英镑。弗朗西斯·康沃利斯爵士创作了《阿格劳拉》,除了结尾。

威廉爵士常说,萨克林不大在乎贵族的谈话,说当时的贵族极为高傲自大,法兰西人常说,英格兰贵族看上去像一条獒。而现在这个时代更文雅了,这在很大程度上是由于国王树立了榜样,他是谦恭有礼的典范。

163×年,约翰·萨克林爵士和约翰·迪格比爵士(凯内尔姆·迪格比爵士的兄弟)不幸发生争执,是因为一个情妇还是因为赌博,我现在想不起来了。约翰·萨克林爵士像根细木棍,中等个头,而约翰·迪格比爵士强壮有力,也有与之相称的勇气,被认为是当时最优秀的剑客。约翰·萨克林爵士及其两三个同伙攻击了约翰·迪格比爵士,当时约翰·迪格比爵士正走进一家剧场,身边只有一个男仆,但他像一只老虎一样向他们扑过去,把他们都打跑了。如此有才华的一个年轻人,因为这一事件而落下个懦夫的臭名,真令人惋惜。约翰·迪格比爵士则大出风头,除他之外,没有几个人能有如此身手。

163×年,远征队被派到苏格兰时,约翰·萨克林爵士自己出资,招募了一支百人组成的队伍,全是清一色的帅小伙,身穿白色紧身上衣、鲜红色马裤、鲜红色外衣,头戴有羽饰的帽子,打着绑腿,全副武装,据说是那个时代最美的景象之一。但约翰·明尼斯爵士写了一首讽刺诗,将其挖苦一番(参阅讽刺作品集):

女士们打开窗户一看,
多么漂亮的景象……

我认为这首讽刺诗是说他攻打苏格兰人不光彩。

询问一下内战时他在哪一支军队。

……年,他去了法兰西,不久以后就囊空如洗。想到自己沦落到这步田地,再也无力供养自己,他就服了毒(他住在巴黎一家药房里,服毒很方便),十分痛苦地呕吐而死。他被埋葬在新教徒的教堂墓地。这是1646年(就我记忆所及)。

他的诗集前面有他的肖像,很像他,上面说他死的时候只有二十八岁。

他中等个头,身单力薄,炯炯有神的圆眼睛,红脸膛,红鼻子(肝不健康),头不太大,头发颜色像沙子一样,胡子自然上卷,看上去优雅、有生气。他至死都是单身。

[备忘]他在伦敦……举办了一场盛大招待会,请了很多贵妇人,全是年轻美女,花了他……百英镑。招待会汇集了这一地区所能提供的所有珍品,最后一项是丝袜和袜带,我记得还有手套。

1637年,约翰·萨克林爵士、桂冠诗人威廉·戴夫南特(当时还没有受封为骑士)和杰克·扬来到巴斯。约翰爵士坐着马车,带着随从,像个年轻的王子。威廉·戴夫南特爵士对我说,萨克林带来了一马车书,就是在巴斯,他写出了有关索齐尼派的那篇短文。这是一次令人愉快的旅行,正处于很长一段和平、繁荣的高潮时期,也正是吃鹿肉的季节。

第二天夜晚,他们住在马尔博罗,在镇后面漂亮怡人的草地上散步,晚饭正在做着,女仆们正往灌木上晾衣服。杰克·扬看见一个很漂亮的姑娘,经她同意后和她幽会。这时大约是午夜时分,有人正好在树篱那边听到了,就打算把他的事搅黄。

每天晚饭后,他们都打纸牌打很长时间,但杰克·扬假装累了,要上床,任谁也劝不动。他们请女房东一起吃晚饭,对女房东说:"看这位可怜的绅士哈欠打的,他的疯病就要发作了。我们求您把他的房门关紧,派人盯住他,到了半夜他会疯得最厉害。叫马夫或一条壮汉别睡觉,我们会付报酬的。他是我们的好朋友,一位很诚实的绅士,只是每年大概要犯病两次。"

杰克·扬并没有睡觉,而是等钟敲响约会的时间后出去。去开门的时候,他傻眼了,敲、撞、跺、喊——"小二!管家!马夫!"

声嘶力竭地咒骂,没有一个人来。约翰爵士和威廉·戴夫南特一直等着,准备着笑死。

不知道是怎么搞的,他把门弄开了,然后下了楼。马夫是一个彪形大汉,扑上去抓住他,大声说:"先生,记住上帝的话,你不能出去把自己毁了。"

杰克·扬奋力挣扎,最后劲使完了,泄了气,只好上床休息。

到了早上,女房东来看他怎么样了,给他端来了一碗热汤。

"噢,先生,"她说,"您昨天夜里犯了一场大病,请把这碗汤喝下去,清心安神。"

杰克·扬以为这个女人疯了,极为恼火,端起这碗汤甩到她脸上。

第二天,几位同伴向他抖搂了底细,讲了他们是如何联手捉弄他的。

当天夜里,他们去了布朗纳姆宫,那是爱德华·贝恩顿爵士家(当时为一座豪宅,后来内战中被烧毁),在这里被盛情款待了好几天。从这里他们又去了西金顿,到威廉爵士的长兄罗伯特·戴夫南特牧师家,在这里住了一个星期,欢声笑语不断。从这里又去了巴斯,有六七英里远。

[备忘]罗伯特·戴夫南特牧师对我说,有关索齐尼派的那篇文章,就是在西金顿牧师家里客厅的桌子上写出来的。

有关约翰·萨克林爵士的其他情况

索思科特夫人,她丈夫上吊自杀了。她是约翰·萨克林爵士的姐姐,萨克林给她写了一封慰问信,她是家里的长女。她后来又嫁给了牛津默顿学院的神学博士科比特。她家在伦敦主教门大街上,家里有一幅她弟弟约翰·萨克林爵士的全身像,是安东尼·凡·戴克爵士的原作,画中他靠着一块岩石,手里拿着剧本沉思。这幅画价值很高。还有一幅珍贵的画,画的是大美人简·肖尔夫人,原作。

他的《阿格劳拉》上演时,他自己买来了全部服装,极为华丽。没有镶金的东西,所有饰带都是纯金纯银,花了他……数目我现在忘记了。剧中他用了一些布景,而当时只有假面剧才用布景。

[备忘]斯诺登先生对我说,约翰爵士不幸与约翰·迪格比爵士发生过冲突或争吵,并在冲突中受挫,之后人们出于妒忌和恶意,对受到

羞辱的一方进行攻击、伤害和挖苦,很是奇怪。这样做不厚道、不文明。

莫里夫人(询问)在阿什利(位于萨里,在彻特西附近)款待好几位显要人物,斯诺登先生当时在场。在座的有米德尔塞克斯伯爵夫人,约翰·萨克林爵士曾热烈追求过她,在她身上花了大约一千英镑。这次吃饭时,她不能容忍约翰·萨克林爵士刚经历的难堪,就极为严厉、极为忘恩负义地责骂他,其他几个女士也对他冷嘲热讽。

莫里夫人(是她把这些人请来的)一直尊重约翰·萨克林爵士的才华,看到他这副窘相,就这样说道:"唉,我只是一介村妇,但永远也不会抛弃受到羞辱的老朋友。过来,约翰爵士,坐到我旁边。"说完就让他坐到她右边,并且鼓励他。

这让沮丧的约翰·萨克林爵士来了精神,凭如簧之舌在餐桌上妙语连珠,让所有人都钦佩不已。

埃德蒙·沃勒
Edmund Waller
1606—1687

　　罗伯特·沃勒的儿子和继承人,由安妮·哈姆登所生。他是护国公奥利弗·克伦威尔的姨表兄弟,克伦威尔的母亲和他母亲是亲姐妹。

　　……年,他出生于白金汉郡贝康斯菲尔德一座漂亮的砖房里,当你往威科姆方向去的时候,左侧最远端的那座房子。

　　他的语法知识是跟多布森先生学的。多布森先生是威科姆的牧师,在那里一所私立学校任教,是一个优秀教师(沃勒告诉我的),曾在伊顿公学就读。我听威科姆的托马斯·比格先生(沃勒的同学,同一个年级的)说,沃勒成为一个如此优秀的诗人,当年他简直没有想到,他经常替沃勒写作业。

　　沃勒的第一任妻子是伍斯特郡的安妮·班克斯,凭借妻子他每年有……也有个儿子。从父亲那里继承的财产,连同第一任妻子的财产,每年有三千英镑。他的第二任妻子是玛丽·布雷西,一个又漂亮又节俭的女人,二人育有好几个孩子(我记得有十个或十二个)。

　　大约二十三岁时,或在二十三岁至三十岁之间,他精神失常了(我不知道是什么原因),但没过多久(我记得是这样)就治好了。这一信息来自托马斯·比格先生。

人的血肉之躯承受不住天神的狂喜。

——奥维德:《变形记》

[备忘]他很高傲,通常一次挫折就能让他发火。

[备忘]他狂热地爱上了莱斯特伯爵的长女多萝西娅,在诗歌中让她名垂千古。伯爵很喜欢他,愿意让他娶多萝西娅的一个妹妹。也许这就是他遇到的挫折。威科姆的托马斯·比格先生已死去二十年了,他本来会告诉我原因的。我认为我是对的。时过境迁啊。

(我记得是)沃尔特·沃勒是他在剑桥国王学院的导师,是个很有学问的人,后来担任威尔特郡布罗德-乔克教区牧师。

国王詹姆斯一世统治时期,他是议会议员,代表贝康斯菲尔德。国王查理二世复辟以来,他又担任历届议会议员(1680年时七十四岁或更大)。

他是最早精炼英语和诗歌,使其更精妙的人之一。他还是个初生之犊,刚开始学习诗歌时说:"我认为我从来没有见过一首优秀的英语诗歌,这些诗歌还不圆润悦耳。于是我就开始尝试。"

我好几次听他说,他想表达准确的时候无法表达准确,而一旦想到合适的字眼,就能轻而易举地表达准确了,也就是用简明的话语,这时他的水星和金星位置很好①。

他对我说,他不认识本·琼森(琼森死于1638年前后),但和福克兰大人卢修斯、西德尼·戈多尔芬、霍布斯先生等人熟识。

内战之前,他在宫里很受赞赏。1643年,他身为众议院议员,被关押在伦敦塔,和他一起关押的还有汤姆金斯(他嫡表兄弟)和查洛纳,罪名是密谋放火烧掉伦敦城,把议会等交给国王派。为保住性命,他颇费

---

① 在占星术中,行星的位置会影响人的祸福,位置好自然会对人产生好的影响。

一番周折,把每年约有一千三百英镑收益的贝德福德庄园卖给了医学博士赖特,卖价一万英镑,远低于正常价值。交易要在二十四小时之内完成,否则他就要被绞死(询问埃德蒙·怀尔德先生)。他用这笔钱向整个众议院行贿,这是众议院第一次受贿。他在众议院里的精彩发言,还有他对护国公奥利弗的颂扬演说,国王查理二世复辟之后,他不愿将其收进诗集里。

获得议会赦免之后,他去了法兰西,在那里住了……年,受到热情接待,也受到尊重。

……年,他回到英格兰。

国王查理二世回国之后,很友好地接见了沃勒先生,这时在宫里谁也没有他的谈话更受尊重。约克公爵夫人(莫德纳公爵的女儿)非常喜欢和他交往,命他写作,他写好以后就题献给她。

五十年以前,他写了有关百慕大群岛的诗,根据到过那里的一个人提供的信息写出来的。他在家里漂亮的树林里散步时,突然有了诗意。

他的思维能力仍然很好(1680年),还能写诗,但身体衰弱了。

他身材中等略高一些,单薄,一点也不强壮。好看的薄皮肤,面庞略呈橄榄色。头发卷曲,呈褐色。圆眼睛,向外突出,有时抽动。脸呈椭圆形,高额头,满是皱纹。头很小,爱激动,易怒。学问越大,越易动怒(西塞罗)。有点专横,精通英语。演讲得体,而且出口成章,令人赞赏。

他大部分时间在伦敦度过,尤其是冬天,而夏天常在贝康斯菲尔德度过,享受缪斯给予他的灵感,这里的空气也无与伦比,树林里有宜人的小路。……年,他被接纳为王家学会会员。说到树林,我记得他对我说,在白金汉郡的贝康斯菲尔德,他砍倒并连根掘出了一片山毛榉树林,并没有栽种,却天然长出了一片白桦树林。

他身体瘦弱、身材单薄,但总是很有节制。有人(询问塞缪尔·巴特勒)在萨默塞特宫里把他灌得烂醉,他在水池台阶上摔倒了,摔得很重。如此没有人性地虐待一位优秀诗人,真是令人痛惜。

克里斯托弗·韦斯先生向沃勒先生背诵一首诗,讽刺卡雷·斯克罗普爵士:

你兄弟被谋杀,妹妹被诱奸,
还有你母亲,而你以笔为剑。

沃勒先生马上回答说:"人总是写坏事写得好,写好事写得坏。写讽刺作品是下山,最容易、最顺畅,在比林斯盖特①,你能听到这类话语的登峰造极之作。瘦田瘠土里自然长出多刺的植物、荆棘和杂草,而玫瑰、香花则需要精心培育。"

他所有作品都没有伤人感情的地方。

他的诗集现在又由他重印(1682年),前面有他的肖像(年轻时和年老时),肖像下面是:

但他的诗是更高大的形象。
——奥维德:《哀歌集》,I,VIII,11

他在死去两个星期或两个星期多之前,用诗写他自己的死亡。

埃德蒙·沃勒先生(诗人)说,诗歌如果写赞美造物主之外的其他

---

① 此地以言语粗俗下流而著称。

任何题材,都是被妄用。侍奉上帝的主要功能被忽略,取而代之的是为我们自己祈祷。

彼得·伯奇博士手里的材料,附有奥布里的注释

哈姆登上尉对我说,一些当兵的到贝康斯菲尔德来找钱,沃勒的母亲对他们说,他们要是愿意跟她一起走,她会把他们领到一个地方,她在那里埋了五千英镑,然后把他们领到办公楼。

他被埋葬在教堂墓地(教堂东南方),他祖父和父亲也葬在了这里。这一墓地四周用栏杆围了起来,就像个家畜围栏一样,差不多也有家畜围栏那么大。墓地里种有一棵胡桃树,也许有五十年了(胡桃树是他们家的饰章)。有九座坟墓或纪念柱,没有墓碑或墓志铭。

他记忆力很强,把故事等读给他听时,他记得最清楚。他常常让几个女儿读给他听。然而,他尽管才华过人,修辞技巧娴熟,却时常犯英语拼写错误。他写字写得一塌糊涂,像老母鸡挠出来的一样。

我听他说,托马斯·霍布斯先生的《论公民》一书出版以后,他极为赞赏,很想把它译成英语。霍布斯先生也非常希望沃勒先生来执笔翻译,沃勒先生是我们的英语大师。沃勒先生爽快地答应下来,但他想先让霍布斯先生试一试。霍布斯先生译了第一卷,译得非常好,沃勒先生就不想再插手这件事了,任谁也译不了这么好。他要是自认为能译得更好的话,就会自己动手翻译了。

[备忘]他反对造船费的演讲收进了他的诗集,他颂扬护国公奥利弗的演讲在我手里,颂扬国王查理二世的演讲也在我手里。

他说,他是在好几个邪恶、乏味、无知的老师的教导下成长起来的,直到在威科姆遇到了多布森先生。多布森先生是个好老师,曾是伊顿公学的学生。

[备忘]1680年8月底,他应拉努拉子爵夫人的请求写了一首诗叫《神圣的爱》。

1680年,他没有当上伊顿公学校长,……当上了。

据他的嫡表兄弟埃德蒙·哈姆登上尉1690年提供的信息:埃德蒙·沃勒先生出生于白金汉郡阿格蒙德沙姆教区,在一个叫温奇莫尔山的地方。这个地方被他父亲卖了,他死前不久很想把它再买回来,但拥有者不愿意卖。房子的一部分是新建的,但他出生的那个房间还在。他对表亲哈姆登说:"一只牡鹿被追猎,力气快要用尽的时候,总是回到家里去。"他死时八十三岁,当时头脑和以前任何时候一样健全。他的诗才来自哈姆登家族,哈姆登家族出了好几个诗人。

好多年前,在贝康斯菲尔德开客栈(我记得是王冠客栈)的拉特对我说,沃勒先生精神失常过,但哈姆登上尉断言没有这回事。不过沃勒的兄弟(表亲?)是个白痴,说话办事都不行,但很有学问。

伯奇博士对我说,沃勒先生有惊人的记忆力,而沃勒的几个儿子都说他记忆力根本就不行,要记住一件事很困难,但让他感兴趣的一些事,他能记得一清二楚。

亚伯拉罕·考利
Abraham Cowley
1618—1667

他出生于伦敦舰队街,在大法官法庭胡同附近,父亲是个杂货商,其招牌是……

他是圣奥尔本斯伯爵(当时为杰明大人,在巴黎)的秘书。国王回国后,白金汉公爵听说彻特西有一座好农场,每年收益大约是……英镑,属于王太后,就去找圣奥尔本斯伯爵和特派员,想把它租过来。他们回答说,租有失大人的身份。反正都一样,他想要它,就花钱买了下来,拥有了它,然后自由自在、大大方方地把它送给了他亲爱的有才华的朋友亚伯拉罕·考利先生,他是专门为考利先生买的。

他埋葬在威斯敏斯特大教堂,紧靠着杰弗里·乔叟爵士,白金汉公爵在那里立了一块光洁的白色大理石碑,一个漂亮的基座,刻有碑文(由大人的专职牧师斯普拉特博士撰写)。上面是一个很漂亮的瓮,四周是一个常春藤花环。

他小时候在威斯敏斯特写过……诗,还有一部喜剧叫《爱之谜》,题献给了凯内尔姆·迪格比爵士,刊印于伦敦,八开本。

亚伯拉罕·考利:参阅他的遗嘱,看他真正的永久的善举,也就是他这样赠送其财产:每年都拿出一笔钱用于解救贫穷的囚犯,这些囚犯是由于负债而被残忍的债主投入监狱的。这件事我是听伦敦的邓宁先生说的。邓宁是个文书,和考利博士的兄弟相识。我认为这一善行值得纪念,但没有刊印在他作品之前的生平里。这肯定是行善的最好办法。

约翰·德纳姆爵士:

  如果考利从不说话,托马斯·基利格鲁从不写作,
  二人也都会成为大才子。

亚伯拉罕·考利不善谈吐,说话结结巴巴。

托马斯·伦道夫
Thomas Randolph
1605—1635

诗人。我把他的算命天宫图等送给了安东尼·伍德,我是从伦道夫的兄弟约翰那里得到的,约翰是一名法律代理人(住在……)。托马斯·伦道夫是威廉·伦道夫的长子,由他第一任妻子伊丽莎白·史密斯所生,1605年6月15日出生于纽纳姆,北安普敦郡达文特里附近。

他九岁时,用英语诗体写出了救世主道成肉身的故事,在他兄弟约翰手里,约翰展示过他亲笔所写的原件,从来没有刊印,作为珍品保存着。

据尼德勒先生提供的信息:他的头发是一种很淡的亚麻色,接近白色(像约翰·斯克鲁普的头发一样),很松软,就像书前面他的肖像所显示的那样。他面色苍白,脸上有麻点。据他在威斯敏斯特的同学托马斯·弗勒德先生说,他个头和我差不多,或比我稍低一点。

他父亲是苏塞克斯郡乔治·戈林爵士的管家,年轻时很野。他祖父在遗嘱里只为他父亲留下四便士或三便士,他父亲拿到手以后,把它钉在了门柱上。参见安东尼·伍德的书信。

1623年,他被选拔到牛津三一学院。

他祖父是个土地测量员。

有一次，他在路上碰见斯塔福德上尉（一个有才华的绅士，家族的族长，白金汉公爵即为这一家族的后裔），……斯塔福德为他提供一笔津贴，我认为是每年一百英镑，让他辅导斯塔福德的儿子和继承人。

他成熟过早。他活的时间要是再长一点，就不会有名气了。

他28岁时死在布拉特威克，即前面提到的斯塔福德先生家，1634年3月17日埋葬在那里，在教堂的耳堂，在那个高贵的家族中间。哈顿大人克里斯托弗爵士为他立了一通白色大理石墓碑。问问他的墓志铭，我记得在安东尼·伍德手里。

塞缪尔·巴特勒
Samuel Butler
1613—1680

出生于伍斯特郡的珀肖尔,靠近巴顿桥,离伍斯特有半英里。他兄弟住在那里,他在伍斯特上学。希尔先生认为是在圣约翰教区,希尔和他一起去上学。他父亲家底很薄,让他上学就已竭尽全力了。他小时候就会观察和思考别人说过或做过的每一件事,然后评价是好是坏。他从来也没有因为其宣称的理由上过大学。

巴特勒年轻时为肯特伯爵夫人当仆人,服侍了她好几年。在这里除了学习,他还把很多时间用在绘画和音乐上。他一度想以绘画为职业,这一信息来自杜克博士。他热爱绘画,技艺娴熟,因此和塞缪尔·库珀先生(当时的肖像画名家)建立了深厚的友谊。后来他又研究英格兰习惯法,但没有开业。

巴特勒娶了个继承了一大笔产业的寡妇,……摩根的遗孀,因此日子过得很舒适。

王朝复辟后,在勒德洛的宫廷重新设立,巴特勒成为国王城堡里的管家。

巴特勒刊印了一首妙趣横生的诗,名叫《休迪布拉斯》,第一部分刊印于1663年,大受欢迎。国王和大法官海德想把他召过来,随后就把他叫来了(大法官海德有巴特勒的画像,挂在书房壁炉上方)。二人都向他许诺了很多,但至今什么也没有受到雇用,只有国王给了他……英镑。

桑德斯先生(肯特伯爵夫人的亲戚)说,约翰·塞尔登先生很敬重巴特勒,认为他有才华,有时会雇他给海外写信,还让他做翻译。

白金汉公爵担任剑桥名誉校长时,巴特勒是他的秘书。巴特勒起初可能有晋升的机会,但不是肥缺他不愿接受,到头来什么也没有得到,最后死于贫困。

他绘画绘得好,有一段时间以绘画为职业。他服侍肯特伯爵夫人服侍了几年,她付给每个侍从每年二十英镑。约翰·塞尔登先生发现他有才华,就多次让他写作或翻译。

他死后无嗣。

他个头中等,体格粗壮,肤色红润,一头红发,判断事情严谨、明智,是个爱喝酒交际的人。他常说,那种说话含糊其词的方式(如埃德蒙·沃勒先生)以后将要过时,就像玩弄辞藻一样荒唐可笑。

他一直受到痛风的折磨,尤其是1679年,从十月直到复活节,他都没有离开过寝室。

1680年9月25日,他死于痨病,27日下葬,按照他的遗愿葬在科芬园教堂墓地,也就是在教堂北部东端,他的脚碰着墙。按照他的意愿,坟墓挖了六英尺深,离门柱有两码远。大约二十五个老相识参加了葬礼。我是最年长者之一,帮助抬棺材,棺材上覆盖着黑呢。他死于1680年,享年大约七十岁。

约翰·罗斯大人回复多尔切斯特侯爵罗伯特。

[备忘]有讽刺才能的人常常得罪与其交谈的人,结果树敌很多、交友很少。他的情况就是这样。他长着狮毛色的头发,多胆汁,中等身材,强壮有力。

约翰·泰勒
John Taylor
1578—1653

自称"水诗人",出生于格洛斯特市。……画家泰勒是他兄弟,23年前,他这个兄弟是这样告诉我的,他还住在牛津,其画像挂在学校的画廊。

约翰来到伦敦,与一个船工签约成为徒弟,以船工徒弟的身份写诗。他的作品是一部漂亮的对开本,1630年刊印于伦敦。我听文学硕士乔赛亚斯·豪说,他要从中选出六首诗(问他是哪六首),可以和任何诗相媲美。

他是个诙谐爱搞笑的伙伴,把故事讲得妙趣横生,很少有人能超过他。

1643年,学位授予典礼期间,我在牛津见到他。我猜测他当时将近五十岁。我记得他是中等身材,漂亮聪敏,穿一件黑长毛绒外衣,银肩带,很受学生喜爱,经常和乔赛亚斯·豪在三一学院。

他在那一段漫长的和平时期好几次外出,如坐着小划艇从伦敦到索尔兹伯里。他也这样到过加来。他坐着小划艇,沿着海岸划到苏格兰(我认为是绕着大不列颠)。

内战一开始,他住在朗埃克的特恩斯泰尔巷,大约在东边的中部,正对着"山羊"(现在也是这样),在这里卖麦芽酒。在三四个上午的喝啤酒过程中,他的谈话是无与伦比的,但再往后就是老生常谈了。他的招牌是他自己的头像,很像他,大约二十二年前挪到了啤酒馆,位于克拉伦登宫对面的街角,其头像下面有这样的诗句,一面是:

很多头像都用作招牌,
看官,我用头像不行吗?

另一面是:

虽然我不配,我也渴望
得到桂冠,那是对诗人的酬报。

这幅画像现在几乎完全破损了。
死于大约二十五年前,埋葬在圣马丁教堂墓地。

罗伯特·艾顿爵士
Sir Robert Ayton
1570—1638

他被埋葬在威斯敏斯特大教堂高坛的南耳堂,在那里竖起一通精美的大理石和铜纪念碑,上面刻有碑文来纪念他。

他的胸像是铜的,浇铸得很精美,胸像上面有一顶桂冠,由两个白色大理石雕像支撑着。

这位罗伯特爵士是他那个时代最优秀的诗人之一。约翰·德莱顿先生说,他见过罗伯特的诗,其中有一些是当时最优美的诗作,和其他一些诗刊印在一起。找找这些诗。

他认识当时英格兰所有的才子,和马姆斯伯里的托马斯·霍布斯先生很熟。霍布斯先生对我说,他翻译完修昔底德写献词时,曾让罗伯特爵士(还有本·琼森)做校订和润色工作。我听说他是约翰·艾顿爵士的大哥(我记得是约翰爵士本人告诉我的)。约翰·艾顿爵士是黑仗侍卫官,也是个优秀学者。

弗朗西斯·博蒙特
Francis Beaumont
1584/5—1616

法官博蒙特的儿子,和约翰·弗莱彻先生的想象力简直一模一样,结果二人关系十分密切。我认为二人都是剑桥王后学院毕业的。

我听认识他们二人的约翰·厄尔斯博士(后来担任索尔兹伯里主教)说过,博蒙特的主要任务就是校正弗莱彻先生那横溢的才华。他们一道住在泰晤士河南岸的岸边区,离戏院不远。二人都是单身,住宿在一起(詹姆斯·黑尔斯等人提供的信息),二人共享一个女人,非常赞赏她,二人穿同样的衣服和斗篷。

博蒙特写了很多作品,其中有一首绝妙的挽诗,哀悼拉特兰伯爵夫人,与一些诗印在一起,在托马斯·奥弗伯里爵士描写的人物前面。约翰·厄尔斯在写他的诗歌里这样说:

> 一座丰碑永世长存,
> 即便顽石变成粉尘。

1615年或1616年3月9日,他被埋葬在威斯敏斯特大教堂圣本尼迪克小礼拜堂的入口,米德尔塞克斯伯爵的纪念碑也在那里。([备忘]艾萨

克·卡索邦也埋葬在同一所小礼拜堂的入口,他死于1614年7月8日)

几年前,我在索思沃克大教堂的登记簿里查找约翰·弗莱彻先生的死亡日期,然后寄给了安东尼·伍德先生。

博蒙特有一篇写得很精彩的前言,在斯佩特先生编辑的杰弗里·乔叟爵士作品集前面,1602年由亚当·伊斯利普刊印于伦敦,从中可以看出他对自己的作品有明智的看法。

威廉·卡姆登
William Camden
1551—1623

高级纹章次官。爱德华·巴格肖先生（曾担任威斯敏斯特学校副校长）告诉我，卡姆登先生先是有了住所（主任院里官费生寝室楼附近的门房），后来担任那所学校的校长，他在这里写作和教授《简明传统希腊语语法：王家威斯敏斯特学校使用》，也就是现在的《英格兰通俗希腊语语法》，但书上没有署他的名字。以前他们学的是克利奥纳德的冗长的希腊语语法。他撰写了《不列颠》，一开始是八开本。

他著有《伊丽莎白编年史》。

他刊印了一本小册子，十六开本，也就是威斯敏斯特大教堂墓志铭集。

参见富勒《神圣之国》，其中有卡姆登先生的生平、出生日期等。参阅《英格兰名人传》。到宗谱纹章院去查一查，他是什么时候被任命为高级纹章次官的。

据说他眼神不好（我猜测是花眼），这对他研究古物很不方便。

尼古拉·默卡特先生有斯塔丢斯的《历书》，那是卡姆登先生的一本书，上面有他的名字（我认识他的笔迹），还有一些批注，从这些批注中我发现他喜爱占星术。

他在《不列颠》里有一段惊人的占星学方面的言论,说土星在摩羯座时,伦敦肯定暴发大瘟疫。他一直都在观察,还把前人类似的观察记录下来。1625年大瘟疫时,土星就是在这一位置,1665年最后一次大瘟疫时,也是在这个位置。他还说,一旦出现日食或月食,什鲁斯伯里镇就会有毁灭性的灾难。

他在威斯敏斯特回廊里遭到女王一位廷臣的毒打,说他在史书里诽谤了女王伊丽莎白。这一消息来自威斯敏斯特教长约翰·厄尔博士。

我有一位可敬而又博学的朋友托马斯·弗勒德先生,肯特的一位绅士(1680年时七十五岁),是肯特的罗伯特·菲尔莫尔爵士的邻居和熟人,罗伯特爵士和卡姆登先生非常熟识。卡姆登先生对罗伯特爵士说,很多事情有关方面不允许他刊印在《伊丽莎白编年史》里,他把书稿交给了他的熟人和通信者苏阿努斯,此人原封不动地印在了他的《伊丽莎白编年史》里,一个字也没有改动。

他埋葬在威斯敏斯特大教堂的南耳堂,其雕像有一半在祭坛上,上面有铭文。他手里有一本书,书页上写着"不列颠"。

卡姆登先生学威尔士语学了很长时间,雇有一个威尔士仆人,以提高他的威尔士语水平,以便更好地了解古物。这一消息来自塞缪尔·巴特勒先生。

[备忘]卡姆登先生的算命天宫图在他写的关于国王詹姆斯的回忆录里。

威廉·达格代尔爵士告诉我,他有关于詹姆斯国王生平的备忘录,记录到每一个月、每一天,由威廉·卡姆登先生撰写。还有卡姆登自己的生平,按照年份和日子记载,很简短,只有两张纸,是卡姆登先生亲笔所写。威廉·达格代尔爵士是从考文垂和利奇菲尔德主教……哈克特那里得到的,卡姆登先生临死时,这位主教从他那里偷了出来。

询问巴斯比博士,了解卡姆登先生是否辞去了校长职务,是否死在威斯敏斯特校舍里。

参见主教哈克特的生平,刊印在他的布道词前面。

询问阿什莫尔先生,寻找卡姆登先生写的国王詹姆斯的备忘录(从国王进入英格兰开始),把它要回来,桑代克博士在卡姆登先生临死时从他那里偷走了,这是桑代克博士告诉威廉·达格代尔爵士的,达格代尔又告诉了我。这些备忘录一直续写到他死前两个星期,不超过六张或八张纸,我记得是这样。

问问威廉·达格代尔爵士,他有卡姆登先生的书信文稿。安东尼·伍德说,一部分书信文稿在亨利爵士和乔治爵士手里,由卡姆登先生亲笔撰写和润色,到那里找找看。

约翰·黑尔斯
John Hales
1584—1656

出生在韦尔斯(我记得我是听约翰·斯洛珀先生这样说的。斯洛珀先生是乔克教区牧师,母亲是黑尔斯先生的姐姐,他在伊顿养育了黑尔斯)。黑尔斯的父亲是霍纳家的管家:

> 霍普顿、霍纳、史密斯、锡恩,
> 修道院长一出去,他们就进来了。

他在巴斯上学(我认为如此),是默顿学院的研究员,和其他人一起协助亨利·萨维尔爵士编辑克里索斯托的作品。他后来成为伊顿公学董事,去达德利·卡尔顿爵士(驻海牙大使)那里做专职牧师。我记得他参加了多特宗教会议。王室在温莎时,博学的廷臣们很喜欢与他为伴,很给他面子。

我听他外甥斯洛珀先生说,黑尔斯先生很喜欢读斯蒂芬努斯的作品,斯蒂芬努斯是个家庭派成员,我认为他第一个描写了"爱之家"教派。约翰·黑尔斯先生很喜欢这一教派,常说总有一天他们的观念会让世人接受。他是英格兰最早一批索齐尼教派成员之一,我认为是第

一个。他是个知识广博的学者,我认为是个优秀诗人,约翰·萨克林爵士在《诗人会议》中提道:

> 小个子黑尔斯只是微笑,
> 看着他们一直这样喧闹。

他有很多藏书,都是精挑细选的,花了他……英镑,他卖给了小不列颠①的书商科尼利厄斯·比(我估计达一千英镑)。他被剥夺伊顿公学董事资格以后,这笔钱就成了他的生活费。他只保留了一部分供自己用,以度过他最后的岁月。

索尔特夫人(伊顿附近)在他被隔离之后对他很好,他很受夫人的欢迎,在她那里度过很多时光。在伊顿(被隔离之后),他住在克里斯托弗(旅馆)旁边的一座房子,我在那里见过他,一个小个子,面色红润,脸上乐呵呵的,非常和蔼谦恭。他待我很友好,穿一种紫色布袍,上面有扣子和扣鼻儿(不是黑袍),正在读托马斯·肯皮斯的作品。不到一年他就死了。

他喜欢加那利白葡萄酒,但有节制,用来提神。他慷慨大方。我记得1647年,议会派人巡视牛津之后不久,托马斯·马里埃特先生、威廉·雷德福先生和爱德华·伍德先生(都是三一学院的)徒步从牛津到伦敦去参加聚会。他们以前从未去过伦敦,结果走到了温莎,和这位好心的绅士说话,他当时是董事。爱德华·伍德先生是发言人,申明他们是牛津的学生。他待他们很好,塞到伍德先生手里十先令。

他埋葬在伊顿教堂墓地,在一块黑色大理石圣坛墓碑下面,碑是由柯温先生独自出资立的,刻有一段很长的墓志铭。柯温先生与他非亲非故。

---

① 伦敦的一条小街。

他死在伊顿一个寡妇波尼夫人家里,她家正对着教堂墓地,邻近南面的克里斯托弗旅馆。我就是在这座房子里见到他的。她是个善良的女人,有感恩之心。她对我说,她结婚时,黑尔斯先生对她两口子很大方,帮助他们开业谋生。她对他很感激、很敬重。

她对我说,黑尔斯先生是当地很多孩子的教父,他一走到温莎,人们就会欣慰地看到他的教子们恳求他的祝福。他还是大学生时,就把他收到的所有租金都给了教子,来到温莎桥时,他身上一枚银币也没有了。这位波尼夫人向我断言,穷人更可救济,也就是说,他从穷人那里得到的善意,要比从富人那里得到的多。我记下索尔特夫人(索尔兹伯里主教布赖恩·达帕的妹妹)的话,没有记黑尔斯先生的外甥、乔克教区牧师约翰·斯洛珀的话,这是个错误。索尔特夫人确实请黑尔斯先生到她家里去了,但那是为了教她儿子,她这个儿子脑子太笨,读书不行。

科尼利厄斯·比花了七百英镑,买下黑尔斯先生的藏书,而黑尔斯先生花的钱不少于两千五百英镑。波尼夫人对我说,她很不赞同卖这些书,因为她知道书就是他的命。他可能又被恢复了董事职位,但他不愿意接受。他一点也不贪婪,只想留下十英镑用来埋葬他。他养活了他们的教区牧师,她对我说,但这位牧师对他从来都没有过任何表示。黑尔斯也生她的气,认为自己为她留下的东西太多。她是个古道热肠的女人,值得纪念。我希望能知道她的名字。她丈夫在伊顿公学朝向南墙的小礼拜堂里有一块墓碑,碑上刻有碑文。她有一座漂亮的深色老式房子。客厅也是老式的,护墙板上方有彩绘的布,上面写有从《诗篇》里摘录的圣言,这也是以前对神虔敬的习俗。还有一座很便利的花园和果园。她很标致,领悟能力强,爱干净。

约翰·塞尔登
John Selden
1584—1654

出生于一个小村庄萨尔文顿(他自己撰写的墓志铭是这样显示的。我清楚地记得,首席主教大人厄谢尔大主教在他葬礼上布道,并提道"必然有复活的希望"),属于苏塞克斯郡的西塔林。

他父亲是个自由民,每年收入大约有四十英镑,小提琴拉得很好。他很喜欢拉,圣诞节期间拉琴自误,也娱乐其邻居,常在他们跳舞时拉琴伴奏。

有一年圣诞节期间,科顿老夫人(罗伯特·科顿爵士之妻,现在的约翰·科顿爵士的祖母,1646 年或 1647 年还健在,一个老夫人,八十岁或更大。这一信息来自威廉·达格代尔爵士,来自科顿夫人)在托马斯·奥尔福德爵士家(苏塞克斯郡)吃饭,约翰·塞尔登先生(当时是个年轻学生)坐在餐桌下首,当时被认为是个有特殊才能的人。有人问他是谁,得到的回答是,正在客厅里拉小提琴的那个人的儿子(这一信息来自威廉·达格代尔爵士,来自科顿夫人)。

我听迈克尔·马利特(法官马利特的儿子)说,他听说约翰·塞尔登先生的父亲教鲁特琴(通过妻子得到一座大庄园)。他是牛津哈特学院的,贾尔斯·蒙佩森爵士对我说,他当时也是那个学院的,塞尔登是高个子,头上长癣,但是个好学生。

他从牛津到内殿律师学院。他的寝室在纸楼,朝向花园,位于顶层,由一个小过道走进去。他很快就以其学识而引人注目,成为肯特伯爵的律师和管家。伯爵夫人是个有才华的女人,爱好男色,常让塞尔登与她同床共寝,她丈夫也知道。伯爵死后,塞尔登就娶了她。他有一个女儿,如果不是两个的话,由……所生,一个嫁给了布里斯托尔的商人。他还和威廉森夫人(伯爵夫人的女仆)私通,她是个好色、健壮的女人,塞尔登临死时掠夺他的东西。我记得1646年和1647年,他们还谈论伯爵夫人的黑皮肤女仆。

费边·菲利普斯先生对我说,约翰·塞尔登年轻时,为罗伯特·科顿爵士抄写文档。当时他的挚友是……海沃德先生,还有本·琼森,他把自己的《荣誉头衔》题献给了海沃德先生。他的论文《什一税不符合上帝的律法》引起神职人员对他的极大怨恨。坎特伯雷大主教威廉·劳德让他到高等宗教法院宣布放弃自己的主张,关于这件事,你可以在彼得·海伦博士的《历史》里看到。后来,塞尔登再也没有宽恕那些长老派主教。他还在演讲中严厉抨击造船费。参见他的演讲。

他是神学家公会和……成员。惠特洛克在回忆录里说,塞尔登时常嘲笑那些成员的涂金版《圣经》,弄得他们窘迫不安。他说:"我只看原版。"

诺里奇主教蒙塔古是他的强劲对手。参见二人相互非难的书。由于某种法律上的原因,直到肯特伯爵夫人死后,他才承认与她的婚姻。他从来也没有一个仆人专门服侍他,但伯爵夫人的仆人都听他使唤。他和伯爵夫人住在"白托钵修士之家",伦敦大火之前是一座很气派的住宅。他餐桌上很丰盛,从来都不缺少博学的同伴。他早上……点起床,……点上床睡觉,吃喝都有节制。他看书时,把一块像丝绸一样的毯子铺在桌子上,把书信文稿放在上面,陌生人进来时,就不必再把书或文稿搬走了。

他临死时,牧师(约翰逊先生)过来赦免他的罪。碰巧霍布斯先生在场,说:

"什么?你写作的时候像个男人,现在死的时候像个女人了?"

这样就没有让牧师进来。

1654年11月最后一天,他死在前面提到的"白托钵修士之家",12月14日,星期四,被隆重地安葬在圣殿教堂。他死于水肿。他死之前⋯⋯个月,就把葬礼上用的盾徽准备好了。

他的遗嘱执行人是马修·黑尔斯(后来为王座法院首席法官)、约翰·沃恩(后来为民事诉讼法院首席法官)、罗兰·朱克斯先生,询问第四个遗嘱执行人是谁。他们邀请了所有议会议员、所有律师协会主管委员和高级军官。所有法官都穿丧服,还有很多显贵也穿了丧服。爱尔兰首席主教厄谢尔大人在葬礼上布道。

他的墓穴有十英尺或更深,四周用砖头围住,底部也铺有砖头,但底部四周用黑色抛光大理石围了大约两英尺,棺材就放在这里(覆盖着黑桂枝)。黑色大理石墙上很快就放上一块又大又厚的黑色大理石,上面写有铭文:

这里埋葬的是约翰·塞尔登,卒于1654年11月30日。

上面是一个砖拱(议会是不会让步的),砖拱上面填上土等,上面还有一块漂亮的黑色大理石墓碑,上面有铭文:

约翰·塞尔登埋葬于此。

旁边的墙上有一块漂亮的白色大理石墓碑，墓志铭是他自己撰写的，这在前面提到过。马查蒙·尼达姆在其"政治快报"里提到它，说他自己写墓志铭很好，谁也不会替他写。

安葬他的人是约翰逊先生，当时是圣殿教堂牧师。根据《礼拜程序大全》（1644年）的规定，约翰逊先生利用一个机会说"一位博学的人说（他没有提名字）：死去一个博学的人，很多知识也随他一起死去了，这个人的情况肯定就是这样"云云，"如果学问能让一个人活着，我们的兄弟就没有死"。

离这里不远的地方埋葬着约翰·塞尔登，1584年12月16日出生于萨尔文顿，苏塞克斯郡沿海西塔林的一个小村庄。父母都受人尊敬，父亲是托马斯的儿子约翰·塞尔登，在五个子女中排行第二，出生于1541年。母亲是玛格丽特，鲁辛顿的托马斯·贝克的女儿和唯一继承人，出身于肯特骑士贝克家族。唯一活过婴儿期的儿子。1654年11月最后一天去世，享年将近七十岁，在这里等待着复活。

他个头很高，我猜测大约有六英尺。瓜子脸，头不太大，长鼻子倾向一侧，暴眼（灰色）。他是个诗人，约翰·萨克林爵士在《诗人会议》中提到了他。他有一组好诗，收录在霍普顿的《年份索引》之前，也收录在本·琼森等人的作品之前。

几天以前诗人开会，
他们说阿波罗也来到会上，
……

> 看到他们聚到一起很是奇怪,
> 有塞尔登,他站在椅子旁边,
> 温曼离他不远,这很公平。
> ……

他是当时神学家公会成员(选帝侯巴拉丁伯爵……阁下也是),像是扎在他们背上的一根刺,让他们难堪,让他们恼火,他能用希腊语和古代文化知识让他们一筹莫展。

罗伯特·科顿爵士(古物研究大家,收集建立了一个资料室)是他的挚友,其儿子托马斯·科顿爵士担心会受到议会起诉,就躲藏在乡间。塞尔登先生有资料室的钥匙,管着资料室,维护着它,当时是议会议员。他本打算把自己的藏书送给牛津大学,但牛津方面不同意接收,也不愿把一些书稿借给他。所以他在遗嘱里把书交给几个遗嘱执行人处理,遗嘱执行人就送给了牛津大学图书馆。

他通晓……种语言:拉丁语、希腊语、希伯来语、阿拉伯语,另外还有现代学术语言。

他在撰写……时,让他博学的朋友亨利·雅各布先生帮忙。雅各布先生是默顿学院的,帮他做些誊写之类的工作,誊写的时候多次将他自己的想法加进去,这些东西塞尔登先生都予以保留,并在前言里说明。

他年轻时喜欢晦涩的风格,后来放弃了这种风格,表达得清楚了。大家公认他是他那个时代最重要的评论家之一。

他常对密友本尼特·霍斯金斯爵士等人说,他找不到继承人,这些人不知道如何处理一大笔财产,除非是个挤奶女工。

[备忘]林肯主教格罗斯泰斯特的弟弟要哥哥让他成为一个伟人,

主教就对弟弟说:"弟弟,你的犁要是断了,我会给你修理费;你的牛要是死了,我会出钱再买一头。但我觉得你是个庄稼把式,那你就种庄稼吧。"富勒的《神圣之国》,第……页。

他从不借助于任何人工方法增强记忆力,完全顺其自然。

我听一些神学家说(我不知道是不是有恶意),他确实是个博览群书的人,但不表达自己的意见。

他常说:"我只要还活着,就要保持温暖和湿润,我死以后会又冷又干。"

我的鞍工为肯特伯爵家工作多年,我记得他对我说,塞尔登先生凭运气得到的,要比他开业得到的更多。他并不是个杰出的开业律师,虽然他有或可能有足够的能力开业。他过上安闲舒适的日子以后,主要致力于更需要智慧的研究,埋头于案卷之中。

[备忘]费边·菲利普斯先生说,塞尔登先生先是把藏书送给牛津,但牛津大学不接受,连书稿都不借给他。

这一信息来自费边·菲利普斯。

约翰·塞尔登先生有时有了想法就写下来,由他的理发师保存。他死后,理发师说很想知道塞尔登遗嘱的内容,说"我从来没有见过聪明人立过聪明的遗嘱"。塞尔登先生把自己的财产(价值四万英镑)遗赠给四位遗嘱执行人,即王座法院首席法官黑尔斯、民事诉讼法院首席法官沃恩、罗兰·朱克斯和……(拍他马屁的人)。

约翰·塞尔登 389

威廉·奇林沃思
William Chillingworth
1602—1644

神学博士,出生于牛津,父亲是个酿酒匠。

大约在……年,他结识了一个人,此人将他和一些学者吸引到杜埃①,他在杜埃受到的款待不如他预期的好,他以为凭自己的雄辩才能,应该受到更好的款待。他们让他看门(这是要考验他的脾气,培养他的服从能力),他就偷偷地溜走了,又回到三一学院,在那里他是研究员。

坎特伯雷大主教威廉·劳德是他的教父和好友。他把每周在大学里发生的事情都告诉大主教大人。威廉·戴夫南特爵士(桂冠诗人)对我说,尽管奇林沃思博士很有理性,他还是犯有可恶的叛国罪。吉尔博士及其儿子(圣保罗学校校长)和奇林沃思每周都相互交换信息,这样持续了一些年头(通常是对朝政评头论足)。

吉尔博士在一封信里称国王詹姆斯及其儿子是"老傻瓜和小傻瓜",这封信让奇林沃思交给了坎特伯雷大主教威廉·劳德。可怜的小吉尔博士被抓走了,面临着一场可怕的暴风雨。这时,多塞特伯爵爱德华极力为小吉尔博士求情,替他辩护。他父亲、可怜的老吉尔博士也流

---

① 英国的罗马天主教徒在法兰西创办的一所学校。

下了眼泪,跪在国王面前苦苦哀求,这场风暴总算过去了。这么一个大才子,竟然有这么一个污点,真是令人遗憾。

> 一个在背后说朋友坏话的人,一个碰见别人指责朋友而不为他辩护的人,一个企图博得别人哈哈大笑、博得才子声誉的人,一个无中生有的人,一个不能守住秘密的人,一个恬不知耻满口谎话的人,这个人就是个黑心人。善良的罗马人啊,你要提防这种人。
> ——贺拉斯:《讽刺诗集》,I,IV

奇林沃思是个小个子,头发稍黑,面色阴沉。

奇林沃思和福克兰大人都有极为清醒的理性。牛津人常说,要是奥斯曼帝国的苏丹能够被正常的理性说服而改宗,奇林沃思和福克兰大人就是能让他改宗的人。

奇林沃思安葬在奇切斯特教堂回廊南侧,议会军攻占了阿伦德尔城堡后,他死于斑疹伤寒。他在生病期间,受到切因内尔博士(一名清教徒)的虐待。他在下葬时,切因内尔将他的书随他一起扔进了坟墓,说:

"和腐烂的一起腐烂吧,让死者来埋葬死者吧。"

参见切因内尔博士写的一本小册子,大约六张纸(够歹毒的),其中有对他生平的介绍。

奇林沃思在城堡时备受国王士兵的指摘,说他在军事上尽出馊主意。他们咒骂这个小个子牧师,将城堡失守的责任归罪于他。

他在三一学院的同学奥利弗·惠特比先生为他撰写了铭文,惠特比先生现在是这个教堂的受俸牧师之一。

我的导师威廉·布朗先生对我说,奇林沃思博士并不经常学习,但一旦学起来,就能在很短时间内学到很多东西。他对塞克斯特斯·埃姆皮里克斯很感兴趣。他在学院的小树林里散步,在这里沉思默想,遇见某个傻瓜就和他争论一番,用难题难住他。这样他就要事先准备好。奇林沃思老是和人争论,我导师也是这样。我认为这是那个时代一种流行的恶习,现在则过时了,被认为没有礼貌,孩子气。

他是当时牛津大学最喜欢与人辩论的人,也是最敏锐的辩手,也许以后再也无人能和他相比了。

我听马姆斯伯里的托马斯·霍布斯先生(霍布斯认识奇林沃思)说,他就像一条壮汉,能把他面前的敌人赶走,但常常在自己人背后下黑手。

1643年,凯特尔博士(牛津三一学院院长)去世,奇林沃思博士与汉尼巴尔·波特博士、罗伯茨博士一起竞争院长职位。汉尼巴尔·波特博士以前担任过温切斯特主教的助理牧师,二人很要好。所以,(威尔·霍克斯告诉我)波特博士虽然没有合法当选,他们仰仗着巡视员(温切斯特主教),主教(柯尔)就把职位授予了波特博士,还让研究员们在可能的情况下将奇林沃思赶出去。

这件事发生在福克兰大人遇害后不久。奇林沃思博士十分肯定地对威尔·霍克斯说,如果福克兰大人还活着,没有人胆敢与他作对。对于好友的去世,他感到心里非常不安,哭得很伤心,尽管他肯定感到一种安慰。

约翰·霍斯金斯
John Hoskyns
1566—1638

高级律师,……年(圣马可节①)出生于蒙宁顿,位于赫里福德郡的兰沃恩教区。

蒙宁顿以前从属于兰托尼修道院,在格洛斯特附近,他先人在这里担任过院长的侍酒者。我听说有一扇窗户是这里一个姓霍斯金斯的人送的,从上面的文字中可以看出来。

这位高级律师是不是长兄我忘记了。但他有个兄弟约翰,神学博士,一个博学的人,莱德伯里教区牧师和赫里福德大教堂教士,我认为这位神学博士是长兄,是计划让他上学的。然而这位约翰(高级律师)不安分,也要上学。那个时候,男孩子上学读书,很少有人不是为了从事某种学术性行当的。所以,由于他老是纠缠着非要上学不可,当时也十岁了,就开始读书,到年底开始学习希腊语语法。这件事我听他儿子说过好几次,也就是本尼特·霍斯金斯爵士,骑士,准男爵。

查尔斯·霍斯金斯是高级律师和神学博士的弟弟,一个非常聪明的人,不甘心居于两位兄长之下,但由于用功而累死了。

---

① 4月25日。

霍斯金斯体格强壮,记忆力惊人。他……岁时上了温切斯特公学,是当时学校里最优秀的学生。我记得我听说有一次他没有做习题(诗歌),就让他年级里的一个同学把做好的习题拿出来让他看看,人家拿出来他就看了。老师很快就要收作业了,霍斯金斯对老师说,作业他写好了,但弄丢了,不过他能再写一遍,就把另一个同学的作业(我记得有十二行或十六行诗)重写了一遍,而这个同学的作业他仅仅看过一遍。而那个真正做过作业的学生交给了老师同样的作业,但又不会重写一遍,就被认定是抄了霍斯金斯的习题而挨了鞭子。我认为他和约翰·欧文是同校的同学。

他上学时有很多有意思的故事,我都忘记了。我听他儿子说,他在威斯敏斯特一年,在那里不太成功,然后被送到温切斯特。

温切斯特公学的四方院里,男生们洗手用的水龙头上,有几行拉丁语诗是他写的,还有一个忠实仆人的画像,两条后腿,一双驴耳朵,嘴唇上还有一把挂锁什么的。拉丁文诗描写一个忠实仆人的品质。

来到新学院以后,他被指定为做讽刺演说的学生,但他太尖刻辛辣,结果被开除了,逼得他走投无路。

霍斯金斯去了萨默塞特郡,在伊尔切斯特一所学校教书大约一年。他在这里编纂了一本希腊语词典,一直到字母 M,我见过。他娶了(附近)一个有钱的寡妇(伯恩先生的遗孀),肯特莫伊尔家族的,二人仅育有一子一女。

结婚以后,霍斯金斯被录取到伦敦中殿律师学院。他身穿体面的衣服,和有身份的人交往。他杰出的才华成为给所有才子的推荐信。他第一次到伦敦时,认识了宫里的几位次官,经常帮他们写拉丁文信件。

霍斯金斯的才华很快引起了注意。本·琼森叫他"义父"。贝内特爵士（赫里福德主教贝内特是他的教父）对我说，有一次，琼森先生想让霍斯金斯收自己做义子。"不行，"霍斯金斯说，"我不敢。我做你大哥就够有面子了。我是你父亲的义子，是他让我成熟起来的。"

简而言之，他认识的人全是城里的才子，如沃尔特·雷利爵士（他在伦敦塔时的狱友，在塔里他是沃尔特爵士的文字编辑，检查并改进沃尔特爵士的风格）、神学博士约翰·多恩、伦敦刑事法院法官马丁。有一次，霍斯金斯和本杰明·拉迪尔爵士吵了架，还和他决斗，伤了他的膝盖，但后来又言归于好。还有伊顿公学校长亨利·沃顿、约翰·欧文，另外还有很多人。

霍斯金斯的谈话令人极为愉快，在路上他能成为任何人的好旅伴。他是拉丁语和希腊语大师，了不起的神职人员。他很懂法，但最不守法。……年被录取到中殿律师学院。

……年成为高级律师。

他有一本诗集，由他的一个文书誊写得工工整整，比多恩博士的诗集还要大，1653 年前后让他儿子贝内特不知道借给谁了，此后杳无音信。托马斯·亨肖先生有一份漂亮的拉丁诗抄件，赞扬他酿造的麦芽酒。他还有描写议会里放屁的诗，刊印在一些《笑话集》里。

他是个非常强壮的人，很活跃。他身穿盔甲（约翰·霍斯金斯爵士现在还有这副盔甲），当着彭布罗克伯爵威廉的面，在第三匹马的马鞍上做直立跳跃。他和我个头差不多。

霍斯金斯才思极为敏捷，喜欢在路上写诗，是世界上最好的旅伴。亨利·沃顿爵士的《雷梅恩斯》里，有他和亨利爵士在路上写的诗（对话体）。他用英语写有一首圣歌，巡回审判时在赫里福德大教堂里演唱。但罗伯特·哈利爵士（虔诚的清教徒）对这首诗极为厌恶。他在新学院的回廊里写有一篇墓志铭,纪念伍德盖特。他写有他那个时代最好的拉丁语墓志铭,其中有一篇写的是温切尔西伯爵的祖父芬奇,十分精彩。芬奇在肯特的伊斯特韦尔有一座宏伟的墓碑。

霍斯金斯除了有良好的天然记忆力,还学会了人工记忆。

他写有自己的生平(在他孙子、骑士和准男爵约翰·霍斯金斯爵士手里),以此表明既然普鲁塔克等人写有很多将军等大人物的生平,而他,一个不辞劳苦的人,也可以凭借才华和勤奋,从一介平民荣升为高级律师。但他应该说明,要有他这样的才华才行。这本传记我借不来。

他写有好几部专著,其中有一本风格指南、一本法律程序(未完成)。他写的家信令人钦佩。

国王詹姆斯统治时期,霍斯金斯是伦敦塔里一个严加看管的囚犯,他在议会里口无遮拦,指责国王在苏格兰人身上大把大把地花钱。他把这比作一根水管,水一来就流出去老远。他说:"现在,这根管子一直通到爱丁堡了。"

他是伦敦塔里一个被严加看管的囚犯,他的窗户都用木板封住了。有一次,他从一条小缝里看到一只乌鸦,还有一次看见一只风筝。他说,看到这一景象,对他来说是一大乐事。他费了很多周折,最终得到允许,让儿子贝内特和他在一起。然后他用拉丁语写了一首诗,由他译成英语如下:

> 我的小宝贝,你还年轻,
> 不知道如何管住嘴巴;
> 自由时就把嘴当成奴隶,
> 免得像我一样锒铛入狱。

我听说他从伦敦塔里释放出来以后,又把饰章授予他了,也就是"被切成直线的金狮头,喷着火"。这位律师常常开玩笑说,这是英格兰唯一抽烟的狮子头。

霍斯金斯去世几个月之前(在赫里福德出席巡回法庭或治安法庭时),一个高大的乡下人踩到了他脚指头上,结果脚上生了坏疽,这导致了他的死亡。格洛斯特的一位戴顿先生(一位经验丰富的外科医生,曾在爱尔兰战争期间担任外科医生,戴顿先生常说,他在爱尔兰战争期间到处碰到这样的事:那些打仗前一天找女人的人,要么死在战场上,要么到了他手下。上帝之手!)被请来给他治疗,但这位医生回天乏术,没能救他一命。他的脚趾先被切除。他教区的牧师有一只或两只畸形足(我记得他名叫休),其脚趾被切除之后,霍斯金斯说:"休爵士,我一定要认识你的制鞋工。"

区法院代理人罗伯特·派伊爵士是他邻居,但二人心存芥蒂。罗伯特爵士傲慢,碰巧死在圣诞节。消息传到高级律师的耳朵里,他说:"魔鬼吃了一块圣诞节馅饼。"

他是个非常强壮勇敢的人,一大早就起床(早晨四点钟)。他黑眼睛、黑头发。

他埋葬在赫里福德郡多尔修道院圣坛南侧的墓碑下。

多尔修道院教堂里有两尊身披铠甲、盘腿而坐的雕像,头被截掉了,据说一个是钱多斯大人,另一个是尤伊阿斯·莱西大人。我看到这两尊像之前不久,一个割草的人拿走一条胳膊去磨镰刀了。

他的饰章(我认为)是由于他讲话大胆而授予他的,(我推测)是由他自己设计的。高级律师,问问是不是骑士。

约翰·霍斯金斯

朋友:埃格雷蒙德·锡恩。

  这里埋葬的是杰出的埃格雷蒙德,
  以发现悖论而著称。
  他死了,这显而易见,
  但他要是会说话,就不承认死了。

他常说,凡是来到伦敦的,不是腐肉就是乌鸦。

理查德·马丁
Richard Martin
1570—1618

在这里插进他的画像,我把画像送给安东尼·伍德先生了。

马丁出身世家,即多塞特郡阿瑟尔明斯顿的马丁家,家中有一座漂亮的别墅。大约五十年前,马丁家的姓到一个女儿和继承人那里便失传了,她嫁给了布鲁恩先生,生有一个女儿和继承人,这个女儿嫁给了拉尔夫·班克斯爵士,拉尔夫爵士把别墅卖给了罗伯特·朗爵士(1668年)。教堂里有几通宏伟的纪念碑。他们家的饰章是一只猴子,人们常称其"一只马丁猴"。

女王伊丽莎白统治时期,威尔士一个叫彭里的人写了一本书名叫《马丁·马教士》(彭里因此书而被绞死。他是我曾祖父的亲戚),书里有这么一首短诗:

> 猴子马丁,醉了,发疯,
> 三个马丁的作品在我们手中。
> 要是来了第四个邪恶的马丁,
> 他不可能是人,肯定是魔鬼。

他是个很漂亮的人,一个说话得体的演说家,谈吐诙谐,受人爱戴。我认为他死于一次交际酒会。

他是刑事法院法官,但只干了一个月就去世了。

他埋葬在伦敦圣殿教堂北侧,有一尊跪着的漂亮雕像。

本·琼森把一部叫作《蹩脚诗人》的喜剧题献给了他:

> 有感恩之心的人,总是向人施礼;缺乏感恩之心的人,只在需要时向人施礼。为了他的清白,就像为了作者的清白一样,你曾经勇敢及时地承担起这一王国最崇高的正义。

死于酒会上与其他才子一起过量饮酒。担任刑事法院法官不超过三个月。询问约翰·霍斯金斯爵士。

乔治·克利福德
George Clifford
1558—1605

坎伯兰第三任伯爵。

坎伯兰伯爵乔治建造了一支船队，是一个臣民所能建造的最大船队。他有大片的私有土地，可以骑着马在自家土地上从约克郡一路跑到威斯特摩兰郡。他有……城堡。

他的船队到美洲探过险，在珀切斯的《早期移民》里可以看到对这次探险最好的描述。他从西班牙人手里夺来的财物，价值达七八十万英镑。他的船队满载而归时（肯定是一个臣民所能带回来的最多的货物），女王的枢密院（那里有人妒忌他。妒忌是美德的伴侣）碰头一商量，得出了这样的结论：货物太多，一个臣民无法拥有，应全部没收交给女王，连带船只等一切东西，并修复与西班牙人的关系。这样一来，他被迫卖掉每年收益一万五千英镑的土地。

萨内特夫人告诉我，她看到过对这件事的文字记述。阿尔戈英雄[①]的舰队和他的舰队相比，只是小巫见大巫。我认为，沃尔特·雷利爵士和伯爵大人一起参加了这次航行，还有优秀的航海探险家埃德蒙·赖

[①] 希腊神话中的一批英雄，伴随伊阿宋乘阿尔戈号船到科尔基斯去寻找金羊毛。

特先生,可能还有哈里奥特先生。

这一古老的世家就这样破产了。但索尔兹伯里伯爵罗伯特(他最大的仇人)后来娶了他女儿。这可能是罗伯特良心受到触动,作了那么多恶之后给了一些补偿。

乔治是沃尔特·雷利爵士的熟人,我记得有这一证据:詹姆斯·朗爵士对我说,有一次,乔治和沃尔特·雷利爵士一起从巴斯到德雷科特,在猎园里打雄鹿时,乔治的马失足掉进一个兔子洞,将他摔了下来,他摔断了锁骨。

乔治在北方有七座城堡,与他先人一起埋葬在斯基彭城堡,大约卒于国王詹姆斯统治初期。

这一信息来自坎伯兰伯爵的家谱,在伯灵顿和科克伯爵的女儿、萨内特伯爵夫人伊丽莎白手里。

查阅《大屠杀史》前面致坎伯兰伯爵乔治的信。

托马斯·科里亚特
Thomas Coryat
约 1577—1617

  1642 年 9 月 18 日,老少校科什住在多塞特郡舍伯恩他母亲家里,他母亲名叫格特鲁德。这是在舍伯恩城堡被包围的时候,战斗在巴贝尔山打响,位于舍伯恩和耶奥维尔之间,是内战的第一场重要战役。但第一场遭遇战发生在北安普敦伯爵(伦敦主教大人亨利的父亲)和布鲁克大人之间,在班伯里附近。这是 1642 年 7 月底或 8 月初。我被叫到乡下,让我非常伤心,8 月 9 日离开,这是在我离开之前。我相信是 8 月。问问这件事。

  回头还说托马斯·科里亚特。他要是能活着回到英格兰,他的游记就是最有价值的。他虽说不是个聪明人,但很忠实地记述了事实。

威廉·哈宾顿
William Habington
1605—1654

伍斯特郡辛德利普的威廉·哈宾顿先生，1634年娶了鲍威斯大人威廉的女儿卢斯，这从伍斯特郡巡视录里可以看出来。

他是个非常博学的绅士，写有一首诗名叫"卡斯塔拉"，还写有一位英格兰国王的传记。

艾萨克·福修斯
Isaac Vossius
1618—1689

1688年或1689年2月10日死于温莎城堡的住所,留下了据说是世界上最好的私人图书馆。据说国王威廉想把这座图书馆买下来送给荷兰。

纳撒尼尔·托普尔利
Nathaniel Torporley
1564—1632

胡克先生向我断言,托普尔利先生是维耶塔的秘书,但这一消息来源是谁他现在已经忘记了。不过他有非常可靠的依据,让我告诉你他肯定有把握。

他刊印了一些作品以攻击维耶塔,用的名字是约翰·普尔特利(假名),字母都一样,但有些位置改动了。

托马斯·弗拉特曼
Thomas Flatman
1635—1688

12月星期四死于舰队街他的家里,当月9日下葬,埋在圣布赖德教堂圣餐台栏杆附近,与他儿子同穴,他在儿子墓上放置了一通漂亮的大理石墓碑,上面有碑文和诗。他父亲还健在,至少有八十岁,是大法官法庭的书记员。

布莱克伯恩博士想让我把英格兰数学家的生平一并刊印出来。

你能告诉我雷科德博士埋在哪里吗?我认为斯托先生应该提到他。

1669年,克里斯托弗·雷恩博士受到索尔兹伯里主教(塞思·沃德)的邀请,专门测量了大教堂,至少测量了一个星期,论述很精彩,不超过两张纸,我写《威尔特博物史》的时候,有机会把它插了进去。他们对我说,已经把它借出去了,但不能说借给谁了。但去年2月科尔先生说,索尔兹伯里的纳什先生(建筑测量师)可能有这篇论文,这不是没有可能。我希望他问一问,但还没有得到任何回复。

威廉·达格代尔爵士
Sir William Dugdale
1605—1686

约翰·吉本对威廉·达格代尔爵士出生的说明：

威廉·达格代尔爵士对我说，他出生的时候（我认为是9月10日，那天是弗朗索瓦一世的生日）飞来一群蜜蜂，落到了他出生的那所房子的窗户下面。

9月18日
约翰·吉本

[备忘]威廉·达格代尔爵士没有把吉本先生的"忏悔者爱德华的十字架"告诉他儿子，只是付之一笑。

一张纸条,裁自一封致约翰·吉本的信, 说明达格代尔的出生

来自高级纹章次官吉本先生:

威廉·达格代尔爵士出生于1605年9月12日。那天下午,一群蜜蜂在他母亲卧室窗户下面搭窝,这像是他辛勤收藏的预兆。

托马斯·皮蒂斯
Thomas Pittis
1636—1687

1687年12月圣诞周的星期三,主教门街上的圣博托尔夫教堂牧师去世,埋葬在怀特岛考兹西边。他有个儿子,和他在牛津同一所学院。

约翰·达格代尔爵士对我说,他想询问约翰·达文波特先生的情况,并派人找你,这至少是半年前的事。

吉本先生(高级纹章次官)让我看过一部旧书稿,说1634年格洛斯特学院有九十二名学生,德戈尔·怀尔当时是院长。

你询问有关医生戴维·里斯博士的事,我还没有收到我表亲亨利·沃恩(奥洛·伊斯卡努斯)的回复,我也感到奇怪。

马修·利斯特爵士
Sir Matthew Lister
1571—1656

马修·利斯特爵士出生在约克郡克雷文的桑顿。这一消息是他侄子、医学博士、王家学会会员马丁·利斯特亲口告诉我的。马丁还对我说,马修是牛津奥里尔学院的,大概是个研究员。

他在贝德福德郡安普特希尔建造了那座宏伟的府邸(现在属于埃尔兹伯里伯爵),为此,他专门从意大利请来了建筑师。

大约在 1656 年或 1657 年,他死于伯韦尔,在林肯郡的路思附近,享年九十二岁。

他是安妮王后(国王詹姆斯的王后)的医生。参见《伦敦药典》前面的医生名单。我记得他当时是伦敦医生学院的院长。

马丁·利斯特博士不知道他刊印过什么作品。是马修·利斯特爵士把马丁·利斯特博士养大的。

怀尔德先生说,马修·利斯特爵士是为彭布罗克伯爵夫人玛丽建造了那座房子(安普特希尔)。马修爵士是她的建筑师,管理她的庄园。位于安普特希尔的别墅现在属于埃尔兹伯里伯爵所有,这位伯爵的祖父(埃尔金伯爵)从彭布罗克伯爵夫人手里把它买了下来。他是医生学院院长,这可以从《伦敦药典》献给了他这件事上看出来,他当时就是院长。

塞缪尔·波达奇
Samuel Pordage
1633—约 1691

我记得很清楚,塞缪尔·波达奇是彭布罗克伯爵菲利普阁下的土地总管。他父亲是波达奇博士,医生,占星家,我不知道他在哪里当牧师。他的肖像被刻了出来,三十年前,我记得是在一本书前面。儿子(塞缪尔)是个有礼貌、谦恭的人,长得漂亮。把他翻译的塞尼卡的特洛阿德给我,1660 年英文版。我记得他后来又刊印了一些作品。

我记得塞缪尔·巴特勒(《休迪布拉斯》的作者)有一次在酒馆里说,是多塞特伯爵的父亲翻译了喜剧《熙德》,作者是高乃依。我认为他是不会搞错的,但世人非常容易出错,你知道。

我还没有听说爱德华·舍伯恩爵士在哪里。

大约到 4 月初,我会告诉你有关卡鲁·雷利女儿的情况,我坚信那是雷利唯一的孩子。

理查德·博伊尔
Richard Boyle
1566—1643

科克第一任伯爵。

斯特拉福德伯爵托马斯迫使理查德·博伊尔每年交出一千五百英镑,并把这笔钱交还给了教会。消息来自安德森先生。

科克伯爵在爱尔兰以四十英镑的价钱,从霍西上尉手里购买了四十可耕地①。安东尼·埃特里克向我保证说:"我再说一遍,四十可耕地。"

女王把利斯莫尔城堡给了沃尔特·雷利爵士,把……给了约翰·安德森爵士等等,让他们移民到那里,但他们没有响应,一直到上次叛乱才移民。

……说(问问安德森先生是谁),居住在爱尔兰的英格兰人如果不够多,爱尔兰就不可能安全。

佩蒂夫人说,理查德·博伊尔以前结过一次或两次婚,而他娶芬顿小姐并未得到她父亲的同意。

---

① 约合一千九百公顷土地。

玛丽·博伊尔
Mary Boyle

安东尼·沃克在沃里克伯爵夫人玛丽·博伊尔葬礼上的布道词节选

在最杰出、最虔诚的夫人、沃里克伯爵遗孀玛丽葬礼上的布道词，于埃塞克斯的费尔斯特德，神学博士安东尼·沃克，沃里克郡法菲尔德牧师，修订第二版，1680年为圣保罗教堂金斯阿姆的纳思·拉纽刊印于伦敦（献词的落款日期是1678年5月27日）。第44页：

她在各方面都实在是优秀、了不起。她出身高贵，生来就是淑女，也是个艺术品鉴赏家，尊贵的科克第一任伯爵理查德大人的第七个女儿。理查德大人生来就是绅士，在兄弟中排行第三，其遗产只有题铭上所写的一句话，他以谦卑的感激之情，将其铭刻在他所有邸宅上——

上帝的意愿，就是我继承的遗产。

凭借上帝的意愿和他的勤奋和智慧，理查德大人飞黄腾达，其身后家族之繁荣,为三大王国中任何一个臣民所不及,其声誉白璧无瑕,连最妒忌、最吹毛求疵的人也觉得他无懈可击,尽管他们千方百计以最苛刻的方式查找他升迁的破绽。我们好心的小姐(他女儿)多次对我提起此事,每一次都感到十分得意。

大人的贤内助、这位尊贵的夫人和大人一样,也为其子孙增光添彩。她生有五子,大人活着看到其中四个成为爱尔兰王国的贵族。

第五个儿子比这些贵族头衔还要了不起,一个无与伦比的人物,统辖一个更广大的领域,也就是整个自然界,都向他那探索不止的头脑低头臣服。①

他还有八个女儿。

你可能会说,这位大人物的一切真是那么不同寻常。我要再讲一个小故事,这是夫人亲口告诉我的,我希望这个故事既不会讨人嫌,也不会不切题。

一天上午,博伊尔先生,即后来的科克伯爵(当时是个鳏夫)去拜访杰弗里·芬顿爵士,当时是爱尔兰王国的一位高官(国务大臣)。这位高官正忙于公务,不知道是谁想要见他,就没有及时让他进来。等候期间,博伊尔饶有兴致地逗着奶妈怀里抱着的杰弗里爵士的小女儿。杰弗里爵士出来一看,发现了这个等待过久的人,就很有礼貌地表示歉意。而博伊尔先生回答说,他受到了很好的款待,度过了一段令他满意的时光,他向爵士的女儿求爱了,如果他能荣幸成为爵士女婿的话。

听到这话,杰弗里爵士笑了(一个曾经结过婚的人,向怀抱里

---

① 指前文提到的罗伯特·博伊尔,现代化学之父。

的小女孩求婚,她还不到两岁),就问他是否愿意等她。博伊尔先生坦然回答说愿意等,杰弗里爵士就慨然答应,届时他会同意。两个人都真诚地信守了诺言。这位淑女为他生了十三个孩子,他活着看到其中十个完婚,死的时候已成为祖父,连最年幼的一个孩子也有了下一代。

她的旁系亲属和直系亲属一样,也为她带来荣誉。凭借其心灵、天资和血缘关系,她是这些大人物的姐妹,这些人物显赫,没有污点,享有荣誉,具有美德,以有益的学识和精准的文笔为其锦上添花,也补偿、抵消和羞辱这个堕落的时代各种可耻的污秽,还有这个耍笔杆子时代的各种无礼行为。

1. 忠诚、明智、高尚的伯灵顿和科克伯爵理查德阁下,其生平就是其最清白、最值得赞赏的品质。

2. 奥瑞里伯爵罗杰阁下,大诗人,大政治家,了不起的军人,无所不能的人,配得上伟大和善良的名声。

3. 香农大人弗朗西斯,就像他让一本书具有独特的风格一样,其小手枪就像是很多门大炮,可以在朱庇特神庙的墙上打出大缺口。

4. 尊贵的、著名的罗伯托·博伊尔先生,学识渊博的哲学家,才华横溢的人文主义者,杰出的神学家,我简直想说他是个在俗的主教,就像称呼亨利·萨维尔爵士一样,他一个人的著作就可以成为一座图书馆。

她的女性亲属(如果可以这样称呼她们的话,她们的德行非常具有阳刚之气,心灵没有男女之分)有节操、仁慈,(通过相互影响)既为她增光,也分享她的光芒。

长女爱丽丝女士,嫁给了巴里莫尔大人。

次女萨拉女士,嫁给了爱尔兰的迪格比大人。

三女利蒂希亚女士,嫁给了戈林大人的长子(他死时为诺里奇伯爵)。

四女琼女士,嫁给了基尔戴尔伯爵,不仅是爱尔兰最早的伯爵,而且是基督教世界这一等级中最古老的家族,现任伯爵是其第二十六代或二十七代传人。而且我还听说,古物大收藏家、国王查理一世认为,欧洲三个最古老的贵族世家,是英格兰的牛津伯爵维尔家族、爱尔兰的基尔戴尔伯爵菲茨杰拉德家族、法兰西的蒙特默伦西家族。可以看出来,现在的基尔戴尔伯爵,是菲茨杰拉德家族和维尔家族的混血儿。

五女凯瑟琳女士,嫁给了子爵雷诺洛大人,现任慷慨的雷诺洛伯爵的母亲,对这一家人我可以补充一句话,这是我在富勒《名人传》里见到的:

这位女士的功德在所有显要人物中尽人皆知,非常突出,我只说这么一句也就足够了,其他不敢多说:她和我们女主人是朋友和姐妹。

六女是多萝西·洛夫特斯女士。

位列最后的七女(完美的数字)是杰出的玛丽女士(八女玛格丽特女士尚未出嫁就去世了),嫁给了沃里克伯爵查尔斯。如果我可以引用文献里的话,我既不应该对他们的宽恕失去希望,也不应该担心他们责备我无礼。很多人家的女儿,他所有的女儿,全都恪守妇道,而你——

她(沃里克伯爵夫人玛丽)既不需要借用阴影来衬托自己,也不需要反射光来衬托自己,她自己就拥有心灵、身体、智慧、美貌、魅力和美德方面的各种天赋和才华。

她的口才了不起,从来也没有任何一个妇女比她更能说会道,说话非常文雅、敏捷、审慎、贴切、虔敬,我常常对她脱口而出的教诲赞叹不已。

她的文笔了不起,您欣赏一下就会发现(她虔诚的《沉思录》)。在晚饭后时断时续的一两个小时里匆忙写出的作品,世人有幸一睹为快。她有些遗憾地对我说,在她不知晓或不允许的情况下,这部作品就流落到世人手里,让她感到吃惊,完全出乎她的预料。

她是一门新学科——施惠艺术最了不起的能手和推手,更不用说她就是创始人和发明者了。她在这方面了不起,达到了完美程度,所有和她交往的人都被她给征服了。

她在生活圣洁与殷勤好客方面了不起。

她在保持忠贞不渝的友谊方面了不起,无论是在言语上还是在内心里,都是仁慈善良的。

她在善于管理方面了不起。

她在迅速领悟事务的困难方面了不起,知道难处在哪里,知道如何解开死结,如何缓解。

她在自制方面了不起。

除此之外,她还在一千种事情上了不起,受到世人赞赏。但这些她全都不放在心上,与敬畏上帝、认识基督耶稣相比,这些根本就不值一提。

詹姆斯·博维
James Bovey
1622—1695

安德鲁·博维的幼子。安德鲁·博维是个商人,伦敦的彼得·瓦诺尔爵士的财务主管。1622年5月7日早上6点,詹姆斯·博维出生于伦敦东部圣邓斯坦教区的切碎巷中部。在绸布商语法学校上学,师从奥格先生。他九岁时被送到低地国家,后来回国,精通拉丁语和希腊语。十四岁旅行至法兰西、意大利、瑞士、德意志和低地国家,十九岁返回英格兰。

随后他和银行家霍斯特一起生活了八年,做霍斯特的出纳员达八九年。二十七岁时独自经营,直到三十一岁。然后娶了商人威廉·德威舍尔的独女,和她共同生活了十八年,然后继续单身。

三十二岁时他不再经商,归隐田园,原因是厌恶经商,城里的空气让他受不了。隐退之后,他写了《谈判原理》,也就是一本经商手册(以前从没有人写过),书中列举了谈判中使用的各种技巧和计谋,还有如何用预防措施化解这些计谋。

他和霍斯特先生住在一起时,还为西班牙驻英大使保管现金,为他们所说的"同意者"保管现金,这些人为西班牙和神圣罗马帝国在低地国家和德意志的军队提供必需品。他还保管其他人的大笔现金,如西奥多·迈耶尔爵士等人。他基本上只和钱打交道,由此结识了国内外的一些外交使节。

在国外时,他的主要任务是观察他所在国的事务和司法情况,考察他所游历的那些国家的政治,尤其是和商贸有关的情况。除了母语,他还讲荷兰语、德语、法语、意大利语、西班牙语、通用语①和拉丁语。

退出商界以后,他研究商业法,大约在1660年进入伦敦内殿律师学院。他的看法被当时有关商业法的大多数重大案件采纳。

至于他的长相,他大约五英尺高,修长,身板挺直,头发乌黑,头发梢卷曲,一双淡褐色的眼睛,中等大小,但是我所见到的精神最饱满的。眉毛、胡子与头发的颜色一样。他是一个极有节制、思想深刻的人,脑子一直在转,从不停歇。

从十四岁起,他就在身边彻夜点着一支蜡烛,还备有笔、墨水、纸,随时记下脑子里出现的想法,这样就不会漏掉一个念头。他一直都极为喜爱自然哲学。他终其一生都被诉讼所困扰,这使他老于世故,总是能打赢官司。他曾在多场官司中遇到强大的对手,其中有一场官司持续了十八年。红头发的人从来都没有对他好过。他常说:"红毛子的脑袋里全是邪念。"

他每次旅行都没有遇到过抢劫。

他把欧洲所有的交易所制成一张一览表。

他有个儿子,还有个女儿长得像他。从十四岁起,他就开始留心观察人们各种谨言慎行的习惯,然后记录下来,这样一直持续到今天,即1680年9月28日,这是他第五十九个年头。

---

① 指地中海东部商人所用的语言,意大利语占很大成分,还混合有西班牙语、法语、希腊语、阿拉伯语、土耳其语等。

他的健康状况从来都不太好,但他并不在乎,经常消化能力弱,这是他大脑不停运转造成的。他的饮食总是很精致,常吃鸡肉。

他从小就把促进英国贸易当作自己的任务,很多人把他的观念刊印出来。

威廉·德菲舍尔
William de Visscher
？—1669

据博维先生提供的信息：威廉·德菲舍尔是伦敦商人，出生于德意志东弗里斯兰的埃姆登，属于汉萨同盟的一个镇，现在归属于荷兰。两岁时被父亲带到英格兰，父亲是著名商人。德菲舍尔在圣玛丽-希尔的一所房子里住了五十五年，七十四岁去世。他在这里一直住到伦敦大火，大约三年后去世。

后来他日子过得并不舒心。

英格兰最近一次大饥荒时（大约三十年前，我记得是 1647 年或 1648 年。询问一下），穷人怨声载道。他让大家不要气馁，称是不会挨饿的，他会给他们粮食，让他们在那一年使用他的庄园。他是个极有信誉的人，命管家到海外以什么什么价钱购买谷物。他雇了快速帆船，把船派到伦敦码头，他一年就叫来两千五百艘帆船。

他在海外购买谷物一蒲式耳十二先令，在英格兰卖十四先令。他购买谷物的一些地方（这些地方卖谷物是由于价格高）后来也缺谷物，又不得不从英格兰再买回去，有些地方愿意支付比原价高出一半的费用，否则人们就要挨饿。

很多驶向伦敦的船只多次遭遇灾难，根本就没有到达目的地。有些船只毁于恶劣天气,有些船只长期因风不能航行,谷物因通风不畅而起火,不得不扔到海里。结果灾难过后,他赢利不足两千五百英镑。快速帆船共装了八百吨或更多。

他撇下两个儿子和一个女儿,女儿叫伊莎贝拉,嫁给了詹姆斯·博维先生,二人育有一子一女。

他是个非常显赫的商人,在当时是最知名的,人们普遍认为,他的身价(嫁女儿时)达十二万英镑。

整个瘟疫期间,他一直待在伦敦,家里始终没有一个人染病。

他是个温和的人,家里保持得一尘不染。

威廉·普拉特斯爵士
Sir William Platers
1590（受洗）—1668

剑桥郡(萨福克)绅士。在……有一座大庄园,每年收益大约三千英镑。他是个饱学之士,游历过法兰西、意大利等地,很熟悉这些地方的语言。内战期间,他是长期议会议员。

他特别崇拜和喜爱美女,养了好几个。他和亨利·马滕是老朋友,但二人一度(大约在1644年)失和。威廉爵士勾引走了亨利的一个女人,约翰·伯肯黑德爵士在《宫廷信使报》上补写了圣徒们是如何闹翻的。在其他事情上,他都很有节制,也节俭。

他只有一个儿子,又漂亮又聪明。他对儿子的关心无微不至,尽力为儿子提供最好的教育。他知道儿子也有七情六欲,就亲自张罗,为儿子提供健康可爱的女人。他对儿子出手大方,但也嘱咐他要有节制,限制他的花费,比如说玩一次女人二十先令。

父亲通晓多国语言,是个优秀的古物收藏家。他建了一个类似于凯旋门的拱形建筑,上面有国王的纹章,在威斯敏斯特圣玛格丽特教堂里教堂与高坛之间的隔墙上,他就埋在这下面。拱形建筑上有碑文,墓碑是1662年由骑士和准男爵威廉·普拉特斯爵士出资立的。

1668年4月19日,他离开了这个世界。

你提这个人是什么意思？这个死于1668年的人？

威廉·普拉特斯爵士。

回复：我并不是把他作为一个名人写在这里的，但他确实填补了一个位置。在圣徒当道的时代，他尽情享乐。他和亨利·马滕成为《宫廷信使报》尽情嘲笑的对象。

骑士，准男爵，年收入大约五千英镑。他儿子很聪明，很好地报答了他的培养教育。儿子是国王军中的上校，死在沙场上。父亲极为伤心，从此以后就不再寻欢作乐了。

亨利·马滕（老朋友）请他吃饭，饭桌上威廉爵士看中了亨利的一个情妇，然后把她给勾引走了。这件事让约翰·伯肯黑德爵士写进了《宫廷信使报》。

普拉特斯为被免去了伦敦圣布赖德牧师职务的神学士詹姆斯·帕尔默先生立了一座碑，在威斯敏斯特的圣玛格丽特教堂，靠近南墙。帕尔默先生是个非常虔诚的好人，是他家乡教区的资助人，在家乡建了一座救济院。他卒于1659年，墓碑是由骑士和准男爵威廉·普拉特斯爵士一个人出资立起来的。

理查德·黑德（梅里顿）
Richard Head（Meriton）
约 1637—约 1686

梅里顿先生真名叫黑德。博维先生认识他。出生于……

他是小不列颠（在伦敦）的一个书商。

他曾生活在吉卜赛人中间。他长着一双暴眼，看上去像个无赖。他会变形。他破产了两三次，后来到了晚年当了书商。他靠耍笔杆子谋生，每写一个印张得到报酬二十先令。他写了好几部作品，有《英国流氓》《哄骗的艺术》等。

1676 年前后，他从海路去普利茅斯时溺水而亡，享年大约五十岁。

威廉·布龙克尔
William Brouncker
1620—1684

爱尔兰里昂城堡子爵。国王以牛津为大本营时,布龙克尔住在牛津,但他不是大学的,他对我说过,他只是热衷于研究数学,在这一领域水平非常高。

他母亲是个大赌棍,各种赌博游戏都玩,赌黄金,她自己保管着盒子(钱盒?)。阿伦德尔先生(沃道尔大人的兄弟)写了一首歌来描述贵族的性格特征,我记得其中有这么几句:

祝愿布龙克尔夫人健康,愿她手里有一副最好的牌,
祝愿她丈夫健康,他从无立锥之地。

他担任王家学会会长大约十五年。他是海军部的……

他卒于1684年4月5日,14日安葬在他让人建造的灵堂(八英尺长,四英尺宽,大约四英尺高),位于伦敦塔附近圣凯瑟琳的高坛中央,他担任过这座修道院的主管。他在临死之前不久,送给该教堂一架漂亮的风琴。高坛高大宏伟,他用一副漂亮的围屏(他自己出钱)放在中央将其分隔开,将高坛糟蹋了。

约翰·戴维斯
John Davis
约 1550—1605

［备忘］米诺雷斯教区的数学工具制造商布朗先生对我说,海洋象限仪是由戴维斯船长在……年以前发明的,他发现的海峡就叫戴维斯海峡。

托马斯·查洛纳
Thomas Chaloner
1595—1661

查洛纳博士之子,查洛纳博士是亨利王子或查理王子(参阅霍尔主教与此有关的书信集)的私人教师。

他是个很有教养的绅士,很有天赋,有讨人喜爱的性格。他有在家里和旅行中学习的本领,曾旅行到法兰西、意大利、德意志。

大约在(1600年)(询问约翰·科林斯),他在约克郡(现在的明矾厂所在地)一块公地里骑马打猎时,注意到那里的土壤和牧草,尝了尝水,感觉像他在德意志明矾厂里尝过的水。于是,他向国王(查理一世)要了一张特许状,准备建一座明矾厂(英格兰历史上第一座明矾厂),其价值是每年两千英镑或更多。

但在查理一世执政时期,一些廷臣认为查洛纳获得的利润太高,就说服国王不管前面提到的特许状,将一半甚至更多的份额给了另一位(廷臣)。由于这一原因,查洛纳先生后来就站在议会一边,成为审判国王的一名法官。[①]

[①] 奥布里混淆了托马斯·查洛纳的父亲托马斯·查洛纳爵士和托马斯·查洛纳本人。发现明矾矿的是父亲,担任法官审判查理一世的是儿子。

他和清教徒有天壤之别。他是信奉自然宗教的,属于亨利·马滕那一派,喜欢享受今世的快乐。(据说)他是个优秀学者,但我没有听说他写有任何作品,只有一本不具作者姓名的八开本小册子,也就是《莫伊西斯墓发现纪实》,写得妙趣横生,大约刊印于1652年。这本小册子惹得议会里所有的学究都绞尽脑汁,折腾了很长时间才发现是假的,是由……

他有时候会搞个恶作剧,上午来到议会大厦,在开庭时讲个离奇的事(假的),然后到十一二点时,再去听听是如何传播的,以此取乐。有时候他讲的事会被歪曲,会被添枝加叶,他几乎听不出来那是他自己讲的。他既不高傲、不贪婪,也不虚伪,不好做不公正的事,但好报复。

国王查理二世复辟以后,查洛纳占有了马恩岛上的城堡(这件事有误。E. W. 先生十分肯定地对我说,是詹姆斯·查洛纳死在了马恩岛上,托马斯·查洛纳死在了海外,或去了海外。但二人之中谁是长兄他不知道,不过他推测詹姆斯是兄长,因为他每年有大约一千五百英镑,而托马斯没有),在城堡里养着一个漂亮姑娘做情妇。后来他得到消息,说有人要收缴城堡给国王,他就叫那姑娘给他做一杯牛奶甜酒,他从纸包里倒进去一些毒药,很快他就倒下呕吐不止,吐过一阵子之后只吐血,别的什么也不吐。他吐得那么厉害,旁观者无不伤心。不到三个小时他就死了。收缴城堡的人看见他的死状,肿得严重变形,两只眼睛都看不见了,鼻子只能看见一个尖,像个肉赘一样,阴囊肿得如头大。

这件事我是听神学博士乔治·埃斯考特说的,他内兄霍撒姆是当时的目击者之一。

威廉·卡特赖特
William Cartwright
1611—1643

格洛斯特郡以威廉·卡特赖特的出生地而闻名,他出生于诺斯韦,在图克斯伯里附近。他要是还活着,今年应该是六十一岁了。他写了一篇有关形而上学的论文。询问巴洛博士这篇论文的事,还有他的布道词,尤其是参加过埃奇希尔战役返回后奉国王之命所布的道。我们不应忘记,国王查理一世听到他去世的消息后流了泪。

威廉·卡特赖特埋葬在牛津基督堂学院的南耳堂。令人遗憾的是,这么一位著名诗人的埋葬地,居然没有碑文。

他父亲是位绅士,年收入三百英镑。他在赛伦塞斯特经营一家客栈,但只经营了一年左右,随后便生意萧条,赔了钱。他在威尔特郡通过妻子每年收入一百英镑,这笔钱来自教会产业,现在属于他儿子(有多个子女,过得并不宽裕,学问也荒疏了。儿子是第二任妻子所生,这份产业也是妻子的)。老卡特赖特先生有时候住在格洛斯特郡的利克汉普顿,他的几个女儿现在住在那里。

富尔克·格雷维尔爵士
Sir Fulke Greville
1554—1628

布鲁克第一任男爵。收养了一个猎场看守员的儿子作继承人,(我记得)这个儿子只有一只眼睛。参见黑林博士的《英格兰教会史》……布鲁克大人娶了贝德福德伯爵的女儿……3月2日(圣查德节,这座教堂就是奉献给圣查德的)在利奇菲尔德大教堂遭到围攻的时候,被一个牧师的儿子在教堂外面打死了,此人生下来就又聋又哑。他从头到脚都护得严严实实,只有海狸皮帽无遮盖。我当时在牛津三一学院,这件事记得清清楚楚。

参见威廉·戴夫南特爵士生平的第一部分。

诗集,对开本,在伦敦刊印。

著名的菲利普·锡德尼爵士的生平。在与所有外国君主打交道时真正维护英格兰的利益,尤其是他讲述的对西班牙势力的镇压,作者是骑士富尔克·格雷维尔爵士,布鲁克大人,女王伊丽莎白的仆人,他的同伴和朋友……伦敦,为亨利·塞尔刊印,正对着舰队街圣邓斯坦教堂,1652年。

参见威廉·达格代尔爵士的"沃里克郡,其宏伟的城堡和纪念碑",碑文是"这里埋葬着骑士富尔克·格雷维尔爵士,女王伊丽莎白的仆人,国王詹姆斯的枢密院大臣,菲利普·锡德尼爵士的朋友"。

布鲁克大人,在利奇菲尔德遇害,刊印过一本论述宗教的书,在内战之前不久。由于这一原因,有人诋毁大人的名声,说"布鲁克刊印……是个傻瓜"。

克里斯托弗·雷恩爵士
Sir Christopher Wren
1632—1723

  国王的建筑师。1631年10月20日,星期四晚八点,出生于索尔兹伯里附近威尔特郡的东诺伊尔(在牧师寓所),钟声敲响八次的时候,他母亲把他生了下来(他本人提供的信息)。

  1673年11月14日,星期五早上五点,他在怀特霍尔宫被册封为骑士,但据罗伯特·胡克先生说是在次日。

  1669年,克里斯托弗·雷恩爵士应索尔兹伯里主教塞思·沃德的邀请,专门去那里测绘了大教堂。他在那里测绘了至少一个星期,写出了一篇精彩的论文,不超过两张纸,我写《威尔特郡博物史》时把它插了进去,他们对我说把它借给别人了,借给谁已经说不清楚了。但今年2月,科尔先生说,那篇论文有可能在索尔兹伯里的纳什先生(教堂建筑维修师)手里。我想让科尔先生去问问,但还没有收到任何回复[①]。

  克里斯托弗·雷恩爵士像是和我们开了个玩笑,他让自己的年龄比实际上小了一岁,尽管他没有必要因年龄而感到羞耻,他已经非常好地利用了自己的年华。几天前,我偶然碰到诺伊尔的牧师,他证实了登

[①] 奥布里后来找到了这篇论文,夹在了他的手稿里。

记簿上的日期是对的。不仅如此,他的邻居也可以做证。他邻居是雷恩的奶妈,这位奶妈的儿子和雷恩一起吃她的奶,其证据众所周知。

我们永远也不应该忘记,我们才华横溢的老乡克里斯托弗·雷恩爵士向伦敦丝袜织工提出一个建议,也就是用一种方法可以同时织七双或九双袜子(必须是单数)。他为自己的发明索要四百英镑,但织工们拒绝了,因为他们穷,还说这会毁了这一行当。也许他们没有想到"薄利快销赚大钱"这一习语。克里斯托弗爵士极为高尚,看到他们不愿拿出那么多钱,就当着他们的面,把他制作的机器模型摔成了碎片。

约翰·格里高利
John Gregorie

著名假发制作商,埋葬在圣克莱门特-戴恩斯教堂西门,有财务法院法官格里高利撰写的有韵律的碑文。参见科特格雷夫的法语词典,假发就叫格里高利。

吉迪恩·德洛纳
Gideon de Laune
1564/5—1659

德洛纳是王太后玛丽（亨利埃塔·玛丽亚？）的药师，来到了英格兰。他是个很聪明的人，留下了一笔八万英镑的财产，足以证明他的聪明智慧。

威廉·戴夫南特爵士是他的老相识，与我谈起过这位药师。威廉·戴夫南特爵士回到英格兰以后拜访过他，他当时年过八十，老态龙钟，身患痛风，但眼神还行，脑子也管用。他让人在厨房烟囱管道里为他清理出一块地方。威廉爵士发现尽管德洛纳是这么大个庄园的主人，但是不仅女婿怠慢他，连厨娘都怠慢他，这对他影响很大，让他在晚年很凄凉。

吉迪恩·德洛纳写了一本劝人谨慎小心的书，八开本，英语诗体。这本书我见过，确有一些至理名言。

赛拉斯·泰勒（多姆维尔）
Silas Taylor（Domville）
1624—1678

参见安东尼·伍德的《牛津大学历史与古物》。

他是议会军上尉，在马西上校麾下，赫里福德郡执行扣押令的人，当时权力很大。但他行使权力时很客气，很有礼貌，受到国王派所有人士的爱戴。

他很有音乐天赋，作了很多曲子，我在国王小礼拜堂里听过他创作的颂歌，在国王面前演唱的，国王对他说喜欢这些颂歌。在音乐不流行的时代，他有一架很漂亮的室内风琴。他和马修·洛克友情深厚，马修·洛克后来是王后小礼拜堂的风琴师（马修·洛克娶了赫里福德郡加农先生的女儿）。

他父亲留给他一笔可观的财产，但他买了教会的土地（共和国期间），拥有赫里福德主教宅邸的一半，在那里花了很多钱建新房，并对老建筑做结构性改造。约翰·伯奇上校拥有主教宅邸的另一半。

时代一变[①]，他不得不交出所有的一切，就这样破产了。但保罗·尼尔爵士为他谋得保管员一职，保管国王储存在哈威克的物品，每年收入

---

① 指王朝复辟。

大约一百英镑。

他非常喜爱古物,仔细搜索了赫里福德教堂里的手稿(有很多手稿堆放在那里不为人知)。

他还筛选了伍斯特教堂里的藏书和一些证据,其中有国王埃德加(海上统治者)的原始契据,由此英格兰国王便拥有了大海的主权。这份契据刊印在塞尔登先生的《关闭领海》里。我见过多次,字迹清楚得就像是刚写出来不久似的(罗马字体)。他向国王要价一百二十英镑,但国王不愿付那么多。

泰勒死以后,我告诉国务大臣,说泰勒死后仍背负债务,债主拿走了他的东西和书信文稿。国务大臣对我说,契据属于伍斯特教堂,这是教堂的正当权利。我把这事告诉了他们的一个受俸牧师,他们对这种事满不在乎。我相信这份契据现在已经用来包鲱鱼了。

他手里有好几部重要的古代手稿,一部是薄薄的四开本,谈论点金石,用象形文字书写,里面有几行拉丁文诗,是我所见到的装饰最为精美的书稿。国王出价一百英镑要得到它,他不同意。

[备忘]泰勒上尉在伦敦塔等地查找案卷,找到了一些特别优待证书,这些证书哈威克镇已经丢失,因此该镇人民应该一直记住他、尊重他。尽管他死时欠债一百多英镑,哈威克镇并没有因为他而受损失,其理由前面已经说过。

这一古镇的历史或档案,他在去世前不久,经由老交易所当给了书画刻印作品商贝克先生,价格是四英镑十五先令。我告诉菲利普·帕克爵士把它买下来交给镇里,镇里通常会选他到议会担任议员。但菲利普爵士不愿花那么多钱,而这些钱比他在选举时所有的烤牛肉、葡萄酒和麦芽酒都更管用。

国王复辟之前,他仔细考察了赫里福德郡的古物,大约占全郡的四分之三。然后他离开这里,去找他朋友爱德华·哈利爵士,当时的敦刻尔克总督,爱德华·哈利爵士就把一部分指挥权交给了他。这些文件都在爱德华·哈利爵士手里,存放在布兰普顿-布赖恩城堡。

上帝的报复。① 他们全家人都不得善终。他的长子、妻子和子女都被烧死在床上,在洛思伯里附近的……另一个儿子(龙骑兵)被教堂的院墙给砸死了。

---

① 因为泰勒买了教会的地。

迈克尔·德雷顿
Michael Drayton
1563—1631

  出生于沃里克郡斯托尔河畔的阿瑟顿(询问托马斯·马里埃特)。他是个屠夫的儿子,一个扈从,也就是巴斯勋位骑士沃尔特·阿斯顿爵士的随从之一,他把自己的诗题献给了这位骑士。……的理查德·布朗爵士是他的大资助人。他住在舰队街上一所带凸窗的房子,紧邻圣邓斯坦教堂东端。埋葬在威斯敏斯特大教堂的北耳堂。多塞特(克利福德)伯爵夫人为他立了墓碑。这是刻碑的石匠马歇尔先生对我说的。

  高级纹章次官爱德华·比希爵士对我说,有一次,他(开玩笑似的)问塞尔登先生是不是写过对《富饶的阿尔比恩》和《书信集》的评论,还是德雷顿先生为他的评论写的那些诗。

  问问多塞特伯爵夫人捐赠的碑文。

  在威斯敏斯特大教堂,邻近斯宾塞。

  迈克尔·德雷顿先生是他那个时代一个值得纪念的诗人,1631年用其桂冠换了一顶荣耀冠冕[①]。

[①] 典出《新约·彼得前书》5:4。

虔诚的大理石碑,告诉你的读者,

他们和子孙后代

欠了这位德雷顿什么,

他不朽的遗骸我们就托付给你。

守护好他的英灵,保存好他的故事。

成为他荣耀的永久丰碑。

你的遗迹不再珍视

他英名的时候,

他不朽的英名就会成为

纪念你的不朽丰碑。

　　脚镣巷的石匠马歇尔先生也对我说,这些诗是弗朗西斯·夸尔斯先生写的,此人是他好朋友。马歇尔先生用石膏为夸尔斯先生做了一尊精巧的头像,并因他的缘故而珍视它,可惜这尊头像丢失了。夸尔斯先生是个大好人。这是他的雪花石膏半身像,碑文刻在黑色大理石上。

理查德·洛夫莱斯
Richard Lovelace
1618—1657

理查德·洛夫莱斯先生,一位最漂亮的绅士。

> 双子星座是他的双眼,手指配得上酒神巴克斯,头发配得上太阳神阿波罗。男童般光润的双颊,象牙色的脖子,一张可爱的嘴,雪白的皮肤渗透出玫瑰般的红色。
> ——奥维德:《变形记》,III,"仙女厄科和美少年那喀索斯"

国王复辟之前不久,他死于朗埃克的一个地窖里。埃德蒙·怀尔德先生等人为他募捐,把钱也给了他。

英格兰最漂亮的男人之一。他是肯特……人,每年有五百英镑以上的收入。问问埃德蒙·怀尔德。

他是个异常漂亮的人,但性格很高傲。他写了一首诗《卢卡斯塔》,八开本,1649年由托马斯·哈珀在伦敦刊印,在常春藤巷的冈恩销售。

他曾就读于牛津格洛斯特学院,别人这样告诉我。

他有两个弟弟,一个是弗朗西斯·洛夫莱斯上校,另一个死在卡马森,诗里是这样说的。

舰队街上的服饰用品商乔治·佩蒂,每个星期一上午从马尼爵士和查尔斯·科顿先生那里拿二十先令给他送去,一连持续……个月,但他从来也没有还过。

威廉·桑德森爵士
Sir William Saunderson
1586—1676

威廉·桑德森爵士至死都在阅读和写作。克里斯多弗·雷恩爵士说,桑德森写得不好,但是写得也不坏。他死于怀特霍尔(我当时在那里),像一支燃烧完的蜡烛一样熄灭了,没等到霍尔德博士来给他做圣事就死了。问问他家人,还有纹章。

詹姆斯·雪利
James Shirley
1596（受洗）—1666

舍伯恩上尉和斯坦利先生（他的学生）说他在鞋巷教书,问一问。他没有上过大学,是保罗学校的学生。

托马斯·查诺克
Thomas Charnock

化学家,《化学纲要》里提到过他。

1581 年 4 月 21 日埋葬在奥特汉普顿,布里奇沃特附近,享年 55 岁。

帕斯卡尔先生。参见帕斯卡尔先生的书信,插在尼古拉·墨卡托前面,第 32 页。

休·霍兰
Hugh Holland
1563—1633

据约翰·彭鲁多克爵士说,休·霍兰是诗人,出身于肯特伯爵家,罗马天主教徒。伊丽莎白·哈顿女士(珀贝克夫人的母亲)是他的大资助人(参见本·琼森《吉卜赛人的假面舞会》中对这两位美人的描写)。

约翰·彭鲁多克爵士在霍兰临终前征求他的意见(或者是霍兰当时发表意见),霍兰说,指导他人生的金科玉律,就是读圣哲罗姆的《书信集》。

他埋葬在威斯敏斯特大教堂的南耳堂,圣贝尼特小礼拜堂门口附近,也就是米德尔塞克斯伯爵的墓碑处,但没有为他立墓碑,也没有碑文。

他埋葬于1633年7月23日。他是一个兰开斯特家族的人,肯特伯爵托马斯·霍兰的子孙。萨里公爵。理查德二世统治时期。

尼古拉·菲斯克
Nicholas Fisk
1579—1659

行医，从事占星术，两个行当都很兴旺，在伦敦科芬园。加德伯里先生在刊印出来的作品里承认，他在占星术方面得到过菲斯克医生最大的帮助，说菲斯克医生是个有能力的占星家。他撰写并刊印了一篇论文《论土星和木星的合点》。卒于大约二十年以前，埋葬在科芬园。

埃弗拉德·迪格比爵士
Sir Everard Digby
约 1578—1606

凯内尔姆·迪格比爵士的父亲。

他用拉丁语写过一本书,书名叫《埃弗拉德·迪格比:论双重方法》,八开本,对话体。

我听约翰·迪格比先生(他的孙子)说,埃弗拉德爵士是英格兰最漂亮的男人(被认为是这样)。

埃弗拉德爵士在火药阴谋叛国案(1605年)中被判为叛国者,但国王詹姆斯将他的财产交还给了他儿子和继承人。

当行刑者挖他的心时(按照习俗,行刑者要高喊"这是叛国贼的心!"),据可靠的说法,他回之:"你撒谎!"这是培根大人说的,但他在《生死录》里没有提埃弗拉德爵士的名字。

他的次子是约翰·迪格比爵士,英格兰最勇敢的绅士,最优秀的剑客之一。大约在1644年,约翰爵士在布里奇沃特为国王献身。1647年,约翰·迪格比爵士(好像是在夏季安葬的)旁边的一座坟墓被挖开,发现他棺材上的花还是新鲜的,这是那年我听哈科特先生(被处死了)证实的。约翰爵士至死未婚。

乔治·里普利
George Ripley
约 1415—1490

  伯灵顿的牧师,他那个时代最大的炼金术士。伊莱亚斯·阿什莫尔先生有他纪念碑的草图。

  梅雷迪斯·劳埃德先生(才华出众的炼金术士,教授国王和罗伯特·莫里爵士学习炼金术)有一部书稿,八开本,三英寸厚,1580 年由 T. P. 抄写,其英语书名为《哲学精华》。

  里普利的英语诗《十二门》(比阿什莫尔先生《炼金术纲要》里提到的更完整),完成于 1471 年,其天文表里有这本书的秘密。

  梅雷迪斯·劳埃德先生在其收藏品里还有一部炼金术书稿。

  还有福特的一个僧侣伯福德的一部书稿。

  另一部书稿《光之镜》。

  还有一部同样主题的书稿。

  诺顿的书稿《炼金术的序数》。

  书稿《水银与点金石》。

  这本书里还有里普利的《可以正常运用炼金术》。

  我没有闲空细读完这一珍贵书籍,但我记得里普利痛斥威斯敏斯特的僧侣,说他们欺骗了伦敦市民,答应他们炼金。

西奥菲勒斯·伍德诺特
Theophilus Woodenoth
1588—1662

神学士,他父亲出身于柴郡一个世家,康沃尔郡林金霍恩的牧师,他儿子继承了这一职位。

> 我出生在康沃尔郡的林金霍恩教区,
> 朗斯顿往南六英里。

我上学的时候,西奥菲勒斯在其兄弟佩顿(乔克牧师)那里住了两年,随时有被逮捕的危险。他帮了我很大的忙,让我开了窍,劝我读培根大人的《随笔》,还有一本有关英语谚语的旧书,回答我关于古物的问题等。他是伊顿的学生,剑桥国王学院研究员,与柯林斯博士同一届。他隐居在乔克的时候,写了一本手册叫《困难时期的妙想》(我记得是这样)。我记得他题献给了柴郡的亲戚伍德诺特先生。

瓦瓦苏·鲍威尔
Vavasour Powell
1618—1670

　　父母都是诚实正直的人,父亲理查德·鲍威尔先生出身于威尔士的一个世家,住在拉德诺郡的诺克拉斯市,其先人在这里住了大约一百年。他母亲来自瓦瓦苏家族,从约克郡来到威尔士的一个非常古老的世家。无论是父系还是母系,都与北威尔士大多数最高贵的家族联姻。他从小上学,叔叔伊拉斯谟·鲍威尔先生把他带到克兰担任助理牧师,他在克兰也管理一所学校。

　　——《瓦瓦苏·鲍威尔的一生》,1671 年版,第 106 页

有关他几次入狱的情况,请参见第 126 页等处。

巴格肖夫人听他说过,他是牛津耶稣学院的,奥利弗先生(牧师)还记得。瓦瓦苏·鲍威尔对巴格肖夫人说,他在耶稣学院的时候布过一次道。参见他的生平,有关他的入狱情况等。

约翰·戴维·里斯
Johannes David Rhees
1534—1609

医学博士。用不列颠语①写过一本《亚里士多德形而上学纲要》,他在写给……斯特拉德林爵士的一封信里提到过,在他的威尔士语法之前。在牛津耶稣学院图书馆里,我的亲戚亨利·沃恩(《厄斯克的天鹅》)保管着。里斯博士说,不列颠语语汇非常丰富,可以像希腊语一样,或者是像任何语言一样,恰如其分地表达学术术语。我已经向亨利·沃恩要这本书了。

---

① 即威尔士语。

克莱门特·沃克
Clement Walker
1595—1651

他死之前问道,离满潮还有多长时间?他们说,还有一个小时。于是他说:"到那时我就走了。"结果满潮时他就是死了,悄无声息地死了。

他蹲监狱时的狱友爱德华·佩恩先生对我说,沃克写过一本历史续集,一直写到国王来到伍斯特,可惜丢失了。

他儿子威廉·沃克还健在,父亲死的时候他还没有成年,他一个兄长被指定为遗嘱执行人,这个兄长也死了。

亚昆托
Jaquinto

教皇……的御医,后来是国王詹姆斯的御医。他去过埃塞克斯的沼泽地,人们把羊赶到那里去治腐蹄病。他到沼泽地里住了一段时间,专门观察羊吃什么植物,他就用这些植物配成药来治痨病。埃德蒙·怀尔德先生有这种药。

托马斯·彭鲁多克爵士
Sir Thomas Penruddock
约 1578—1637

爱尔兰本地人要是没有通行证,到都柏林可处死刑。

……爵士看见……到庄稼地里去拉屎……找到了他,马上就把他吊死了。消息来自安德森先生。

理查德·诺尔斯
Richard Knolles
约 1550—1610

伯利大人读过诺尔斯的土耳其史以后,特别赞赏勒班陀战役的描写,就派人找到诺尔斯。诺尔斯对大人说,一位有才华的年轻人来找过诺尔斯,听说诺尔斯的打算之后,就希望自己来写这一部分,他参加过那场战斗。我认为他教过书,在桑威奇附近的一所学校里。

伯利大人到处找这个年轻人,最后找到纽盖特。两个星期之前他刚被绞死,不幸失去了一次晋升的好机会。

《勒班陀战役》的作者在泰伯恩刑场被绞死,他陷入了困境。

有一首诗叫《勒班陀》,是国王詹姆斯写的。

这一信息来自莫德林学院的史密斯先生。

约翰·克西
John Kersey
1616—1677

1616 年出生于博迪克特，位于牛津郡班伯里附近，著有《算术》，八开本，《代数》两卷。1677 年死于伦敦钱多斯街，在圣马丁巷附近。死于痨病。做过测量工作。

约翰·阿申登
John Ashindon

曾就读于默顿学院。伊莱亚斯·阿什莫尔先生有修订过的书,依据默顿学院图书馆的原始手稿,现在丢失了。1674年,威廉·利利先生在年鉴里提到过它,对开本,在很多珍贵版本中有一部薄薄的书稿,是阿申登用拉丁语撰写的。

彼得·冈宁

Peter Gunning

1614—1684

伊利主教。他父亲是肯特郡威尔德的牧师,据说彼得就出生在肯特,也就是布伦奇利。

塞缪尔·福斯特
Samuel Foster
约 1600—1652

据他的外甥、制表匠巴伊斯先生说,塞缪尔·福斯特先生出生于考文垂(我记得是这样),一度担任当地学校的助理教员,曾担任伦敦格雷沙姆学院的……教授……年。在他住所的墙上,有他亲手绘制的日晷,我认为是世界上最好的,除了其他功能,它还能告诉你耶路撒冷、开罗等地是几点钟,画得非常精巧。

他死于 1652 年 7 月,埋葬在伦敦布罗德大街上的圣彼得穷人教堂。萨默塞特郡布里奇沃特附近帕斯卡尔先生的一个邻居有他全部的手稿,我曾见过。我记得有半英尺厚,四开纸。

托马斯·摩根爵士
Sir Thomas Morgan
1604—1679

  他死于1679年前后,埋葬在伦敦圣马丁教堂。问问他的墓碑立起来没有。

  约翰·伦塞尔爵士对我说,攻占敦克尔刻时,王室最高军务官特伦纳(我记得还有枢机主教马扎林)很想见见这位著名的勇士。他们拜访了摩根,本以为会见到一个阿喀琉斯般的人物或巨人,结果见到了一个小不点儿,比侏儒高不了多少,和士兵们一起坐在一间临时营房里,抽着一支三英寸(或将近三英寸)长的烟斗,穿一个绿色的 hat-case①。摩根说话声音极其微弱,生气的时候简直是对士兵们喊叫:"臭小子,我砍了你的脑袋!"一副太监腔。

  摩根出生于蒙默思郡,父母身份微贱,大约十六岁就到低地国家参战。一个朋友把他推荐给那里的一个指挥官,这位指挥官看了看推荐信,说:"什么!我老兄向我推荐一个三寸丁?"

  摩根听了很生气,就到萨克森的魏玛寻找发迹的机会(去当兵)。

---

① 字面意思为"帽盒",《牛津英语词典》里没有提供其他意思。也许是件盔甲,也许是奥布里心不在焉地加了个-case。

他会讲威尔士语、英语、法语、德语、荷兰语,但哪一种也讲不好。他住在赫里福德郡的丘斯顿。

去约克宫格里芬家找豪先生,他家在肯特夫人家南边,水边第二或第三家。他是摩根的秘书,有摩根的回忆录。

托马斯·古德温
Thomas Goodwyn
？—1658

他出生于诺福克，……大学的，我认为是剑桥。

他是卢德洛法庭的……（杰克·巴茨是他这一职务的继任者）。他先是娶了芭芭拉，威尔特郡德雷科特瑟恩的沃尔特·朗爵士的女儿，然后娶了赫里福德……的……布拉巴宗，死后无嗣。

古德温是个通才，精明老练，大历史学家，杰出的诗人。他写的作品中有……1637年前后，一部描写田园生活的戏剧在卢德洛上演，非常精彩。主教科比特诗集里提到的到法兰西旅行的那个人就是他，由于同样原因，古德温也失去了在宫里晋升为……的机会。王太后玛丽亚还记得他辱骂了她兄弟法兰西国王，这使他接受了在卢德洛的位置，看不到外面的世界了。古德温坐在那里的法庭上，通常把雅克·奥古斯特·德图或塔西佗的书放在面前。他是英格兰最优秀的绅士之一，虽然现在被人遗忘了。死于卢德洛或卢德洛附近……

弗朗西斯·夸尔斯
Francis Quarles
1592—1644

　　住在巴斯凯瑟琳车轮客栈,市场管理所对面,在这里写作了一两年。

迈尔斯·弗利特伍德爵士
Sir Miles Fleetwood

中殿律师学院毕业的,伦敦刑事法院法官。国王詹姆斯入主英格兰时,在伦敦市发表了慷慨激昂的讲话:

> 一想到你们的财富,我就钦佩你们的智慧;一想到你们的智慧,我就钦佩你们的财富。

这是一种交叉修辞,但伦敦市民很好地理解了。

他对拦路抢劫的强盗都是绞死,非常严厉,所以这些人决定惩罚他,其方式如下。他们躲在离泰伯恩不远的地方等他,在他从白金汉郡……的家里出来的时候,他们准备好绞索,把他带到绞刑架下面,用绳套住他的脖子系在树上,把双手绑在背后(仆人都绑了起来),然后任凭他的马摆布他,他把那匹马叫作"球"。于是他喊道:"嘿,球!嘿,球!"

依照天意,那匹马站着纹丝不动,直到有人走过来,这时已过了半个小时或一刻钟,或更长时间。

他下令:只要他还活着,就一直养着这匹马,就这样他一直活到1646年。这一信息来自威克姆的托马斯·比格先生。

他的宅邸在米松登,白金汉郡,其后裔仍然住在那里。

有一天,他步行到市政厅,文书跟在他后面。走到奇普赛德,他突然想拉肚子,就在标准泉旁边。他把屁股撅起来,对着标准泉,让文书遮住他的脸,"这样他们就再也看不到我的屁股了",他说。

他埋葬在白金汉郡的……

约翰·威利斯
John Willis
？—1625

《记忆术》的作者,1618 年,拉丁语版,十二开本。速记法的发明者,发明了最好的速记法。主教威尔金斯说,速记法只用在英格兰,或者说只有英格兰人用。过了很长时间对数才传到海外。温盖特先生首先把它传到法兰西,向法兰西人展示,在法兰西教王太后学习英语的时候,他把它题献给了奥尔良公爵阁下。

安东尼·阿什利·库珀
Anthony Ashley Cooper
1621—1683

著有《回忆录》,讲述他生涯的主要经历,对开本,1681 年由塞缪尔·李刊印装订。

托马斯·威利斯
Thomas Willis
1621—1675

医学博士。据他本人提供的信息,他 1621 年 1 月 27 日出生于威尔特郡的大贝德温。他父亲是当地的沃尔特·史密斯爵士的管家,一度在牛津圣约翰学院上学。

1647 年和 1648 年(询问一下是否时间更长),他经常光顾阿宾顿市场(希望找到病人),他和莱德尔博士共骑一匹马,这是在他成为博士之前。他的行医经历越来越多。他曾在坎特伯雷学院学习化学(在派克沃特四方院)。这一时期他很喜爱数学,我听他说,他的才能主要在数学上而不是化学上。他父亲我记得是约翰·史密斯爵士的管家,在艾维-欣克西有一座小别墅,史密斯夫人(遗孀)就死在这里。

他在牛津上学,师从西尔维斯特先生,上学时要穿过一片草地,在那里炫耀一下诗才,为他的同学威廉·霍斯做好练习。

1657 年前后(到那里询问一下),他骑着马到布拉克利去看一位病人,沿路穿过阿斯特罗普时,发现小河里的石头变色了,成了一种金黄色。他想,这可能显示有铁。他拿出五倍子粉,往水里撒了一些,水马上就变黑了,于是他说:"现在,我不必再把病人送到坦布里奇了,那里太远了。"

他很快就让这里的水流传开来,让一个不知名的穷村子富了起来。

他中等身材,深红色的头发(像一头红猪),说话结结巴巴。

他最初是基督堂教士艾尔斯博士的侍从,艾尔斯博士的妻子通晓医学和外科,治愈过很多病。托马斯·威利斯当时穿一件蓝色斗篷,在教学楼下端学习,在楼门旁边。他随叫随到,女主人经常让他帮助制药。这对他没有伤害,而是对他有吸引力。

理查德·斯托克斯
Richard Stokes
约 1635—约 1681

医学博士。他父亲是伊顿公学董事。（询问是不是温莎的受俸牧师？是不是伊顿校长？向克里斯托弗·韦斯询问这些事。）

他在伊顿和国王学院接受教育，跟着威廉·奥特雷德先生学数学（代数）。他为数学而疯狂，但又冷静下来，不过我担心他像玻璃一样破裂：参见我的《小传》①，还有萨里的注释。编辑了奥特雷德先生的《三角学》。他皈依了罗马天主教，在比利时的列日结婚，日子过得并不幸福，两口子吵得鸡犬不宁，成了酒徒，因负债而沦为囚徒，1681年4月死于纽盖特。问问埃弗拉德先生是哪一天。查阅温莎墓志铭。

---

① 参见奥特雷德先生的传记。

约翰·莫顿

John Morton

? —1500

摘自安东尼·埃特里克的一封信:

莫顿家的纹章不是颁给枢机主教的,我认为是他(就像其他新晋升的高级教士那样)自己随便用的。大约在亨利八世统治的第七年,这个纹章由三名宗谱纹章官颁发,颁给了同一个家族的一个人,证书上有一种不合理的表述,说他有很多先人,把他并入了约克郡的鲍特里家族。爱德华·比希爵士在宗谱纹章院里让我看过这份证书。

参见《乌托邦》第49、50页,一篇不朽的颂词。托马斯·莫尔爵士在莫顿学院里上过学。

我上次给您一些枢机主教莫顿的回忆录,还有多塞特郡乡下人的传统习俗。我在布兰德福上学时,他是一个鞋匠的儿子,在那个郡的比尔。但威廉·达格代尔爵士让我"千万不要把道听途说的东西写下来"。

托马斯·富勒
Thomas Fuller
1608—1661

神学博士,出生于北安普敦郡的奥温克勒(诗人约翰·德莱顿出生在这里)。他父亲是当地的牧师,娶了……索尔兹伯里主教约翰·戴夫南特的一个妹妹。这一信息来自爱德华·戴夫南特博士。

他小时候就很有才华。索尔兹伯里主教和他父亲交谈时,他就在一旁倾听,偶尔插上一句,有时候会出人意料,不像他这个年龄的人说的话。

他中等身材,粗壮,鬈发,爱动脑子,饭前散步和沉思时,他会吃完一便士的面包而一无所知。他天生的记忆力很强,后来又增添了记忆术。从鲁德门到查林十字街的所有标牌,他能向你一一说出来,先正着说,再倒着说。

他是剑桥锡德尼-苏塞克斯学院的研究员,在那里写了《圣诗》。他先是多塞特郡布罗德-温莎的牧师,后来是索尔兹伯里教堂的受俸牧师。身为保王党人,他的财产被没收,后来担任沃尔瑟姆大教堂牧师和萨沃伊的布道师,死于萨沃伊并葬在那里。

他是个令人愉快的人,爱开玩笑,喜欢饮酒作乐。作品有《圣战》《神圣之国》《毗斯迦山景观》《英格兰名人传》,还有好几篇布道词。其中有一篇是在亨利·丹弗斯先生(约翰·丹弗斯爵士的长子,由其第二任妻子当齐所生,丹比伯爵亨利的兄长,死于 1654 年 11 月 19 日)葬礼上的布道词,布道是在威尔特郡的拉文顿举行。

他是埃塞克斯郡沃尔瑟姆十字纪念碑的牧师,也是斯特兰德大街萨沃伊的牧师,国王复辟之后不久死在这里,也埋在了这里。

伊尼戈·琼斯
Inigo Jones
1573—1652

伊尼戈·琼斯的墓碑在教堂北侧,但遗体在中部的高坛。

碑文里提到他建造了(老)圣保罗大教堂的宴会厅和门廊。

脚镣巷的马歇尔先生把琼斯的胸像从这里拿到他家里了。向奥利弗先生询问这件事。

查阅马歇尔先生手里的墓志铭。

城市建筑师奥利弗先生有琼斯所有的书信文稿和设计图纸,不仅有圣保罗大教堂和宴会厅的,还有整个怀特霍尔宫的,与宴会厅的风格一致,非常罕见。

[备忘]1649年,伊曼纽尔·德克里兹先生(国王查理一世的宫廷画师)对我说,国王詹姆斯葬礼上的灵柩台(一种灵床,摆放在威斯敏斯特大教堂,埃塞克斯伯爵罗伯特、奥利弗·克伦威尔、蒙克将军都有)由伊尼戈·琼斯先生设计,极为精巧。他还说,琼斯先生制作了巴黎石膏女像柱(用于支撑华盖)上的四个头像,用白棉布掩盖住,又漂亮又便宜,看上去就像是从白色大理石上砍下来的一样。

菲利蒙·霍兰
Philemon Holland
1552—1637

考文垂免费学校校长,而且担任多年。他造就了很多好学生。15××年,他翻译李维作品用的笔,就是……女士(参见他的苏维托尼乌斯译本的结尾处)用银装饰的那支笔,而且由她存放在她家的祖传遗物中。他写一手好字,不过是一种罕见的希腊体。参见该校图书馆收藏的欧几里得的《和音》手稿。他翻译过好几位拉丁语作家的作品,如李维、老普林尼的《博物志》、苏维托尼乌斯的《安宁》。

有人为他写了这样的警句:

菲利蒙的译作让我们充实,
他却不让苏维托尼乌斯安宁[①]。

[①] 文字游戏无法传译。苏维托尼乌斯全名为 Gaius Suetonius Tranquillus,其中 Tranquillus 在拉丁语中是安宁、平静的意思。

约翰·莱西
John Lacy
约 1615—1681

国王剧团演员,出生于约克郡唐卡斯特附近的……。1631 年来到伦敦加入该剧团,曾是约翰·奥格尔比先生的学徒。

本·琼森记录了莱西的约克方言和习语,用在了《木盆记》里。

1642 年或 1643 年,他担任杰拉德大人的陆军中尉和军需官。参见厄尔斯博士的《演员的品质》。

他身材优美,肤色漂亮。

国王(查理二世)有这位喜剧名演员的几幅画像,保存在温莎和汉普顿宫,表现的是他扮演几个角色时摆出的姿势,如蒂格、沃克斯勋爵、清教徒等。

他死于 1681 年 9 月 17 日星期六,星期一埋葬在圣马丁教堂,享年……

理查德·萨克维尔
多塞特第五任伯爵
Richard Sackville
1622—1677

多塞特第五任伯爵,现任伯爵理查德的父亲。1640 年前后,他将一出法国喜剧《熙德》译成英语,这是塞缪尔·巴特勒告诉我的,说是多塞特勋爵翻译的。

他是王家学会会员,娶了米德尔塞克斯伯爵的女儿弗朗西丝·克兰菲尔德,二人生有好几个子女。长子理查德是多塞特和米德尔塞克斯伯爵,一个最高贵的领主,也是我最尊敬的朋友。

他死于 1677 年,与其先人一起埋葬在肯特的诺尔。

塞缪尔·巴特勒(《休迪布拉斯》的作者)有一次在酒馆里说,是现在这位多塞特伯爵的父亲翻译了高乃依的喜剧《熙德》。窃以为他不会搞错,但世人太容易搞错了,你知道的。

詹姆斯·希思
James Heath
约 1629—1664

问问舍伯恩上尉和约翰·戴维斯。

伦敦小圣巴塞洛缪教堂登记员。1664 年 8 月 16 日,詹姆斯·希思先生因痨病和水肿死在教堂祭坛围屏门附近,19 日下葬。

这里的文书对我说,他曾有一座漂亮的别墅,但后来主要靠写书维持生计。他死的时候还不到四十岁。他在这个教区撇下四五个孩子,这些孩子现在都结婚了,或大多数都结婚了,有两个是织工的签约徒弟。

詹姆斯·朗爵士
Sir James Long
1617—1692

准男爵。我这位可敬的朋友是"所有绅士中最地道的绅士"。要描述他具有的品质,我既要做个演说家,又要做个军人。

他是沃尔特·朗爵士的独子。出生于威尔特郡的南雷克斯霍尔,威斯敏斯特学校的学生,牛津莫德林学院毕业,当地的渔夫,去了法兰西。娶了多萝西·利奇,一个最为优雅的美女和才女,爱德华·利奇爵士的女儿,芳龄二十五。

……年,内战时在弗朗西斯·多丁顿爵士的旅里担任骑兵上校。优秀的剑客,骑兵,令人钦佩的即席演说家,喜欢高谈阔论,记忆力强,大历史学家和传奇作家,优秀的放鹰狩猎人,骑术高超,喜欢昆虫,对天然物品极为有兴趣,很久以前就开始搜寻。

护国公奥利弗在豪斯洛荒野放鹰狩猎时与他交谈,喜欢与他为伴,命他佩上剑一起去带鹰狩猎,惹得真正的骑士们恶狠狠地看着他。

他写了《内战的历史与根源》或《内战史根源反思》(询问一下),还有《马姆斯伯里女巫调查》。

德雷科特的詹姆斯·朗上校,后来为准男爵,是我可敬的忠实的朋友。每年秋季,他都用一两个星期的时间在埃夫伯里放鹰狩猎,我有幸好几次在那里陪伴他。我们玩得很尽兴,在浪漫的乡间,景色壮丽,视野开阔,草地里放养着一群群的羊,肥美的青草散发出百里香和小地榆花的芬芳。连皮肤呈深棕色的牧羊女也不无魅力。然而猎鹰的飞翔只不过是上校连珠妙语中间的插曲。他既是辩才之神墨丘利之子,也是战神马耳斯之子,缪斯女神和猎鹰、獝一起陪伴着他。

乔纳森·戈达德
Jonathan Goddard
1617—1675

医学博士,出生于格林尼治(或是罗切斯特,他父亲通常住的地方)。但就我记忆所及,他对我说是出生于格林尼治。他父亲是个造船木工。

他是牛津莫德林学院的,伦敦医生学院的,共和时期牛津默顿学院院长,护国公奥利弗·克伦威尔的医生,跟随克伦威尔到爱尔兰。询问是否也派他到苏格兰了。当时克伦威尔发着高烧,病情十分严重,是一种热病或高烧,烧得他发了疯,盛怒之下用手枪打死了一个或两个来看望他的指挥官。

他是格雷沙姆学院的医学教授,住在格雷沙姆学院,那里有他的药剂实验室,他是个令人钦佩的药剂师。

他用三四种药治所有的病,一种重要成分是蛇的生殖器官。这一信息来自迈克尔·威克斯先生,他看管着戈达德的蒸馏器。

他打算将自己的藏书和书信文稿都留给王家学会,如果他立有遗嘱,如果他不是突然去世的话。这样他的书(藏书很多)就落到一个外甥手里,此人是剑桥凯厄斯学院的学生。而他的书信文稿在王家学会会员约翰·班克斯爵士手里。有他在外科医生学院的讲稿,两部书稿,四开本,厚厚的大部头,随时可以付印。一部是类似《药典》的书稿(在他外甥手里),前面提到的几种极为珍贵的万用药,有可能从他的文件资料中找到。布龙克尔大人有这几种药的处方,但不愿意拿出来。

他是王家学会会员,在会员中积极推广自然知识。大家都让他做苦工,只要有很讲究的试验要做,就把任务交给他。

他爱喝葡萄酒,对葡萄酒十分挑剔,好客,但喝酒并不过度。1674年或1675年3月24日,晚上十一点,他步行从布卢姆斯伯里国王酒店的俱乐部回来,走到伍德街头的奇普赛德时,因中风倒地而死,享年五十六岁,埋葬在伦敦圣海伦教堂。

弗朗西斯·安东尼
Francis Anthony
1550—1623

  博士,化学家。著有《可以饮用的黄金》和《驳斥格温博士》两本书。温格博士写有一本书,叫《黄金不是黄金》。书商利特尔伯里先生能记住的只有这些。他住在伦敦附近的圣巴塞洛缪,死在了那里,我认为也埋在了那里,大约三十年前,也就是1652年。这样算起来他就一百零二岁了。

  他有个儿子也写作(我认为可以问问利特尔伯里先生),还有个女儿嫁给了蒙塔古(鸭巷的书商,奥利弗时期在苏格兰当兵)。

丹弗斯家族
The Danvers Family

亨利·丹弗斯,丹比第一任伯爵。找我兄弟威廉和约翰·斯托克斯,索要查尔斯·丹弗斯的审讯令等,关涉他在北威尔特郡的科舍姆谋杀亨利·朗一案。那天是罗伯特·威兹德姆(牛津郡希普斯顿的)布道,亨利·朗死在了他怀里。我外曾祖父 R. 丹弗斯因此招来一些麻烦,他的马和手下人参与了那次行动,他几个仆人被绞死,莱纳姆的……朗也被绞死了。

亨利成年后跟随多德默顿的牧师奥尔德姆,提高了拉丁语水平。他精通法语,是个历史学家,又高又瘦,性情温和,沉着,可信赖,亨利王子的大红人。他大部分时间都住在科恩伯里,大大增加了他的财产,每年收入至少有一万一千英镑。他卖掉了威尔特郡的七块丘陵地,将可终身保有的地变为租借地,后来又买了不限定继承的不动产(瑟伦塞斯特附近)。

他是个大管家,所有仆人在各自岗位上都保持冷静、慎重。

1600 年 2 月 6 日,查尔斯·丹弗斯爵士与埃塞克斯伯爵罗伯特一起,在塔山被斩首。我在那一年伦敦塔小礼拜堂的登记簿上,只找到埃塞克斯伯爵罗伯特的葬礼记载。由此我推测,查尔斯的遗体被运到威尔特郡的当特西,和他先人葬在一起了。参见斯托的《编年史》,其中详细描述了他和伯爵临死前在断头台上的举止。

他们虽然有过失,威尔特郡再也找不到像这样的两兄弟了。

他的熟人有……牛津伯爵、弗朗西斯爵士、贺瑞斯·维尔爵士、沃尔特·雷利爵士等人,都是当时的风云人物。

问问珀贝克子爵夫人和诺里斯大人,让他们谈谈查尔斯·丹弗斯爵士在埃塞克斯伯爵一事上的表现,还有他出的主意。伯爵要是接受了他出的这个主意,就能保住性命了。

他是菲利普·锡德尼爵士的侍从,这是听我表姐伊丽莎白·维利尔斯说的。

亨利·丹弗斯爵士,骑士,丹比伯爵,当特西男爵,1573年6月28日生于当特西。他有一种高尚的精神和豪爽的性格,在牛津建造了那座宏伟的药用植物种植园,我认为每年为它花费达三十英镑。牛津历史教授德戈里·惠尔的拉丁文信件中,有好几封是写给他的,信中列举了他的财产。他每年仅花在厨房里的钱就有三千英镑。他培养了几个勇敢的年轻绅士,帮助过他们,如莱格上校,还有其他好几个人。关于此事再询问珀贝克子爵夫人。

1633年,亨利被册封为嘉德勋位爵士。在他和莫顿伯爵成为嘉德勋位爵士之前好多年,圣乔治节过得都没有后来隆重。你可能看到过当时这位英格兰人和苏格兰人参加时的概况。这位苏格兰伯爵(像古希腊著名画家宙克西斯的画一样)装扮得极为华贵,而我们的英格兰伯爵(像希腊画家阿佩利斯的单色画一样)则保持了庄重的习惯,在明眼人看来胜过了他对手的华丽。

伊丽莎白·丹弗斯:亨利的母亲,意大利人,对于一个女人来说才华够惊人了。一个大政治家,才华出众,勇气过人,但报复心强。我听我祖母说,她对乔叟了如指掌。懂得如何管理产业,也懂得如何控制男人。像任何珠宝商一样懂得珠宝。

很漂亮,但近视。为了两个儿子能获得赦免(涉及朗的谋杀案),她嫁给了女王伊丽莎白的嫡表兄弟埃德蒙·卡里爵士,让他处理这件棘手的事。

约翰·丹弗斯爵士:父亲,一位最漂亮、最善良、性情温和的人。他现存的画像在我表亲约翰·丹弗斯(他儿子)手里。

[备忘]乔治·赫伯特写在帷幔上的诗:

不要错过机会,你可以寻找,
找到一件珍宝值得你为之驻足,
丹弗斯是什么制造出的,你发现了吗,
他那漂亮的躯体、他那无瑕的精神?
约翰·丹弗斯爵士在尘世间的职责
已由艺术将其抄写下来。

但他在天国的神圣职责,
在他后人的身上闪耀。
即便是他仅仅把他们生出来,
他也发挥了很大作用。
没有为一个儿子立碑,
读一下我为他写下的文字吧。

丹弗斯家族 489

他性情温和,两个儿子的不幸遭遇(谋杀朗一案)让他心碎。

小约翰·丹弗斯爵士:老约翰的儿子,当时只是个大约六岁的孩子(他父亲死时)。一个心灵手巧的人,如切尔西宫、切尔西花园、拉文顿花园。国王一派的坚定支持者,资助过贫困和被撤职的保王党成员,如冈特上尉,为克里斯托弗·吉本斯(风琴师)、彼得斯上尉等人效过力,培根勋爵的朋友。但为了给姐姐加格雷夫夫人报仇,为了讨好护国公,以废除他哥哥丹比伯爵的遗嘱,在审讯国王时,他违心地坐在高等法院的审判席上。

当特西(每年价值两千五百英镑的产业),一笔不限嗣继承的不动产,被没收后归了约克公爵。

他最后一任妻子生的儿子约翰,在牛津郡每年的收益有五百英镑(老地),爱德华四世时期是法官丹弗斯的一部分财产,他和利特尔顿一起担任法官。

约翰·丹弗斯爵士的长子亨利死在父亲之前,其两个姐妹成了共同继承人。伊丽莎白嫁给了子爵珀贝克的独子罗伯特·维利耶,安妮嫁给了迪奇雷的……李爵士。

毒杀亨利八世这一秘密,在拉蒂默家族像火炬一样传递了下来。这一说法来自珀贝克夫人。

查尔斯·丹弗斯爵士:据珀贝克子爵夫人介绍,查尔斯·丹弗斯爵士建议埃塞克斯伯爵与女王谈判人质问题,费迪南多·戈吉斯爵士确实把人质释放了,或是要他走埃塞克斯宫大门,从那里赶快去海格特墓地,然后去诺森伯兰郡(诺森伯兰伯爵娶了他妹妹),再从那里去找苏格兰国王,在那里他们可以和解。否则的话女王老了,活不长了。但伯爵并没有接受他的建议,这样二人都在塔山上掉了脑袋。

小约翰爵士的第一位妻子是赫伯特夫人,寡妇,彻伯里的爱德华·赫伯特勋爵和演讲官乔治·赫伯特的母亲。她没有为小约翰生儿育女,岁数大得足以做他母亲。他娶她是因为爱她的才华。丹比伯爵因这一不般配的婚姻而对他极为不满。

小约翰·丹弗斯爵士对我说,他年轻时,送几个儿子去旅行的主要原因是为了让他们远离仆人,不让他们和仆人混得熟。当时的父母都非常严厉,儿子不得与父亲为伴,而成年人则必须有伴。这样他们就和仆人熟识起来,仆人对他们产生的影响以后很难消除。不仅如此,父母还让仆人严管其子女。他们要是发现其子女喜欢上某个仆人,肯定会去阻止。

园艺的乐趣和用途,我们的曾祖父那一辈人并不知道。他们只满足于种些做熟吃的叶菜,主要操心的是马厩。到了查理二世时期,园艺有了很大改进,也得到了普及。是切尔西的小约翰·丹弗斯爵士(丹比伯爵亨利·丹弗斯的兄弟和继承人)第一个教我们学习意大利园艺艺术。他在法兰西和意大利游历甚广,收集了很多观察资料。他有漂亮的身体,也有协调的头脑。他年轻时肤色极为漂亮,托马斯·邦德先生(他外出旅行时的伙伴)说,大街上的人会跟在他后面观赏他。他(主要)在园林和建筑方面有很高的鉴赏力。米德尔塞克斯郡切尔西的花园(还有那里的房子),一直是他奇思妙想出来的典范。他是大法官培根的老熟人,培根非常喜欢那个漂亮雅致的花园。

在夏天晴朗的清晨,我的亲戚和忠实的朋友约翰爵士常常在海索草和百里香上面刷他的海狸帽,这确实能使帽子充满香气,能保持一个上午甚至更长的时间。

威廉·诺伊
William Noy
1577—1634

费边·菲利普斯先生提供的信息:

首席检察官诺伊先生是个大律师,也是个幽默大师,他的滑稽事儿可老鼻子了。

坎伯兰郡的乡下人。

他喜欢和酒馆的伙计玩拃硬币游戏。

一个乡下人想找一家好客栈(inn),诺伊就让他骑着马到林肯律师学院(Lincoln's Inn),还问他的马是吃干草还是吃青草。

他让一个裁缝把林肯律师学院一位主管委员的马裤改小,让裁缝相信主管委员有小费。

有一次,他在萨福克伯爵(财政大臣)家偶然碰见剑桥名医巴特勒。二人互不相识,都在长廊里散步(等待接见)。诺伊不耐烦了,想走。巴特勒想知道他的名字。诺伊把他叫到泰晤士街上的孔雀酒馆,让他醉了一整天。

还有一次,诺伊和林肯律师学院的派因徒步去巴尼特,手里拿着棍棒,像乡下人一样。二人来到红狮酒店,店里的人都不敢信任他们,怕他们不付钱。

杰弗里·乔叟
Geoffrey Chaucer
1328—1400

［备忘］哈蒙·莱斯特兰杰爵士有乔叟的手稿，极为珍贵，极为稀有，还配有插图，他估价为一百英镑。乔叟的孙子和继承人从罗杰·莱斯特兰杰先生那里得到了手稿，仍然在他手里。

他教十岁的儿子使用星盘，参阅他有关星盘的论文。

纽伯里附近的邓宁顿城堡是他的，一座豪华的邸宅和坚固的城堡，由国王查理一世占据（国王是堡主？），但后来被拆毁了。

［备忘］这座城堡附近有一棵栎树，杰弗里爵士常坐在树下，人称"乔叟树"，查理一世统治时期被……砍倒了，结果砍树者被传唤到星室法庭，被处以罚款……。理查森法官训斥了他好长时间，像个演说家那样，从古代凯尔特法官那里寻找话题。这一消息我是从一位能干的代理人那里得到的，他当时就在现场旁听。

伍德斯托克有一位戈萨奇先生，和我们一起在罗姆尼接界地吃饭。他对我说，伍德斯托克猎园大门附近有一座古老的哥特式建筑，那就是杰弗里·乔叟爵士的住所，里面有他一幅画像，一英尺高，连同房子一起，从一个主人转到另一个主人手里。

托马斯·梅
Thomas May
约 1596—1650

本·琼森之后,他成为桂冠诗人的候选人,但威廉·戴夫南特爵士获得了这一荣誉,也许这成为他脑子里抹不去的印记。

汤姆·查洛纳的老熟人,喝酒时会说些蔑视三位一体的话。

哄骗人。

朋友:理查德·范肖爵士。二人翻脸分手时,德克里兹先生在场,然后理查德爵士就投奔国王了,当时两大阵营势不两立。

有性病。喝酒后死去,下巴被帽子挤住了(太胖),窒息而死。

向安东尼·伍德要墓志铭等。王座法院首席法官沃恩大人的临时法律顾问。

《继承人》。问问德莱顿先生是不是还有一个(剧本)。

《卢坎》和《增补》。

翻译《农事诗》,十六开本。

《内战记》和《节录》。

他翻译了卢坎的优秀诗作,这使他爱上了共和,这种味道他一直没有变。

在约翰·萨克林爵士的《诗人会议》中曾写道:"也有卢坎的译

者……"

埃德蒙·怀尔德先生对我说,梅小时候他就认识梅,之后梅像城里的其他年轻人一样,在所有事情上都堕落,但一点也没有意识到,因为我们都年轻。但梅死时,马弗尔先生在诗里猛烈抨击他。

他是苏塞克斯郡梅家族的,从他的盾徽上可以看出来。但他出生于何地,哪所大学毕业的,我是一无所知,也查找不到。

一个英俊的人,放荡透顶。住在坎农罗巷附近的小四方院,穿过小巷的时候会经过那里。翻译过维吉尔的《农事诗》。写有英格兰议会简史(伦敦,1650年,1680年重印);爱德华三世传记(英语诗体,应查理一世的特别邀请而撰写,八开本,1639年);还有亨利二世传记(英语诗体,也是八开本)。

戴维·詹金斯
David Jenkins
1582—1663

　　法官。由于忠诚于国王而被关押在伦敦塔、温莎等地达十一年。他本来会欣然担任威斯敏斯特宫的一名法官,但不愿为此而出钱,结果大法官(海德)一直没有提拔他。

　　他非常有勇气。在彭布罗克郡,他骑着马走在杰拉德大人的队伍里,在近乎绝望的情况下举剑在手。

　　他死于1663年12月3日,埋葬在格拉摩根郡考布里奇教堂的南耳堂。一直没有(至1682年)为他立纪念碑。

　　内战之前,他是卡马森、卡迪根和彭布罗克郡巡回审判区的法官之一。内战中在赫里福德被捕,长期关押在伦敦塔、纽盖特、沃林福德和温莎。他从来没有向篡权者(我认为只有一个人)屈服。他的所有财产都被没收,而且议会一直都没有赦免他,他是甲级罪犯。

　　内战爆发之初,他在威尔士的巡回审判区表示,那里有几个人(议会等机构的成员,从事反对国王的活动)犯有重叛逆罪,大陪审团起诉了他们。后来他被关押在纽盖特,那几个大人物来向他炫耀自己的胜利,对他说如果他们几个落在他手里,他就会把他们绞死。他回答说:

"上帝不允许我不这么做!"这一无畏的回答让他们十分钦佩。

议会打算把他绞死。他也预料不会有别的结果,但决定在上绞架时,一只胳膊下面夹一本《圣经》,另一只下面夹一本《大宪章》。他本来会被绞死的,只是哈里·马丁在议会里说:

殉道者的鲜血是教会的种子。①

还说要是绞死他,会给议会带来更大的灾祸。这样他的命就保住了,把他转移到沃林福德城堡继续关押。

他八十多岁时死于格拉摩根郡的考布里奇。令人遗憾的是,他由于多年不幸,没有当上威斯敏斯特官的法官。他对我说,他要是给大法官送钱的话,就可以当上法官了,但他不屑于这样做。他也不需要当法官了,他又得到了自己的庄园,每年有一千五百英镑的收益,也老了,铁窗生涯也把他拖垮了。托马斯·霍布斯先生一次吃饭时对他说:"那样的话,将来在历史上留下的名声就不好了。"

---

① 基督教早期教父德尔图良的名言。

亨利·克利福德
Henry Clifford
1592—1643

坎伯兰第五任伯爵,诗人。科克和伯灵顿伯爵夫人仍有他的诗作。他就读于牛津基督堂学院。萨内特伯爵尼古拉常说,喷泉修道院的母马确实跑得快,意思是他们得到那块土地(送给教会的)以后,一直就没有兴旺过,而是仍然衰败。

他是当时一位聪明的绅士,大法官培根的老熟人,二人经常通信,这些信件被科克和伯灵顿伯爵夫人作为遗物保存着。这位伯爵夫人是萨内特夫人的母亲,这一家的女儿和继承人,她父亲还写有关于《诗篇》和其他很多主题的英语诗,而且写得很好,但其语言现在有些过时了,就像菲利普·锡德尼的诗一样,所以他们没有付印。

爱德华·赫伯特
Edward Herbert
约 1582—1648

彻伯里第一任男爵。他临终时派人去请爱尔兰首席主教厄谢尔，本来会领受圣礼的。谈到圣礼时，他满不在乎地说，"如果说有什么东西对人有益的话，那就是圣礼"，还说"如果说它对人无益，也不会有害"。

结果首席主教拒绝了，为此很多人指责他。

他死在女王街的家里，死得很安详。他问几点了，有人告诉了他，他说："再过一个小时我就走了。"一个小时后，他把头一扭就断了气。

他在遗嘱里特别嘱咐，一定要好好喂养他的白雄马（他喜爱这匹马），只要它活着，就精心照料它。他有两个藏书室，一个在伦敦，一个在蒙哥马利。他把伦敦的那个送给了牛津耶稣学院。

查阅他母亲葬礼上的布道诗，由多恩博士在切尔西宣读，她儿子乔治·赫伯特又增添了拉丁语和希腊语诗歌。

朋友：神学博士约翰·多恩、约翰·丹弗斯爵士等。

在蒙哥马利教堂的一块墓地（理查德·赫伯特先生一通巨大的毛

石墓碑属于城堡,理查德·赫伯特先生是博学的彻伯里大人赫伯特的父亲,也是《圣诗》作者乔治·赫伯特先生的父亲),有理查德及其妻子马格德林的肖像,马格德林后来嫁给了威尔特郡的约翰·丹弗斯爵士,埋葬在切尔西教堂,但没有墓碑。圣保罗教长多恩博士在她葬礼上布道,并附有乔治·赫伯特先生写的好几行纪念她的拉丁语和希腊语诗,布道词中显示她埋葬于1627年7月1日。

爱德华·赫伯特爵士,后来成为彻伯里勋爵,死于伦敦圣吉尔斯教区王后大街上他的家里,埋葬在高坛上,在斯坦诺普大人的碑文下面。

黑色大理石墓碑上写有:

这里埋葬的是爱德华·赫伯特,巴斯勋位骑士,彻伯里和城堡岛男爵,《论真理》一书的作者,1648年8月20日。

我见过他好几次和约翰·丹弗斯爵士在一起,他皮肤黑。

[备忘]蒙哥马利城堡是个最有浪漫气息的宅邸,坐落在一个高高的海角上,北面有三十英尺甚至更高。从这里望去是最为赏心悦目的景色,四面都是。

城堡外面往南是普里姆罗斯①山。参见多恩的诗集,第53页:

在这座普里姆罗斯山上,
如果天上降下一场雨,
每一滴都会落到报春花上,
变成甘露。

---

① 意为"报春花"。

花的形状,花的一望无际,
形成一条人间天河,
就像天上的小星星。
我去寻找真爱,
我发现她不是个十足的女人,
但和女人也相差无几。
……

在这个宜人的僻静之处,这位大人享受着他诗人的灵感,在这里写出了《论真理》。库特博士(剑桥学者)是他的专职牧师之一。牛津新学院的托马斯·马斯特斯先生在这里和他一起住到1642年。

内战期间,依照当地的命令,这座宏伟的城堡被拆掉了。

在布雷克诺克郡,离布雷克诺克大约三英里的地方,有个村庄名叫彭克利(英语名叫"黑兹尔伍德"),村里有一座小城堡,这就是赫伯特家的祖居地。这个地方的赫伯特先生从母系上说来自乌甘。彻伯里勋爵的祖先是由二婚妻子所生,一个磨坊主的女儿。财产中最大一部分由这位二婚妻子转让给了她的子嗣,也就是这座蒙哥马利城堡,还有阿伯里斯特威思。与磨坊主女儿的这桩婚姻,直到今天还有威尔士人朗诵或歌唱,其大意是:

上帝啊!
我好不幸啊,
我父亲是个磨坊主,
我母亲也是个磨坊主,
我现在是个贵族夫人。

1648年8月,圣吉尔斯教堂。

8月5日,彻伯里男爵爱德华·赫伯特大人下葬。

弗勒德先生对我说,赫伯特在家里经常每天祈祷两次,星期日就叫专职牧师朗读史密斯的布道文。询问戴维先生的律师。

罗伯特·默里
Robert Murray
1633—约 1725

罗伯特·默里先生是伦敦市民,妇女服饰用品商,制服工人行会的。他父亲是苏格兰人,母亲是英格兰人。1633 年 12 月 12 日出生于斯特兰德大街。

便士邮政是 1680 年天使报喜节[①]成立起来的,那天是星期五。这是一项最有独创性、最有用的工程,由罗伯特·默里先生最先构想出来,后来多克里先生与他一起合作。最早在 1679 年或 1680 年 2 月成立。

默里先生以前是爱尔兰税务署总干事长的文书,后来是英格兰税务局总干事长的文书,是第一个发明商业俱乐部并将其引入伦敦的人。商业俱乐部由每个行业出一名成员组成,后来又成立了很多,在这座城市里延续至今。还建立了信贷营业所或信贷银行并延续至今,位于主教门大街外面的德文郡宫,人们在那里存储货物,商品凭货币赊欠单来提供,欠额是该商品价值的三分之二或四分之三,与钱的本来价值相符,这样可以完全弥补货币的不足。为交纳这笔钱,一些有资格的商人

---

① 3月25日。

（每个行业十人或二十人，全城有五百种不同的行业）组成一个协会或行会，从而形成一个完整的贸易团体。凭借这种方式，任何拥有前述货币赊欠单的人，都可以在团体内部得到任何种类的货物，其法律效力与其他地方用钱买东西一样。

威廉·加斯科因
William Gascoigne
约 1612—1644

来自米德尔顿,约克郡利兹附近,在马斯顿荒原战役中阵亡,享年大约二十四岁,最多二十五岁。

兰开夏郡汤利的汤利先生有加斯科因的书信文稿。这一信息来自埃德蒙·弗拉姆斯蒂德先生。埃德蒙说,加斯科因先生找到了改进望远镜的方法,在笛卡尔之前。

1682年9月,埃德蒙·弗拉姆斯蒂德先生对我说,加斯科因先生是在约克战役中阵亡的。

一位勇敢的绅士死于内战,一位加斯科因先生,来自约克郡的一个大庄园。乔纳斯·莫尔爵士承认,他的大部分知识都是从加斯科因先生那里学到的。加斯科因先生由耶稣会培养成人。我本想写他的传记,但推迟了,乔纳斯先生去世了。但我会写下我记住的内容。

圣邓斯坦

Saint Dunstan

？—988

霍普顿的《年份索引》前面有塞尔登先生写的诗句，我在诗里发现邓斯坦是萨默塞特郡的绅士，是个大炼金术士。

他在实验室里用钳子夹住魔鬼鼻子的故事，以图画和诗歌形式在教堂窗户上随处可见。

他是格拉斯顿伯里修道院的本笃会修士，后来成为修道院院长，之后又成为坎特伯雷大主教。他在金斯顿为国王埃德威加冕，并在典礼上布道。他在布道中有预言，《编年史》里提到此事。

梅雷迪斯·劳埃德先生对我说，邓斯坦有一本刊印出来的书，论述的是炼金术。询问书名。

爱德华·吉纳罗苏斯在一部书稿里详细描述了他，书稿在阿什莫尔先生手里。

大约在内战之初，梅雷迪斯·劳埃德有一部圣邓斯坦论述炼金术的书稿，说他的书稿在英格兰各地有好几部。询问阿什莫尔。

爱德华·吉纳罗苏斯提到，邓斯坦能从金子里生出火来，还能用生出的火从远处点燃任何可燃物。

［备忘］威斯敏斯特图书馆里有一本刊印出来的旧书，对开本，叫

《古英格兰圣徒传》。

梅雷迪斯·劳埃德对我说,三四百年前,炼金术要比现在发达得多,其工序也更圣洁、更完整,现在人们只关注药物。

有好几座教堂是奉献给他的:两座在伦敦,询问一下格拉斯顿伯里是不是也有一座。

威廉·李
William Lee
？—约 1610

文学硕士,牛津毕业的(我记得是莫德林学院)。他是第一个用自己发明的机械织袜子的人。他出生在苏塞克斯,或是住在那里。

他是个贫穷的牧师,看到妻子编织一双袜子吃那么多苦,就买了一只半袜子观察针法结构,然后在织机上设计针法,他的织机(尽管某些配件换了)一直沿用至今。

他去了法兰西,还没有制造出织机就死在那里了。所以这一技艺不久前还只有英格兰能掌握,世界其他地方都没有。护国公奥利弗·克伦威尔下令,将这一器械运到海外是重罪。

这一信息我是 1656 年从梨塘巷一个织工(使用这一器械的工人)那里得到的。我和约翰·霍斯金斯爵士、斯塔福德·滕戴尔先生专程去看他用的器械。

查阅斯托的《编年史》和贝克的《编年史》,看看是否提到它。

埃德蒙·里奇
Edmund Rich
约 1174—1240

索尔兹伯里主教大人塞思·沃德对我说,他发现圣埃德蒙出生于阿宾登。他是坎特伯雷大主教。他在索尔兹伯里建了公学,在圣埃德蒙教堂附近,现在是温德姆法官儿子的住所。他辞去了大主教职务,来到这里隐居。

圣埃德蒙教堂里有些窗户很有价值。贡多马尔(西班牙大使)出很高的价钱要买下来,我忘记是多少了。一扇窗户上是圣父的画像,像一个老人(当时的风尚如此),这让刑事法官谢尔维尔先生非常生气,一冲动(但他自己不知道)爬到长椅上去砸窗户,结果掉下来摔断一条腿(大约在 1629 年)。但这并不能免除他为此而到星室法庭接受审问。阿托内·诺伊先生是他的好友,在法庭上对他很友好。

但谢尔维尔先生没干成的事,后来让当兵的干成了,结果一幅玻璃画也没有了。

坎特伯雷的埃德蒙,文学士,1290 年在牛津第一个阅读了欧几里得的《几何原本》。雨果先生在牛津第一个阅读了亚里士多德的《分析篇》,罗杰·培根 1292 年还活着。

——牛津大学学院图书馆里的一本旧书

托马斯·萨克维尔
Thomas Sackville
1536—1608

写多塞特伯爵的短诗,他突然死在枢密院会议桌旁:

无礼的死神!以前你不会
与我们的财政大臣争执,
他要是你,或你们催命一族的,
就会饶你一命,还接受一笔贿赂。
他既有钱又有才,
经常损害法律,几乎将法律制服。
最后拿不出证据,
不得不接受致命一击。

这首诗抄自我尊敬的朋友和邻居托马斯·廷代尔先生的藏品。

[备忘]审讯理查德·坦普尔爵士的曾祖父时,财政大臣胸前衣襟里藏有一些文件,他将文件拿出来作为证据,说:

"这些东西能置你于死地!"

话音刚落,他就倒在地上,直挺挺地死了。这一信息来自理查德·

坦普尔爵士。

［备忘］极度的心烦意乱会让人中风。我见过好几个这样的例子。

这位大人得到了索尔兹伯里宫及其周围的庭园,位于圣布赖德教堂隔壁,是用威尔特郡克里克莱德附近的一片土地换来的,这片地我记得叫马斯顿,但所有权有争议,而且其价值也与他答应的不相符。这一信息来自索尔兹伯里主教塞思。塞思说,整个圣布赖德教区都属于索尔兹伯里主教,还有整个鞋巷。

罗杰·诺斯
Roger North
1588—1652/3

船长,诺斯勋爵的兄弟。他和沃尔特·雷利爵士非常熟,陪着他一起出航。他和雷利一起在圭亚那,只要一提起圭亚那,他就会因为那次行动失败而勃然大怒。

他是个大代数学家,这在当时还很罕见。但他结识了一位旅伴哈里奥特先生。

他和他的航海记经常被引用在……拉丁文游记,对开本。(问问约翰·沃恩这本书的名字)

他是个最有才华的绅士。

大约在1656年或1657年,他死于舰队街,埋葬在……

他收藏有他的航海记,版本很漂亮,还有对它的评论,不幸在伦敦大火(1666年)时全被烧毁于舰队街。这一信息来自弗朗西斯·诺斯爵士和埃德蒙·怀尔德先生。弗朗西斯爵士是民事诉讼法院首席法官,也是他侄子。怀尔德先生和他非常熟。

他死于伦敦大火前后(?),再询问一下。

这一家人对沃尔特·雷利爵士评价不好。沃尔特爵士计划与西班牙决裂,让他自己在英格兰得人心。他来到(圭亚那?),不能告诉大家金矿在哪里。他想投奔法兰西国王(路易十三),但被自己的人抓回来了。

诺斯船长:询问是否牛津毕业的,我认为是大学学院的。

普鲁塔克《(希腊罗马)名人传》的译者托马斯·诺斯先生(首席法官大人告诉我的)是他祖父的叔祖。

罗伯特·布莱克
Robert Blake
1598—1657

海军总司令，出生于萨默塞特郡的……，就读于牛津圣奥尔本学院[①]。当时他年轻力壮，很有才华。他一大早就起床，学习努力，但也从事捕鱼、捕猎野禽等需要体力的娱乐活动。他老是从同届同学、神学士亨利·诺博恩那里偷天鹅。

1640年，他代表布里奇沃特担任众议院议员。

1649年，他被任命为海军总司令，参加了有史以来海上最大规模的几次战斗。

布莱克死于1657年，埋葬在国王亨利七世的小礼拜堂。但王朝复辟后，他的遗体又被挖出来并移走。这是韦尔斯先生授意的，现在遗体葬在何处不得而知。询问布里奇沃特的韦尔斯先生。

[①] 后并入默顿学院。

威廉·布里尔顿
William Brereton
1631—1680

利林第三任男爵。这位有德行、有学问的大人(他是我最值得尊重、最热心助人的朋友)在布雷达上学,师从神学博士约翰·佩尔,佩尔在当时奥兰治亲王办的著名学校里担任数学教授。诺里奇伯爵乔治·戈林爵士(布里尔顿勋爵的祖父)让人把他送到那里,得到了约翰·佩尔博士(当时为约翰·佩尔先生)的精心照料,把他培养成一个优秀的代数学家。

他写有一首诗叫《死亡的起因》,是手稿。死于1680年3月17日,伦敦,埋葬在圣马丁教堂。

他是个优秀音乐家,也是个好作曲家。

威廉·佩恩
William Penn
1644—1718

　　骑士威廉·佩恩爵士的长子。威廉爵士既是王朝复辟之前的英国海军总司令,又在 1665 年约克公爵麾下担任总司令,指挥打击荷兰舰队。(他父亲是个大好人,但不是贵格会教徒,对他儿子持反对态度。)

　　1644 年 10 月 14 日,威廉·佩恩出生于伦敦的塔山。他认为是星期一,早晨大约七点钟。

　　他在伦敦上学,塔山上的一所私立学校,他父亲在家里请有一位家庭教师。但他先是在埃塞克斯的奇格韦尔上学。

　　他第一次感觉到上帝是在十一岁,正在奇格韦尔上学,当时他独自在一间寝室里。他突然感到内心里舒适,(他认为)房间里他身外有光耀,这让他大吃一惊。他多次谈到,从那时起,他就拥有了神性和不朽的标志:有一个上帝,人的灵魂能够与上帝交流。

　　他和校长不一个教派。

　　他非常活泼,但很单纯,受到训斥时极为脆弱,能感受到温和的训斥,很早就喜欢隐退,喜欢阅读和默念《圣经》,十四岁时就在《圣经》上做记号。十三四岁沉思时经常狂喜不已,感动得落泪。

　　1660 年上牛津大学基督堂学院,当时十六岁,上了大约两年。

1662年前后去了法兰西,在那里住了两年。回到伦敦后进入林肯律师学院。流行瘟疫(1665年)前后完全离群索居,再一次转移注意力,受雇于父亲,到爱尔兰奥蒙德公爵宫里。这样转移他的注意力,并不能抑制他的灵魂更为强烈地向往一种更虔诚的隐修生活。1667年,他在科克听到一位牛津商人托马斯·洛的谈话后,完全信服了贵格会教徒那种简单、克己的生活方式。从此以后,他就由衷地赞成他们的观点和信仰。

后来,他经历了各种各样的生活,既落下了好名声,也落下了坏名声,有口头议论的,也有书面表达的。几次入狱,一次在爱尔兰,一次在伦敦塔,三次在纽盖特。(询问他入狱、生病和遇险的具体日期。)

(书商本·克拉克会给我一份他全部作品的清单。)

1670年和1677年,他旅行到上日耳曼尼亚[1]和下日耳曼尼亚[2],在那里他以自己的生活方式影响了好几个人。

尽管他一生中多次冒险,他仍有好几次得到国王的青睐,也得到约克公爵的青睐,得到英国很多贵族、显要人物和学者的喜爱。

国王欠他父亲一万英镑(加上利息不少于两万英镑)[3],就把美洲的一个殖民地给了他及其继承人,并于1681年3月4日欣然命名为"宾夕法尼亚"[4]。1681年9月,佩恩就要到那里去。

他会讲流利的拉丁语和法语,母语更是精通。他经常在贵格会的会议上慷慨陈词,滔滔不绝,热情洋溢。他长期侍奉国王和王子,以解救他的贵格会教友,经常冒损害健康的危险。

---

[1] 即荷兰。
[2] 即德意志西部。
[3] 查理一世为打内战曾四处借债。
[4] Pennsylvania,意为"佩恩的林地"。

威廉·佩恩 517

威廉·佩恩,贵格会首领和引以自豪的人。①

白金汉郡佩恩的……佩恩爵士,爱德华三世时期还是亨利三世时期,问一问。

问问他入狱的年份和日期,还有他的疾病情况和遇到的危险。他在法兰西有收获吗?

11月9日,他全票当选为伦敦王家学会会员,很受大家尊重。

依照颁发给他的宾夕法尼亚特许状,其领地从北纬40°到北纬43°,从切萨皮克湾起五个经度。

埃德蒙·怀尔德:(殖民)需要两三样东西:比如军队,强烈的需求。征求他的一些建议。

1682年8月26日,星期六,下午大约四点,威廉·佩恩先生到迪尔让船滑行下水,准备驶向宾夕法尼亚。愿上帝保佑他一帆风顺。

1682年8月最后一个星期三,也就是8月30日,大约中午时分,他在迪尔上船。

1684年10月(大约在中旬),他返回英格兰。询问是几号。

佩恩在布拉顿的林间小屋。

他埋葬在米内蒂教堂的高坛。参见碑文。

威廉·佩恩先生娶了威廉·斯普林格特爵士的女儿格利尔玛·玛丽亚·斯普林格特。威廉·斯普林格特爵士是苏塞克斯郡布罗伊尔的斯普林格特家族的。

---

① 该句为安东尼·伍德的字迹。

格利尔玛·玛丽亚·斯普林格特是她父亲的遗腹女。她父亲是个虔诚、勇敢的年轻绅士,围攻阿伦德尔时阵亡。他女儿无论是长相还是人品,都是他的翻版,品性正直,慷慨大方,聪明,谦恭,由于这些优秀品质而广受爱戴。她比父亲还多了一门医术,在内科和外科上技艺娴熟,而且行医免费。

1657年前后,她年纪轻轻就加入了贵格会。她给丈夫带来了一大笔财富,价值明显超过一万英镑。她的财富、品质和好脾气使她受到很多求婚者的纠缠。这些人都出身于鼎贵之家,如布鲁克斯勋爵、约翰·沃恩勋爵等人。但比起尘世间的荣耀,她更看重共同的信仰和克己,所以就拒绝了这些人的求婚,直到上天为她安排了一个有同样条件、同样财富的人,和她一起信奉同样的信条,结婚之后又有持久的爱情为其锦上添花。

威廉·佩恩爵士
Sir William Penn
1621—1670

威廉·佩恩的父亲是个天生能力超群的人,在当时对海军事务的了解上无人能比,在供养很多家庭上起了很大作用。他培养儿子的虔诚信仰,环境宽松以后就想让儿子追求时尚,所以儿子隐退以后他感到极为伤心。

但这种情况并没有永远持续下去。他到晚年不仅仁慈起来,而且溺爱孩子,让孩子做家长,为不能留给孩子更多东西而遗憾,在英格兰和爱尔兰,他仍然每年留给儿子一千五百英镑。但最值得关注的是,他本来反对儿子的生活方式,因为这种方式有违习俗,后来他自己也欣然接受了这一信仰,向儿子赞许其简朴和克己,说:"保持你简朴的生活方式,你就会彻底废除牧师。"[1]他死了,只让他儿子威廉帮他闭上双眼(威廉照办了)。他享年四十九岁零四个月。

---

[1] 即不需要牧师的帮助就能使灵魂得救。这是一些较为激进的新教教派的观点。

凯瑟琳·菲利普斯（奥林达）
Katherine Philips（Orinda）
1632—1664

以下信息来自她舅舅约翰·奥克森布里奇先生（现在是个囚犯，关押在舰队街，因她丈夫的债务而被关押，二十年前）和蒙塔古夫人。

奥林达

凯瑟琳·福勒女士是伦敦商人约翰·福勒（巴克勒斯伯里的著名商人）的女儿。她母亲是凯瑟琳·奥克森布里奇，医生学院院长、医学博士奥克森布里奇的女儿。查查《伦敦药典》。她在圣玛丽-伍尔教堂受洗。如果现在还活着（1681年7月），她可能是四十八九岁。查阅登记簿。

她在哈克尼上学，师从著名女教师萨蒙夫人。萨蒙夫人是个长老派教徒，使用鲍尔的《教理问答》。

朋友：玛丽·奥布里夫人、哈维夫人（后来的迪尔林夫人）。在学校时喜爱诗歌，也作诗。她长得与外婆奥克森布里奇相像。外婆是弗朗西斯·夸尔斯先生的熟人，也很喜爱诗歌。

1647年前后(也就是军队在帕特尼的第二年),她嫁给了卡迪甘隐修院的詹姆斯·菲利普斯先生,生有一个儿子死了(她在书里提到过),还有一个女儿嫁给了威根先生,这闺女有几分像她妈。

她年轻时是个很虔诚的教徒,十岁时就一字不差地抄写布道文,一个人一祈祷就是一小时。

她在舰队街死于天花,埋葬在伦敦塞思巷尽头的圣本尼特-希尔霍格教堂。

1664年6月23日,詹姆斯·菲利普斯的妻子凯瑟琳·菲利普斯埋葬在北耳堂,上面是一通大石碑,还有一尊铜像(铜像现在丢了)。

她小时候对主教很反感,恳求上帝把他们都带走,但后来又和他们和解了。她依照当时虚伪的时尚大声祈祷,让别人听见。参见托马斯·霍布斯的《内战》和《嘲讽伪君子》。

我的表亲蒙塔古对我说,她脸上有红斑点,把诗写在客栈里,或把警句写在窗户上,写在笔记本里。

[备忘]《圣阿芒的孤独》由凯瑟琳·菲利普斯夫人翻译成英语,共二十节,我认为还没有付印。1672年,我从萨内特伯爵夫人伊丽莎白那里得到一份。

问问她写了什么?

诗。

悲剧《庞培》

她和邓甘农女士(她称其为"卢卡蒂亚")一起去了爱尔兰(婚后),在都柏林写出了《庞培》(一出悲剧)。

凯瑟琳,约翰·福勒及其妻子凯瑟琳的女儿,1631年1月11日受洗,圣玛丽-伍尔教堂的登记簿上是这样记载的,登记员是罗伯特·沃特金斯,教堂看守人。

她丈夫有一座大庄园,但买了王室土地(共和国期间),他将其抵押了出去。他兄弟赫克托拿走了抵押契据,将土地据为己有。

据她表亲布莱克特的消息:从她在襁褓里开始直到八岁,布莱克特都和她住在一起,教她识字。布莱克特对我说,她小时候很喜欢学习,不满四岁时就读完了《圣经》,不知道能说出《圣经》里提到的多少地名和章节。她经常听布道,记忆力非常好,能把一篇布道文都记在脑子里。心肠很好,一点也不高傲,很胖,不高,红脸庞。

问问我表亲蒙塔古她何时开始作诗。

问问她有几个孩子。

斯基庞少将是她母亲的第三任丈夫。

她埋在一通墓碑下面,她父亲、祖父、祖母的坟墓正对着(新)教堂墓地的门,大约有三码远(问问是对着门还是对着墙)。问问她亲属的墓碑上是否有碑文。

她只有一个女儿……嫁给了彭布罗克郡或卡马森郡的伍甘先生。再问问她舅舅奥克森布里奇。

韦布博士
Dr. Webb

他教育儿童的方式:在鸭巷。他写了好几本书,还教他们写诗。这一信息来自迈克尔·威克斯先生。

威廉·英格尔伯特
William Inglebert

　　第一个构想或规划将水从韦尔引入伦敦的人,引来的水叫"米德尔顿水"。英格尔伯特是个穷人,但伦敦高级市政官休·米德尔顿爵士为工程筹措了资金,并承担了这一工程,既赢了利,又得到了荣誉,这是一项最为有用的发明。为此应该立一座雕像,纪念这位伦敦市的穷人。

　　这位休·米德尔顿爵士把自己的画像挂在金匠会所里,他旁边有一把水壶,好像他是唯一的发明者似的。后来费边·菲利普斯先生见到英格尔伯特,见他穿一件破袍子,像个领救济金的人,坐在议会台阶上一个卖苹果的女人旁边。

　　这一信息来自费边·菲利普斯先生,我又可敬又博学的朋友,伦敦等地的法律官员,是和这一水利工程有关的一个委员会的成员。菲利普斯先生还对我说……

威廉·罗布森
William Robson

第一个把制造威尼斯玻璃器皿技术引进英格兰的人。但爱德华·朱什爵士(廷臣,为詹姆斯国王逗乐的红人)逼迫这个可怜的罗布森把这一技术交出来。他给国王詹姆斯写了四行诗,国王看了大笑不止,差一点把屎拉到裤子上。这四行诗如下:

塞汶河、亨伯河、特伦特河、泰晤士河,
您的大海和汇入大海的小河,
一定会冲走罗布森,浇灭他的火,
否则朱什就走人,再也不指望什么。

国王被这四行诗逗乐了,就把这一绝妙的加工技术给了朱什。可怜的罗布森极为恼火,一切都完了,穷得在怀特霍尔宫里打扫院子。这是菲利普斯先生说的,他亲眼看见罗布森扫院子。

罗伯特·曼塞尔爵士后来得到了玻璃厂,雇用詹姆斯·豪厄尔先生(《歌声回荡的森林》的作者)在威尼斯做代理商,为他的玻璃厂提供材料。

约翰·奥格尔比
John Ogilby
1600—1676

1600年11月出生于苏格兰的……

约翰·奥格尔比先生死于1676年9月4日,埋葬在圣布赖德教堂的灵堂。

加德伯里先生说,奥格尔比先生对他说(很有把握),他出生在爱丁堡或爱丁堡附近。但这要问问他孙子摩根先生。

1600年11月17日,约翰·奥格尔比先生出生在苏格兰一个绅士家庭,接受了语法教育。(问问约翰·加德伯里)

他父亲把家产花光,家道中落,被王座法院收监关押。儿子约翰凭借勤奋,将父亲从狱中解救出来(和母亲一起),当时只有十二三岁。父亲利用儿子的勤奋筹到一小笔钱,拿这笔钱冒险抽彩,以预付在弗吉尼亚买种植园的款,以这种方式出了狱。他印在彩票上的格言是:

> 我是个穷囚徒,上帝知道,
> 上帝送我一副好签,
> 我要出狱,还清所有的债。

结果他就是抽中了一副好签，还清了债务。

约翰（儿子）签约跟随一位德雷珀先生当徒弟，德雷珀在格雷律师学院巷开了一家舞蹈学校。在很短时间内，约翰就达到很高的艺术水平，然后筹资从师傅那里买断学徒期，自立了门户。宫里上演白金汉公爵的假面舞大剧时（查阅本·琼森），约翰被选中（还有其他人）出演一个重要角色，要腾空跳起做怪动作，这在当时成为时尚。他想借此机会露一手，不幸落地时一脚踏空，扭伤了腿内侧的一条血管，从此以后就瘸了。后来就有了这一说法：他是个优秀的舞蹈大师，但没有一条好腿。

他教霍普顿勋爵（当时为拉尔夫爵士）的两个妹妹跳舞，当时在萨默塞特郡的威瑟姆。拉尔夫爵士教他使用长矛和火枪，也就是所有的姿势。

……年，他到爱尔兰，投奔斯特拉福德伯爵托马斯，当时为爱尔兰总督，总督请他在家里任教。约翰在这里第一次证明自己爱好诗歌，意译了一些伊索寓言。（他写得一手好字）他有总督颁发的委任书，任命他为爱尔兰王国典礼官，在都柏林圣沃伯大街建了一座小剧院。不久以后就发生了叛乱，他失去了一切，经历了很多危险，尤其是在都柏林附近的雷法纳姆城堡，险些被炸飞。

1648年前后，他回到英格兰（参见他译的维吉尔，八开本，里面标注有日期）。他将维吉尔译成英语诗体，刊印后题献给了赫特福德侯爵大人威廉阁下，八开本，侯爵大人对他喜爱有加。

译完维吉尔之后，他又跟一位苏格兰主教的儿子惠特菲尔德先生学习希腊语，技能掌握得非常娴熟，1660年开始翻译荷马的《伊利亚特》。

后来像是有神灵向他预言似的，他预见到国王查理二世复辟，预见到可能缺少教堂版《圣经》,就刊印了有史以来最漂亮、最正确的英语《圣经》版本,用的是王裁纸和皇裁纸①。1662 年,他刊印发行了国王加冕时的文娱节目,对开本,有版画。

同一年,即 1662 年,他又去了爱尔兰。经过与威廉·戴夫南特爵士一番争夺后,得到了一份特许状(上次只是委任书),被任命为喜庆活动主事官,戴夫南特得到一份许可证。他在都柏林建了一座大剧院,花费两千英镑,原来的那个剧院在内战中毁坏了。

1665 年,他的《奥德赛》出版。人们当时怀疑,或者说是不愿相信他就是《伊索寓言》的译者。为了让大家相信,他出版了第二卷,他称之为《伊索学》,是他在 1665 年生病期间,隐居在泰晤士河畔的金斯顿完成的,在荷马的《伊利亚特》和《奥德赛》出版之后。然后是《中国史》,……年,在大火之前,然后出版了《日本史》。

1666 年的伦敦大火把他的一切都烧光了,他不得不从头再来,当时剩下的家当最多价值五英镑。他有杰出的创造才能,深谋远虑,能言善辩。财产被大火烧光以后,他不仅能够随机应变(这是大能耐),而且还提出合理建议,让富人显贵都接受,很快就赚了大钱,无论做什么都没有失过手,总是名利双收。

大火毁了他的一切之后,他提议刊印一本漂亮的英语地图册,他在有生之年完成了非洲、美洲和亚洲部分地区的历史,后来又在国王和贵族的鼓励下,实地测量了英格兰和威尔士,他在实施时连英格兰和威尔士的道路也测量了。

约翰·奥尔格比先生在都柏林(当时是斯特拉福德伯爵警卫队的)写了《骑兵的性格》,英语诗体,非常风趣。摩根先生答应给我找一本。

---

① 分别为 20 英寸×25 英寸、22 英寸×32 英寸。

他在爱尔兰叛乱中破产了,返回英格兰时船在海上失事,回到伦敦时一贫如洗,步行走到剑桥。

他在都柏林建了剧院。

约翰·奥尔格比传的初稿

约翰·奥格尔比先生出生于苏格兰,绅士家庭出身,学生身份。父亲花光了家产,破败了,约翰·奥格尔比凭借勤奋(做服饰金属片),在十二三岁时就救济了父母。他父亲当时是王座法院的囚犯,凭借儿子的勤奋,筹集了一小笔钱,然后拿这笔钱冒险抽彩,以预付在弗吉尼亚买种植园的款,又以这种方式出了狱。他的格言是:

我是个穷囚徒,上帝知道,
上帝送我一副好签,
我要出狱,还清所有的债。

结果他就是抽中了一副好签,还清了债务。

(他教拉尔夫·霍普顿爵士的妹妹跳舞,拉尔夫·霍普顿爵士教他使用长矛和火枪)

他跟随一位德雷珀先生当徒弟,德雷珀在格雷律师学院巷开了一家舞蹈学校。很短时间内,他就达到很高的艺术水平,然后筹资向师父买断学徒期,自立了门户。上演白金汉公爵的假面舞大剧时(问问名称和时间,查阅本·琼森),约翰被选中(还有其他人)出演一个重要角色,要腾空跳起做怪动作,这在当时成为时尚。他想借此机会露一手,不幸落地时一脚踏空,扭伤了腿内侧的一条血管,从此以后就瘸了。(后来就有了这一说法:他是个优秀的舞蹈大师,但没有一条好腿。)

……年,他去了爱尔兰,投奔斯特拉福德伯爵托马斯,托马斯请他在家里任教。约翰就是在这里第一次证明自己爱好诗歌,意译了一些伊索寓言。(他写一手好字)他有伯爵颁发的委任书,担任爱尔兰典礼官,在圣沃伯大街建了一座漂亮的小剧院。不久以后就发生叛乱,他在爱尔兰失去了一切,经历了很多危险,尤其是在都柏林附近的雷法纳姆城堡,险些被炸飞。

1648年前后,他回到英格兰,查阅他译的八开本维吉尔,里面标注有日期,题献给了赫特福德侯爵,侯爵对他喜爱有加。(《伊索寓言》,四开本)

译完维吉尔之后,他又跟主教惠特菲尔德的儿子(斯科特)学习希腊语,技能掌握得非常娴熟,1660年开始翻译荷马,接着是《奥德赛》,1660年。他想这样做,也做得很好。伊索学,对开本,1668年。迎接国王的文娱节目,对开本,1662年刊印,有插图。

后来像是有神灵向他预言似的,他预见到国王复辟,预见到可能缺少教堂版《圣经》(王裁纸和皇裁纸),就刊印了有史以来最漂亮、最通行的英文版《圣经》。

1662年,他又去了爱尔兰。经过与威廉·戴夫南特爵士一番争夺后,得到了一份特许状(上次只是委任书),被任命为喜庆活动主事官,戴夫南特得到一份许可证。他在都柏林建了一座大剧院,花费两千英镑,原来那个剧院毁坏了,只好用一间牛舍当舞台。

人们当时怀疑,或者说是不愿相信他就是《伊索寓言》的译者。为了让大家相信,他又出版了第二卷,他称之为"伊索学",是他在生病期间隐居在泰晤士河畔的金斯顿完成的(一部分),在赖特先生家里,荷马的《伊利亚特》和《奥德赛》出版之后,为了让世人相信。《中国史》,对开本,大火之前,然后是《日本史》。

然后他提议出版一本漂亮的英语地图册,在非洲、美洲和亚洲部分地区的历史完成之前就出版了。后来又在国王的鼓励下,实地测量了(1672年)英格兰和威尔士,连英格兰和威尔士的道路也测量了。

……年,约翰·奥格尔比娶了福克斯的女儿……福克斯是彭布罗克伯爵的仆人,忠实的仆从,尼瑟汉普顿的,威尔特郡的威尔顿附近。他常说,他出生于第一届奥林匹亚竞技会,也就是在索尔兹伯里举行的第一次赛跑,在彭布罗克伯爵亨利时期。她只为他生了一个女儿,后来嫁给了摩根先生,摩根先生留下一个儿子,这个儿子接替了外祖父,担任国王的宇宙志学者。她死于伦敦,享年……岁(将近九十岁)。

他在都柏林写有一部剧,叫《都柏林商人》,从未刊印。

斯特拉福德勋爵去爱尔兰担任总督之前一年,他是舞蹈教师德雷珀的徒弟。他在格雷律师学院巷的斯普里德—伊格尔黑楼(当时是一家客栈)开办一所舞蹈学校。演员约翰·莱西是他徒弟,这一信息就是莱西提供的。

16××年,他和斯特拉福德勋爵(总督)一起去爱尔兰,尚特雷尔先生(格雷律师学院的)是他的秘书,乔治·拉特克利夫爵士的专职牧师和红人。

约翰·奥格尔比先生加入总督卫队,教总督夫人及其子女跳舞,这是他的职责。他在那里写出了漂亮的"骑兵"诗(询问)。

膝对膝——尚特雷尔先生让他学习拉丁语,并亲自教他,吃了很多苦头。这是他第一次开始学习拉丁语。战争爆发以后,他在爱尔兰住了很长时间。

骑着马走在卫队里,成为大人的一个侍从。这让他写了一首漂亮的诗"骑兵记"。

他不愿说出他出生在苏格兰的哪个地方,询问一下。他开玩笑似的说,以后他要举行大型比赛确定他的出生地,就像确定荷马的出生地一样。

问问白金汉公爵的"面具"。

乔治·拉特克利夫爵士后来是约克公爵在法兰西的总督。

他妻子死于1677年圣诞节三四天之前。

乔治·威瑟斯
George Withers
1588—1667

1588年6月11日,乔治·威瑟斯先生出生于本特沃思,汉普郡的奥尔顿附近。

他娶了伊丽莎白,萨里郡南兰贝思的埃默森先生的长女。埃默森先生的先人埋葬在索思沃克圣萨维尔教堂的高坛上,在主教安德鲁斯的墓碑附近,竖有一尊白色大理石雕像。威瑟斯的妻子是个大才女,也写诗。

他是牛津莫德林学院的,写诗一挥而就。他虽然是个三流诗人,诗写得不好,但是个好预言家,有奇特的洞察力,一眼看透世事。

他是最早观察人类行为的人之一,说话惯于讽刺。我记得他写的第一篇作品是《鞭笞和剥衣陋习》,为此还被捕入狱,我记得是被关在纽盖特,在国王詹姆斯时期。

他是议会军上尉。作为酬报,议会把约翰·德纳姆先生在萨里郡埃格哈姆的庄园给了他。他徽章上的箴言是"为了国王,为了法律,为了芸芸众生"。

国王复辟之后,他被关进伦敦塔大约九个月。

他死于1667年5月2日,埋葬在萨沃伊教堂东门里面,他就死在这座教堂。

他是罗切斯特主教沃纳的学生。

托马斯·特里普利特
Thomas Triplett
1603—1670

他上学时师从吉尔博士,就像他在歌谣里所说的那样。这首歌谣流传的时间,会超过他任何一篇布道文。

他的财产被扣押之后,他在都柏林开办一所学校(国王被斩首时),后来又在萨里郡的海斯办学,距离伦敦 12 英里。我们共同的朋友乔治·恩特就是在这里上学,是特里普利特的学生。特里普利特对我说,他已经忘记了他以前的老师吉尔给他带来的痛苦,吉尔非常严厉。

我要给你讲一件有关我老朋友(乔治·恩特)的事。他老师特里普利特非常喜爱蜂蜜。特里普利特一个学生的母亲送给他一罐蜂蜜,乔治·恩特让这个同学去找老师要一点,他又搞到一小块面包,这样就能美餐一顿了。特里普利特老师在书房里,学生壮着胆子走到他跟前,说:"先生,请给我点蜂蜜。"

乔治·恩特猥琐地躲在后面。

老师受到了打扰,说:"你这个不要脸的无赖,"劈脸就扇了他一耳光,"你这脸皮怎么那么厚?西拉,是谁撺弄你干的?"

那学生(哼哼唧唧地)回答说:"乔治·恩特。"

特里普利特怒火中烧,从书房里窜了出来(他是个很强壮的人),照着乔治的屁股就是一脚,可怜的乔治滚下去了七八级楼梯,头碰到楼梯过渡平台才停下来。乔治昏了过去,幸亏脖子没有折断。这样对待一个可怜的孩子,实属最残忍、最不人道的行为。

正好一两天之前,乔治·恩特掉了一颗牙。他给父亲(现在的乔治·恩特爵士)写了一封信,把那颗牙也装进了信封。他把整个事情讲了一遍,说那颗牙就是这样被打掉的。

第二天,博学而又有权势的恩特博士来到海斯(他博学的名声和拿出的证据让学校相信了他),就他儿子的事情规劝特里普利特。长话短说,他把儿子带走了,安排儿子到里士满,跟着威廉·雷德福先生(牛津三一学院的研究员,诚实,财产被扣押了,一位优秀的教师,曾在泰晤士跟随伯特博士学习,后来被送到温切斯特)。这次事件差不多毁了特里普利特博士的学校。

但这事过去不久,国王复辟了,特里普利特也恢复了原来的职位。

乔治·恩特死于1679年9月2日,埋葬在圣殿教堂圆形大厅北面。其戒指上的箴言是:

小人物在世道上无足轻重。

亚历山大·吉尔
Alexander Gill
1567—1635

吉尔博士(父亲)是个很有才华的人,从他的作品里可以看出来。然而他有时情绪不好,喜怒无常,尤其是突然用鞭子抽打人:

学究脱掉学童的马裤,抓挠他们自己的痒处。

——塞缪尔·巴特勒:《休迪布拉斯》

这位吉尔博士鞭打了邓科姆。不久后,邓科姆在埃奇希尔战役中担任龙骑兵上校,被人发现对着墙撒尿。他身上佩着剑,但孩子们出其不意地攻击了他。有人朝窗户上扔了一块石头,他们就抓住了碰到的第一个人。我记得他名叫约翰·邓科姆爵士(约翰·德纳姆爵士告诉了我这件事)。邓科姆本想砍了吉尔博士,但吉尔博士除上教堂之外根本不外出,邓科姆就带着军队一起走了。他到枢密院控告,但这件事成了笑柄,他报复的念头也就逐渐打消了。

特里普利特博士来看望老师,也让吉尔博士鞭打了一顿。这位博士(特里普利特)找来牛津的投掷冠军,此人有一副洪亮、甜美的男低音嗓子,让他在学校窗口下面唱一首歌来骂校长,并让一队卫兵拿着剑去抓他。吉尔博士躲过了这帮出来打他的士兵,但吓得魂都没了。

在牛津大学(我相信剑桥也大体如此),老师和院长经常用笞鞭来打学生,直到他们成为文学学士,甚至成为特别自费生为止[1]。

我很熟悉的一位博士(牛津三一学院的汉尼巴尔·波特博士),一个学生要去律师学院向他告别时,他用身上的佩剑抽打了这个学生。

---

[1] 特别自费生学费较高,因而享有某些特权。

罗伯特·莫里爵士
Sir Robert Moray
约 1608/9—1673

骑士,出身于苏格兰古老的莫里家族。我记得他……年出生于苏格兰高地。高地人(像瑞典人一样)会自己做衣服,我听罗伯特爵士说,他就能自己做。

他大部分时间是在法兰西度过的。青少年时期上完小学和大学以后,他参了军,在路易十三麾下服役,最后官至陆军中校。

他是拉丁语大师,博览群书。据说他是个优秀军人,根本不是军营里培养出来的粗鲁性格,而是宫里最有礼貌的人,是唯一愿为友谊而不计报酬帮忙的人。就是仆人也没有他谦恭、勤快。

我所说的都是实话,有我自己了解的情况,也有别人了解的情况。他是个最谦恭的人,是个好人,毫不贪婪,就像加尔都西会的隐修士一样。他生活有节制,不近女色。国王常取笑他:"可惜他是个长老派信徒。"

他是苏格兰人的主要支持者,是他们的保护神。以前他和劳德戴尔公爵情谊笃厚。他死前大约一两年,从苏格兰回来后去找公爵,直截了当地说他背叛了祖国,从此二人恩断义绝。

他是最早谋划和创立王家学会的人之一,是第一任会长,很好地履行了职责。

他是我最值得尊重、最乐于助人的朋友,我对他的感激之情要超过对所有廷臣的感激之情,他的死让我蒙受了重大损失。他要是还活着,肯定会在这次之前为我谋到一份差事。他是在国王耳边说话最管用的人之一,做起事来不知疲倦。我经常和他在一起。他死的那天上午,我和他在一起三个小时,他看起来还相当不错。我记得他依照习惯,至少喝了半品脱清水。

他的住所(他死在了这里)是个铺有铅顶的亭子,位于怀特霍尔的花园。1673年7月4日,下午大约八点,他突然去世,口袋里一共只有一个先令。国王出钱安葬了他。他长眠在威斯敏斯特大教堂,威廉·戴夫南特爵士旁边。

他是个优秀化学家,帮助国王从事化学实验。

约翰·高尔
John Gower
约 1325—1408

诗人,索思沃克圣萨维尔教堂北面,有他一通非常宏伟的墓碑,一个有影响的人物,头上有一个金冠,脖子上有个银项圈。再问问,查阅他的书。

约翰·巴克利
John Barclay
1582—1621

苏格兰人约翰·巴克利(塞缪尔·巴特勒提供的信息),在国王詹姆斯统治时期一度住在英格兰。他当时已年迈,胡子都白了,头戴一顶有羽饰的帽子,得罪了一些不爱装饰的人。约翰·佩尔博士对我说,巴克利最后的职务是梵蒂冈图书馆管理员,在那里被毒死了。

[备忘]这位约翰·巴克利有个儿子,现在(1688年)已经老了,是个有学问的贵格会教徒,用拉丁语写了一套贵格会教义,题献给了国王查理二世(现任国王是詹姆斯二世),由他在……年翻译成英语。贵格会教徒们非常尊重他。这本书很常见。

约翰·弗莱彻
John Fletcher
1579—1625

  诗人。1625年大瘟疫时,诺福克(或萨福克)郡的一位骑士邀请他到乡下。他待在那里只是做一身衣服,正在做时他染上瘟疫死了。这一消息我是从他的裁缝那里听到的(1668年)。这位裁缝现已年迈,是圣玛丽-奥弗里教堂执事。

尼古拉·墨卡托
Nicholas Mercator
约 1620—1687

菲利普·梅兰克索恩是他曾祖母的兄弟。

他个头小,身材完美。黑头发,细长,打着湿卷。深灰色的眼睛,炯炯有神。他性情温柔,极有节制(情欲有那么一点)。创造力惊人,不愿意结交(达到很熟悉的程度)任何人。他真正的德意志名字是尼古拉·考夫曼,也就是查普曼,即墨卡托。他刊印的第一本书是《宇宙志》,用的就是德意志名字。

[备忘]尼古拉·墨卡托先生让人做了个表(直径一英尺),送给了国王查理二世,可以显示太阳移动与其表面上看起来的移动之间的差异。国王见多识广,能看明白,夸表做得好,但从来也没有支付一个便士。

这个精巧的表被弃置一旁,宫里有个人得到了它,他看不懂,就把它卖给了一个制表匠尼布先生。这个表匠也搞不懂,又以五英镑的价钱把它卖给了弗罗曼蒂尔先生(做这个表的人),而弗罗曼蒂尔先生现在(1683年)的要价是二百英镑。

1682年2月,尼古拉·墨卡托先生离开伦敦,和家人一起去了巴黎,是应柯尔贝尔阁下①的邀请到那里去的。

荷尔斯坦因的尼古拉·墨卡托先生,1686年或1687年1月4日死于巴黎。

1682年11月30日,他去了巴黎(应柯尔贝尔阁下的邀请)。这是他儿子戴维·墨卡托提供的消息。

---

① 法兰西国王路易十四时期的财政大臣。

托马斯·萨顿
Thomas Sutton
1532—1611

据老托马斯·廷代尔先生(父亲)提供的信息,查特豪斯慈善机构的创办人托马斯·萨顿最初是驻守在巴里克的士兵。

他是个强壮、健康、英俊的小伙子。当时有一个很富有的酿酒匠为海军酿酒,老态龙钟,娶了个年轻丰满的妻子,这个妻子却喜欢让那个更能干的小伙子拥抱。老酿酒匠溺爱娇妻,死时把财产全都留给了她,这是一大笔财产。

萨顿娶了这个寡妇。他是个很精明的人,让财富增加了很多。但他是如何增收的,我现在忘记了。不过他抵押了很多财产,勾引几个人盼着当他的继承人。本·琼森描写的老狐狸就是以萨顿为线索,沃尔波先生指的就是萨顿。

他晚年住在舰队街一家羊毛布料店里,在脚镣巷对面。他在这里有很多大箱子,里面装满了钱,压得卧室嘎吱嘎吱响,廷代尔先生担心房子会塌下来。廷代尔先生认识他,我记得廷代尔先生还借了他的钱,那是在诉讼期间,凭抵押从萨顿那里借来的(参见科克的《判例汇编》中斯塔福德勋爵的案件)。萨顿在有生之年建立了慈善机构,并亲自担任领导人。

多塞特伯爵(我记得是理查德)一直对他溜须拍马,给他送礼,想当他的继承人,其他几个大人物也是如此。

参见他的传记,四开本。

威廉·特威斯
William Twisse
1574—1646

　　纽伯里的神学博士。他儿子是特威斯博士,威斯敏斯特托特希尔街附近新教堂的牧师。特威斯博士对我说,他听父亲说,他父亲在温切斯特公学上学时放荡不羁,有一个同学和伙伴(和他一样放荡)死在了那里。他父亲在夜里去办公楼的时候,那个死去的同学的幽灵或鬼魂在他父亲面前"显现",对他父亲说:"我被罚入地狱了。"从此以后,他父亲就转意归主了。

　　［备忘］特威斯博士生性忧郁,老是担心自己有病。

埃德蒙·贝里·戈弗雷爵士
Sir Edmund Berry Godfrey
1621—1678

1666 年伦敦大火期间表现突出,被册封为骑士。

他曾就读于牛津基督堂学院,与我表亲、韦尔斯的威廉·摩根同寝室,住在派克沃特方庭院东北角。他后来去了格雷律师学院,与我的法律顾问托马斯·科比特先生同寝室。我记得科比特先生对我说,他取得了律师资格。但通过对比,他觉得贩卖木材获利更多。他的余生和死亡都很不幸,尽人皆知。

约瑟夫·霍尔
Joseph Hall
1574—1656

埃克塞特主教。他是诺福克一个猎场看守人的儿子,我记得在诺里奇附近。这一信息来自西奥菲勒斯·伍德诺斯老先生。霍尔大多数精彩论文都是在伍斯特撰写的,当时他在那里担任教长。这一信息来自弗朗西斯·波特先生,波特先生曾在那里上学。巴尔扎克先生极为钦佩他,经常引述他说的话。查阅巴尔扎克《辩护》。

威廉·塞西尔
William Cecil
1520/1—1598

伯利第一任男爵,国务大臣。

[备忘]他真名是西特西尔特,出身于蒙默思郡一个古老的世家,而现在已经沦落到自耕农的地步。在蒙默思教堂,我记得南面窗户上有一个家族古老的盾徽,和这个家族的一样。令人奇怪的是,他们竟然如此爱慕虚荣,放弃了古老的不列颠姓氏,换成了一个罗马姓氏。我相信这是韦斯特甘先生灌输到他们脑子里去的,他在书里告诉大人说,他们家的姓氏来自古老的罗马姓氏塞西利。

伯利第一任男爵(国务大臣)最初只是个乡村教师,出生在威尔士。我记得这是托马斯·富勒博士说的,参阅《神圣之国》。

我记得(我在布兰福德上小学时)牧师巴斯克特先生常常请求给我们休假,总是光着头(脱下帽子以示尊敬),说这是伯利勋爵的习惯,他说这位是大法官,这位是财政大臣,这位是王座法院首席法官等等,都是命中注定的。

> 他把西塞罗的《书信集》当成镜子,当成准则,当成圣言,当成他平常的口袋书。
>
> ——西塞罗《书信集·前言》,约瑟夫·韦布博士译

我时常感到惊奇:伯利勋爵及其几个儿子这么聪明,竟然如此轻慢地改换姓氏,也就是改掉了"西特西尔特"这个姓。这是蒙默思郡一个古老世家的姓氏,现在那里仍然有这个姓,但其产业已经衰败了,规模小了。

1656年,我在蒙默思教堂,看见教堂的窗框上有一个古老的盾徽,和教堂一样古老,这个盾徽就属于前面提到的西特西尔特家族。它挂在那里有点悬乎,恐怕现在已经毁坏了。该家族俗称"西西尔"。韦斯特甘先生(在其他方面是个极为聪明的绅士)为了讨好这一家族,就说他们的姓氏来自罗马人的"塞西利"。他们自己满可以满足于蒙默思郡这一古老的姓氏,不必到远方的意大利去找姓。

与此类似的是,大约在同一时期,赫里福德郡的斯基德莫尔将其姓氏改为"斯丘达莫尔",斯宾塞的《仙后》出版后确定了他的箴言为"爱之盾",作品中有一个好人就叫"斯丘达莫尔爵士"。

托马斯·费尔法克斯
Thomas Fairfax
1611—1671

托马斯,卡梅伦的费尔法克斯勋爵,议会军上将。

[备忘]牛津投降(1646年6月24日)后,费尔法克斯上将所做的第一件事,就是派一支卫队去保护牛津大学图书馆。据说保王党(在驻扎期间)侵吞和砍毁了很多书,对图书造成的损坏比后来还要严重。托马斯是个爱学问的人。要不是他采取这些特别保护措施,那个宏伟的图书馆就会完全毁坏了。

一些无知的大学理事会成员甘愿看到图书遭到毁坏。我向你肯定有这回事,这是一个亲眼看见的人说的,埃德蒙·怀尔德先生。

他有一本诗集,在……之前,对开本。

约翰·科利特
John Colet
1467—1519

　　查阅威廉·达格代尔爵士的《圣保罗教堂史》。伦敦大火以后,他的墓碑断了,铅棺里装满了一种溶液用来保存遗体。怀尔德先生和拉尔夫·格雷托雷克斯尝了尝,味道寡淡,有点铁的味道。他们从裂缝里插进一根棍子探了探,感觉遗体像是腌肉。棺材是铅的,放在墙体里,地板表面上方大约二英尺半。

爱德华·赖特
Edward Wright
1561—1615

他曾就读于剑桥大学凯厄斯学院,是那个时代最优秀的数学家之一。当时的新航行法被人称为"墨卡托先生海图导航",但实际上完全是赖特发明的,这从其学术著作中明显可以看出来,这部著作名叫《航行中的误差,由赖特发现和校正》,四开本,……年刊印。墨卡托先生把这一发明传播到海外流行开来。

他确实向亨利王子讲解过数学。为帮助王子殿下更容易地了解天文学,他让人做了一个木天体仪,直径大约四分之三码,后来扔到伦敦塔里无人问津,也散了架。乔纳斯·莫尔爵士向现在的国王要回来让我看过。

他制作了一张对数表,在他的《正切》里,当时对数还没有被发现,也没有刊印,但不知道他已经发现了。这一信息来自约翰·柯林斯。

他撰写有《恒星与行星假说》,是手稿,三张纸,我是在主教沃德的书信文件里发现的,我把它交给了牛津博物馆。

在劳伦斯·鲁克的书信文稿(留给了索尔兹伯里主教大人塞思)之中,我发现了爱德华·赖特的"恒星假说",三张纸,他本人亲笔所写。

我把它存放在了王家学会,但罗伯特·胡克说,王家学会已把它刊印在一本书里了。

从他的前言里可以看出来,他的成功引来很多人的妒忌。

1589年,他和坎伯兰伯爵阁下一起航行。

约翰·科林斯说,赖特偶然发现了对数而不自知,这从他的"误差"中可以看出来。罗伯特·诺伍德先生在谈到对数时,对他《三角学》的读者说:"爱德华·赖特先生也不应该被遗忘,尽管他的尝试是最早被阻止的。"

托马斯·巴奇克罗夫特
Thomas Batchcroft
约 1572—约 1662

［备忘］查尔斯·斯卡伯勒爵士（凯厄斯学院的）在学院时，巴奇克罗夫特博士（该院院长）总是走访学生宿舍，看看他们在研究什么。查尔斯·斯卡伯勒有数学天赋，就研究起了数学，时常阅读克拉维乌斯对欧几里得的论述。老博士巴奇克罗夫特在书名页上看到"耶稣会"字样，感到十分震惊，说："务必放弃这个作者，阅读新教数学家写的书。"

有人送给巴奇克罗夫特博士一块鸽子饼，是从新市场或其附近买来的，他问送饼者是热的还是凉的。他确实超过了凯特尔博士。

爱德华·福特爵士
Sir Edward Ford
1605—1670

他著有《从赫特福德郡的里克曼斯沃思引河水到圣吉尔斯教堂的规划,说明该规划的好处并回复了反对意见》,刊印在五六张纸上,四开本。由苏塞克斯郡哈廷的爱德华·福特先生为约翰·克拉克刊印,伦敦,1641 年。

[备忘]现在(1681 年或 1682 年)伦敦人口增长了很多,米德尔顿的新河可以沿管道流进各家各户,每周只有两次。

我相信这就是后来的爱德华·福特爵士,原来是牛津三一学院的自费生。关于这件事,可查阅安东尼·伍德的第一部分。

查阅我文件箱里他刊印的一张……

就是他建造了抽水塔,正对着萨默塞特宫,国王复辟以后由于"让人讨厌"而被拆除。

约翰·弥尔顿
John Milton
1608—1674

出生于牛津郡的一个家庭。他祖父(罗马天主教徒)……是牛津郡霍尔顿的,在肖托维尔附近。

他父亲在牛津大学基督堂学院接受教育,由于不信奉天主教而被弥尔顿的祖父剥夺了继承权。询问一下这件事。他祖父在他父亲卧室里见到一本英文版《圣经》①。他父亲就来到伦敦,成为作家或书记员(接受过一位朋友的培训,不是学徒),由此挣了一大笔钱,离去世还有很多年就洗手不干了。他父亲是个有才华的人,喜欢音乐,作了很多首歌曲,现在坊间仍然有售,尤其是《奥丽埃纳》。

儿子约翰出生在斯普里德—伊格尔,在伦敦面包街上,那是他家的房子(那条街上他家还有一座房子叫"罗斯",其他地方还有一些房子)。约翰·弥尔顿出生于1608年12月9日,星期五,早上六点半。

1619年,他十岁,有他的画像,当时是个诗人。他当时的老师是埃塞克斯的一个清教徒,留着短发。

---

① 天主教徒按教规只能用拉丁文《圣经》,所以,用英文版《圣经》就意味着他不是天主教徒。

他在圣保罗学校上学,师从吉尔老先生。十五岁时自费上剑桥基督堂学院,在这里至少学了八年,然后旅行到法兰西和意大利。在日内瓦,他与那里的学者迪奥达蒂博士建立了深厚的友谊。查阅他的诗作。(他有亨利·沃顿爵士的推荐信)他结识了英格兰驻威尼斯大使亨利·沃顿爵士,亨利爵士很喜欢与他交往。他在海外住了好几年,回到英格兰时正好内战爆发。

他是议会的拉丁文秘书。

他第一任妻子是福斯特希尔的玛丽·鲍威尔,福斯特希尔位于牛津郡的肖托维尔,二人生有四个孩子。夫妻二人意见不合,难以共处。他的妻子是个狂热的保王党成员,未经丈夫同意就回到娘家,她娘家在牛津附近的国王住宅区。我也许对她太仁慈了,她可能没有红杏出墙。但又有哪个男人(尤其是爱思考的男人)想让年轻的妻子被战神之子和敌军围攻呢?

玛丽离开他回到娘家,在……牛津附近的国王住宅区,他写有关于离婚的"三和弦"。她有两个女儿还活着,黛博拉是约翰的听写员,他教她拉丁语,他失明以后让她读希腊语作品给他听。

他才有我这么高,是个瘦削的人。

我有几英尺高?答:中等身材。

他有浅褐色的头发,肤色极白,人称"基督堂学院小姐"。椭圆形脸庞,深灰色眼睛。

他的遗孀有他的画像,画得很好,很像,当时他是剑桥的学生。她有他在剑桥上学时的画像,应该是雕刻的,他书前面的画像一点也不像他。

在生病的前一年(1663年),他娶了第三任妻子伊丽莎白·明舒尔,一个彬彬有礼的人,性格文静,讨人喜爱。

他失明以后写了这些书:《失乐园》《复乐园》《语法》《词典》(未完成)。问问还有没有别的。

他是个节俭的人。

他一大早就起床(早上四点),甚至在他失明以后。他让人为他朗读,先读希伯来文版《圣经》,那是在四点半,然后他就沉思。七点时,仆人又来到他这里,还为他朗读,然后写作到吃午饭。写作时间和朗读时间一样长。他二女儿黛博拉能为他读拉丁语、意大利语、法语和希腊语。她在都柏林嫁给了绸布商克拉克先生(销售丝织品等物)。她很像父亲,她姐姐玛丽更像母亲。

午饭后他通常散步三四个小时,他住的地方都有座花园,大约九点上床。

一个有节制的人,两顿饭之间几乎不喝酒。午饭时、晚饭时的谈话极为令人愉快,但有讽刺意味。

他发字母R时音很硬,这是有讽刺才能的标志。这一信息来自约翰·德莱顿。

他有柔和优美的嗓音,也很有发音技巧。他父亲教导他,家里有一架风琴,他经常弹奏。他锻炼的方式主要是散步。

他经常接待博学的……来访,超过了他所希望的次数。

有人极力劝他去法兰西和意大利。外国人经常来看他,非常钦佩他,以优厚的待遇邀请他到他们那里去。唯一的一次劝诱是几个来到英格兰的外国人,主要来看望护国公奥利弗和约翰·弥尔顿先生,看看他出生的那座房子和卧室。他在国外受到的赞赏要比在国内大得多。

他熟悉的博学的熟人有安德鲁·马弗尔先生、斯金纳先生、医学博士佩吉特。

斯金纳先生是他的门徒。

桂冠诗人约翰·德莱顿先生非常钦佩他,找他征求意见,希望他同意将《失乐园》改编成诗剧。弥尔顿先生很有礼貌地接待了他,同意他改编。

他的遗孀向我断言,托马斯·霍布斯先生不是他的熟人,她丈夫一点也不喜欢霍布斯,但承认霍布斯是个很有才能的人,是个博学的人。他们的利益和宗旨针锋相对。参见霍布斯的《利维坦》。①

他住在好几个地方,如国王大门附近的霍尔博恩。他死在邦希尔,在火炮园墙对面。

他那和谐悦耳、聪慧的心灵寓于一个美丽、匀称的躯体:

他全身没有一处污点。

——奥维德:《情诗集》,1,5,18

他记忆力很强。但我认为他有良好的思维和处理事务的方法,这对他的记忆帮助很大。

我听说他失明以后编写了一部拉丁语词典(在伦敦书商莫伊西斯·皮特手里)。弥尔顿的遗孀断言,她把他所有的书信文稿(包括这部未完成的词典)都给了他教养的外甥菲利普斯,这个外甥住在斯特兰德大街上的五朔节花柱附近(询问一下)。她手里有很多书信,来自博学的熟人,既有英格兰的,也有海外的。

他视力衰退是在去世前大约二十年。问问是什么时候完全失明的?他父亲八十四岁时看书还不戴眼镜。他母亲视力很弱,刚过三十岁就戴眼镜了。

---

① 弥尔顿是坚定的共和派,反对君主制,而霍布斯认为君主制是最理想的政体。

非常开朗乐观的性格。

他非常健康,什么病都没有,基本上不吃药,只是有时服点甘露蜜,到了晚年才患上痛风,春天和秋天发作。即便是在痛风发作时,他也是乐呵呵的,还唱歌。

1674年11月9日或10日,他死于痛风发作,就像他的药剂师在书里所说的那样。

他埋葬在跛子门外圣吉尔斯教堂高坛上端,在右侧。

[备忘]他的墓碑被移走了,大约两年以前(现在是1681年),通往圣餐台的两个台阶被抬高了。我猜测他和约翰·斯皮德埋在一起。

向他外甥爱德华·菲利普斯先生要他作品的完整目录。

[备忘]他写有一篇短文《论教育》。

[备忘]王家学会会员西奥多·哈克先生把他《失乐园》的一半翻译成了德语,无韵诗体,海德堡的德意志人法布里修斯教授非常喜欢,译作出版后给哈克先生写了一封信,信里说:"他庄重的风格和措辞感染了我们所有人,真是令人难以置信。"查阅这封信。

他弟弟克里斯托弗·弥尔顿提供的信息:

他很小就上学了,学习非常刻苦,很晚才睡觉,通常是夜里十二点或一点。他父亲让女仆陪他一起熬夜,在那些年(十年)里创作了很多诗,足以和一个年龄更成熟的人媲美。上大学时也是个很刻苦的学生,他做的所有习题都赢得赞誉。他在那里的第一个老师是查佩尔先生,这个老师待他有些苛刻(用鞭子抽他),他后来就改换门庭(尽管不太符合学院的规定),跟着一位托维尔先生学习,托维尔先生去世时是勒特沃思的牧师。

我听说他父亲为黑森亲王作有一首八十段的歌曲,亲王殿下送给他一枚金质奖章,或是一份贵重礼物。1647年前后,他父亲死在巴比坎的家里,埋葬在跛子门教堂。

1638年前后,他外出旅行,在国外大约一年时间,主要在意大利。一回国,他就住在裁缝罗塞尔先生家里,在圣布赖德教堂庭院,指导他姐姐的两个儿子爱德华·菲利普斯和约翰·菲利普斯学习,爱德华十岁,约翰九岁,一年后两人就能够试译拉丁文作品了。在三年时间里,他们学习了最优秀的拉丁诗人和希腊诗人的作品,有卢克莱修和马尼留,拉丁语作家;赫西奥德、阿拉图、狄奥尼索斯·阿费尔、奥皮安、阿波罗尼、阿格诺蒂卡、昆图斯·卡拉布里亚。卡托、瓦洛和哥伦米拉是他们最先学习的作家(还用地球仪和天体仪跟他学习天文地理知识,还有算术、几何基础知识)。他一方面很严厉,但和那些教学时他要求最严的人说起话来,他也最随便、最自由。他让两个外甥成为歌手,从开始跟着他时就让他们唱歌。

来自爱德华·菲利普斯先生的消息:
他写作《失乐园》的整个过程中,他的才气始于秋分点,终于春分点(或春分点前后,我认为大约是五月)。他写作的四五年都是这样。他于国王回归前大约两年开始,国王复辟大约三年后结束。
《失乐园》第四卷中,大约有六行诗描写撒旦向太阳喊叫。这几行诗爱德华·菲利普斯先生还记得,甚至在诗人构思这首诗大约十五六年以前就记得。这几行诗本打算用在他计划写的一出悲剧开头,但由于其他事务而放弃了。

他写的所有反对君主制的作品,并非出于对国王本人的仇恨,也并非出于任何派系或利益的考虑,而是纯粹出于对人类自由的热切追求。他认为,人民在一个自由国家,要比在一个君主制国家能够享受更大的自由。他深谙李维等罗马作家的作品,深谙罗马共和国所取得的伟大成就,深谙罗马共和国领导人的美德,这促使他形成了这样的观点。

他第一任妻子(鲍威尔女士,保王党人)是在人际交往、喜庆活动、跳舞等非常频繁的环境中长大的。她来到圣布赖德教堂庭院罗塞尔先生家,和丈夫住在一起时,感到这里非常冷清。从来没有同伴来看她,经常听到他两个外甥挨打和哭叫。这种生活让她感到厌倦,于是就回到福斯特希尔的娘家。过了一段时间之后,他让人去叫她,我认为他的仆人受到了粗暴对待。至于红杏出墙的事,我从来没听到过一点怀疑,他也没有因此而吃醋。他抽打了仆人。

来自亚伯拉罕·希尔先生的信息:
〔备忘〕他在作品里尖锐批评荷兰的亚历山大·莫尔,批评他的一个错误,尽管莫尔通过大使已经给了他一切能让人满意的东西,也就是那本叫作《喧嚷》的书是彼得·迪穆兰写的。噢,这是一码事。既然写出来了,就应该让它问世,二人是一丘之貉。

向希尔先生询问这位大使的名字,他回答说是纽波特,荷兰大使。

向牛津圣埃德蒙学院的奥勒姆先生要约翰·弥尔顿先生的自传,查查页码。

他在写文章抨击塞尔马修斯时视力开始衰退,还没有完全恢复,一只眼便完全失明了。之后写其他书时,另一只眼睛的视力也衰退了。

他画像上面有红笔签名,由他的遗孀保存。

约翰·弥尔顿先生写过两首令人赞叹的颂扬诗,显示了卓越的才华,一首写奥利弗·克伦威尔,另一首写费尔法克斯勋爵托马斯,两篇都在他外甥菲利普斯先生手里。但这两年菲利普斯先生收手了,不再把抄本给我让我搜集起来交给你了。所以我希望你下一次表达出你的愿望,把前面提到的那两首诗的抄本拿到手,即便这两首诗赞颂的是魔鬼,对我来说也无所谓。那是我要寻找的顶峰,我听说超越了沃勒或任何同类作品。

威廉·巴罗（哈考特）
William Barrow（Harcourt）
1610—1679

处决威廉·巴罗时得到的一件遗物

索思沃克的罗伊登先生（酿酒匠）在圣殿对面，他有神父哈考特的一个肾，是从火里面拣出来的，现在已经变成了石头，非常硬。但他当初捡到的时候并不硬，他总是把它放在口袋里，逐渐变硬了，比在火里烧要好，像是磨光的玛瑙。

亨利·艾萨克森
Henry Isaacson
1581—1654

温切斯特主教大人兰斯洛特·安德鲁斯的秘书,1581 年出生在圣凯瑟琳-科尔曼教区,9 月 17 日受洗,也埋葬在这座教堂,卒于 1654 年 12 月 7 日前后。

他有好几个孩子,四个儿子还健在,其中一个是萨福克郡伊普斯威奇附近斯托克的牧师。

我在这里的高坛上,发现一通大理石墓碑上有这样的碑文:

> 这里埋葬的是理查德·艾萨克森先生,伊斯特兰商人,享有伦敦市油漆匠行会的特权,在这个教区生活了五十八年,逝世于 1620 年 1 月 19 日。儿子与继承人亨利敬立。

[备忘]泰晤士河畔金斯顿的神学博士鲍曼认识艾萨克森先生。鲍曼对我说,艾萨克森先生是个博学的人。我一听就信,因为我听说艾萨克森先生是那位博学的主教大人的秘书,而主教大人一向是任人唯贤的。

鲍曼博士对我说,艾萨克森把他的《大事年表》呈献给国王查理一世时，国王就把它放在怀特霍尔宫里铺着席子的长廊上（他呈献的时机不对。占星家可以算出呈献时的确切时辰。他需要选一个吉利的时刻）。国王很快就看出了他送这个年表的目的，就翻到自己的生日。国王说："一开始就是假的。"

艾萨克森先生好像是引用一个外国人的，而这个外国人用了另一种纪年法①。可怜的艾萨克森先生对这一倒霉的遭遇感到十分羞愧，马上就溜之大吉，不再指望得到赞扬或封赏了。实际上他既可能得到赞扬，也可能得到封赏，因为国王对他的年表非常满意。

除了年表，他还写了几本小册子，问问这位牧师的妻子（艾萨克森的侄女）书名是什么。他是剑桥彭布罗克学院毕业的，可能是文学硕士等级。

伦道夫·艾萨克森的一封信

先生：

我知道我祖父1620年1月19日死于圣凯瑟琳-科尔曼教区。就我记忆所及，他的墓碑在高坛上，上面刻有碑文，说他在这个教区生活了58年，1618年当选为伦敦郡长后，由于不履行职务而受到罚款。

1654年12月7日前后，我父亲死于前面提到的圣凯瑟琳-科尔曼教区，在我祖父去世将近34年之后。我算着从他出生到我祖父去世是39年，我祖父去世后的34年加上这39年就是73年，也就是他的寿数。全家人都认为，他死的时候是73岁，所以他是出

---

① 即格列高利历，不是儒略历。英格兰直到1752年才采用格列高利历，当时英格兰和大陆的日期测算已经差了十一天。

生在1581年。出生在1581年,享年73岁,也就是死在1654年。

他很可能出生在圣凯瑟琳-科尔曼教区,我祖父在那里生活了那么长时间,教堂登记簿(如果还在的话)很快就会向您解释清楚,我从未听到过与此相反的说法。

我兄弟威廉·艾萨克森可以更准确地告诉您他获得的学位,如果他确实获得过学位的话。但他上的大学是剑桥,学院是彭布罗克学院,我记得我听说他是文学硕士等级,但有点拿不准。

伦道夫·艾萨克森

1681年4月21日

托马斯·奥弗伯里爵士
Sir Thomas Overbury
1581—1613

伦敦塔小礼拜堂的记载。

1613年,托马斯·奥弗伯里爵士中毒身亡,9月15日下葬。他父亲是南威尔士的一名法官,也就是卡马森、卡迪根、彭布罗克巡回审判区。他晚年住在格洛斯特山上的伯顿。吉尔斯·奥弗伯里爵士是他兄长,1651年或1652年死于伦敦圣克莱蒙丹麦人教堂。

著有《论年轻人的教育》,八开本。译有奥维德的《爱的疗治》,这本书我有,是老博士凯特尔的一本书。

托马斯·雪利
Thomas Shirley
1638（受洗）—1678

  医学博士，苏塞克斯郡韦斯顿-内斯顿人。

  著有《对琼·佩里及其两个儿子因为所谓的威廉·哈里森先生谋杀案而受到审问、忏悔、接受宣判、处决的真正完整描述，这是人类记忆中最为引人注目的事件之一》，1676 年，伦敦，为罗兰·雷诺兹而刊印，阿伦德尔门隔壁，正对着圣克莱门特教堂，已装订，四开本。

  参阅赫伯特的游记，其中有对其波斯亲属的回忆。

亨利·李爵士
Sir Henry Lee
1533—1611

牛津郡迪奇莱的亨利·李爵士,一个家境富裕的绅士,也是个强壮勇敢的人。他是伍德斯托克猎园的王室护林官,(我听我表亲惠特尼说)年轻时多次在夜里和看守员一起散步。杰拉德·弗利特伍德爵士接替了他这一职位,杰拉德的侄子威廉·弗利特伍德爵士又接替了杰拉德的职位,亨利爵士接替的是罗切斯特伯爵。

这位亨利·李爵士的侄子和继承人(我清楚地记得他,经常来约翰·丹弗斯爵士家)被人叫作"鞭抽就跑"。情况是这样的。这位老英雄人老体衰,不能再像以前那样自我纠错了。

> 高龄毁掉了当年的体力。
> 年老的麦洛①哭泣着看到两条胳膊又软又细,
> 当年他大块结实的肌肉,
> 足以和大力神赫拉克勒斯相比。
>
> ——奥维德:《变形记》,15,227

---

① 麦洛是古希腊摔跤冠军,力量的代名词。

有位显贵当众侮辱了他。他把这件事告诉了其继承人亨利·李爵士,让侄子埋伏在斯特兰德大街贝尔客栈周围等待这个主,侄子身后再跟六七个壮汉,待显贵一行人路过时,用手杖和鞭子痛打他一顿再走开,由几个高大的壮汉结束这次复仇。

不知是因为有良心还是因为胆小,小亨利爵士一口拒绝了。他因此而被剥夺了继承权,老亨利爵士把自己所有的财产都转让给了一个看守员的儿子,此人看守他自己名下的惠奇伍德森林。这位年轻人是一只眼,并非他的亲属,利奇菲尔德现任伯爵就是此人的后裔,诺里斯女士和沃顿女士也是。

亨利·李爵士一直没有结婚,但雇有女人为他卧床时朗读。其中一个朗读者是沃顿牧师琼斯的妻子。我听她女儿(母女俩智力不分伯仲)吹嘘其母亲是个多么勇敢的朗读者,亨利爵士阁下听她朗读是多么高兴。但他最亲近的是安尼·瓦瓦苏夫人。他立了一块宏伟的大理石圣坛墓碑,上面镌刻着他身穿盔甲的肖像,底部是他情妇安尼·瓦瓦苏夫人的肖像。由此引出了下面这首诗:

  这里安卧着善良的老骑士亨利爵士,
  他艳遇不断,但不结婚。
  他活着有激情时,
  她躺着,他跪着。
  现在他死了,没有激情了,
  他躺着,她跪着。

[备忘]有位主教威胁说,要把这座墓碑涂抹掉,(至少)把瓦瓦苏夫人的肖像抹掉。

亨利·李老爵士是嘉德勋位骑士,女王伊丽莎白所谓的御兄。他规定全家人都要取名为"哈里"。

这一说法来自珀贝克子爵夫人伊丽莎白,约翰·丹弗斯爵士的长女,安妮·李女士的姐姐。

约翰·奥弗罗尔
John Overall
1561—1619

奥弗罗尔博士是伦敦圣保罗大教堂教长。

我见过奥弗罗尔的画像,在埃克塞特主教斯帕罗写的《原理阐述》里,书前面有温切斯特主教兰斯洛特·安德鲁斯、胡克先生、诺里奇主教约翰·奥弗罗尔的肖像,肖像前面写着"圣公会及其祈祷书的捍卫者"。问问奥弗罗尔教长是不是这位主教。

我不知道奥弗罗尔写了什么,也不知道他除了是国教祈祷书博士还是什么,但我知道最让他引人注目的是他妻子,当时英格兰无与伦比的大美人。她有这么美,我是从著名肖像画家霍斯金斯先生和其他老画家那里得到证实的,另外还有一些老廷臣。

她不仅仅是美,也同样善良,乐于助人,极富恻隐之心,几乎没有拒绝过任何人。她有一双(他们告诉我)人们所见过的最迷人的眼睛,但极为淫荡。她一到宫里或剧场,寻芳浪蝶便聚集在她周围。多塞特伯爵理查德及其兄弟爱德华(后来为伯爵)都极为崇拜她。据他们说,凡是不崇拜她的人,必定是铁石心肠。主教霍尔在他的《沉思录》里说:"男人再老,也有美女爱;女人再年轻,俊男也能让她动心。"

这位善良的老教长啊,明知自己戴了绿帽子,还是无限热爱她,她想做什么他都让她做。被她的魅力所迷倒的人里面,有一位是约克郡的约翰·塞尔比爵士。(1656年)廷代尔老夫人(伊斯顿-皮尔斯附近女隐修院的,认识他妻子)记得一首歌,唱的就是她和约翰·塞尔比爵士的风流韵事,其部分内容如下:

> 圣保罗教长找妻子,
> 你认为在哪里找到了她?
> 在约翰·塞尔比爵士的床上,
> 平躺着四肢乱动。
> ……

写这一对情人的还有下面这首田园诗。
参阅谢尔登博物馆里的《民谣》:

一

> 羊倌斯温躺了下来,
> 克制而又故作羞态,
> 又想他的女人,
> 漂亮而又清纯。
> 头发垂在下边,
> 双手叉在腰间。
> 这都是由于失去了她,
> 哈伊诺内诺内诺。
>
> 他的眼泪稀少,

就像静止的水滴，
下巴上的毛发，
就像山上的百里香。
鲜红的脸庞苍白如雪，
证明他有多么悲伤。
这都是由于失去了她，
哈伊诺内诺内诺。

她是个可爱、善良的人，
一直掌控着斯温。
如此娇艳的美人，
男人再也不许享受。
一千个人站一排，
我不允许任何人
表现出对她的喜爱，
哈伊诺内诺内诺。

她的脸庞淡褐色，
挺起胸来像天鹅。
背就像弓一样弯，
腰身只有一拃宽。
头发黑得像乌鸦，
从头一直垂到脚，
往下覆盖住全身，
哈伊诺内诺内诺。

她把披风高高撩起,
喂她的羊群。
胸部那么丰满迷人,
膝盖撑着衣服。
走起路来敏捷灵巧,
足尖跳舞流畅平稳,
所有男人都喜欢她,
哈伊诺内诺内诺。

她的微笑像圣日,
她的傻笑像春天,
炫耀起来像鹦鹉,
唱起歌来像燕子,
轻盈小步像小母鹿,
高视阔步像雄雷鸟,
让男人疯狂迷上了她,
哈伊诺内诺内诺。

在宜人的草地上娱乐,
跳可爱的圆圈舞。
在一整天的炎热中,
争夺一件绿礼服。
她从来都不会拒绝我,
我以为我已拥有了她。

我爱她永远也爱不够,
哈伊诺内诺内诺。

可是她走了,这个行走在大地上
最美的姑娘。
无论她发生任何事,
都不要责怪羊倌斯温。
为什么? 她是自己的敌人,
过于自命不凡,
无拘无束。
哈伊诺内诺内诺。

沃尔特·拉姆齐
Walter Rumsey
1585—1660

蒙默思郡拉诺弗的沃尔特·拉姆齐先生(出生在这里)是牛津……学院毕业的,后来是格雷律师学院的,是个主管委员。

他是南威尔士法官,也就是在卡马森、彭布罗克郡和卡迪根巡回审判区。他是个优秀律师,人称"法律的撬锁匠"。

他是个有才华的人,有哲学头脑,对移植、嫁接、种植和水库最在行。他要是有枯李子树或苹果树,就让这些树立起来,在其根部种上藤本植物,让藤蔓往上爬,这样树就能挂果了。

我在布雷克诺克郡打限嗣继承官司时,他是我的律师之一。他对我很好,请我到他家里,给我讲了很多有趣的事,有自然方面的,也有古物方面的。

他很爱开玩笑,是个优秀音乐家,演奏管风琴和鲁特琴,也能作曲。

他被痰折磨得不轻。有一年冬天,在勒德洛法庭(他在这里是律师),他坐在火边大口吐痰。他拿起一根细软的枝条,在一头系上一片碎布,以为可以把它放进喉咙里,把痰掏出来,然后就这样做了。后来他用鲸须做工具。我经常见他用。

我绝对不能把这样的枝条放进我喉咙里,但对那些能放进去的人来说,这是一种最无与伦比的器具。要是受了风寒,用它马上就能治好。它能让你呕吐,一点也不让你疼,而且药房里卖的催吐剂还有毒。

他写了一本小册子,八开本,谈的就是这一疗法,书名叫《健康手册》,1659年,伦敦,为舰队街彩虹咖啡馆的丹尼尔·帕克曼刊印(第二版)。

我有个年轻小伙子(马克·科林斯),是我的仆人,用起这东西来无人能比,比那位法官还得心应手,他自己做的工具。我在威尔特郡的物品中,现在还有一些就是他做的。法官说,他一辈子也没有见过用得这么灵巧的人。它进入喉咙里的时候,并不让人感到疼痛。他能用它触到胃底部。有前言,还有法官写给骑士亨利·布朗特爵士的一封信,并附有亨利·布朗特爵士精彩的回复。

乔治·赫伯特
George Herbert
1593—1633

乔治·赫伯特先生,彭布罗克和蒙哥马利伯爵、宫廷大臣菲利普的远亲和专职牧师。菲利普大人给他一个在贝默顿(位于威尔顿和索尔兹伯里之间)的圣职,那里有一座可怜的小礼拜堂,去福尔斯顿很方便。他在这里为牧师建了一座很漂亮的教堂,砖砌的,又建了一座漂亮的花园和人行道。老教堂毁坏严重。乔治被安葬在高坛上,上面的大理石墓碑既不大,也不太好看,而且没有任何铭文。

他的作品有:圣诗,书名叫《教会》,1633年刊印于剑桥;《乡村牧师》,直到1650年前后才刊印,八开本。他还用拉丁语写了一本书,对开本,欣钱教区的牧师看不懂,他的遗孀(后来为罗伯特·库克爵士的妻子)就把它拿到厨房里用了。

他下葬时,按照他的遗愿要为他唱葬礼曲,由索尔兹伯里的歌手演唱。当时弗朗西斯·桑布鲁克(律师)是合唱队队员之一,我舅舅托马斯·丹弗斯参加了葬礼。查一查他去世的那个地方的登记簿,教区的登记簿丢了。

[备忘]高坛上有很多选自《圣经》的语录,他妻子的座位上有"我的生命与基督一同藏在神里面"(《新约·歌罗西书》3:3[他诗集里有

关于这一经文的诗句]）。

在上面的一个小壁龛里,遮蔽物(油漆得很糟糕)里面是"你是我藏身之处"。(《旧约·诗篇》32:7)

他娶了简,威尔特郡贝恩顿的查尔斯·丹弗斯先生的三女儿,但她没有生育。他有好看的肤色,患有痨病。我认为他的婚姻加速了他的死亡。我的女亲戚是个漂亮的放荡女人,很有才华。他刚结婚时,在当特西宫住了一年多。当特西的亨利·艾伦和他很熟。艾伦对我说,乔治善于演奏鲁特琴,为他自己的抒情诗或圣诗谱曲。这位好人在这里超凡无邪的沉思冥想,真是当地的荣誉,他的虔诚甚至达到预言的程度,例如:

宗教现在踮脚站,
随时要去美利坚。

罗伯特·波因茨爵士
Sir Robert Poyntz
约 1589—1665

巴斯勋位骑士,其邸宅在格洛斯特郡的艾恩-阿克顿。亨利三世统治时期,由于一个女儿和继承人匹配良缘,这一家族便拥有了这一领地,也许还拥有其他地方的土地。

1684年6月,安东尼·埃特里克先生的女婿普莱耶先生买下了这一庄园。所有的老物证他都有,他可以向我提供更多信息。但这一家族与克利福德属于同一个家族(从克利福德的家谱里可以看出来)。克利福德人称德庞斯,这一名称一直用到他成为赫里福德郡克利福德城堡的主人,那里临近布雷克诺克郡。这一家族拥有巨额财富,是宫里的知名人物。

我在三一学院患天花时,罗伯特爵士的一个老仆人索尔先生对我说,我记得他说罗伯特爵士是林肯郡的。

我现在写的传主罗伯特·波因茨爵士是约翰·波因茨爵士的儿子,我和他也算认识。他是个忠诚、持重、博学的人。他研究法律,主要是罗马法。王朝复辟以来,他出版了一本小册子,大约有一个平常的剧本那么大,书名叫《国王的权利》(或者说大致是这样,但据我记忆所及,就是这个书名①)。

1643年,我在牛津三一学院时,我记得罗伯特·波因茨爵士对我说,他是林肯学院的。他第一次娶的是格丽泽尔,肯特郡吉本斯先生的女儿和共同继承人之一,二人只生了两个女儿。

格丽泽尔死后,他有个私生子,由格丽泽尔的女仆西塞莉·史密斯所生。我记得他这个私生子名叫约翰,娶了赫里福德郡西萨先生的女儿。约翰大约四五年以前(1684年)死了,或不到四五年以前死的,没有留下子女。这样,这个古老的家族便绝户了。

[备忘]纽沃克(现在是盖布里埃尔·洛爵士的邸宅)是由罗伯特爵士的祖父建的,是他养妓女的地方。16××年,罗伯特爵士死于……,埋葬在……

---

① 实际上书名是《君主制的无罪证明》。

托马斯·塔瑟
Thomas Tusser
约 1524—1580

［备忘］埃塞克斯郡费伯恩宫的爱德华·布洛克先生对我说,这位塔瑟出生在埃塞克斯的里文宫。他出生的那座房子他们仍然在炫耀。他租了费尔斯泰德的牧师住所,他在书里说那里的人诈骗他的什一税。

托马斯·斯坦利

Thomas Stanley

1625—1678

托马斯·斯坦利先生是托马斯·斯坦利爵士的儿子,出生在坎伯洛。

斯坦利先生的家庭教师是威廉·费尔法克斯先生,在他父亲家。

他是剑桥彭布罗克学院毕业的,在这里获得了文学硕士学位,被录取到牛津后其学位也得到承认。

大约在 1646 年、1647 年写诗。

他的《哲学史》在 1655 年、1656 年。

他编辑的埃斯库罗斯大约是同一时间。

卒于 1678 年 4 月 12 日,埋葬在圣马丁教堂的中耳堂。

他的长子是托马斯·斯坦利先生,曾就读于中殿律师学院,律师。他还撇下两个儿子,也就是次子乔治、三子查尔斯。

前面提到的长子托马斯·斯坦利,十四岁就翻译了艾利安的《杂史》。他也曾就读于剑桥彭布罗克学院。

问问他儿子其父亲的出生日期,也问问他上剑桥时是多大岁数。

乔治·沃顿爵士
Sir George Wharton
1617—1681

乔治·沃顿爵士,准男爵,国王的军械署司库和军需官,1681 年 8 月 12 日死于他在恩菲尔德的家里,8 月 25 日埋葬在伦敦塔小礼拜堂。

托马斯·皮戈特

Thomas Pigot

1657—1686

沃德姆学院文学硕士。1686年8月14日,我值得尊敬的朋友托马斯·皮戈特先生死于热病,大约下午一点。他是沃顿学院的研究员,奥索里伯爵……的常任牧师,死于这位伯爵在圣詹姆斯广场的家里。

15日,星期日,他被埋葬在圣詹姆斯教堂的中耳堂,位于布道坛和圣餐台围栏之间,中耳堂北侧里格比先生的坟墓里,就在里格比先生的棺材上面,里格比先生是这里的第一位牧师。

他兄弟有一本音乐手稿,他撰写的,四开本。

问问他对托马斯·莫尔爵士全家福画像(在贝斯尔斯利)上的文字解读。[备忘]这一解读非常有助于了解这一家的生活习惯,否则就会湮没无闻了。

他有好几件镶嵌马赛克作品,是在巴德明顿或其附近发现的(博福德公爵死前不久)。

罗伯特·格洛弗
Robert Glover
1544—1588

博学的宗谱纹章官罗伯特·格洛弗先生,出生于萨默塞特郡的……。参阅富勒的《名人传》。

我听威廉·达格代尔爵士说,卡姆登先生虽然名声在外,但格洛弗先生才是担任过宗谱纹章官职务的最优秀官员。他历尽艰辛,寻找好几个郡的古物。他写一手最清秀的字,绘画也很漂亮。

钟院(或郡巷)北端的一家咖啡馆里有(或最近曾有)一幅他亲手绘制的《视察柴郡》,一件最为精美的作品,威廉·达格代尔爵士希望我去看看。威廉·达格代尔爵士对我说,在约克一座普通的房子里(我认为是个娱乐场所),他看见一件描绘约克郡的精美作品。

格洛弗先生考察了好几个郡,考察得非常仔细,但他死后这些作品都散失了,落到了外行人手里。

他埋葬在福克斯先生(《殉教史》的作者)的墓碑附近,在跛子门圣吉尔斯教堂的高坛上。但我找不到任何有关他的铭文,问问登记员他是何时埋葬的。他埋在这里是蓝斗篷纹章官[1]约翰·吉本斯先生告诉我的,我记得格洛弗先生是蓝斗篷纹章官。

---

[1] 英国纹章院里四名纹章官助理之一,级别较低。

艾萨克·韦克爵士
Sir Isaac Wake
约 1580—1632

他在汉普斯特德有一座漂亮的邸宅,位于米德尔塞克斯,可以俯瞰伦敦和萨里。他在这里修了一些林荫道,道旁有松树、冷杉树、山梨树等。

这座邸宅后来到了财务法院首席法官怀尔德手里。他的书房极为宜人。韦尔大人娶了这位首席法官的女儿和继承人,1683 年前后将这座邸宅卖给了伦敦的一个市民,此人把它拆掉,又建了一座房子(1686 年)。

首席法官对他堂兄弟埃德蒙·怀尔德先生说,艾萨克·韦克爵士是英格兰第一个栽种松树和冷杉树的人。埃德蒙·怀尔德可能以每年八英镑的价钱得到了这间书房。

艾萨克·巴罗

Isaac Barrow
1630—1677

来自他父亲的消息。他父亲出生于1600年4月22日,比国王查理一世大半岁。1682年5月17日。

他父亲托马斯·巴罗是剑桥郡斯皮内修道院的艾萨克·巴罗先生的次子,担任治安法官四十多年。托马斯的父亲从来都没有打算让他经商,而且对他极为严厉,托马斯不能忍受和他生活在一起,就去了伦敦,跟着一个亚麻布零售商当学徒。他开设的店铺挂的招牌是"白马",在圣伦纳德教区圣福斯特教堂附近的福斯特巷,在福斯特巷的圣约翰-扎卡里教堂接受了洗礼,当时圣伦纳德教堂已被拆除,准备重建。

艾萨克·巴罗生于公元1630年10月,晚于国王查理二世。

艾萨克·巴罗博士的出生和他父亲同日同时,这可以从他的书信文稿里找出来。他父亲将这一日期记在了英文版《圣经》里,一个大开本的,他在法兰西时在国王小礼拜堂里用过,后来再也找不到了。他父亲陪着国王查理二世一起巡幸,走到哪里都是大法官在海外的盖印人(国王流亡期间),回到英格兰以后仍是盖印人。在巴罗博士的书信文稿中可以找到。蒂洛森博士有他全部的书信文稿,去要回来,还有所有作品的名称,包括刊印的和手稿。

他先是在查特豪斯慈善机构跟随布鲁克斯先生学习两年,后来又跟着埃塞克斯郡费尔顿的霍尔比奇先生,大约学了四年。从这里他先被剑桥彼得豪斯学院录取,一年后到校上课,十三岁时又被剑桥三一学院录取。

他父亲每年给布鲁克斯先生四英镑,而支付给艾萨克的生活费只有两英镑。但布鲁克斯先生并不管他,学校的级长把这一情况告诉了他父亲(二人是亲戚),说他本人走的时候也不会让艾萨克再待下去,因为一直是级长教艾萨克的。

他母亲是安妮,肯特郡北克雷的威廉·巴根先生的女儿,死于……当时她儿子艾萨克大约四岁。

他写有什么书稿?问问蒂洛森博士,问问交易所巷附近的书商布拉巴宗·艾尔默先生。

他童年和以后的性格:走到哪里都是喜气洋洋,受人爱戴。他祖父把他照料到九岁,他父亲不得不把他赶走,他在那里会一事无成。

他是一位优秀诗人,用英语和拉丁语写诗,会讲八种不同的语言。

他父亲到爱尔兰做生意损失惨重,赔了将近一千英镑。于是他写信给清教徒霍尔比奇先生,说他很高兴地吃了一点不同寻常的苦头,因为时世艰难,遭受这一损失后,他不知道还能不能供养儿子了。

霍尔比奇先生就把艾萨克从寄宿的地方带到自己家里,让他做费尔法克斯子爵大人的家庭教师,费尔法克斯子爵是塞伊和塞尔子爵大人的监护人,艾萨克在那里一直待到子爵大人离开。

(这位费尔法克斯子爵英年早逝)费尔法克斯子爵还是个学生时,就在当地的镇子里娶了一位绅士的女儿,她只有一千英镑。离开学校以后,艾萨克·巴罗先生就必须跟着他,他告诉巴罗会扶养他的。但塞伊勋爵对费尔法克斯非常残忍,什么都不给他,据说他死于贫困(一千英镑不会维持多久)。

这一时期,托马斯·巴罗老先生被阻隔在牛津,得不到儿子的消息。但年轻的艾萨克的老师霍尔比奇在伦敦找到了艾萨克,求他回学校,并答应立他为继承人。但艾萨克不想再回学校了。费尔法克斯大人负了债,艾萨克发现自己成了大人的负担,就去找一位名叫沃波尔先生的同学(诺福克郡的一位绅士)。沃波尔先生问艾萨克想干什么,艾萨克说他也不知道干什么,他不能去到牛津找父亲。沃波尔先生就对艾萨克说:"我要去剑桥三一学院,我会在那里供养你。"他供养了半年,直到牛津投降。

随后他父亲打听艾萨克的消息,在剑桥找到了他。就在老巴罗先生来到剑桥的第二天,沃波尔先生就离开了大学,根本就不理会艾萨克的父亲决定将艾萨克带回家,连沃波尔也一块儿带走。他父亲就问艾萨克想干哪一行,是经商还是怎么着。艾萨克就乞求父亲让他继续上大学。他父亲就问他需要多少生活费。

"我向您保证,"艾萨克说,"二十英镑我就能过活了。"

他父亲回答说:"我会想办法给你的。"

他父亲就去找到他的导师,把这一切都告诉了导师。导师杜波特博士对他父亲说,他不会收取任何讲课费,因为艾萨克会成为一名优秀学者,他还会帮艾萨克搞到半间房,完全免费。他父亲听到他的下一个消息,就是他被遴选为学院里的研究员。希尔博士当时是学院院长,有一天他见到艾萨克,用手抚摩着艾萨克的头说:"你是个好孩子,可惜你是个保王党成员。"

艾萨克是个身强力壮的人,谁也不怕。他会和圣尼古拉肉店的屠夫们打,哪一个都难以招架他。

国王被斩首以后,由于学院的缘故,艾萨克外出旅行了三四年。他是希腊语教授一职的候选人，大学也同意了，但奥利弗·克伦威尔指派了威德林顿博士，然后艾萨克就外出旅行了。

艾萨克在国外待了五年，去了意大利、法兰西、德意志、君士坦丁堡。他去君士坦丁堡时，两艘军舰（土耳其船只）攻击了他所乘坐的那条船。在保卫船只的战斗中，他表现得相当勇敢，参加过这次战斗的人经常证实他的勇敢，他本人从来没有向父亲提过这件事。返程中他乘船去了威尼斯，船上装着棉花，一上岸船就着了火，烧了个精光，人一个也没有受伤，但货物全完了。老天有眼啊。

他的勇气：在君士坦丁堡，与一些英国商人待在一起时，有人吹牛说愿和任何人打一架，夸耀自己勇敢，挑动在场的人和他比试。没有人接受他的挑战。艾萨克（当时还不是神职人员）说："噢，要是没有人和你过招，我来试试。"然后就扑向他，狠狠地教训了他一顿，他再也不吹嘘了。

艾萨克到海外三年以后，和他有联系的伙伴死了，没有人再给他提供钱了。但他非常受人爱戴，从来都不缺钱。在君士坦丁堡，他拜访了领事托马斯·本迪施爵士，领事也不管他是否愿意，留他在那里住了一年半。

在君士坦丁堡，一位土耳其商人道斯先生（后来成为乔纳森·道斯爵士，去世前担任伦敦郡长）希望巴罗先生待一段时间，然后和他一起回英格兰。但到了该走的时候，他却脱不开身，有事要办走不成了。巴罗先生不能再等下去了，道斯先生想让他带上一百皮斯托尔[①]。

"不行，"巴罗先生说，"我不知道还能不能还你。"

"没关系。"道斯先生说。

[①] 旧金币名。

长话短说,道斯先生迫使巴罗先生带走五十皮斯托尔,回来时他又如数归还。

[备忘]艾萨克的药丸(一种鸦片制品,可能是马修斯给他的)他在土耳其经常服用,对他很有好处。但他在鞍工威尔逊先生家(萨福克宫附近)服用过多,结果死在这里,他经常在这里投宿,这就是他的死因。再问问。鞍工威尔逊先生提供的信息。

他在临死前的痛苦中,站在他旁边的人听见他轻声说道:"我经历了世界上的辉煌。"威尔逊先生提供的信息。

我听威尔逊先生说,巴罗先生在学习时全神贯注,整理床铺之类的动静他毫无察觉,专心致志地学习。他有时外出时不戴帽子。他绝不是一个整洁的人,在衣着上最不讲究。有一天,他在圣詹姆斯猎园散步,帽檐向上翘着,斗篷一半披在身上、一半向下垂着。这时,一位绅士从后面走上前来,拍了拍他的肩膀,说:"噢,走你的路吧,我遇到的最真正的学者。"

他身强力壮,但苍白得像他学习时点燃的蜡烛。

……巴罗博士(16××—168×),医学博士,苏格兰总教长的秘书,《总教长传》的作者,是托马斯(神学博士艾萨克的父亲)的表亲。他是个脾气很好的人,长相和说话都很像伊斯雷尔·汤奇,死于两年以前。

约翰·惠特森

John Whitson

约 1557—1629

布里斯托尔市高级市政官。约翰·惠特森出生于格洛斯特郡迪恩森林的科弗,在布里斯托尔上学,熟练掌握了拉丁语。他成为高级市政官沃的签约徒弟,沃是这座城里的一个西班牙商人。

惠特森是个英俊的小伙子。他师父高级市政官死后,有一天师母把他叫到葡萄酒窖里,让他把里面最好的一个大酒桶钻个孔。实际上他是给师母钻了个孔,师母后来就嫁给了他。只要布里斯托尔这座城还在,这个故事也许就会一直流传下去。

惠特森天资聪颖,通过与西班牙人交易而赚了一大笔钱。他第二任妻子是伦敦高级市政官海因的女儿,一个大美女,从她挂在餐厅里的全身像上可以看出来。她为他生了一个女儿,也是他唯一的孩子,被认为是布里斯托尔的一朵花,嫁给了多塞特郡的托马斯·特伦查德爵士。她生孩子的时候母子双亡,高级市政官为邓德希尔庄园(他女儿的嫁妆)支付了赔偿金,又得到了这座庄园。

他第三任妻子是……,没有给他生养子女。他第四任也是最后一任妻子雷切尔,是威尔特郡托肯哈姆的理查德·丹弗斯先生的女儿,也是赫里福德郡伯勒顿的约翰·奥布里先生的遗孀,当时我父亲理查德·奥布里只有十一岁。她没有给他生儿育女。高级市政官把理查德培养成一个优秀的放鹰狩猎者,但砍伐了他的树林,从来也没有给他任何补偿,只是以自己的善举来抵偿。

惠特森日子过得很排场,饭菜丰富,是全城最得人心的行政官员,一直当选为议会议员。他住着一座豪宅,款待来到城里的贵族和大人物。他饲养鹰,我记得他养大了五只,但没有一只有好下场。这些鹰过得极为奢华,就像伦敦塔典狱长约翰·罗宾森爵士的仆人一样。他有非常健康的身体,早上起得早,写信、处理事务都是在一大早。

他乐善好施,抚养穷学生,我尤其记得神学博士威廉·海伍德,被他推荐到牛津圣约翰学院,那里为布里斯托尔的一些研究员提供奖学金。他父亲是天平街上的一个桶匠,他母亲我记得很清楚,是城里的一个产婆。

他在圣尼古拉街上有一座漂亮的邸宅,里面有全城最宏伟的餐厅。

他三次出任这座城市的市长,在圣尼古拉街上的市长一览表里可以看到,用金字写的。

他可爱的也是唯一的女儿一死,他就没有了子女,他外甥理查德·惠勒就成了他的继承人。惠勒是他培养出来的商人,另外还有其他人。但惠勒闹了半天是个酒徒,一个任性的花花公子,惠特森就把所有财产都转赠给布里斯托尔市,用于宗教目的。他捐出了德德里庄园和伯内特庄园,捐出了布里斯托尔市里的多座房子。我相信他是这座城市历史上最大的捐助人。

他死的时候大约七十六岁,从马上摔下来死了,一头栽到一颗钉子上,在一家铁匠铺旁边,那颗钉子钉头着地、钉尖朝上。他被隆重地安葬,服丧的除了他所有亲属,还有很多像他岁数一样大的穷人(男女都有),穿着丧服,戴着风帽。市长和高级市政官也身穿丧服。所有受过训练的民兵队员(他是上校)都参加了葬礼,其长枪上挂着黑带,鼓上蒙着黑布。

他被埋葬在"人群"(圣尼古拉教堂里灵堂的名字,就像圣保罗灵堂的名字叫"圣信仰"一样)西端,其肖像在雪花石膏和大理石祭坛纪念碑上。参见他的碑文。

威廉·坎宁吉斯
William Canynges
1402—1474

布里斯托尔市的古物,确实值得古物研究者付出一番努力(格洛斯特也是这样)。这里有很多教堂。大圣堂(奥古斯丁隐修院)是一座很漂亮的建筑,尤其是门房。在伦敦大火以后新建教堂之前,这里有英格兰建得最好的教堂。有好几座纪念碑,还有碑文。

圣玛丽-拉特克利夫教堂(原打算建成小礼拜堂)是一座漂亮的建筑,大约亨利七世时期,由高级市政官坎宁吉斯所建,他自己拥有十五六条船。他的财产主要来自运送朝圣者到圣地亚哥-德孔波斯特拉。他在拉特克利夫大街上有一所漂亮房子朝向水边,古老的哥特式建筑,很大,1656年被改造成一个玻璃厂。参见《炼金术大全》里对诺顿《炼金术指南》的注释,其中说到布里斯托尔的托马斯·诺顿,此人从高级市政官坎宁吉斯遗孀手里得到了点金石的秘方。

这位高级市政官坎宁吉斯也在韦斯特伯里(或亨伯里,参见斯皮德的地图和编年史)建造了一座修道院,并向其捐了很多钱,这里距离布里斯托尔大约两三英里,在去奥斯特通道的路上。他老年时到这里居住,并加入了这一修会。

他在拉特克利夫教堂建造了自己的墓碑,有碑文。但他没有埋在这里,而是埋在了韦斯特伯里。

托马斯·威利塞尔
Thomas Willisel
1621（受洗）—约 1675

北安普敦郡人，非常穷，在奥利弗·克伦威尔军队里当步兵。部队驻扎在圣詹姆斯的时候，有一次他和几个采药人走在一起，对他们很殷勤，也很喜欢这样，就想经常和他们一起出去，非常喜爱这一行，不久就成了一个非常优秀的植物学家。

他是个身强力壮的人，像苏格兰高地人一样能吃苦耐劳，全身的衣服也不值十个格罗特①。眼力极好（对采药人来说非常有用），是个神枪手，旅行时用狗和枪来养活自己。

伦敦和其他地方的植物学家经常鼓励他，把他派到整个英格兰、威尔士和苏格兰。他也去过爱尔兰（我认为各地都走遍了），在这里有令人惊奇的发现，他的名字会永远记录在草本植物志上。

他写的字清晰易读，成为所有拉丁名称的大师。他每发现一种植物，就能按照他朋友约翰·雷所用的方法，给它取一个适当的名称。他也绘图，但不太好看。他要做的就是给鞋子钉钉。他在旅程中如果看见一只奇怪的飞禽或鸟，就会捉住它放进盒子里，碰见鱼也是这样。

---

① 旧时英国的四便士银币，现已废弃。

约翰·沃恩大人(现在是卡伯里伯爵)被任命为牙买加总督的时候,我向他推荐了这位托马斯·威利塞尔,想让威利塞尔为我们描述一下牙买加岛的天然动植物。约翰·沃恩大人就任命威利塞尔为园艺师,但他不到一年就死了,他搜集到的很多植物、鱼、甲壳动物等,由卡伯里伯爵放进了密室里。他要是还活着,就会游遍整个岛屿,把这座岛向世人准确描述一番。

约翰·诺登
John Norden
1548—1625

据巴格福德先生说,约翰·诺登是个优秀的古物研究者,克伦普先生的熟人。

他住在富勒姆,(可能)也死在了那里。

他绘制了米德尔塞克斯、赫特福德、萨里、汉普等郡的地图,也绘制了康沃尔地图。他不仅绘制地图,还写出(刊印出)文字来描述,都在巴格福德先生手里,四开本。对康沃尔的描述(我认为)没有刊印出来,但圣保罗学校的盖尔博士有手稿。

他刊印有一本书,叫《不列颠大全》,八开本。

他还有《旅行指南》,四开本。

纹章画家摩根先生在《纹章绘制术》里谈到,诺登在拘禁中绘制了肯特、埃塞克斯、曼恩岛、怀特岛和汉普郡的地图。

格列高利先生在其死后出版的著作末尾,向我们描述了诺登先生地图的优点,也描述了萨克斯顿的地图。

我有他的谈话录,四开本,1610年首次刊印,题献给了索尔兹伯里伯爵塞西尔,约翰·诺登是塞西尔大人的仆人,(我推测)是管家或测量员。

我会找个时间到富勒姆教堂去看看,(据说)诺登先生死于国王詹姆斯一世统治时期。

伍德先生,请将这一部分添加到传记的其余部分。

埃德蒙·怀尔德
Edmund Wylde
1618—1696

1616年10月10日,星期六,下午三点,埃德蒙·怀尔德先生出生于贝德福德郡的霍顿-康奎斯特教区,在贝德福德附近。

大约在1644年,他受到严重挑衅与人争吵时,不幸杀了一个人。

他在1647年染上了瘟疫。

1656年9月,他患了严重的四日疟。

1675年或1676年3月,他生了一场病。

先生,您会保守这一秘密的。

您最忠实的仆人

约翰·奥布里

打官司让他非常为难,今年(1684年)也是这样。

罗伯特·雷科德
Robert Record
约 1512—1558

医学博士。他的生平收录在《牛津大学历史与古物》第二卷第 174 页,在万灵学院作家里面。

他是第一个用英语写出一部优秀算术著作的人,也就是他的《算术》,包含文科基础,多次刊印。

本书讲授算术的各个分支、定律和运算方法,无论是整数还是分数,其方法比以前的更容易、更准确,首次由医学博士罗伯特·雷科德撰写。

刊印于……

本书题献给最伟大的君主爱德华六世,承蒙天恩成为英格兰、苏格兰、法兰西和爱尔兰国王。在这篇献词最后:

如何运用一些法令,在现代或是在其他时代,我在本书中都有详细陈述。还有一些我因故略去了,以后我会在国王认为合适的时候,首先呈献给您斟酌。其中有很多内容,如果没有您的知晓和许可,是不能刊印出版的,因为其中有橄榄油的价格,有盎司以上的所有标准,还有铸币的奥秘,有最近六百年来英格兰王国流通的大多数硬币,其中有很多流通于罗马人统治时期。所有这些,还有我对古代英格兰和爱尔兰的描述与简要的评论,我差不多都已经准备好,可以呈献给国王了。

询问一下是否出版过。

致读者——这将促使我把有关几何、宇宙志的讲义整理出版,我已经承诺过,我相信至今还没有人用英语出版过。

询问一下这件事。

埃德蒙·冈特
Edmund Gunter
1581—1626

有关他的出生等情况,参见安东尼·伍德的《牛津大学历史与古物》。伦敦的数学工具制造商拉尔夫·格雷托雷克斯上尉说,冈特是第一个将数学工具完善的人。他有关象限仪、两脚规和直角器的书,开阔了人的思路,让年轻人喜爱上这门学问。以前,数学被锁藏于希腊语和拉丁语之中,无人问津,尘封在一些图书馆里。冈特先生出版了他的书之后,数学学科迅速发展,逐渐达到了现在的高度(1690年)。

他在基督堂学院上学时,轮到他在耶稣受难日布道。我认识的几个老牧师去听了,他们说大学里的人都说,我们的救世主自受难以来所受的苦,还从来没有在他布道词里所受的苦多,他的布道词令人那么悲伤,大家什么事都做不成了。

世人从他的辉煌业绩中受惠良多。

冈特家原来在布雷克诺克郡,是特里冈特的。他们是在伯纳德·纽马奇爵士的带领下来到这里的,当时伯纳德爵士征服了这个郡(据卡姆登说)。

理查德·诺伍德
Richard Norwood
1590—1675

出生于何地我还打听不到。

诺伍德是个古老的家族。大约三百年前,圣洛娶了这一家族的一个女儿和继承人,将这一家的纹章置于盾边上。他们家在格洛斯特郡仍然兴旺,莱克汉普顿庄园就属于他们。这位博学的诺伍德很可能就是这个郡的。

他在《三角学》前面致读者的信里说:"我已经意识到一些人的不友好行为,甚至是我们郡的老乡,这些表在刊印的时候,甚至快要印好的时候,他们来到印刷厂,看足看够且不说,而且未经印刷商同意就把手稿拿走,然后带到海外刊印,整个版本或其大部分都被传出去了。"

1636年7月1日。他自己出资,用测链测量了从贝里克到基督堂学院这一带(他说十天或十一天就完成了),以便用我们已知的计量单位找到一度的量,测量地球和海洋的周长。

萨内特伯爵尼古拉写给我一封信,谈他购买百慕大群岛,信没有标日期,估计写于1674年或1675年。信里说:"王家学会还要向诺伍德老先生提出一些问题,但他最近去世了,是他儿子告诉我的。不久前他在那条船上担任船长,我把我的园丁和葡萄藤也送到船上去了百慕大。他享年九十余岁。"

亨利·科利
Henry Coley
1633—1704

1633年10月18日,我的朋友亨利·科利出生于牛津市的马格德林教区。他父亲是个细木工人,紧靠着剧院开了一家作坊。他是格雷律师学院路的一名裁缝,很有才华,每天都可以对他有更多的期待,心肠只能有那么好了。他获得知识仅仅凭借他天才的强烈冲动。他懂拉丁语和法语,但从来也没有学完语法。

他是个裁女装的裁缝,喜爱占星术,在很短的时间内就达到了熟练水平。威廉·利利先生晚年视力减退以后,科利为他当听写员。他从事大量的占星实践活动,也教授数学。他出版了《占星术要诀》,1675年……厚厚的八开本。第二版将整个占星学领域最优秀作者的理论梳理得一清二楚。

托马斯·斯特里特
Thomas Street
1622—1689

托马斯·斯特里特先生(他制作了最好的天文表),天文学家,1621年3月5日出生于爱尔兰,他的遗孀认为是莱昂斯城堡。

1661年,他刊印了那部优秀的《查理天文学》,题献给了国王查理二世,也献给了(装帧精美)鲁珀特亲王和蒙默思公爵,但从来也没有从他们手里得到一枚硬币。他的天文表是制作得最好的。后来他出版了《查理天文学补遗》,使其完善了,1664年为科菲内神父刊印于塔街的《锚和水手》,四开本。

他对月球的运转有真正的了解,这样他能(发现如何找到正确的经度)。他完成了月球表和水星表,在他之前没有人制作出如此完美的表来。

但他两个熟人对我说,他没有将这一发现写在纸上,所以他一死也就随之消失了。

他是国内税务局里阿什莫尔先生的书记员之一,这是他最主要的生计。

他想让人把他引荐给国王查理二世,也想引荐给国王詹姆斯二世,但没有可观的赏钱,哪一个廷臣也不愿意干。

他性格粗鲁暴躁。他和鲁珀特亲王交谈时,亲王殿下在不得要领的情况下坚称自己是对的,斯特里特先生说:"谁这样说,谁就是不懂数学。"

事后人们常在宫里指着他说:"这就是那个蔑视鲁珀特亲王的人。"

他留给遗孀(她住在沃里克巷)一部足本的《三角学》手稿,包括平面三角和球面三角,比以前任何一部都更完善,论证得也更清楚。

1689年8月17日,他死于威斯敏斯特的大炮街(俗称"管道街"),埋葬在那里的新礼拜堂墓地,朝着高坛东窗,也就是离墙有二三十英尺。下面是他为自己写的墓志铭:

> 这里埋着一位做了点好事的人,
> 尽管能正确理解他的人寥寥无几。
> 他崇高的思想飞向星空,
> 他更幸福的灵魂走向永恒。

他的熟人商量着要捐款刻上铭文。在世的人谁也没有他对天文学作出的贡献大。

乔治·阿博特
George Abbot
1562—1633

　　老南丁格尔是他的仆人，一谈到他就流泪。认识他的人都爱他。他有时脾气暴躁。

　　他出生的那座房子现在是个麦芽酒馆（旧式的佛兰芒建筑，砖木结构），招牌上写着"三个水手"，位于河边，离桥不远，在圣尼古拉教区街道北边，出城（吉尔福德）往北走时在右边。

　　他是个裁缝的儿子。他母亲怀他时想吃狗鱼，在梦中断定如果能吃到一条狗鱼，她儿子就会有出息。第二天早上，她拎着水桶来到河边，河就从他家旁边流过（他家在桥旁边）。她到河里去提水时，一条大狗鱼游到她的水桶里。她把鱼吃光了，就她自己一个人。人们普遍认为实有其事。

　　他的教父和几个教母送他上了大学，他父亲没有这个能力。

托马斯·阿彻
Thomas Archer
1554—约 1630

阿彻先生是霍顿-康奎斯特的教区长,是国王詹姆斯一世时期的知名学者,也是国王的小礼拜堂牧师。他自己收集有两厚本手稿,四开本,一本是笑话、故事等,还有餐桌上的谈话,另一本是有关天气的。我希望他的继任者波因特教区长询问这两本手稿的下落,但我发现他老是磨磨蹭蹭。毫无疑问,那里能找到绝妙的东西。

托马斯·巴德爵士
Sir Thomas Badd
1607—1683

一个鞋匠,为美女提鞋并乐此不疲。我认识一个人,他最大的愿望就是给他女主人的鞋匠当学徒,条件是他能当上学徒。托马斯·巴德爵士的父亲是个鞋匠,娶了朴次茅斯酿酒匠的遗孀,拥有财产两万英镑。

亨利·伯克黑德
Henry Birkhead
1617—1696

摘自 1696 年 11 月 21 日一封写给托马斯·坦纳的信：

我的老相识亨利·伯克黑德博士，以前是你们学院的研究员（但一开始是牛津三一学院的自费生），是个受到普遍爱戴的人。他跟随法纳比先生学习，是法纳比先生的得意门生。1696 年米迦勒节前夕，他死于圣詹姆斯猎园的"鸟笼"（他妹妹家，即著名歌唱家奈特夫人家），享年近八十岁。

1617 年，他出生于伦敦圣保罗教堂庭院里的保罗客栈总店（由他父亲经营），9 月 25 日受洗。约翰·加德伯里有关于他出生时（详细的占星术资料）。

我要向他妹妹（奈特夫人）索要一篇妙论，是他对马提雅尔的警句"以耶和华的圣殿做证"的评论，他对这首诗的阐释比他老师法纳比、斯卡利格或任何人的阐释都更清楚。他说："斯卡利格说的是实话，但不是全部的实话。"要是丢失的话会很可惜，我要把它存放在艾希摩林艺术与考古博物馆。

我把我的《霍利约克词典》送给了艾希摩林艺术与考古博物馆。请看一下该词典结尾处的空白页,你会发现上面抄写有他送给我的精彩诗句,是他对法兰西现任国王(路易十四)的赞美。现在他死了,诗可以看看。

埃德蒙·邦纳
Edmund Bonner
1495—1569

最近我偶然碰见斯蒂芬斯先生,他这样告诉我:这位邦纳主教就读于彭布罗克学院,刚去的时候很穷,一开始在厨房里洗碗碟,后来成为工读生,凭借勤奋晋升为主教。

飞黄腾达以后,为了感谢让他发迹的地方,他送给那个厨房一口大铜锅,人称"邦纳锅"。[①] 我记得邦纳把这口锅拿给我看过。可能是牛津最大的一口锅。询问一下老厨师这口锅能装多少东西。

[①] 安东尼·伍德指出这是"假的",可能是因为他亲自调查过,找不到任何证据来支撑这一说法。

罗伯特·伯顿
Robert Burton
1577—1640

格雷沙姆学院的罗伯特·胡克先生告诉我,他在基督教学院罗伯特·伯顿先生的寝室里住过,据说尽管伯顿先生写了有关占星术的书,还有关于忧郁的书,他还是在那间寝室里上吊自杀了。

柯廷
Curtin

柯廷女士有三千英镑的资产。她是大商人威廉·柯廷的女儿,不久前嫁给了她的男仆,此人婚后不久就打她,拿着她的钱跑了。

约翰·邓斯塔布尔爵士
Sir John Dunstable

他把酒窖叫作他的藏书室。议会议员们都是在早上准备处理国事。每次巡回审判时,一些法官就睡在板凳上。

在奇彭哈姆,副郡长们都来观看国民军的队形,但副郡长的人数与军官人数一样多。坐了很长时间之后(先是吃,吃完又接着喝)鼓声响起,士兵们在窗前齐步走,让副郡长们看。约翰·邓斯塔布尔爵士(上校)在他们前面还没走多远,就平身倒在尘土里。士兵们七手八脚地把他拉起来,他喊道:"嘿,来点酒!"于是这档子事就收场了。

爱德华·戴尔爵士
Sir Edward Dyer
？—1607

萨默塞特郡（夏费姆猎园等）的爱德华·戴尔爵士是个大才子、诗人，也是彭布罗克伯爵夫人玛丽和菲利普·锡德尼爵士的熟人。《阿卡迪亚》的前言里提到了他。他每年收入四千英镑，得到八万英镑的遗产，差不多让他挥霍一空。这是他的重孙或他兄弟的重孙戴尔上尉告诉我的。我记得他是王座法院首席法官戴尔的儿子，我就是这样填写到这些资料中的，但这是错的。这位首席法官是同一家族的，上尉对我说。

乔治·费里比
George Feriby
1573—?

国王詹姆斯统治时期，一位名叫乔治·费里比的人担任威尔特郡坎宁斯主教的教区长，优秀音乐家，不错的诗人。安妮王后（詹姆斯一世的妻子）来巴斯时，她行走的路线要穿过著名的旺斯戴克大堤，正好经过他的教区。他把几个邻居训练成出色的音乐家，能和他一起演奏并演唱。为迎接王后的到来，他创作了一首优美的田园曲，为她表演，几个伙伴歌手身穿牧羊人的服装，吹着风笛，他本人则装扮成一个老吟游诗人。管乐结束以后，他们又演唱田园牧歌（我有这些歌，将插在另一本书里）。

他是国王的小礼拜堂牧师。是他让在那里铸造了八口钟，他是个非常称职的打钟人。

据我所知，他只有一篇布道词刊印出来，是在德维泽斯的德鲁先生的葬礼上宣读的，题目叫"生命的永别"。他是牛津莫德林学院的半津贴学生，如果不是全额奖学金研究员的话。

他在科特菲尔德为国王詹姆斯也表演过一次，由马车夫手拿皮鞭来演唱，然后是踢足球。在音乐、打钟和踢足球方面，这一教区可以向整个英格兰提出挑战。

约翰·弗洛里奥
John Florio
约 1553—1625

约翰·弗洛里奥,爱德华六世统治初期出生于伦敦,其父母因宗教原因从瓦尔托林(在皮埃蒙特或萨瓦某地)逃到伦敦,他们属于韦尔多派(这一家原是锡耶纳的,那里至今仍有这一姓氏)。

国王爱德华驾崩以后,他们又受到玛丽女王的迫害,只好又逃回原籍,弗洛里奥在那里接受教育。后来他来到英格兰,被国王詹姆斯任命为亨利王子的私人教师,教他意大利语和法语,还担任安妮王后祈祷室的办事员。他的作品有:《第一结果》《第二结果》,这是两本教人学意大利语的书;《词典》;蒙田《随笔》的翻译。1625 年,他在富勒姆死于大瘟疫。

约翰·海登
John Heydon
1629—?

据伊莱亚斯·阿什莫尔先生说，海登从他养父、伯克郡斯沃洛菲尔德的巴克豪斯那里得到一本书《天堂之路》，写于女王伊丽莎白时代的一部手稿，署名与风格不详。

海登先生娶了尼古拉·卡尔佩珀的遗孀，在卡尔佩珀那里（卡尔佩珀的书信文稿中）偶然见到前面提到的那部手稿，然后印了一本书，其中有很多内容与《天堂之路》一字不差，还有其他书中推荐的一些诗。他没有写某某老哲学家的名字（手稿中有名字），而是写了约翰·鲍克和威廉·利利的名字，这两个人他们从来都没有听说过。他在一本书中极为厚颜无耻，说阿什莫尔先生借用了他的作品。

爱德华·海德
Edward Hyde
1609—1674

克拉伦登伯爵。我记得我对你说过,克拉伦登现任伯爵对我说,他父亲正在写最近这个时代的历史,从国王查理一世开始写,一直写到国王查理二世复辟。

他正写的时候,笔脱手了,他又把笔拿起来写,笔又脱手了。于是他意识到他受到了死神的侵袭,也就是"死神的颤动"(中风)。大家都说他写得很好,但他儿子不愿意付印。

乔治·约翰逊
George Johnson
1626—1683

依照天意,在刚过去的圣灵降临周,我失去了一位亲爱的、有益的、忠实的朋友约翰逊先生。他享有主事法官这一职务的继任权,并看在我们是朋友和邻居的分儿上(我们出生在同一个星期,相距不到四英里,在一起上学),慷慨地答应给我一个秘书职务,该职务的薪酬是每年五百英镑。他是个强壮结实的汉子,死于致命的高烧,是阿宾登伯爵的兄弟立遗嘱时传染的。这是天赐良机,这样的机会我再也不会有了。

维尔·伯蒂先生在 1655 年冬季和他同寝室(在内殿律师学院),那是他升迁的开始。

亨利·莱特
Henry Lyte
约 1529—1607

我要到莱茨凯里，询问亨利·莱特先生是什么时候去世的。他翻译了多丹图斯的《草药》，写了一本小册子，我手里有，叫《不列颠之光，古英格兰史概览》，题献给了女王伊丽莎白。

他开始制作詹姆斯国王的家系图，将其家系追溯到布鲁特，由其长子托马斯·莱特完成并呈献给了詹姆斯国王，其长子是前面提到的莱茨凯里的。这幅家谱图极为罕见，其精美的插图由一位微型画画家绘制，包括国王所有的画像。詹姆斯国王把它挂在怀特霍尔宫里一段时间，又命他拿走并找人雕刻出来，最后也雕刻成了。教皇头巷的亨布尔先生在伦敦大火之前有这幅图的印版，希望没有丢。那是由霍尔最精巧地制作出来的，有我所见到的最大的英格兰地图那么大。

托马斯·莱特写一手我所见过的最漂亮的印刷体。原作现在莱茨凯里的客厅里，是他亲笔所写，由一位著名画家绘制。

休·米德尔顿爵士
Sir Hugh Middleton
约 1560—1631

据医学博士休·张伯伦提供的消息,詹姆斯国王把"新河"工程的利润从休·米德尔顿爵士手里要走一半。有人说,这是因为钱是由国王预先垫付的,但这一说法不能确定。国王确实把这笔钱还给了休·米德尔顿爵士及其继承人,每年收取五百英镑的租金,这笔租金也按时支付了。但我认为国王又返还给他了。

[备忘]现在(1682年)伦敦人口多了,城变大了,米德尔顿的"新河"每星期只能通过管道,向居民家里供应两次水。

理查德·内皮尔
Richard Napier
1559—1634

理查德·内皮尔博士是个极有节制、单纯、虔诚的牧师,每天都在家里祈祷两个小时。要是有病人或其他人来找他请教,他就立即到密室里祈祷,准确地获得病人是康复还是死亡的信息。

从他的书信文稿里可以看出,他确实与天使拉弗尔交谈过,拉弗尔回答过他。伊莱亚斯·阿什莫尔先生有他全部的书信文稿,其中有他行医大约五十年的全部资料。凡是拉弗尔的回答,都标有记号 R. Ris,意思是"拉弗尔的回答"。

天使告诉他病人是能治愈还是不能治愈。也有问天使的其他一些问题,如宗教、圣餐变体等,这些我都忘记了。我记得有一个问题是:福神的数量多,还是邪神的数量多?天使的回答是福神多。

书信文稿中还说,1621 年,内皮尔告诉神学博士约翰·普里多,说普里多二十年以后(1641 年)能当上主教。普里多就是当上了主教,即伍斯特主教。

拉弗尔回答他说,柴郡的布思先生三年以后会有个儿子做继承人,也就是从 1619 年算起。1622 年 12 月 18 日,乔治·布思爵士出生。

这些材料我是从内皮尔博士的日记原件中摘录出来的,日记当时在阿什莫尔先生手里。

埃德蒙·怀尔德先生大约八岁时患上了寄生虫病，爷爷弗朗西斯爵士带他到林福德去找内皮尔博士。怀尔德先生在长廊尽头朝内皮尔的密室里窥视，看见他正跪在地上祈祷。内皮尔博士告诉弗朗西斯爵士，说你孙子到十四岁病就好了，后来果然如此。他开的药是，早上喝一点甜麝香葡萄酒。那是1625年前后的事。

预言乔治·布思爵士的出生，不可能找到其他办法，只能是天使启示的。

这位理查德·内皮尔博士是白金汉郡林福德的教区长，也行医，并把行医所得的大部分都给了穷人。他肯定知道自己死亡的确切时刻，1634年4月1日跪在地上祈祷时死去，活到很大岁数。他与苏格兰默奇斯顿博学的内皮尔勋爵是近亲，我忘了二人是不是兄弟。他的双膝因经常祈祷而变得像角一样坚硬。他把财产遗赠给了伦敦医生学院的医学博士理查德·内皮尔爵士，阿什莫尔先生就是从理查德爵士手里得到了内皮尔博士的画像，现在存放在大英博物馆。

林福德教区长理查德·内皮尔博士是个优秀的占星家，邓斯塔布尔的马什先生也是。但马什先生一本正经地向我一个朋友坦言，占星术只不过是假象，他靠的是福神的帮助，只有那些极为虔诚、谦恭、慈善的人才能结识福神，而他就是这样一个人。我这个朋友见马什先生时，他已有一百岁，但脑子依然清楚。

阿什莫尔先生对我说，一个妇女按照内皮尔博士出的主意，用符咒来治疟疾。一位牧师找到她，狠狠地训斥了一顿，说她依靠魔鬼的帮助，这样有被罚入地狱的危险，然后命她把符咒烧掉。她烧了符咒，但病又复发了，非常厉害。她又缠着内皮尔博士，还要用符咒，用了以后病就减轻了。但那位牧师听说以后又来找她，吼叫着用下地狱来吓唬她,结果她又把符咒烧掉了。然后她病得极为严重,又想第三次用符咒,但内皮尔博士不干了,说她轻慢了福神(或天使)的力量和善意,结果这个妇女一命呜呼。

威廉·尼尔爵士
Sir William Neale
1609—1691

威廉·尼尔爵士,骑士,国王查理一世的侦察总队长,1691年3月24日死于格雷律师学院巷,享年八十一岁。他死时是国王查理一世最年长的校官。

他身高不低于六英尺,年轻时很漂亮。我记得他很勇敢,但劫掠成性,很残忍。

"天主教阴谋"案(1679年)以后,他一直住在城里,杰出、慷慨的绅士埃德蒙·怀尔德先生对他帮助很大。怀尔德先生的母亲和威廉爵士是嫡表兄妹。但近五年来,痛风等病症使他极为衰弱,所以他常让我想起奥维德的《变形记》(XV,229):

> 年老的麦洛哭泣着看到两条胳膊又软又细,
> 当年他大块结实的肌肉,
> 足以和大力神赫拉克勒斯相比。

他在悔罪中死去。

他是北安普敦附近沃拉斯顿的……尼尔先生的孙子,这位尼尔先生娶了贝德福德郡霍顿-康奎斯特的埃德蒙·康奎斯特爵士的妹妹。前面提到的霍顿-康奎斯特的弗朗西斯·克拉克爵士(埃德蒙·怀尔德先生的外祖父,怀尔德先生的母亲是弗朗西斯爵士的女儿和继承人),娶了埃德蒙·康奎斯特爵士的另一个妹妹。

威廉爵士娶了陆军少将埃杰顿的妹妹,二人育有一个儿子和两个女儿。儿子威廉是一条壮汉,近卫团的,死于国王詹姆斯二世逊位(1688年)前后。

约翰·牛顿
John Newton
1622—1678

赫里福德郡罗斯的现任牧师牛顿博士对我说,约翰·牛顿是圣埃德蒙学院毕业的。他还活着,很可能活着。他的胃出毛病时,他就从烤肉叉上咬掉一口热烤牛肉吃,这样能把病治好。

约翰·牛顿博士对我说,他出生于贝德福德郡,但不愿告诉我具体地方。

他反对数学学校的学生学拉丁语。

兰斯洛特·莫尔豪斯
Lancelot Morehouse
？—1672

兰斯洛特·莫尔豪斯先生，珀特伍德牧师（每年四十英镑），离基尔曼顿大约六英里，一位很博学的人，是个知识扎实、造诣很深的数学家。曾撰文批评弗朗西斯·波特先生的《释数字666》，攻击他，说数字25不是真正的平方根，而是近似的平方根。波特先生针锋相对地回应说，它不需要是真正的平方根，这样更适合他的目的。

1668年，赞成和反对莫尔豪斯先生的手稿落到了索尔兹伯里主教塞思·沃德手里；还有一份对开本的法语手稿，是英格兰国王和法兰西国王的盟约；一份有关英格兰的预言书，用拉丁语诗体写成，很精彩，四开本，是他从一个裁缝的剪刀底下抢救出来的。

莫尔豪斯先生（剑桥的）死了，把很多有价值的数学笔记留给了他天才的朋友、欣登的约翰·格朗特。

他撰文论述把圆变成正方形，这需要大智慧和大学问。但最后戴夫南特博士（他的邻居）让他认识到他的谬误。我想把这篇文章刊印出来（写得很有学术性），以此显示大才子会在何处犯错误和受骗、以何种方式犯错误和受骗。

他是个非常有探索才能的人，孜孜不倦地解答难题，我经常听到爱德华·戴夫南特博士这样说。

他不是克莱尔学院的就是国王学院的,出生于威斯特摩兰,是乔克教区沃克先生的助理牧师。他被欣奇曼主教提升到小兰福德,1672年前后在那里去世。

托马斯·波普爵士
Sir Thomas Pope
约 1507—1559

托马斯·波普爵士是牛津大学三一学院的创办人,没有花钱就买下了教会的土地。他采取的办法如下。他先立约把土地租下来,然后立即把长期租借权卖出去,这样他就得到一大笔贡金,但只有一小笔租金。到国王詹姆斯一世统治时期,租期到了,当时这块地每年价值八千英镑。他能骑着马从科格斯(威特尼附近)一直到班布里,大约十八英里都是他自己的土地。

我有托马斯·波普爵士一部奇特的手写手册,我想如果能把它用链子护住,放在三一学院的图书馆里,我会把它交出来。但我不知道地方行政官怎么换了人。

罗伯特·皮尤
Robert Pugh
1609—1679

皮尤上尉,我的熟人,作家,诗人。被培养成为耶稣会会士,但在内战期间担任了上尉,被耶稣会开除了。

他有一首拉丁文诗,已刊印,还可以补充。刊印一本书抨击贝特博士对近期动议的评论。

他出身于北威尔士彭林的一个世家,在圣奥默接受教育。查找他的学习情况时,在那里找到了他的命令,还有一封王太后写给国王的信,他一度担任王太后的听忏悔神父。信里说,他要是因为违法而遇到危险,一出示这封信,就能够得到国王的赦免。

1679年1月22日,星期三,夜里十二点,我尊贵的朋友罗伯特·皮尤上尉死于纽盖特。

他写了一本书,差不多完成了,叫《内战以来这里存在的几种国家和政体》,在卡斯尔梅因伯爵手里。

他所有的书都被没收了,包括历书,他在其中记录了查理二世所有的罪行,被拿到国王的国务会议上。但如前所述,卡斯尔梅因伯爵拿到了前面提到的那本书。

威廉·雷德福
William Radford
1623—1673

（摘自写给安东尼·伍德的信）威廉·雷德福，我的好朋友、老熟人，大学同学，在里士满辞世，十四天之前他还在那里教书。他第一次卧病在床时，我就在他身边。

我在牛津三一学院患天花时，他对我很好，每天都来看我，陪我几个小时，要不然我认为忧郁就会把一个卑贱的古物研究者给毁了。他死之前不几天还在讲述你兄弟内德的旅行，讲述马里埃特先生步行去伦敦。

埃莉诺·拉特克利夫
Eleanor Ratcliffe
？—1666

苏塞克斯伯爵夫人,一个贪求权力的范例和可悲的样本,权力的奴仆。她是英格兰的绝色美人之一,也很有才华。她丈夫(他生性妒忌)死后,她把以前的一个男仆召回来,让他做闺房仆人。他患有天花,她也知道他还是个可恶的酒徒。他不太英俊,但身材极好(所以才有人爱)。他鼻孔塞住了,后来发现是软木塞住的,上面插有羽毛管用来呼吸。1666年前后,这位伯爵夫人死于天花。

亨利·罗尔
Henry Rolle
约 1589—1656

我记得大约在 1646 年(或 1647 年),约翰·梅纳德先生(现在的约翰爵士,高级律师)从威斯敏斯特宫来到中殿律师学院,又累又饿,当时我们刚吃过饭。他坐在本尼特·霍斯金斯先生(诗人霍斯金斯律师的独子,后来为准男爵)旁边,还有其他一些人。

他们吃完饭以后谈论各种各样的话题,这段话是什么意思:"为义人死,是少有的;为仁人死,或者有敢做的。"(《罗马书》5:7)他们问梅纳德先生,义人和仁人有什么区别。他正要吃饭,就大声说:

"嗨!你们都吃饱了,有工夫闲扯了,我还没吃呢。"

他刚吃了一两口就回答说:"我这就告诉你们区别:罗尔律师是个义人,马修·黑尔是个仁人。"然后就把饭吃完了。

对这段话没有比这更好的解释了。罗尔律师是个义人,但生性吝啬,而他妻子使他变得更为吝啬。马修·黑尔不仅是义人,而且还极为仁慈大方,不像伪君子那样爱吹嘘。

约翰·拉什沃思
John Rushworth
约 1612—1690

我出生在诺森伯兰，但我父母均出生于约克郡。拙著名叫《历史文萃》，其中斯特拉福德伯爵的审判是我在审判期间亲笔写下的。除了这一部分，其余的已经以对开本形式公正地出版了。我给出了我写作方法的第一个先例，即只按照时间顺序记下事实，不加评论或非议。但博学的诺尔森博士挑我的毛病，我将其留给后人去评头论足。

我是议会将领托马斯·费尔法克斯爵士的近亲，内战期间他选我做他的秘书，这样我就能更好地描述军事，无论是第一次内战，还是1648年爆发的第二次内战。我现在正将其完善起来，但现在还不宜面世。

还有一件事更有利于我继续从事手头的工作，那就是我非常熟悉众议院里所有的辩论和争执，因为众议院选我做助手，协助议会派到众议院的书记员埃尔辛工作，这样我就参与了议会的所有议程。

我可以特别展示更多我自己感兴趣的事，如和国王查理一世在贝里克的军营，出席约克大会，苏格兰人入侵英格兰时我在纽卡斯尔附近的纽布恩,等等。

议会两院都信任我,国王离开议会到约克以后,议会就让我把他们的呈文送交国王。这样一来,我好几次骑着马,飞速往返于伦敦和约克之间(相距一百五十英里),一次就要二十四个小时。

请原谅我的仆人在写作时的无知。

约翰·拉什沃思

索思沃克

1687 年 7 月 21 日

拉什沃思先生对我说,他已经落伍了。他忘记写他出生地的名字了,还说他是奥兰多·布里奇曼的秘书,布里奇曼当时是掌玺大臣,一个相当重要的职位。

(摘自写给安东尼·伍德的信)昨天我见到了拉什沃思先生,感到很没面子。他由于喝白兰地而丧失了记忆,一点也记不住你了。他的女房东给他擦鼻子,像擦小孩一样。

林肯律师学院的约翰·拉什沃思先生,历史学家,1690 年 5 月 12 日,星期一,死于索思沃克法院裁决巷贝利寡妇家。贝利寡妇是个好心的女人,对他很关心、很照顾。他享年大约八十三岁,将近八十四岁。他没有儿子,但有三四个女儿,都是守妇道的女人,其中有一个嫁给了北方的弗朗西斯·文爵士。他死之前已记不起这几个孩子了。

理查德·萨克维尔
多塞特第三任伯爵
Richard Sackville
1589—1624

多塞特第三任伯爵理查德（财政大臣的长子和继承人），他那个时代英格兰生活最为奢华的贵族。他有三十个侍从，每人每年付给五十英镑，除了养他的马。乔治·维利尔斯（后来的白金汉公爵）请求在他门下谋得一个侍从职位，没有得到，但不到一年就高居于他之上。从此以后，这位公爵就对多塞特伯爵怀恨在心。这一信息来自萨内特伯爵夫人。

托马斯·廷代尔
Thomas Tyndale
1588—1672

那个时候(女王伊丽莎白时代),大人物趾高气扬。议员步行或骑着带马披的马到议会大厦时,后面会跟着六或十个大汉,穿着蓝外衣,戴着徽章,佩着带有筐形护腕剑柄的长剑。而现在只有一个男仆,佩一把短剑。

国王查理一世的优势:当时的绅士都养着好马,一个重骑兵有好多匹马,还有能骑马的人,还有狩猎马。现在我们都坐马车了!(菲利普·锡德尼爵士)。现在的年轻人驾驭不了良马,不会骑狩猎马,也不会使用武器。愿上帝保佑国王。

在菲利普·锡德尼爵士的时代,骑士要是让别人看见在伦敦大街上坐着马车,会是一件丢脸的事,就像现在让人家看见穿着短外衣和衬衣一样丢脸。当时人们上街骑的马都有华丽的马披,仆人都穿着蓝外衣,戴着徽章,六个、八个、十二个甚至更多。

托马斯·廷代尔是一位老绅士,还记得女王伊丽莎白的统治及其宫廷,一个真正严肃、审慎的人,不是一个靠剪掉胡子而让人家以为严肃的人。他在国内外见多识广,猛烈抨击现在的一些东西。

呜呼！但愿是天意！现在人人都有马车,真的！当年好几个仆从为一名重骑兵养马,他另外还有普通的乘骑马和狩猎马。这样可以使绅士们强壮,能吃苦耐劳,适合从军打仗,一旦溃败等情况发生时能够自己应对(参见马基雅维利的《君主论》)。而现在的绅士柔弱得如同女人,连马都不会骑了。那时绅士们聚会不是在破烂、隐蔽、污秽的啤酒馆,喝一桶酒然后醉倒两三天,大吵大闹。那时他们在田野里相聚,装备齐全,带着猎狗或鹰,待人彬彬有礼,侍从前呼后拥,这会激起他们的主人在赌桌上培养出来的冒险精神。他们还让租户尊重他们。那时没有人口减少现象。

你们可以在我身上看到岁月的印记,我来日无多,我真为此感到高兴,我不愿生活在这个堕落的时代。我预见到了最近发生的变化,我也会很容易预见到接着会发生什么事。呜呼！但愿天意如此！女王伊丽莎白时代不是这个样子,那时的年轻人尊重老年人。

那时搞狂欢活动,教区的长者和有地位的人坐下来观看年轻人的娱乐表演,如摔跤、射箭、草地滚木球戏、跳舞等。所有这些现在都没有了,只有高傲、嫖娼、胡作非为、酗酒。那时,节日慈善活动、圣彼得的募捐箱维持着老弱穷人的生计。

詹姆斯·厄谢尔
James Usher
1581—1656

[备忘]厄谢尔,(爱尔兰)首席主教,有几个月的时间住在兰特里西德,经常和穷人交谈,以便学习威尔士语,说威尔士语"和爱尔兰语非常相似"。他说,《旧约全书》是由牛津、剑桥两所大学翻译的,而《新约全书》是由主教们翻译的,但《旧约全书》翻译得比《新约全书》好得多。①

---

① 指1611年出版的钦定本《圣经》。

亨利·沃恩
Henry Vaughan
1622—1695

致安东尼·伍德的一封信的片段：

有两个沃恩，是双胞胎，二人都很有才华，都是作家。一个沃恩写了一首诗叫《厄斯克的天鹅》（先出生的亨利·沃恩），还有一本有关宗教默想的书。他兄弟写了好几篇论文，题目我现在忘记了，但他自称尤金纽斯·菲拉勒塞斯。

二人出生在厄斯克河畔布雷克诺克郡的兰桑福雷德。祖母是奥布里家族的，父亲是个花花公子，达不到他应该诚实的程度，有一次骗了我五十先令。

尤金纽斯·菲拉勒塞斯是耶稣学院毕业的，而亨利是哪里毕业的我忘记了，不过他一度担任法官马默杜克·劳埃德爵士的文书。亨利·沃恩人称"志留人"，你知道"志留"（古代不列颠的一个部落）包括布雷克诺克郡、赫里福德郡等地。

亨利·沃恩致奥布里的一封信的片段：

1621年,我和弟弟出生在布雷克诺克郡圣布丽奇特教区的诺顿。

我在牛津没有拿到学位,而是被送到伦敦,当时我父亲想让我学法律,但内战突然爆发,这一计划化为泡影。

我弟弟继续在牛津学了十年或十二年,我认为他不会低于文学硕士。伦敦上一次流行大瘟疫那年(1665年),他有一次为国王效劳时去世,在离牛津不超过五六英里的地方,由他的挚友罗伯特·莫里爵士(时任苏格兰王国国务大臣)将其下葬,他把自己的书和手稿都给了莫里。

我的职业还是行医,我已经开业多年,非常成功(我感谢上帝),赢得的声望足以配得上一个比我更有才华的人。

爱德华·德维尔
Edward de Vere
1550—1604

牛津第十七任伯爵。王家学会会员托马斯·亨肖先生对我说,尼古拉·希尔是牛津伯爵爱德华·德维尔的秘书,伯爵在外游历了七年,每年花费达四万英镑。他在佛罗伦萨时,日子过得比托斯卡纳公爵①还要奢华。

这位牛津伯爵在向女王伊丽莎白行礼时,碰巧放了一个屁,他感到十分羞愧,只好外出游历七年。他返回时受到女王的迎接,女王说:"大人,那个屁我已经忘记了。"

有一次,一个穷人向希尔先生乞讨六便士(或一先令,或大致这么多的施舍金)。希尔先生说:"你说什么,我给你十英镑怎么样?"

"噢,"穷人说,"十英镑能让我体面地做人了。"

然后他在账上就是这么记的:"项目:十英镑造就一个人。"伯爵大人慨然应允,并为此感到高兴。

---

① 应为刚继位不久的佛朗切斯科一世,科西莫一世之子。

乔治·韦布
George Webb
1581—1642

  韦布博士是国王查理一世的助理牧师之一,后来成为爱尔兰利梅里克主教。有一些布道文或神学著述刊行问世,还有翻译的一部泰伦斯的作品,英文的和拉丁文的。

  利梅里克被爱尔兰人占领之前大约两三天,他死在那里并埋葬在那里,爱尔兰人又把他的遗体挖了出来,这是在 1642 年前后。

  他是牛津基督圣体学院毕业的,出生于威尔特郡的布隆赫姆。

  我承认我不喜欢教会法规中的极端狂热,不喜欢去惊动异端分子的遗体。这太不人道。这位主教的遗体又被挖出来,恐怕就是不人道。他死的时候,还有城被占领的时候,他侄子一直和他在一起,他侄子也是他的会吏总。我当时是大学一年级学生,记得此事。我听他侄子讲过这件事。他侄子是临近海因先生那个教区的牧师。

詹姆斯·惠特尼
James Whitney
1593—166×

（摘自写给安东尼·伍德的信）惠特尼牧师记得很多牛津人的名字，他是那里的一个老研究员，要是现在还活着，应该是八十一岁了。

我的表亲惠特尼牧师对我说，爱德华六世统治时期巡视牛津时，他们把数学书当作巫术书烧掉了。要是碰巧希腊语教授没有在场，希腊语版的《新约全书》也会被当作巫术书扔到火里去。

材料片段

王家学会的起源

王家学会最初(他们把论文写在纸上,然后拿过来用)在威廉·鲍尔先生家里,鲍尔先生是德文郡彼得·鲍尔爵士的长子,在中殿律师学院。他们以前在酒馆里聚会,但正式建立是在鲍尔先生家里。在斯普拉特博士的《历史》里,可以见到颁发特许状的日期。

费边·菲利普斯先生说,1625年冬季(瘟疫之前)是个不同寻常的暖冬。

关于割荆豆的人

布赖恩斯顿在多塞特郡的布兰德福附近,亨利八世统治时期属于波克林顿(我记得是约翰·波克林顿爵士)。他有一座相当大的庄园,但没有儿女。有一个穷村民名叫罗杰斯,他有个漂亮的老婆。这位骑士去看望她,想让她给自己生个一男半女。他这样想了,后来也把事办成了。考虑到亲情等因素,他就把整个庄园都转让给了这个年轻的罗杰斯。赫特福德侯爵大人威廉(萨默塞特公爵)是这位罗杰斯的祖父的儿子。

特鲁罗的罗伯茨勋爵(现在是拉德诺伯爵),其祖父或曾祖父是康沃尔……的割荆豆者,我听康沃尔郡林肯霍恩的老牧师沃德诺特说过好多次。

在辛德是如何发现矿泉水的

[备忘]1666年,约翰·奥布里陪琼·萨姆纳到威尔特郡的辛德去找她兄弟,在这里发现了铁盐矿泉水,这种水比英格兰已知的任何铁盐水都更饱和。1667年6月,我把几瓶水送给了王家学会,在众人面前用胆汁来做实验。结果水变得乌黑,用来写字清晰可辨,经过长途运输之后,颜色变成了暗紫红色。医生们无不称奇,对我说要向巴斯的医生推荐(从这里到巴斯只有十英里),因为对一些病例来说,最好先用这种水,最后再用巴斯温泉水。而对另外一些病例来说,要先用巴斯温泉水,再用这种水。

我几次写信都不起作用,最后我发现,他们虽然对这种水的优点很满意,伦敦医生说的也都是真的,但他们并不愿意让人离开巴斯温泉。所以去年我把它添加到利利先生的历书里了。

到了夏末,来了很多人,村里容纳不下,现在他们正准备建房,为明年夏天做准备。约翰·萨姆纳(他家的水井是最好的)说,对他来说它每年的价值是二百英镑。

格鲁博士在他的《王家学会博物史》里提到这一发现，还提到以前没有引起注意的铁矿石，在第三部分，第二章，第331页。

我从十岁（或十一岁）到十八岁期间，写了《贵族的教育观念》，后来交给了伊莱亚斯·阿什莫尔先生。

医学博士威廉·克劳恩1684年10月12日星期一死于伦敦，埋葬在家禽街上的圣米尔德丽德教堂，葬礼上的布道词已经刊印出来。他是医生学院董事，也是王家学会会员。

插进塞缪尔·巴特勒的生平，他有关耶稣会的诗歌还没有刊印，我给了你大约十二首或十四首。

格洛斯特郡艾恩-阿克顿的罗伯特·波因茨爵士，巴斯勋位骑士，与克利福德是一家，这从其家谱上可以看出来。克利福德在成为赫里福德郡克利福德城堡（毗邻布雷克诺克郡）的领主之前，一直被叫作"庞斯的"。亨利三世统治时期，他们娶了阿克顿的一个女儿和继承人，由此得到了前面提到的庄园，也许还有其他土地。

格洛斯特郡索恩伯里的威廉·斯塔福德先生，是白金汉公爵家的后裔，牛津基督堂学院学生，老博士费尔是他导师。三十多年前，他刊印了一本小册子，也就是《战争的原因》。我记得他是议会议员，也是议会派的，大约在1684年5月死于索恩伯里，享年……

补充注释,可能在1682年年底

威廉·贝德韦尔,格雷沙姆学院的……教授,将皮提斯卡斯的《三角学》译成英语,出版了托特纳姆的《比武大会》。他是埃塞克斯人。这一信息来自其侄孙女。

医学博士丹尼尔·惠斯勒生前担任医生学院院长。

比斯顿老先生(德莱顿先生称其为"舞台编年史家")1682年巴多罗买节①前后死在家里,在主教门街外面。萨默塞特宫的谢佩先生有他的书信文稿。

来自梅雷迪斯·劳埃德先生的信息:

汉弗莱·劳埃德的《不列颠概要》题献给了奥特利乌斯,由特温先生从拉丁语翻译过来,里面收录有威尔士地名、河流、城市等的词源。他说,拉丁文版整个都写错了,特温先生在英文版里都改正过来了。

[备忘]赖德是伯克郡的一个家族。问问词典的作者主教赖德是不是伯克郡人。

约克大主教……尼尔的父亲是威斯敏斯特的蜡烛销售商,这是老少校科什说的。

---

① 8月24日。

参见插入约翰·迪生平里的补充信息。

[备忘]伦敦基督堂慈善学校男生(学数学)授权证书的签署日期,是国王查理二世统治第二十五年的8月19日。

已故的菲茨哈丁大人的妹妹……巴克利夫人,是西德尼·戈多尔芬先生的表妹,也是他的情妇,他特别爱她。戈多尔芬先生死后,她嫁给了戴维斯先生,我认为戴维斯先生现在也死了,她住在特威肯。这一信息来自菲利普·帕克先生。

托马斯·梅里先生,代数学大家,辉格党要员,1682年10月……死于威斯敏斯特,埋葬在埃塞克斯郡沃尔瑟姆斯托他祖父的灵堂里。

前面提到的威廉·斯塔福德的姐姐多萝西嫁给了她第一个丈夫……斯塔福德,也是她亲戚,埃克塞特学院的,约翰·普里多博士的学生。他写了一本薄薄的《地理》,四开本,我看过。我记得他是这样开头的:愤怒使尤维纳利斯成为诗人,使我成为地理学家。

1685年1月补充的一页注释

亚灵顿上尉大约在去年3月死于伦敦,死因是挨了一顿打,被扔进了一个水桶里。

1594年三一主日前夕晚上,神学士弗朗西斯·波特出生于米尔(威尔特郡的一个小集镇)。

1625年12月10日十点,发现了兽的秘密。他在上楼梯进入寝室时产生了这一想法,他和兄长住在这间寝室里,也就是现在和院长住所并到一起的那个大房间。

……沃森是《有关宗教和国家十个引起争论的问题》的作者,在赫里福德郡(或布雷克诺克郡,查看地图)的瓦伊河畔海伊地里被沃恩先生抓起来了,然后在布雷克诺克(我记得是在这里)被处决。据观察,沃恩先生后来再也没有兴旺发达起来。

约翰·柯林斯1683年11月10日死于伦敦。

拉什沃思先生1684年死于伦敦。询问一下。

拉尔夫森先生是个不服从国教者,1683年或1684年3月24日埋葬在伦敦的……一千多人参加了葬礼。

是约翰·奥布里促使托马斯·霍布斯先生撰写有关法律问题的作品,与他的《修辞学》装订在一起,只是偶然才发现,第一个标题里没有提到它。

布里尔顿大人威廉死于1680年3月19日,埋葬在圣马丁教堂,写有拉丁语诗歌《死亡的根源》。

克里斯托弗·雷恩爵士，1673年11月14日被册封为骑士。

约翰·塞尔登先生年轻时为罗伯特·科顿爵士抄写文档。（这一消息来自费边·菲利普斯）

让我看看洛夫莱斯上校的生平，把一些诗插进去。

萨克罗博斯科的约翰。佩尔博士确信他的名字是"神圣的灌木"。

1689年写的补充说明

好多年前，王家学会会员、市民亚伯拉罕·希尔先生对我说，亨利·比林斯利爵士是金匠行会的，其画像挂在金匠行会大厅里。最近我还去那里看过，没有他的画像。另外行会的书记员对我说，他可以肯定，亨利爵士从来都不是他们行会的。但后来希尔先生对我说，可以在《斯托调查报告》里找到所有市长大人所在的行会这一信息。去看看告诉我。

卡那封伯爵不记得布朗先生，不久前我又问大人他的仆人是不是还记得，他明确告诉我不记得。

新发明

威尔特郡本玛顿的造纸厂(至1681年)有一百一十二年的历史,在英格兰名列第二。

一个布里斯托尔人住在西班牙的卡斯提尔,学会了制肥皂技术,首先在布里斯托尔建厂,到现在(1681年)有八十多年了。

贾斯明与王太后玛丽亚一起来到英格兰。月桂树是由阿尔西亚即阿伦德尔伯爵夫人、诺福克现任公爵的祖母最先引进的。

据赖德斯的年鉴,1682年的时候,烟叶投入应用已有九十九年。新河通向伦敦已有七十九年。四轮大马车开始投入使用已有一百二十八年。

约翰·加德伯里先生向我断言,英格兰第一批印刷品在威斯敏斯特大教堂,他们仍然保留了"小礼拜堂司库"这一名称。

假发直到1660年才普及开来。[备忘]斯特兰德大街上有一个人名叫格里高利,是第一个著名的假发制造商,后来就把制造假发的人叫作格里高利,科特格雷夫的词典在假发词条下提到过。他埋葬在伦敦丹麦圣克莱蒙教堂西门附近,那里有他的碑文,里面提到这件事,诗体。威廉·格里高利爵士(财务法院法官之一)看过并告诉了我。问问他这件事。

英格兰第一辆玻璃马车是约克公爵的,国王复辟以后,很短时间内就普及开来。现在(1681年),沃尔瑟姆(或托克纳姆大十字架)建立了一个厂来研磨马车玻璃和镜子,比以前便宜多了。

材料片段

对铜别针的注释

西奥多·哈克先生说,别针的历史不超过二百年。以前他们用荆棘等物,更原始。

他还说,他听见瑞典大使问其他两个大使,他们认为什么东西最浪费铜。一个说是钟,另一个说是大炮。

"不对,"瑞典大使说,"是别针。"

对鞋的注释

我记得在我老家北威尔特郡,直到1633年农夫还穿高帮鞋,很常见,也就是半长靴,开缝,系鞋带。本笃会修士穿长靴,我记得就是这个样子,至少是半长靴。

对便士邮政的注释

罗伯特·默里先生创立于1680年5月,1682年约克公爵将其夺走,问问是这一年的什么时候。让默里先生去找萨福克宫的张伯伦博士。

对数学家的注释:引言草稿

我的目的是为我们英格兰数学家的生平作注,如果上帝让我活下去的话。这件工作完成以后,我希望安东尼·伍德先生找到一位拉丁语大师,把下面的笔记添加到已经刊印的作品里。

国王亨利八世以前的数学家我不过问,但首先从约翰·塞尔登先生精彩的诗句开始(还有对这些诗的学术评论),这些诗刊印在一本书里,也就是霍普顿的《年份索引》。

图书在版编目（CIP）数据

名人小传 /（英）约翰·奥布里著；王宪生译 . — 北京：商务印书馆，2024
（文艺复兴译丛）
ISBN 978-7-100-23567-9

Ⅰ.①名… Ⅱ.①约…②王… Ⅲ.①名人—列传—世界 Ⅳ.① K811

中国国家版本馆 CIP 数据核字（2024）第 062306 号

本书系国家社科基金重大项目"文艺复兴哲学经典的翻译与研究"（22&ZD040）阶段性成果

权利保留，侵权必究。

文艺复兴译丛
名人小传
〔英〕约翰·奥布里 著
王宪生 译

商 务 印 书 馆 出 版
（北京王府井大街 36 号 邮政编码 100710）
商 务 印 书 馆 发 行
南 京 鸿 图 印 务 有 限 公 司 印 刷
ISBN 978-7-100-23567-9

2024 年 6 月第 1 版　　开本 890×1240　1/32
2024 年 6 月第 1 次印刷　印张 21½

定价：102.00 元